**Monastica 1**

# Corpus Scriptorum Ecclesiasticorum Latinorum (CSEL)

Herausgegeben von der Arbeitsgruppe CSEL
an der Universität Salzburg

# Band 98

UNIVERSITÄT SALZBURG

# Monastica 1

Donati Regula,
Pseudo-Columbani Regula monialium (frg.)

Ediert von Victoria Zimmerl-Panagl

Edition der Donati Regula
nach Vorarbeiten von Michaela Zelzer

**DE GRUYTER**

Zur Erstellung der Edition wurde das Programm CLASSICAL TEXT EDITOR verwendet.

ISBN 978-3-11-033397-8
e-ISBN (PDF) 978-3-11-033594-1
e-ISBN (EPUB) 978-3-11-038928-9
ISSN 1816-3882

**Library of Congress Cataloging-in-Publication Data**
A CIP catalog record for this book has been applied for at the Library of Congress.

**Bibliografische Information der Deutschen Nationalbibliothek**
Die Deutsche Nationalbibliothek verzeichnet diese Publikation in der Deutschen Nationalbibliografie; detaillierte bibliografische Daten sind im Internet über http://dnb.dnb.de abrufbar.

© 2015 Walter de Gruyter GmbH, Berlin/München/Boston
Druck und Bindung: Hubert & Co. GmbH & Co. KG, Göttingen
♾ Gedruckt auf säurefreiem Papier
Printed in Germany

www.degruyter.com

# Vorwort

Im Mai 2012 verstarb Michaela Zelzer, langjährige und um das CSEL mannigfach verdiente Mitarbeiterin der damaligen Kirchenväterkommission. Unter den Projekten, die unvollendet blieben, war jenes einer CSEL-Edition der Regula Donati. Bereits in den 60er-Jahren des 20. Jahrhunderts hatte Rudolf Hanslik, zu jener Zeit Kommissionsobmann, geplant, gemeinsam mit mehreren vorkarolingischen Klosterregeln auch jene des Donat zu edieren (vgl. etwa HANSLIK, Regula Donati, 104), gab aber sein Vorhaben bald nach Abschluss der als Vorarbeit gedachten Dissertation von Ingrid Prischl (1977) auf; Grund dafür war vermutlich die Tatsache, dass 1978 die Edition der Donat-Regel von Adalbert de Vogüé erschienen war. Erst Michaela Zelzer griff das Editionsprojekt für das CSEL wieder auf, konnte die Edition jedoch nicht mehr vollenden. In ihren letzten Lebensmonaten übertrug sie eine Reihe editorischer Aufgaben an Victoria Zimmerl-Panagl; diese war daher bestens geeignet, nach Michaela Zelzers Tod das Editionsprojekt in Eigenverantwortung weiterzuführen und abzuschließen.

Victoria Zimmerl-Panagl korrigierte zunächst die vorhandenen Kollationen des Codex Monacensis (*M*) und einiger Vorgängereditionen, kollationierte dann alle weiteren Textzeugen und erstellte schließlich den Text von Grund auf neu, dokumentierte aber gewissermaßen als Michaela Zelzers geistiges Erbe deren Vorschläge zur Textgestaltung im Apparat. Im Zuge ihrer Arbeit an der Texterstellung sah sich Victoria Zimmerl-Panagl mit einer Reihe inhaltlicher und methodischer Fragen konfrontiert, die sich angesichts der spezifischen Entstehungs- und Überlieferungssituation der Donat-Regel stellten. Um die Grundlagen ihrer Entscheidungen transparent zu machen und damit eine kritische methodologische Auseinandersetzung zu erleichtern, widmete sie ein umfangreiches Kapitel der Einleitung einem textkritischen Kommentar. Für einige andere Kapitel konnte sie hingegen auf knappen Angaben, die Michaela Zelzer auf Latein entworfen hatte, aufbauen; so ist Material der Verstorbenen in die Unterkapitel zu Donats Biographie (Seite 3), zu Benedikt als Quellenautor (23–27) und zur Handschrift *M* (41–44) eingegangen. Auch befand sich unter den hinterlassenen Notizen eine Übersicht über Donats Quellentexte (die Listen in 1.2 bzw. 1.5.1) sowie einige biographische Angaben zu Caesarius und Columban. Von diesen wenigen Punkten abgesehen stammt die Einleitung aber zur Gänze von Victoria Zimmerl-Panagl.

Nachdem Victoria Zimmerl-Panagl im Zuge ihrer Beschäftigung mit Donat auf eine ebenfalls auf Columban fußende und unter seinem Namen überlieferte fragmentarisch erhaltene Nonnenregel aufmerksam geworden war, edierte sie nach eingehenden Studien auch diesen Text. Seine Ausgabe, für die erstmals die älteste Handschrift aus dem 9. Jahrhundert berücksichtigt wurde, nimmt den zweiten Teil des nun vorliegenden Bandes „Monastica 1" ein.

Wien/Salzburg, im Oktober 2014                                          Dorothea Weber

# Danksagung

Während meiner Arbeit an der vorliegenden Edition erhielt ich von mehreren Seiten Unterstützung, für die ich hier aufrichtig danken möchte: Helena Leithe-Jasper, Martin Wagendorfer sowie Mitarbeiterinnen und Mitarbeiter der Handschriftensammlung der Bayerischen Staatsbibliothek, München, waren mir bei Fragen zur Handschrift *M* unkompliziert behilflich. Bei Anfragen ebenso rasch behilflich waren Mitarbeiterinnen und Mitarbeiter der Handschriftenabteilungen der Bibliothèque royale de Belgique, der Bibliothèque nationale de France sowie des Historischen Archives der Stadt Köln. Mit Albrecht Diem (Syracuse University) und Hildegund Müller (University of Notre Dame) konnte ich einzelne Probleme sowohl informell besprechen als auch im Rahmen eines Studientages zu monastischen Texten, den ich im Juni 2013 am Institut für Benediktinische Studien (Salzburg) abhielt, diskutieren. Ohne Michaela Puzicha, OSB (Leiterin des IBS Salzburg), wäre dieser Studientag nicht zustande gekommen; auch darüber hinaus hatte sie stets ein offenes Ohr für Fragen, die mit dem Text der Regula Benedicti in Zusammenhang standen. In der Schlussphase der Arbeit erhielt ich weitere Anregungen von den Gutachtern dieses Bandes.

Dank gebührt auch meinen Kollegen am CSEL, Clemens Weidmann, dessen Meinung ich in mancher textkritischen Frage eingeholt habe, ebenso wie Lukas Dorfbauer. Großer Dank gilt unserer Leiterin, Dorothea Weber: Sie hat die Editionsarbeit mit Ratschlägen und Anregungen, die aus ihrer reichen editorischen Erfahrung entspringen, in allen Phasen in zahlreichen Gesprächen begleitet. Meinen Eltern und meinem Mann Johannes gehört mein wärmster Dank für ihre große Unterstützung und für darüber hinaus noch so viel mehr.

Gewidmet sei die Edition Michaela Zelzer im Andenken an ihre jahrzehntelange unermüdliche Tätigkeit für das CSEL, aber auch in sehr persönlichem Andenken an eine akademische Lehrerin, die meine Freude an editorischer Arbeit geweckt hat und später eine freundschaftliche Kollegin war.

Wien/Salzburg, im Oktober 2014                                        Victoria Zimmerl-Panagl

# Inhaltsverzeichnis

## Donati Regula

### Einleitung

1 **Bischof Donat und seine Klosterregel** —— 3
1.1 Biographisches zu Donat – Anlass für die Regel —— 3
1.2 Aufbau der Donat-Regel —— 4
1.3 Inhaltliche Gliederung der Donat-Regel —— 8
1.4 Zum Titel der Regel —— 10
1.5 Quellen der Donat-Regel —— 11
1.5.1 Donat und die Nonnenregel des Caesarius (Caes.) —— 11
1.5.2 Donat und die Columban-Regeln (Col. coen. und Col. mon.) —— 15
1.5.3 Pseudo-Columbani Regula monialium (Ps.-Col. = Frg. I) —— 22
1.5.4 Donat und die Benedikt-Regel —— 23
1.5.5 Weitere Quellentexte in Regel-Text und Widmungsepistel —— 27
1.6 Donat als Kompilator und Gestalter —— 28
1.6.1 Caes. 35,3–5 und Don. 4,1 bzw. 52,29 —— 29
1.6.2 Caes. 43,3 und Don. 60,4 —— 31
1.6.3 Ben. 42,8 und Don. 19 —— 31
1.6.4 Ben. 5,1–9 sowie 7,38–41 und Don. 37,1–13 —— 32
1.6.5 Kombination auffällig vieler Einzelstellen
bzw. Donats Hinzufügungen —— 35
1.6.6 Besonderheiten bei der Übertragung maskuliner Begriffe
ins Feminine —— 36
1.6.7 Donats ‚Stil‘ —— 36
1.6.8 Spezifika der Donat-Regel – inhaltliche Änderungen gegenüber
den Quellen —— 38

2 **Zur Überlieferung der Donat-Regel** —— 41
2.1 Handschriftliche Überlieferung —— 41
2.1.1 Benedikt von Aniane und seine Regel-Sammlung (Codex Regularum)
bzw. Concordia Regularum —— 41
2.1.2 Codex Regularum: München, Clm 28118 —— 42
2.1.3 Arnoldus Losen – die Handschrift Köln, Hist. Archiv W 231 —— 44
2.1.4 Eine Handschrift der Bollandisten – Codex Bruxelles,
Bibl. roy. 8126–41 —— 47
2.1.5 Verlorene Handschriften —— 49
2.2 Editionen —— 50

2.2.1    Die Edition des Lucas Holstenius (1661) und ihre Nachdrucke
         bis Migne (PL 87) —— **50**
2.2.2    Die diplomatische Edition der Epistula von Gérard Moyse (1973)
         bzw. der Epistula und der Regel von Hope Mayo (1974) —— **54**
2.2.3    Die kritischen Editionen von Ingrid Prischl (1977)
         und Adalbert de Vogüé (1978) —— **55**

**3    Zur Erstellung des Textes —— 57**
3.1      Die Handschrift *M* als Textzeuge – redaktionelle Tätigkeit
         des Benedikt von Aniane? —— **57**
3.2      Fehler in *M* oder Abweichung Donats von seiner Quelle –
         Überlegungen zu Donats ‚Originalwortlaut' —— **60**
3.3      Zur vorliegenden Edition – textkritische Bemerkungen —— **64**
3.3.1    Zu e/i und zu Infinitiv-Konstruktionen —— **64**
3.3.2    Zu o/u —— **67**
3.3.3    ‚Fremdwörter' und Namen —— **68**
3.3.4    Zu ae/e bzw. oe/e und anderen Orthographica, zu Aspirationen
         und Assimilationen —— **69**
3.3.5    Konjekturen in vorliegender Edition —— **70**
3.4      Textkritischer Kommentar —— **72**

**4    Zur vorliegenden Edition —— 128**
4.1      Kennzeichnung der Quellen und Quellenapparat —— **128**
4.2      Abkürzungen —— **130**
4.2.1    Im textkritischen und quellenkritischen Apparat —— **130**
4.2.2    Regeltexte —— **131**

**Literaturverzeichnis —— 132**
**Conspectus Siglorum —— 137**

**Donati Regulae textus ——139**

## Pseudo-Columbani Regula monialium (frg.)

### Einleitung

**1    Überlieferung (*M K B*) und Editionsgeschichte (*s m*) —— 191**
1.1      Die Handschriften *M* und *K* – Arbeitsweise von Albertus Losen —— **192**
1.2      Handschrift *B* —— **194**

**2    Allgemeines zum Text —— 195**

2.1     Autor und Datierung —— **195**
2.2     Scheidung von Frg. I und Frg. II —— **196**
2.2.1   Indizien aus *M* —— **197**
2.2.2   Indizien aus der Concordia Regularum des Benedikt von Aniane —— **199**
2.2.3   Indizien aus dem Text —— **200**

**3     Fragment I (Pseudo-Columbani Regula monialium [fin.])** —— **201**
3.1     Quelle und Inhalt —— **201**
3.2     Aufbau – aus Col. coen. übernommene Passagen —— **202**
3.3     Das Verhältnis zum Donat- und Columban-Text —— **206**
3.3.1   Textliche Verwandtschaft mit der/Unterschiede zur Donat-Regel –
        Rückschluss auf die Form des Columban-Textes im 7. Jh. —— **206**
3.3.2   Textvergleich von Frg. I und Col. coen. —— **208**
3.4     Bemerkungen zu sprachlichen Auffälligkeiten
        und zur Texterstellung —— **210**
3.4.1   *quinquagesimi*, *psalmodii*; Geschlecht von *dies* —— **211**
3.4.2   Col. coen. in der Handschrift Paris, BN Lat. 4333B und Frg. I —— **211**
3.4.3   Orthographica —— **212**
3.4.4   Konjekturen und Textänderungen in vorliegender Edition gegenüber der
        Edition von Seebass (*s*) —— **212**
3.4.5   Diskussion inhaltlich auffälliger Passagen und
        textkritischer Probleme —— **213**

**4     Fragment II (*De accedendo ad deum prompto corde orandum*)** —— **222**
4.1     Zur Textfassung in *M* und in der Concordia Regularum (*c*) —— **223**
4.2     Zur Texterstellung —— **224**

**5     Zur vorliegenden Edition** —— **229**
5.1     Zählung —— **229**
5.2     Quellenapparat (Frg. I) —— **229**
5.3     Textkritischer Apparat —— **230**
5.4     Abkürzungen —— **230**
5.4.1   Im textkritischen Apparat —— **230**
5.4.2   Regeltexte —— **231**

**Literaturverzeichnis** —— **232**
**Conspectus Siglorum** —— **234**

**Frg. I textus** —— **235**
**Frg. II textus** —— **239**

**Index** —— **241**

**Donati Regula**

# Einleitung

## 1 Bischof Donat und seine Klosterregel

### 1.1 Biographisches zu Donat[1] – Anlass für die Regel

Donat wurde vor dem Jahr 596 geboren, lernte im von Columban gegründeten Kloster von Luxeuil, in dem er erzogen wurde[2] und Mönch war, die irische Klostertradition kennen und wurde vor dem Jahr 627 zum Bischof gewählt; bis etwa 660 stand er der Kirche von Besançon vor.[3] Er gründete ein dem heiligen Paulus geweihtes Männerkloster (*Palatium*), für das – nach der Nachricht des Jonas von Bobbio (vita Col. 1,13) – die Regula Columbani gegolten haben soll.[4] In der Kirche dieses von ihm gegründeten Klosters ist Donat schließlich begraben worden.

Donats Mutter Flavia hat (nach dem Tod ihres Mannes) in Besançon ein Kloster gegründet. Dieses Kloster (Jussamoutier) wurde vor dem Jahr 643 erbaut und der heiligen Maria geweiht; Flavia soll dort begraben sein. Von den Nonnen dieses Klosters unter der Äbtissin Gauthstrude wurde Donat etwa um die bzw. vor der Mitte des 7. Jahrhunderts gebeten, eine Klosterregel zu verfassen. Dafür stellte Donat eine Regel aus mehreren Texten zusammen: aus der Nonnenregel des Caesarius von Arles, der Regel des Benedikt von Nursia und den Regeln seines Lehrers Columban.[5]

---

1 Zur Donat-Vita vgl. u. a. BARDY, HEINZELMANN, JENAL und TOUCAS mit ihren Lexikon-Artikeln zu Donat (weitere Lexikon-Artikel siehe LAPIDGE, Donatus, 143), aber auch PRINZ, Frühes Mönchtum, 149f. und passim; MOYSE, Les origines, 95–100; 372f. und passim; MAYO, Three Merovingian Rules 1, besonders 120–126, oder DIEM in seiner Einleitung zur deutschen Übersetzung der Donat-Regel in HAUSCHILD – DIEM, 7f.

2 In der Vita sancti Columbani berichtet Jonas von Bobbio auch über Donat (1,14, ed. B. KRUSCH, MGH SRM 37, p. 174f.): Donats Vater Waldelenus (*dux quidam nomine Waldelenus, qui gentes qui intra Alpium septa et Iurani saltus arva incolent regebat ...*) und seine Gattin Flavia waren zu Columban aufgebrochen, weil sie kinderlos waren und den Heiligen um Gebet bitten wollten. Der Legende nach versprach Columban dies: '*Si' inquit 'voti vestri est, ut largitoris donum eius nomini consecretis mihique ex lavacro suscipiendum tradatis, pro vobis ego domini clementiam implorabo ...*'. Aus diesem Grund wurde Donat im Columban-Kloster erzogen.

3 Donat war unter den Bischöfen der Synoden von Clichy (im Jahr 626/627) und Chalon-sur-Saône (647/653); vgl. DUCHESNE, Fastes 3, 213f., sowie die Edition Concilia Galliae a. 511 – a. 695 (ed. C. DE CLERCQ, CCSL 148A, pp. 296 [*Donans*] bzw. 308 [*Donatus*]).

4 ENGELBERT, Regeltext, 43, warnt allerdings vor einem vorschnellen (aus der hagiographischen Literatur des irofränkischen Mönchtums gezogenen) Urteil darüber, nach welcher Regel ein Kloster besonders im Zeitalter der Regula mixta (zum Begriff siehe u. p. 4) tatsächlich gelebt habe.

5 Vgl. u. a. PRINZ, Frühes Mönchtum, 80–82; 149f. und 285f.; M. ZELZER, Die Regula Donati, der älteste Textzeuge, 23–36; DE VOGÜÉ, Histoire littéraire du mouvement monastique, XI, 11–23.

## 1.2 Aufbau der Donat-Regel

Eine Regel unter Rückgriff auf andere Regel-Texte zu erstellen – wenn auch nicht immer unter streng wörtlicher Zitierung der Vorbildtexte –, Geeignetes auszuwählen und die Quellentexte zu adaptieren, ist kein nur der Donat-Regel eigenes ‚Spezifikum‘, sondern in der Gattung der Klosterregeln jener Zeit verankert. Die Donat-Regel verkörpert den Typ der ‚Regula mixta‘, worunter im lateinischen Westen die vor- und außerbenediktinische Regel-Tradition verstanden wird, aus der später die Benedikt-Regel stärker heraustrat, um ab der bonifatianisch-karolingischen Kirchenreform für das monastische Leben (mehr oder weniger) verbindlich zu werden[6] (kombinierte Benedikt-Columbanregeln sind für eine Reihe von Klöstern des Frankenreiches anzunehmen).[7]

Im gallisch-fränkischen Raum war Donat nicht der erste Verfasser einer Kloster-Regel. Vor ihm verfassten im 6. Jh. etwa die Bischöfe Caesarius (gest. 542) und Aurelianus von Arles (gest. 551), Bischof Ferreolus von Uzès (gest. 581) oder der unbekannte Autor der Regula Tarnatensis ihre Werke, im 7. Jh. beispielsweise die Verfasser der Regula cuiusdam ad virgines bzw. der Regula cuiusdam patris ad monachos.[8] Insgesamt sind heute zwar mehr Regeln für Männer- als für Frauenklöster erhalten, jedoch ist Donats Nonnenregel auch im gallisch-fränkischen Raum nicht ohne Vorläufer, haben doch bereits die Bischöfe Caesarius bzw. Aurelianus von Arles Regeln für Frauenklöster geschrieben, und etwa aus derselben Zeit wie die Donat-Regel stammt auch die Regula cuiusdam ad virgines.[9] Mit Albrecht Diem lässt sich sagen, dass „kaum ein Klostergründer ... auf die Idee gekommen" ist, „gleich zu Beginn auf Distanz zur monastischen Tradition zu gehen, indem er für seine Gemeinschaft ein neues und abweichendes Programm formulierte."[10]

Für die Regel-Forschung ist es reizvoll zu erarbeiten, in welcher Weise die Donat-Regel in ihrem Rückgriff auf ältere Texte und in der Anordnung bzw. Adaptierung dieser älteren Texte ein neu ponderiertes Ganzes geschaffen hat (zu Donats

---

**6** Formuliert nach J. SEMMLER, Art. Regula mixta, in: Lexikon des Mittelalters 7 (1995), 606f. mit Literaturhinweisen. Zur Regula mixta-Tradition und Donat vgl. auch PRISCHL, Die Regula Donati, 76–81.

**7** Vgl. PRINZ, Frühes Mönchtum, 268–292; vgl. MOYSE, Les origines, 410–426.

**8** Überlegungen, wie sich Donat in diese Tradition einfügt, etwa bei MAYO, Three Merovingian Rules 1, 131. DIEM, New Ideas, 10f., macht auf die Problematik aufmerksam, die sich für die ‚Columbanianer‘ möglicherweise aus der Kombination der Columban- und der Benedikt-Regel ergeben haben könnte.

**9** PRINZ, Frühes Mönchtum, 81f., vermerkt, dass Donats Regel wohl auch in anderen Klöstern befolgt wurde (etwa Chamalières bei Clermont, Royat bei Clermont und in Laon, im Kloster der Salaberga/Sadalberga). Eine Nennung weiterer Klöster, die möglicherweise die Donat-Regel befolgten, auch bei MUSCHIOL, Famula Dei, 72 (außer den zuvor genannten: Dornaticum, Fécamp? [Muschiol: „aber Prinz, 127"], Paris St. Martial?).

**10** DIEM, Das monastische Experiment, 139.

Arbeitsweise sowie zu besonderen Schwerpunktsetzungen seiner Regel siehe unten pp. 28ff. mit Verweisen auf Sekundärliteratur).

Im Folgenden eine Übersicht über die einzelnen Kapitel[11] der Donat-Regel und ihre jeweils rezipierten Quellen (wenn keine Quelle nachweisbar ist, geht der Wortlaut wohl auf Donat zurück, was mit „Don." angegeben wird):

I *Qualis debeat esse abbatissa*: Ben. 2,tit./1; 64,7–17; 2,13f.16–18.20; 64,(19.)20f.

II *De adhibendis ad consilium sororibus*: Ben. 3,tit.–5.7–10; *cf.* Caes. 65,2; Ben. 3,11–13

III *Quae sunt instrumenta bonorum operum*: Ben. 4

IIII *Qualis debeat esse abbatissa*: Caes. 35,3–5.7–10

V *De praeposita monasterii*: Ben. 65,tit.; 31,1f.13; 65,15.16–21; Don.; *cf.* Caes. 65,2

VI *Ut quae ad conversionem venerit non statim recipiatur*: Don. (*cf.* Caes. 2,2); Caes. 4,1; Ben. 58,2–9; Don. (*cf.* Ben. 58,9–14.17; 61,8); Caes. 7,3

VII *De his quae relictis maritis ad monasterium veniunt qualiter recipiantur*: Caes. 5,1–4; 6; 7,1f.

VIII *Ut nulli liceat rem propriam possidere*: Ben. 33,(tit.)1–7; Col. coen. 6 u.ö.

VIIII *Ut nemo peculiare opus sine iussione faciat abbatissae*: Caes. 8,1; 29,2; *cf.* 27,3; *cf.* Col. coen. 15; Caes. 21,1f.

X *Ut nulla dispiciat sororem suam*: Caes. 21,3–6; Don.; *cf.* Col. coen. 4 u.ö.

XI *Ut nulli liceat semotam habere mansionem*: Caes. 9,1; Don.; Caes. 9,2f.; *cf.* Col. coen. 5 u.ö.

XII *Qualiter senes vel infirmae gubernandae sint*: Caes. 42,1–4; Ben. 36,1–8; Caes. 71,8f.; 22,4; 32,3

XIII *Qualiter ad officium divinum curratur*: Ben. 43,1–6; Don.

XIIII *De his quae ad opus dei vel ad mensam tarde occurrerint*: Ben. 43,tit.; Caes. 12,1f.; *cf.* Ben. 3,10 u.ö.; *cf.* Ben. 43,13–15; Ben. 43,15–17

XV *De significanda hora operis dei*: Ben. 47

XVI *De oratorio monasterii*: Ben. 52

XVII *De disciplina psallendi in oratorio*: Ben. 19; *cf.* Caes. 10; Caes. 22,1; Col. coen. 4

XVIII *De reverentia orationis*: Ben. 20

XVIIII *Qualiter silentium studere debeant sorores*: Ben. 42,1(f.).8; Anon. (*cf.* Ps.-Col. 33–36)[12]

XX *Quando vacent lectioni*: Caes. 19,1; 19,2–20,3; Don.; Caes. 22,2; 17,2f.; Caes. serm. 233,6

XXI *Si omnes aequaliter debent necessaria accipere*: Ben. 34

---

11 Michaela Zelzer ging von auf 66 Kapitel verteilten Passagen aus, vgl. K. und M. (†) Zelzer, Zu Überlieferung und Textgestaltung, 43 Anm. 103; zur Frage nach der Kapitelzählung bzw. Kapitelgliederung vgl. Zimmerl-Panagl, Unbeachtete Quellen, sowie unten pp. 78f.

12 Zum Problem, dass die Quelle zwar nicht exakt benannt werden kann, dass Donat diese Passage jedoch aller Wahrscheinlichkeit nach in Zusammenhang aus den Erweiterungen der Columban-Regel kennengelernt hat, vgl. Zimmerl-Panagl, Elegi pauca e plurimis, 236–252, sowie unten pp. 22f.

XXII *Qualis debeat esse ancilla dei dum castigatur*: Caes. 13,1 (+ tit.); Don. (*cf.* Ben. 3,10 u.ö.); Caes. 13,2

XIII *Qualiter ad confessionem omnibus diebus veniant*: Don.; Col. coen. 1

XXIIII *De his quae ad lectum suum aliquid occultare praesumpserint*: Caes. 30,2f.; Don.

XXV *De his quae non custodierint benedictionem ad mensam et cetera similia*: Col. coen. 1 (*cf.* 3); 2

XXVI *De his quae in coquina aliquid effuderint*: Col. coen. 2; 3; 4

XXVII *De his quae sine oratione egrediuntur domo*: Col. coen. 3; 8

XXVIII *Quae profert fabulas otiosas ad aliam et quae se excusaverit et dicit consilium contra consilium*: Col. coen. 4

XXVIIII *De his quae reprehendunt aliarum opera et cetera similia*: Col. coen. 6; 7; 8

XXX *De his quae cum praeposita sua superbe contendunt*: Col. coen. 8

XXXI *De his quae non postulant veniam correctae et cetera similia*: Col. coen. 8

XXXII *Ut nulla alterius teneat manum nec iuvenculae se invicem appellent*: Col. coen. 8 (*cf.* Hier. reg. Pachom. 95); *cf.* Col. coen. 3; Col. coen. 8

XXXIII *Ut sedentes ad mensam taceant*: Caes. 18,2–6; Don. (*cf.* Col. coen. 1); Col. coen. 9 (cf. Ps.-Col. 2f.)

XXXIIII *Qualiter aut quibus temporibus genua flectantur*: Col. coen. 9 (*cf.* Ps.-Col. 4–12. 24)

XXXV *Ut iurare omnino non liceat*: Caes. 3; Don. (*cf.* Col. coen. 4 u.ö.)

XXXVI *De quadragesimae observatione*: Ben. 49,tit.–9

XXXVII–XLVIII[13] *Quot sunt gradus humilitatis*: Ben. 5,1–9; 7,38–41; 5,11–15; Col. mon. 1; Ben. 7,31–37.44–70

XLVIIII *De taciturnitate*: Col. mon. 2; Ben. 6,tit./1f.; Col. mon. 2; Ben. 6,3–5; Caes. 9,3; *cf.* Col. coen. 4 u.ö.; Ben. 6,8

L *De custodia oculorum*: Caes. 23 (+ tit.); 22,5

LI *Ut peccatum alterius non celetur*: Caes. 24 (+ tit.)

LII *Ut inter se litigare vel convicia dicere non debeant*: Caes. 26; 33,1; Ps.-Sulp. Sev. epist. 2,17 (= Ps. Hier. epist. 13); Caes. 33,2–7; 34,2–4; Don. (*cf.* Caes. 33,6); Caes. 34,5f.; 35,1–3

LIII *Ut nulla a parentibus suis sine iussione aliquid accipiat*: Ben. 54,1–3; Caes. 25; *cf.* Col. coen. 6 u.ö.

LIIII *Ut nulla cuiuslibet filiam alterius in baptismo excipiat*: Caes. 11; 7,4; Don.

LV *Qualiter provisores monasterii vel reliqui viri intra monasterium debeant introire*: Caes. 36 (+ tit.)

---

**13** Michaela Zelzer fasste XXXVII–XLVIII als ein einziges großes Kapitel auf, tilgte die Zählung der überschriftlosen Kapitel XXXVIII–XLVIII und setzte die Zählung erst wieder mit XXXVIII *De tacitur-nitate* fort (analog dazu reduzierte sich die Zählung bis zum Ende um 11 Kapitel), vgl. K. und M. (†) Zelzer, Zu Überlieferung und Textgestaltung, 43 Anm. 103. Zur Problematik vgl. Zimmerl-Panagl, Unbeachtete Quellen, und unten pp. 78f.

LVI *Ut neque matronae saeculares ingredi permittantur vel puellae*: Caes. 37 (*cf.*); Don. (*cf.* Aurelian. reg. mon. 14; Caes. 39,3/40,1)

LVII *Qualiter abbatissa in salutatorium ad salutandum exeat vel qualiter ancillae domini suos parentes debeant salutare*: Caes. 38,1(+ tit.); Don.; Caes. 51,3f.; 40; 38,2f.

LVIII *Ut convivium nulli praeparetur*: Caes. 39,1f.; Don.

LVIIII:[14] Caes. 41

LX *Quales ad posticium eligi debeant*: Ben. 66,1f.5; Caes. 43,2–4

LXI *De cellararia monasterii qualis esse debeat*: Ben. 31

LXII *De ferramentis aut aliis rebus monasterii vel vestibus*: Ben. 32,tit.–3; Caes. 32,4f.; 43,7

LXIII *Ut ornamenta vel varia opera in monasterio non fiant*: Caes. 55; 60,1; (*cf.*) 44,3; 60,2; 44,4f.

LXIIII *Capita qua mensura ligentur*: Caes. 56

LXV *Quomodo dormire debent*: Ben. 22

LXVI *De ordine congregationis*: Ben. 63,tit.–12.15–17

LXVII *De septimanariis coquinae*: Ben. 35,tit./1; Caes. 14,2; Ben. 35,1–4.7.10–14

LXVIII *Si sorori impossibilia iniungantur*: Ben. 68

LXVIIII *Qualis debet esse modus excommunicationis*: Ben. 24

LXX *De gravioribus culpis*: Ben. 25

LXXI *De his quae sine iussione iunguntur excommunicatis*: Ben. 26

LXXII *Qualis debet esse sollicitudo circa excommunicatas*: Ben. 27,1–4

LXXIII *De his quae saepius correptae non emendaverint*: Ben. 28; Caes. 65,2; Col. coen. 6

LXXIIII *Ut non praesumat altera aliam defendere*: Ben. 69; *cf.* Col. coen. 6 u.ö.

LXXV *De ordine quo psallere debeant*: *cf.* Col. mon. 7; coen. 15 (*cf.* Ps.-Col. 37–39)

LXXVI *Quibus horis reficiant sorores*: Ben. 41,tit.–5; Caes. 67,2f.5; Ben. 41,7f.

LXXVII *De electione abbatissae*: Caes. 61; 64,1f.; 47

Donat schreibt in seiner an die Äbtissin Gauthstrude und ihre *congregatio* gerichteten Widmungs-Epistel, dass er nicht gewagt hätte, dieses *enchiridion* aus den Werken so großer Autoritäten zusammenzustellen, hätten ihn nicht die Nonnen darum gebeten.[15] Er fügt hinzu (epist. 18–20): *haec vero scedula ... ita per titulos luculentius deflorata est, ut quaelibet sit necessitas requirendi prius in capitulis cernatur et facile iuxta era designata in capitulo suo repperiatur. Quae capitula vilitatis meae apologe-*

---

14 Michaela Zelzer schlug in Abwandlung der Konjektur des Lucas Holstenius folgende Ergänzung vor: *Ut abbatissa extra congregationem non reficiat.* In Donats Quelle (Caesarius) liest man die Überschrift: *ut abbatissa numquam nisi infirmitate faciente extra congregationem manducet.* Zur Problematik der fehlenden Überschrift bzw. der Zählung ausführlicher ZIMMERL-PANAGL, Unbeachtete Quellen, und unten pp. 78f.

15 Zu bisher nicht gesehenen literarischen Anspielungen auf spätantike Autoren in diesem Abschnitt der Epistel vgl. ZIMMERL-PANAGL, Unbeachtete Quellen, sowie knapp unten pp. 27f.

*ticam* [= Donats Epistel] *subsequuntur.* Aus diesen Worten geht hervor, dass Donat dem Werk ein Inhaltsverzeichnis vorangestellt hat;[16] dieses fehlt allerdings in der handschriftlichen Überlieferung und wurde von Michaela Zelzer restituiert[17] (zu damit verbundenen Problemen vgl. unten pp. 78f. und ZIMMERL-PANAGL, Unbeachtete Quellen).

## 1.3 Inhaltliche Gliederung der Donat-Regel

Mit der inhaltlichen Strukturierung der Regel haben sich Adalbert de Vogüé, Michaela Zelzer, Ingrid Prischl sowie Hope Mayo, ohne auf die Ergebnisse wechselweise Bezug zu nehmen, auseinandergesetzt (PRISCHL gibt auf den Seiten 124–126 kurz einen Überblick über jene Abschnitte aus Donats Quellen, die Donat nicht übernommen hat).[18] Sie machen zu Recht darauf aufmerksam, dass die Abfolge einiger Kapitel bei Donat von der Abfolge in seiner Quelle bestimmt ist und dass man stärker durch Benedikt geprägte Großabschnitte von stärker an Caesarius oder Columban orientierten unterscheiden kann (im Folgenden die Übersicht nach MAYO, 148f.): 1–3 (Ben.), 6–11 (vage Anlehnung an die Abfolge bei Caes.), 25–34 (Col.), 37–48 (Ben.), 50–52 (Caes.), 55–58 (Caes.) und 69–73 (Ben.) Eine Doublette erkennen de Vogüé und Mayo in den zweifach angeführten Strafbestimmungen, einmal an Col. (Don. 23–35), einmal an Ben. (Don. 69ff.) orientiert.[19]

---

**16** Michaela Zelzer schloss aus diesem Satz außerdem, dass die einzelnen Kapitel allein mit einer Nummer überschrieben gewesen wären, nicht aber mit einer Überschrift, vgl. K. und M. (†) ZELZER, Zu Überlieferung und Textgestaltung, 43 Anm. 103. Überliefert sind jedoch die Kapitel-Überschriften vor jedem einzelnen Kapitel. Die Erwähnung der *era* in epist. 19 muss nicht zwingend bedeuten, dass vor den Kapiteln nur eine Zahl ohne Überschrift zu finden war, sondern Donat scheint deswegen explizit auf die Zahl hinzuweisen, weil sie für das ‚Zurechtfinden' in seiner Regula eine ‚Orientierungshilfe' darstellt. Zum Problem der Kapitel-Gliederung bzw. -Zählung sei abermals verwiesen auf ZIMMERL-PANAGL, Unbeachtete Quellen, und unten pp. 78f.

**17** Dass die Regula Donati einen solches Verzeichnis enthalten haben muss, hielten bereits MAYO, Three Merovingian Rules 1, 128 (jedoch ohne dieses Verzeichnis im Editionsteil wiederherzustellen), und DE VOGÜÉ – COURREAU in der Edition der Regula Caesarii ad virgines, SC 345, p. 148, fest. In der französischen Übersetzung der Donat-Regel geben DUPONT – DE SEILHAC (117–120) zu Recht „Titres des Chapitres" zwischen Epistula und Regel-Text.

**18** DE VOGÜÉ, La Règel de Donat, 221–230, besonders 229, etwas ausführlicher in Histoire littéraire du mouvement monastique dans l'antiquité, XI, 14–23; M. ZELZER, Die Regula Donati, der älteste Textzeuge, 28–31; PRISCHL, Die Regula Donati, 81ff. (auch in Auseinandersetzung mit dem negativen Urteil durch GINDELE, Satisfaktionsordnung, 232); MAYO, Three Merovingian Rules 1, besonders 144–149. Sehr knappe Angaben zur Gliederung auch bei BARDY, Art. Donat, 1575, und TOUCAS, Art. Regula Donati, 1574. – Mit der Rezeption der Benedikt-Regel durch Donat setzt sich DE SEILHAC, L'utilisation, auseinander.

**19** Vgl. dazu auch MAYO, Three Merovingian Rules 1, 171–173.

Donat beginnt seinen Regel-Text mit Vorschriften die *abbatissa* betreffend, bezieht diesen Abschnitt und die folgenden Kapitel aus Benedikt (Don. 1–3 = Ben. 2–4, wobei er auch aus Ben. 64 Material gewinnt), ergänzt Vorschriften über die Aufgaben der *abbatissa* und *praeposita* aus Caes. 35 (Don. 4) und beendet diesen ersten Abschnitt mit Passagen aus Ben. 65 (Don. 5).[20]

Hernach folgen in einem ersten an Caesarius orientierten Teil Vorgaben über den Eintritt in das Kloster (Don. 6/7), die Nennung des ersten *vitium* des Klosterlebens (eigener Besitz), das Gebot der Armut[21] (Don. 8–11; angelehnt zuerst an Ben. 33, fortgesetzt durch Vorgaben bei Caes.) sowie die Sorge um die Armen und Schwachen (Don. 12). Darauf folgt ein Block, der inhaltlich mit dem *officium* in Zusammenhang steht (Don. 13–20): zuerst über das Eilen zum *officium*, aber auch *ad mensam*, dann über die Gebetszeiten bzw. das Verhalten beim Gebet sowie über *lectiones*, verbunden mit der Aufforderung, außerhalb der Gebetszeiten zu schweigen. Kapitel 21 beschäftigt sich mit der Frage, warum nicht allen gleichermaßen dasselbe zuzuteilen ist (Ben. 34), bevor sich eine Reihe von Vorschriften anschließt, die eine Zusammenstellung von Vergehen und deren Bestrafung zum Inhalt hat (Don. 22–35), wobei Kapitel 22 die innere Haltung der zu Tadelnden beschreibt und Kapitel 23 die Wichtigkeit der *confessiones* hervorhebt (nach Col., von Donat mit eigenen Worten nachdrücklich eingeleitet und damit besonders gewichtet).

Mit Kapitel 36 endet der vor allem an Columban orientierte Abschnitt, und es folgen allgemeine Vorschriften für das Klosterleben. Donat beginnt mit der *quadragesimae observatio* (Ben.) und lässt die Aufzählung der Demutsstufen (Ben.), die nachdrückliche Betonung der *taciturnitas* (dafür wurden Passagen aus allen drei Quellentexten verbunden), hernach die Mahnung zur Zügelung der *concupiscentia oculorum*, die Aufforderung zur Meldung von Vergehen der Mitschwestern sowie Warnung vor Streit und einige Vorschriften zum Verhalten im Fall eines Streites folgen (dieser Abschnitt ist deutlich an Caesarius orientiert).

Die nächsten Kapitel (Don. 53–60) scheinen unter dem Begriff ‚Kontakt mit der Außenwelt' subsumierbar, wobei das letzte dieser Kapitel (60) über das Amt der *portaria* zu Angaben über das Amt der *cellararia* überzuleiten scheint. Weitere Regelungen, die sich mit Kleidung, Schmuck oder Haartracht beschäftigen (Don. 62–64), sowie Vorschriften das Schlafen betreffend (Don. 65) folgen, bevor in 66 über die Rangordnung im Kloster sowie in 67 über den Dienst in der Küche gehandelt wird.

---

**20** Die Eingliederung von Ben. 4 = Don. 3 sieht PRISCHL, Die Regula Donati, 82f., als gewissermaßen den inhaltlichen Plan durchbrechend an, jedoch meint sie, Donat habe dieses wichtige Kapitel an dieser Stelle eingefügt, weil er es auch bei Ben. in diesem Verband angetroffen hatte.

**21** PRISCHL, Die Regula Donati, 93, betont, dass sich hier zeigen lasse, wie Donat einen fließenden Übergang zwischen Passagen unterschiedlicher Autoren geschaffen habe: Die von Caesarius in Zusammenhang mit dem Noviziat erwähnte Besitzlosigkeit führt zu Benedikts Kapitel über das Verbot jeglichen Eigentums.

Danach schließen sich Regelungen an für den Fall, dass eine Nonne einen ihr erteilten Auftrag nicht erfüllen kann (68).

Die folgenden Kapitel (Don. 69–72 = Ben. 24–27) handeln von *excommunicatio* und dem Umgang mit den *excommunicatae*, woran sich wie bei Benedikt (28) Vorgaben über wiederholt Zurechtzuweisende anschließen, bei Donat verbunden mit dem Verbot, dass eine die andere verteidigt (Don. 73/74).

Die letzten Kapitel stehen für sich. Kapitel 75 umfasst (die Vigilien betreffend) den *ordo psallendi* (orientiert an Col. mon. 7), 76 den *ordo convivii* (Ben. und Caes.); in Kapitel 77 wird schließlich von der Wahl der *abbatissa* gehandelt und verboten, an der *regula* irgendetwas zu ändern (beides übernommen aus Caes.). Der Epilog der Caesarius-Regel (Caes. 47) beschließt auch die Donat-Regel; dieser Abschnitt ist als Teil des Schlusskapitels überliefert. Die Überschrift des Schlusskapitels deutet nicht ausdrücklich darauf hin, dass der Epilog Teil des letzten Kapitels war, jedoch kann dies auch nicht mit letzter Sicherheit ausgeschlossen werden.

## 1.4 Zum Titel der Regel[22]

Gérard Moyse macht mit Recht darauf aufmerksam, dass Donat in seiner Widmungsepistel (3 bzw. 18) sein Werk als *in-/enchiridion* bzw. *scedula* bezeichnet.[23] Donat hat diese Begriffe jedoch wohl eher als inhaltliche Beschreibung bzw. in topischer Bescheidenheit verwendet, und es ist wenig wahrscheinlich, dass er mit ihnen seinem Werk auch tatsächlich einen konkreten Titel gegeben hat.[24]

In der Handschrift *M* (zu dieser Handschrift vgl. unten pp. 42–44), dem einzigen frühen Textzeugen der Donat-Regel (die beiden jüngeren Handschriften fußen auf ihm), findet sich am Ende der Regel die Angabe *explicit regula Donati* und in anderer Tinte der Zusatz *ad Gauthstrudę*. Michaela Zelzer hat (wie alle Editoren bisher) diese Angabe nicht als Vermerk des Schreibers, sondern offenbar als Donats Originalwortlaut angesehen, weil sie diese an das Ende des erstellten Textes setzte. Unter diesem Aspekt wäre *Regula Donati (ad Gauthstrude)* der vom Autor stammende Werktitel, jedoch erscheint fraglich, ob diese Worte tatsächlich von Donat selbst stammen und Teil seines Textes sind (wie die klar persönlich formulierten Subscriptiones von Caesarius' Regula ad virgines oder Aurelians Regula ad monachos, die eindeutig

---

**22** Dass der Text am Titelblatt vorliegender Edition als „Donati Regula" bezeichnet ist, richtet sich nach den Vorgängereditionen von Regeltexten in der Reihe CSEL („Benedicti Regula", „Eugippii Regula", „Basilii Regula"). Zur Frage, ob ein ‚Original-Titel' rekonstruierbar ist, vgl. das Folgende.
**23** Vgl. MOYSE, Les origines, 402.
**24** Auch wenn *enchiridion* durchaus als Werktitel Verwendung fand, vgl. STOTZ, Handbuch 1, p. 462 (§ 39.7) mit Verweis auf P. LEHMANN, Mittelalterliche Büchertitel, in: P.L., Erforschung des Mittelalters, 5, Stuttgart 1962, 1–93.

von den Verfassern der Regeln geschrieben wurden);[25] die Regula magistri beispielsweise weist in *M* am Ende den Vermerk auf: *Explicit regula sanctorum patrum*, was weder als Werktitel noch als vom anonymen Autor autorisiert angesehen wird.[26]

## 1.5 Quellen der Donat-Regel

Etwa ein Drittel des Textes stammt aus der Nonnenregel des Caesarius, etwa die Hälfte aus Benedikt, der Rest (bis auf einige wenige, zum Teil nicht eindeutig auf Quellen zurückführbare Passagen) aus den Regulae Columbani. Da Donat die Quellentexte – bis auf einige Adaptierungen – zwar ins Feminine veränderte, sonst aber großteils wörtlich übernahm, ist seine Regel auch der erste und ein sehr wichtiger Zeuge für diese Texte.

### 1.5.1 Donat und die Nonnenregel des Caesarius (Caes.)

Caesarius, Mönch von Lérins und nach 500 Bischof von Arles, gründete ein 512 dem heiligen Johannes geweihtes Frauenkloster, dem seine Schwester Caesaria, aus dem Kloster von Marseilles dorthin berufen, vorstand. Für dieses Kloster verfasste er eine Regel.[27]

Donat übernahm aus der Nonnenregel des Caesarius einen Großteil der Kapitel, bisweilen ein wenig gekürzt. Folgende Passagen finden sich bei Donat wieder (deutliche Anleihen nimmt Donat auch an Caes. 1 und 2 in seiner Epistula sowie wahrscheinlich zu Beginn von Kapitel 6, dessen Überschrift Ähnlichkeiten mit Caes. 58,1

---

**25** In den Handschriften zur Donat-Regel finden sich als Titel sowohl *Regula a Donato collecta* als auch *Regula Donati* bezeugt: *Regula Donati* heißt der Text nicht nur im Explicit (ein Incipit fehlt) des Münchener Codex Regularum (= *M*; wie erwähnt mit der Hinzufügung: *ad Gauthstrudę*), sondern auch in der Concordia Regularum des Benedikt von Aniane 15,10 bei der Zitierung von Donats Kapitel 23,1–7 (sowie als *varia lectio* zu Kapitel 61,14 der Concordia, in dem Don. 53,1–11 zitiert wird). *Regula a Donato collecta* dagegen heißt sie in der Kopfzeile des Münchener Codex Regularum (bei der ersten Nennung sogar erweitert um: *a tribus patribus*), in Incipit bzw. Explicit der Kölner Abschrift des Codex Regularum (Hist. Archiv W 231 = *K*; im Explicit ebenfalls erweitert um: *ad Gauthstrude*) und in dessen Kopfzeile (mit Hinzufügung von: *ad virgines*) sowie in der Concordia Regularum des Benedikt von Aniane 36,4 (= Don. 26,1–8) und 61,14 (= Don. 53,1–11; hier aber, wie erwähnt, mit der Variante: *ex Regula Donati*); in der Form *A Donato collecta* (ohne *regula*) tritt die Angabe in Kapitel 9,10 der Concordia (= Don. 49,1–11) auf. Den Titel *Regula a Donato collecta* übernimmt später Lucas Holstenius für seine Edition (vgl. unten pp. 50–53). Beide Titel (*Regula Donati* bzw. *Regula a Donato collecta*), unter Umständen mit weiteren Hinzufügungen, waren somit zumindest seit Benedikt von Aniane gebräuchlich.
**26** Zu diesem Vermerk der Regula magistri vgl. DE VOGÜÉ in seiner Edition dieses Textes, SC 105, pp. 145f.
**27** Edition: DE VOGÜE – COURREAU, SC 345.

bzw. 4,1 aufweist; 6,1 könnte an Caes. 2,2 orientiert sein. In folgender Tabelle steht die Abkürzung „t." für „titulus"):

| Caes. | Don. | Caes. | Don. |
|---|---|---|---|
| 3 | 35,1 | 30,(1.)2f. | (*cf.* 60,t.) 24 |
| 4,1 | 6,2 | 32,3.4–5 | 12,16; 62,4–7 |
| 5,1–4 | 7,1–4 | 33 | 52,8f.12–17 |
| 6 | 7,5–8 | 34,(1).2–6 | (*cf.* 2,10) 52,18–22.24f. |
| 7 | 6,13; 7,9f.; 54,2 | 35,1–5.7–10 | 52,26–29; 4,1–7 |
| 8,1 | 9,1 | 36 (+ t.) | 55 |
| 9 | 11,1f.4f.; 49,9 | 37 | 56,1 |
| 10 | 17,8 | 38 (+ t.) | (*cf.* 56,1); 57,t./1.8f. |
| 11 | 54,1 | 39,t.1f. | 58,t.1f. |
| 12 | 14,1f. | 40 (+ t.) | 57,t.5–7 |
| 13 (+ t.) | 22,t./1.3 | 41 | 59 |
| 14,2 | 67,2 | 42,1–4 | 12,1–4 |
| 17,2f. | 20,11f. | 43,2–4.7 | 60,3–5; 62,8 |
| 18,2–6 | 33,1–5 | 44,3–5 | 63,3.5f. |
| 19 | 20,1–5 | 47 | 77,9–11 |
| 20,1–3 | 20,6–8 | 51,3f. | 57,3f. |
| 21,1–6 | 9,5f.; 10,1–5 | 55 | 63,1 |
| 22,1f. 4f. | 17,9; 12,15; 20,10; 50,8 | 56 | 64 |
| 23 (+ t.) | 50,t.–7 | 60,1f. | 63,2.4 |
| 24 (+ t.) | 51 | 61 | 77,1–4 |
| 25 | 53,4–10 | 64,1f. | 77,5–8 |
| 26 | 52,1–7 | 65,2 | (*cf.* 2,10; 5,9) 73,9 |
| 27,3 | 9,3 | 67,2f.5 | 76,6–8 |
| 29,2 | 9,2 | 71,8f. | 12,13f. |

Donat bezeugt nahezu die gesamte Nonnenregel des Caesarius, wie sie heute vorliegt, hat jedoch, wie in der Forschung bereits betont wurde,[28] vorwiegend Passagen aus den Kapiteln 1–47 der Caesarius-Regel, weniger aber aus der sog. *Recapitulatio* übernommen (u. a. fehlt der liturgische *Ordo*, den Donat an Columban anlehnt); ob Donat die von ihm nicht bezeugten Kapitel der Caesarius-Regel nicht kannte[29] oder

---

**28** Vgl. etwa MAYO, Three Merovingian Rules 1, 135. Zu den Teilen bzw. unterschiedlichen Fassungen der Caesarius-Regel vgl. DE VOGÜÉ in der Edition der Regula Caesarii, SC 345, pp. 45–68; eine Tabelle mit einer Übersicht, welche Abschnitte der Caesarius-Regel in den Caesarius-Handschriften bzw. in der Donat-Regel vorhanden sind, ebenda auf Seite 153.

**29** Die Kapitel 66–69,29 (ein großer Teil des liturgischen *Ordo*) der Caesarius-Regel sind (mit Ausnahme von Kapitel 67/68,1) nur in einer Handschrift (*M*) zur Caesarius-Regel überliefert und fehlen (wie bei Donat) auch in den anderen Textzeugen zu Caesarius; vgl. die Edition von DE VOGÜÉ – COURREAU, SC 345, p. 153. – In Zusammenhang mit der Regula Columbani ist zu beobachten, dass

bewusst ausgelassen hat, lässt sich nicht klären. Donat gibt seiner Regel formal einen Rahmen, wie er ihn bei Caesarius gefunden hat: Er beginnt seine *Epistula* in Anlehnung an Caes. 1 und lässt den Regel-Text durch die Übernahme von Caes. 47 (dem Schluss der Regel-Fassung des Caesarius, bevor deren *Recapitulatio* beginnt) enden.

Während ein Blick auf die Überlieferung des Benedikt-Textes zeigt, mit welcher Handschriftengruppe Donats Text verwandt ist, lässt sich dies für die Caesarius-Regel nicht mit gleicher Deutlichkeit feststellen. Überliefert ist die Caesarius-Regel in den Handschriften Bamberg, Lit. 142, s. X (*B* in der Edition von DE VOGÜÉ – COURREAU, deren Siglen hier zitiert werden), Berlin, Philipps 1696, s. XIII (*C*) und München, Clm 28118 (*M*).[30] In *M* (dem sog. Codex Regularum; siehe unten pp. 42–44), sind also sowohl Caesarius- als auch Donat-Regel enthalten. De Vogüé betont in der Edition der Caesarius-Regel (144), dass der Donat-Text öfter mit *B* und *C* gegen *M* übereinstimme, und hält fest: „La révision de Benoît d'Aniane … est donc loin d'avoir aligné Donat sur Césaire ou inversement. La transcription du *Codex regularum* reste, dans une large mesure, digne de confiance." Der Donat-Text geht zudem oft konform mit *B* gegen *C* und *M* und eher selten allein mit *C*.[31]

An anderen Stellen zeigt sich jedoch auch Verwandtschaft allein mit *M*, worunter sich auch – wenn man für den Caesarius-Text die Text-Erstellung von de Vogüé betrachtet – Stellen finden, an denen in *M* ein Fehler gegenüber dem Originaltext überliefert ist; wäre der Donat-Text eine weitere Handschrift zur Caesarius-Regel, würde man diese Stellen als Bindefehler bezeichnen. Im Folgenden einige Beispiele, an denen Don. mit *M*, nicht aber *B* und *C*, konform geht; gemeinsame Fehler (ge-

---

Donat eine Textform kennengelernt haben muss, in der zwar Erweiterungen gegenüber der kürzeren Fassung angebracht waren, die aber noch nicht alle Erweiterungen, wie sie in der Handschrift *M* anzutreffen sind, aufwies. Ob Donat aber eine ‚vollständige' oder ‚unvollständige' Fassung der Caesarius-Regel kannte, fällt in den Bereich der Spekulation.

**30** Die Handschrift Tours, BM 617, s. X/XI (*T*), ist verloren, aber dokumentierbar. Ihr Text ist mit *C* verwandt. – Zur stemmatischen Einordnung der Caesarius-Handschriften sowie zu weiteren Angaben vgl. die Edition der Caesarius-Regel DE VOGÜÉ – COURREAU, SC 345, pp. 152–164.

**31** Donat und *B* gegen *CM* z. B. Don. 6,13 numquam] nulla umquam *CM*; 10,2 quae eas] quas *CM*; 50,4 etsi] ecce *CM*; 53,10 nulla] non *CM*; 58,1 saecularium] saeculari *CM*. Folgt man dem Caesarius-Text der Edition DE VOGÜÉ – COURREAU, SC 345, bietet *B* gegen *CM* an den aufgelisteten Stellen mit Ausnahme der letzten den korrekten Caesarius-Text. Donats damit konform gehende Lesarten wären somit kein unmittelbares Indiz dafür, dass Donat exakt den Text der Handschrift *B* kennen müsste, sondern lediglich Indiz, dass Donat an diesen Stellen die, von de Vogüé als solche angesehenen, Fehler in *CM* nicht kannte. – Dass Donat auch andere nur in *M* anzutreffende Fehler nicht kannte, zeigen Stellen, an denen Donat und *BC* gegen *M* stehen, z. B.: Don. 7,5 potestate] propria *praem. M*; 9,2 ferventi/-e] frequenti *M*; 11,4 ita illis] eis taliter *M*; 20,10 semper *om. M*; 52,2 manus] conuitia *M*; 52,15 crimine obiecto] criminis obiectu *M*; 52,25 fuerint] ex ore vestro *add. M* (*cf.* Augustinus, Praeceptum); 53,8 aut cuiusque notitia] ad cuiuscumque notitiam *M*; 55,1 introeat *om. M*. – Als Beispiele für Donat und *C* gegen *BM* sind nur wenig aussagekräftige Stellen zu nennen wie 4,5 unde] inde *BM*; 52,27 modum] modo *BM*.

genüber dem Caesarius-Text, wie ihn de Vogüé erstellt hat) sind im Folgenden ge-
sperrt gedruckt: z. B. Don. 12,2 sicut reliquae] sicut quae *B*, si quae reliqua *C*; 33,1
animo] animum *BC*; 52,25 e m i s s a] admissa *BC*; 53,7 u s u] ausu *BC*; 55,1 m o n a s -
t e r i i] in monasterio *BC*; 62,8 abatissae refundant] abbatissa refundat *BC*; incipientibus vel] v e l  *om. M Don.*; 64,1 i n c a t o] incausto *BC*.

Es lässt sich auch beobachten, dass Donat offenbar einen Caesarius-Text kennengelernt hat, der in manchen (vermeintlichen) ‚Kleinigkeiten‘, beispielsweise der
Schreibung von e/i, jenem in *M* für Caes. überlieferten Text ähnlich war (verwiesen
sei beispielsweise auf *exigerit* in Don. 12,16; *elogias* in Don. 53,1.8 oder auf das
Schlusskapitel der Donat-Regel, vgl. die Diskussion dieser Stellen unten in der Einleitung, Kapitel 3).[32] Dass der Schreiber von *M* an diesen Stellen zufällig für beide
Texte dieselben Schreibungen wählte und beispielsweise im Fall von *elogias* ausgerechnet n u r  für Don. und Caes. eine Wortform schrieb, die er sonst offenbar nicht
verwendete, ist wenig wahrscheinlich, sondern gibt wohl eher die Schreibung wieder, wie er sie in beiden Texten vorfand (vgl. abermals die Diskussion dieser Stellen
unten in Kapitel 3). Dass der Schreiber die Textform in *M* für Don. an Caes. angegli-
chen hat, ist ebenfalls wenig wahrscheinlich:[33] die Donat-Regel müsste mit Quellen-
Verweisen versehen gewesen sein, um die jeweils von Don. ausgewählten Stellen
bei Caes. ohne aufwendiges Suchen aufzufinden (denn dass einem Schreiber ausgerechnet diese N o n n e n -Regel dermaßen geläufig war, dass ihr Text ihn indirekt
beeinflusste, ist nicht sehr wahrscheinlich). Außerdem stellt sich die Frage, welchen
Grund er gehabt hätte, nur für Orthographica in *M* die Vorbildstelle in Caes. zu suchen und die Textformen anzugleichen, andere Abweichungen (vgl. etwa die oben
Anm. 31 genannten) jedoch nicht zu berücksichtigen.

Die Textform keiner der erhaltenen Caesarius-Handschriften entsprach restlos
Donats unmittelbarer Quelle, weil Donats Text die Sonderfehler nicht aufweist (vgl.
ebenfalls oben Anm. 31; de Vogüé platziert Donat in seinem Stemma zwischen den
Handschriften *B* und *M*). Ingrid Prischl macht darauf aufmerksam, dass Donat an-
fangs eher einer *B* ähnlichen Vorlage zu folgen scheint, während er später (ab Kapitel 16) viele mit *M* gemeinsame Lesarten aufweise,[34] jedoch sei einschränkend noch
einmal vermerkt, dass Donat nicht alle signifikanten Fehler dieser genannten Handschriften repräsentiert; die Textform, die Donat kannte, wies zwar wohl gegenüber

---

32 Vgl. auch die Zusammenstellung in der Edition DE VOGÜÉ – COURREAU, SC 345, pp. 158f., anhand
derer erkennbar ist, dass gemeinsame Lesarten von *M* und Donat auffallend oft Orthographica bzw.
Änderungen im Casus sind.
33 DE VOGÜÉ – COURREAU, SC 345, p. 160 Anm. 2, überlegen, ob der Donat-Text im Codex Regularum
zumindest stellenweise nach dem Text der Caesarius-Regel, wie er im Codex Regularum überliefert
ist, korrigiert wurde; vgl. aber (wie zuvor bereits zitiert) SC 345, p. 144: „La révision de Benoît
d'Aniane … est donc loin d'avoir aligné Donat sur Césaire ou inversement."
34 PRISCHL, Die Regula Donati, XIII.

Caesarius' Original Abweichungen auf, war aber offenbar nicht von (allen) jenen späteren Fehlern gekennzeichnet, die in den erhaltenen Codices überliefert sind.

Für einen Textvergleich von Donats Regel mit den rezipierten Caesarius-Passagen sind, wie auch zu den anderen Quellentexten, im Quellenapparat der vorliegenden Edition die Lesarten der Quelle dokumentiert. Der Quellenapparat verfolgt das Ziel, dem Benutzer anzuzeigen, wo Donats Text vom Text seiner Quelle abweicht. Dazu wurde Donats Wortlaut mit dem Wortlaut des Quellentextes verglichen, wie er in kritischer Edition vorliegt, und alle Abweichungen sind im Quellenapparat vermerkt. Wenn Donats Lesart zwar nicht mit dem rekonstruierten Original-Wortlaut, jedoch mit einer *varia lectio* der Handschriften seiner Quellen übereinstimmt, ist dies durch Angabe von *variae lectiones* (*vl.*) angezeigt (wenn aus der Caesarius-Überlieferung *variae lectiones* anzugeben waren, wurden die Handschriften mit den Siglen des Textes der Edition DE VOGÜÉ – COURREAU, SC 345, angeführt). Der Quellenapparat verfolgt jedoch nicht das Ziel, das Verhältnis des Donat-Textes zu allen Lesarten der einzelnen Handschriften seiner Quellen lückenlos zu präsentieren (dies würde zu einer Überfrachtung des Apparates mit Sonderfehlern einzelner Handschriften führen).

⋆ ⋆ ⋆

Ergänzend sei erwähnt, dass Donat nicht nur Caesarius' Nonnenregel, sondern in 20,13–18 auch einen seiner Sermones rezipiert hat, nämlich Caes. serm. 233 (= epist. de hum.),6.

Bereits an dieser Stelle sei darauf verwiesen, dass auch der Nachfolger des Caesarius, Aurelianus von Arles, bzw. dessen (an Caesarius angelehnte) Nonnenregel kleine Spuren in Donats Text hinterlassen haben könnte, vgl. dazu unten p. 27.

### 1.5.2 Donat und die Columban-Regeln (Col. coen. und Col. mon.)

Der Ire Columban verließ, nachdem er mehrere Jahre im Kloster Bangor verbracht hatte, etwa im Jahr 590/591 seine Heimat und gründete nach einigen Jahren der Peregrinatio in Frankreich drei Klöster, von denen Luxeuil am bedeutendsten wurde (dort erhielt auch Donat seine klösterliche Bildung). Nachdem Columban Frankreich wieder verlassen hatte, gründete er um 612/614 das Kloster Bobbio, wo er um 614/616 verstarb. – Unter Columbans Namen sind zwei kurze Regeln überliefert: die Regula monachorum (Col. mon.) und die Regula coenobialis (Col. coen.),[35] von de-

---

35 Dass Columban für die Abfassung seiner Regeln bereits die Regula Benedicti heranzog, meint A. DE VOGÜÉ, La Règle de Saint Benoît I, SC 181, pp. 163f.; ders., Bourgogne, Angleterre, Alémanie, 123ff. Dagegen M. ZELZER, Die *Regula Donati* als frühestes Zeugnis, 755f.

nen besonders die Regula coenobialis auch nach Columbans Tod von anderen erweitert worden ist.[36]

In Zusammenhang mit Donat muss besonderes Augenmerk auf die Regula coenobialis gelegt werden:[37] Der Textbestand dieser Regula ist nämlich in mehreren Phasen gewachsen, und es ist nicht einfach zu beurteilen, welche Abschnitte genuinen Columban-Text und welche Erweiterungen darstellen bzw. in welchen Schritten und in welcher zeitlichen Abfolge diese Erweiterungen entstanden sind.[38] In der handschriftlichen Überlieferung der Regula coenobialis sind, was den Textumfang betrifft, zwei Hauptgruppen festzustellen: zum einen Handschriften, in denen die Regula coenobialis in 15 Kapiteln in einer kürzeren Fassung bis zu den Worten *paeniteat in pane et aqua* (in der Edition von Walker p. 162,31) erhalten ist, zum anderen Handschriften, die zu einzelnen Kapiteln sowie am Ende des Textes Erweiterungen aufweisen (es ist allerdings, wie gesagt, davon auszugehen, dass die Erweiterungen in unterschiedlichen Schritten erfolgten, und dass die uns vorliegenden Fassungen in ihrem Umfang sozusagen punktuelle Zeugnisse einer bestimmten Entwicklungsstufe sind). Beide überlieferten Fassungen sind für den Donat-Text wichtig, weil Donats Vorlage offenbar eine Zwischenstufe zwischen den uns erhaltenen Textformen repräsentiert. Der Donat-Text selbst ist somit seinerseits ein wichtiger Zeuge für den Textbestand der Columban-Regel in der ersten Hälfte des 7. Jahrhunderts; in der Columban-Forschung wird daher versucht, mithilfe des Donat-Textes den damaligen Stand der Text-Erweiterungen der Regula coenobialis nachzuvollziehen[39] (auch in Zusammenhang mit der Edition des Fragmentes der anonymen Nonnenregel in diesem Band spielt dies eine Rolle).

Obwohl eine nicht geringe Zahl von Passagen zeigt, dass Donat vorwiegend die kürzere Fassung von Columbans Regula coenobialis bezeugt,[40] gibt es dennoch

---

**36** Vgl. u. a. WALKER, Sancti Columbani Opera, L–LIII.

**37** Die wenigen aus Col. mon. gewonnenen Stellen sind für Textvergleiche (Umfang und Wortlaut betreffend) weniger signifikant.

**38** Vgl. zu dieser Problematik die grundlegenden Studien von SEEBASS, Über Columba, und: Über die sogen. Regula coenobialis Columbani; an neuerer Literatur die Ausführungen in der kritischen Edition von WALKER sowie DE VOGÜÉ, Saint Colomban, bzw. DE VOGÜÉ, Histoire littéraire du mouvement monastique dans l'antiquité, X, 217–252. Vgl. auch zu Don. und Col. coen. ZIMMERL-PANAGL, *Elegi pauca e plurimis*, 236–252.

**39** Überlegungen zu den Erweiterungsstufen finden sich bei SEEBASS, Über Columba, besonders ab Seite 44; DE VOGÜÉ, Saint Colomban, besonders 100–115; WALKER, Einleitung zu seiner Edition der Werke Columbans, L–LII (LI: „... the text of Donatus indicates a period of transition from the shorter to the longer recension").

**40** Deutliche Indizien, dass Donat den Columban-Text ohne die späteren Erweiterungen zitiert, ergeben sich an folgenden Stellen: 23,4f. (Col. coen. 1; Donat übernimmt nicht aus der längeren Fassung: *de omnibus non solum capitalibus criminibus sed etiam de minoribus neglegentiis*, und Donat zitiert auch nicht den einleitenden Satz *diversitas culparum ... itaque, fratres karissimi* sowie den Satz *ut detur confessio ... facile dare* aus Kapitel 1, an dessen Wortlaut er aber den zuvor zitierten Satz *ut demus confessionem ...* anlehnt, vgl. u. Anm. 45); 26,8 (Col. coen. 4; Don. hat nicht: *ad offe-*

Abschnitte, in denen Donat (Anlehnungen an) den erweiterten Text aufweist, nämlich in Don. 27,4; 29,7 und 32,1,[41] wobei auffällt, dass es sich dabei um einen zusammenhängenden Textabschnitt der Columban-Erweiterungen handelt, nämlich Col. coen. 8 p. 152,23–26 (dieser dürfte Donat also bekannt gewesen sein).[42] Weiters sind zu nennen: Kapitel 34,11, in dem Donat Col. coen. 9 p. 158,3f. aufzunehmen scheint (vgl. auch das im vorliegenden Band edierte Fragment einer Nonnenregel), sowie 75,14–16, wo Col. coen. 15 p. 168,4–10 rezipiert ist[43] – eine Passage, die für Columban nicht in der kürzeren Version des Regeltextes überliefert ist, weshalb Walker diese Stelle als spätere Ergänzung gekennzeichnet hat (für Seebass allerdings stellen diese in Don. 75,14–16 zitierten Worte den genuinen Schluss der Regula coenobialis dar).[44] Hingewiesen sei auch auf Don. 23,4: Donat greift Col. coen. 1 auf, zitiert aber den Satzteil *ut detur confessio ante mensam sive ante lectulorum introitum* nach dem Wortlaut, wie er in der erweiterten Fassung (an späterer Stelle in diesem Kapitel) anzutreffen ist.[45] Weitere mögliche Indizien, dass Donat auch Lesar-

---

*rendum* vor *sex percussionibus*); 28,2 (Col. coen. 4; Don. hat nicht: *sed (de)tractaverit qualiter eas excusare debeat*, vgl. aber u. Anm. 41); 29,3 (Col. coen. 7; Don. hat nicht: *continuo* vor *corrigens*); 30,1 (Col. coen. 8; Don. hat nicht: *in pane et aqua* und *prostratus coram fratribus*); 31,3 (Col. coen. 8; Don. hat nicht: *sine ordinatione vel iussione* nach *nonam*). Auch aus Donats Kapitel 25 geht hervor, dass er aus Col. coen. 1 p. 146,3–7 bzw. 2 p. 146,11/12 jene Stellen nicht aufgreift, die erst in der erweiterten Fassung vorliegen; auffällig ist, dass die aus Columban gewonnenen Sätze in diesem Kapitel nicht in jener Reihenfolge übernommen wurden, in der sie bei Columban zu finden sind. Die Tatsache, dass Donat in Kapitel 33 und 34 Col. coen. 9, das in der erweiterten Fassung ‚auseinandergerissen' wurde, als Einheit übernommen hat, spricht ebenfalls dafür, dass Donat die nicht erweiterte Text-Fassung rezipiert.

**41** Möglicherweise ist Donat auch in 33,8 Zeuge der erweiterten Textfassung Col. coen. 9 p. 154,23–25 (die Erweiterung zuvor in Zeile 22f. kennt er allerdings nicht); die Erweiterung wird allerdings allein durch das Wort *simul* gebildet, das auch im Text des Nonnenregel-Fragmentes (siehe Edition in vorliegendem Band) zu finden ist, das ebenfalls Columban aufgreift. – In Kapitel 28,2 fügt Donat nach *reprehenderit* die Worte *tractantes eas* ein, und es ist auffällig, dass in der erweiterten Fassung von Col. coen. 4 an dieser Stelle (bei Walker p. 148,25f.) die Worte *sed tractaverit [detractaverit* München, Clm 28118] *qualiter eas excusare debeat* ergänzt wurden.

**42** SEEBASS, Über Columba, 44f., vermutete, dass die in Kapitel 32 und 34 (dazu oben im Folgenden) von Donat zitierten Sätze, die nur in der erweiterten Fassung von Col. coen. überliefert sind, genuiner Bestandteil der Columban-Regel seien.

**43** Eine Bezugnahme auf ein Stück Text aus der erweiterten Fassung von Col. coen. könnte man auch in Don. 9,4 vermuten, und zwar auf coen. 15 p. 164,18–20.

**44** Vgl. SEEBASS, Über Columba, 54, noch einmal formuliert von ihm in: Über die sogen. Regula coenobialis Columbani, 58f.

**45** Die Stelle aus Col. coen. 1 p. 144,30f. lautet in der kürzeren Fassung: *ut demus confessionem ante mensam sive ante lectorum introitum*; in diesem Wortlaut ist der Satz an ebendieser Position im Text auch in der erweiterten Fassung von Col. coen. zu finden, die aber nach dem Wort *defluit* (das ist das Ende des Kapitels bei Donat) den Satz *ut detur confessio ante mensam ante introitum lectulorum vel quandocumque fuerit facile dare* einfügt, den Donat in 23,4 statt *ut demus confessionem ...* zu rezipieren scheint.

ten der erweiterten Fassung kennengelernt hat, sind unten bei der Besprechung der Columban-Handschriften (pp. 20f.) genannt.

Es ist also davon auszugehen, dass Donat das, was seit Seebass als ‚Grundstock' von Columbans Regula coenobialis angesehen wird (Kapitel 1–9),[46] noch ohne die späteren erweiternden Einschübe der längeren Fassung vorlag, dass ihm aber zumindest Teile der Ergänzungen, die später in Kapitel 8/9 (und Kapitel 15) eingefügt wurden, bekannt waren. Diese Erweiterungen standen in Donats Vorlage allerdings nicht an jener Stelle, wo sie in der erweiterten Columban-Fassung zu finden sind (vgl. etwa Col. coen. 9, das durch den erweiternden Einschub in zwei Teile gespalten wurde; Donat jedoch rezipiert Kapitel 9 o h n e den Einschub), sondern wahrscheinlich lag Donat eine ähnlich strukturierte Quelle vor, wie wir sie im Fragment der ebenfalls auf Col. coen. fußenden Nonnenregel (CPPM II 3637) vorfinden[47] (nähere Ausführungen dazu unten pp. 201–210; eine kritische Edition des Fragments ist in vorliegendem Band pp. 235–238 gegeben).

Abgesehen von jenen Stellen, an denen Donat allgemeine Wendungen aus Columbans Regel-Texten aufgreift, die Strafbestimmungen ausdrücken (vgl. u. Anm. 51), hat Donat aus folgenden Kapiteln Abschnitte übernommen, die er als für Nonnen ‚passend' empfand:

Col. mon.: 1 (Don. 37,19f.); 2 (49,1f. und 5); 7 (75,1; bis 75,13 angelehnt an Col.)
Col. coen.: 1 (Don. 23,4–7; 25,1–3); 2 (25,4f.; 26,1–5); 3 (25,1; 26,6f.; 27,1–3); 4 (17,10f.; 26,8; 28,1–4); 6 (29,1f.; *cf.* 73,9); 7 (29,3–6); 8 (27,4; 29,7f.; 30; 31; 32,1.3); 9 (33,7f.; 34); 15 (75,14–16)

Man kann erkennen, dass Donat die ausgewählten Abschnitte bis auf wenige Ausnahmen mehr oder weniger en bloc präsentiert (Kapitel 23 bis 34) und dabei im Großen und Ganzen dem Text von Columbans Regula coenobialis folgt, und zwar auch in der Abfolge der Columban-Kapitel. Abweichungen in der Reihenfolge sind jedoch etwa in Don. 25 (der Anfangssatz verbindet Col. coen. 3 p. 148,2f. und 1 p. 146,3f.) oder 26 (Donat zitiert aus Col. coen. 2 bzw. 3, in 26,8 aber reiht er bereits Col. coen. 4 p. 148,10f. ein, rezipiert Col. coen. 4 aber erst in Kapitel 28) und eventuell 27 festzustellen. Auffällig ist, dass Donat in seinem Kapitel 25 die für Columban überlieferte Abfolge der Sätze aus Col. coen. 1 und 2 stark variiert; ebenso findet sich in Don. 29 die Abfolge verändert, allerdings ist die Abfolge der Sätze auch in den Columban-Handschriften nicht einheitlich überliefert.[48]

---

**46** Vgl. oben Anm. 39. – Kann es sein, dass bereits dieser ‚Grundstock' Erweiterungen aufwies, die wir aber als solche nicht mehr eindeutig fassen können, eben weil uns ältere direkte Textzeugen fehlen?
**47** Vgl. auch u. a. SEEBASS, Über die sogen. Regula coenobialis Columbani, 61; DE VOGÜE, Saint Colomban, 110.
**48** Col. coen. 6 p. 150,22–27: von Walker edierter Text (= Handschriften ohne Erweiterungen): *et qui ...* (22–24), *reprehendens ...* (24/25), *proferens ...* (25–27); Codex Paris, BN Lat. 4333B und Mün-

An späterer Stelle folgen in Don. 37 und 49 kurze Zitate aus Col. mon. Erst gegen Ende von Donats Regel wird abermals Columban als Vorlage verwendet, wo sich in Kapitel 75 Passagen finden, die in Col. mon. 7 bzw. coen. 15 ihre Parallelen haben.

Wenn in der Sekundärliteratur mitunter darauf aufmerksam gemacht wird, dass die Donat-Regel – obwohl Donat Columban-Schüler war – prozentuell weniger aus Columban als aus Caesarius oder Benedikt gewonnene Passagen aufweist,[49] sollte man nicht außer Acht lassen, dass die (unerweiterte) Regula coenobialis kürzer als die beiden anderen Regeln war, insgesamt also weniger ‚Material‘ zur Verfügung stellte;[50] auffällig ist freilich, dass Donat kaum auf Columbans Regula monachorum zurückgreift (vgl. aber M. ZELZER, Die *Regula Donati* als frühestes Zeugnis, 756f.). Dennoch erhält Donats Regel auch an Stellen, die er nicht aus Columban gewonnen hat, columbanisches Gepräge, wenn Donat Strafbestimmungen nach Art der Coenobial-Regel einfügt.[51]

Vergleicht man die Lesarten (*variae lectiones*) der Regula Columbani mit dem Donat-Text, lässt sich abermals nicht derart eindeutig, wie es für die Lesarten der Regula Benedicti möglich ist, feststellen, mit welcher Handschrift oder Handschrif-

---

chen, Clm 28118 (= erweiterte Textform): *proferens* ... (25–27), *et qui* ... (22–24), *reprehendens* ... (24/25); Don. 29,1f.: *reprehendens* ... (24/25), *proferens* ... (25–27), *quae soror* ... (~ *et qui* ...; 22–24).

**49** Vgl. etwa MOYSE, Les origines, 408 („... dans cette œuvre d'un filleul et disciple de Colomban les emprunts aux deux Règles de celui-ci sont minoritaires: sur les soixante-dix-sept chapitres que compte la *Regula Donati* une dizaine seulement sont entièrement issus de textes colombaniens ..."); PRINZ, Frühes Mönchtum, 81, dessen Aussage sich allerdings auf Columbans Regula monachorum zu beziehen scheint.

**50** Um sich rasch ein ungefähres Bild machen zu können, welche Passagen Donat aus der k ü r z e r e n Fassung der Coenobial-Regel ausspart, sollen die größeren Auslassungen hier kurz aufgelistet werden (mit Verweis auf Seite und Zeile bei WALKER; ob dies stets bewusste Auslassungen sind, oder ob seine Vorlage diese Sätze nicht umfasste, ist nicht immer eindeutig zu klären, vgl. auch o. Anm. 46): Donat zitiert die unerweiterte Fassung von coen. 1 nahezu vollständig, lässt aber aus: p. 146,7f., ebenso nahezu vollständig übernimmt er coen. 2, verzichtet jedoch auf p. 146,9f.; auffällig vielleicht, dass es sich bei dieser Auslassung um eine für Columban zusammenhängend überlieferte Stelle handelt (p. 146,7–10; ist dies eine bewusste Weglassung oder fehlte diese Passage in Donats Vorlage? Ist die gegenüber Columban vorliegende veränderte Anordnung der aus p. 146,3–12 gewonnenen Sätze ein Indiz dafür, dass Donats Vorlage an dieser Stelle generell anders strukturiert war [oder erst im Zuge der Überarbeitung der Columban-Regel umstrukturiert wurde]?). Aus Col. coen. 3 fehlen die Zeilen p. 146,24–29 sowie p. 148,5–7; aus coen. 4 fehlen p. 148,8–10 (mit der zuvor genannten Auslassung abermals ein gemeinsamer Abschnitt) und 21–23 sowie der Schlusssatz p. 150,2. Col. coen. 5 fehlt zur Gänze, aus coen. 6 fehlt der Beginn p. 150,15–17.18–22, aus coen. 7 fehlt p. 152,1–7, aus coen. 8 fehlen p. 152,13f. sowie p. 154,8–16, und aus coen. 9 fehlt p. 154,17–22 (gemeinsam mit zuvor 8–16 wiederum eine zusammenhängende Passage). Nicht rezipiert sind Col. coen. 10–15 (wie sie in den Handschriften der kürzeren Fassung vorliegen; aus Kapitel 15 übernimmt Donat nur den Schluss, wie er in der längeren Fassung zu finden ist).

**51** Donat übernimmt (bzw. spielt an auf) immer wiederkehrende Formulierungen zu Strafbestimmungen aus Columbans Text und baut diese in aus Caesarius oder Benedikt gewonnene Passagen ein, vgl. etwa Don. 8,8; 10,6; 11,6; 35,2; 49,9; 53,11; 74,4.

tengruppe der Columban-Regel Donats Text stärkere Verwandtschaft aufweist. Die kritische Edition der Columban-Regeln von Walker berücksichtigt außerdem nicht alle wesentlichen Handschriften, so dass ein Vergleich mit Donat nur unter einem gewissen Vorbehalt möglich ist, bis eine neue kritische Edition zu Columban vorliegt.[52] Walker berücksichtigte von den älteren Handschriften der kürzeren Fassung zu Col. coen. lediglich den St. Gallener Codex 916, s. IX (*G*), nicht aber die ebenfalls dem 9. Jh. entstammende Handschrift Stiftsarchiv Lambach, Cod. XXXI; die Lesarten dieser Handschrift wurden daher für vorliegende Edition für den Text-Vergleich mit Donat von mir kollationiert und – wo für Donat relevant – im Quellenapparat mit der Sigle *L* dokumentiert. *L* und *G* sind somit Repräsentanten für den Text der kürzeren Fassung (mit der Textform von *L* scheinen die jüngeren Handschriften verwandt zu sein, jedoch kann dies nur durch eine neue und vollständige Aufarbeitung der Überlieferung von Col. coen. eindeutig erwiesen werden).

Von der erweiterten Textfassung waren Walker offenbar nur zwei Handschriften bekannt, nämlich der Münchener Codex Regularum (Clm 28118, in Walkers Edition: *C*, für Donat und Caesarius allerdings: *M*; zu dieser Handschrift siehe unten pp. 42ff.) sowie dessen Abschrift Köln, Hist. Archiv W 231 (s. XV). Nicht bekannt war ihm der Codex Paris, BN Lat. 4333B, s. IX, ebenfalls ein Textzeuge der erweiterten Fassung (er enthält den Text derselben Erweiterungsstufe, wie er in *M* vorliegt),[53] aus dessen Lesarten bereits de Vogüé zu Col. schloss, dass der Codex ein etwas früheres Entwicklungs-Stadium repräsentiert als *M*.[54] In Zusammenhang mit der Donat-Regel erscheint mir diese Handschrift ebenfalls wichtig (siehe im Folgenden); ich habe sie kollationiert und ihre Lesarten an den für Donat relevanten Stellen im Quellenapparat der vorliegenden Edition unter der Sigle *Par* dokumentiert.

Wie dargelegt, ist Donats Text ein Zeuge für eine Entwicklungsstufe der Coenobial-Regel, die zwischen ihrer kürzeren und der in den Handschriften Paris, BN Lat. 4333B und München, Clm 28118 vorliegenden erweiterten Form steht. Erwähnenswert ist etwa eine Stelle, an der Donats Lesart keiner der bisher berücksichtigten Columban-Handschriften folgt, jedoch enge Verwandtschaft zu Paris, BN Lat. 4333B aufweist, nämlich Don. 29,4 *et quae aliquid cum contradictione aut tristitia promit*:

---

**52** Dennoch diente der von Walker erstellte Text als Grundlage für den Textvergleich; lediglich zu Don. 26,5 habe ich im Quellenapparat eine Abweichung zu Col. coen. 2 *parvum* notiert – obwohl sie keine Abweichung vom edierten Col.-Text darstellt –, weil dort die beiden älteren Handschriften (*G* und *L*) der kürzeren Fassung von Col. coen. *parum* bieten.

**53** Darauf wies bereits Anscari Mundo hin in seinem Aufsatz L'Edition des Œvres de S. Colomban, Scriptorium 12 (1958), 289–293, besonders: 291. Mundo macht dort auch auf eine weitere, allerdings sehr junge Abschrift aufmerksam, nämlich Roma, Alessandrina (= Univ.) 98 (= Constantini Caietani Miscell. Sacra), s. XVI/XVII, ff. 437–442v.

**54** Vgl. etwa de Vogüé, Art. Regula(e) Columbani, 1611; Angaben zu dieser Handschrift auch in de Vogüés Einleitung seiner zweibändigen Text-Edition Les Règles des Saints Pères, Paris 1982 (SC 297/298), für deren Texte (Regula patr. I, II und III) die Handschrift ebenfalls ein wichtiger Textzeuge ist.

die Columban-Handschriften bieten (einige unter Auslassung von *promit*): *qui aliquam contemptionem cum tristitia promit*, während Paris, BN Lat. 4333B liest: *qui aliquid cum contentione et cum tristitia promet*. In Kapitel 75,14–16 steht Donats Textform ebenfalls dem Text dieser Handschrift etwas näher als München Clm 28118 (in Col. coen. 15 p. 168,5f. ~ Don. 75,15 ergänzt Clm 28118 z. B. nach *vitia* das Wort *unde* bzw. lässt *cursu oris* aus). Weitere mögliche Indizien, dass Donat einen der erweiterten Fassung ähnlich lautenden Text gekannt hat, könnten beispielsweise sein (sämtliche im Folgenden genannte Abweichungen von der kürzeren Fassung hat Donat nur mit den Handschriften der erweiterten Fassung gemeinsam): 25,3 *emendare statuitur om.*; 29,1 correptionem (*bis*)] correctionem; similiter *om.*; 34,3 psalmorum] psalmos; 34,4 qui] quamvis.[55] Da aber Donat viele erst in der erweiterten Textform erhaltene Lesarten ('Fehler') nicht kennt, kann nicht behauptet werden, dass ihm eine exakt den Handschriften Paris, BN Lat. 4333B oder München, Clm 28118 gleichlautende Textform vorgelegen sein muss (weder was Wortlaut, noch was – wie zuvor besprochen – Umfang/Anordnung[56] anbelangt), sondern eben eine 'Zwischenstufe' zwischen Textform der kürzeren und der längeren Fassung.

Donats Text war daher in vorliegender Edition mit Handschriften der kürzeren (*G* und *L*) sowie der längeren Fassung (*C* und *Par*) zu vergleichen. Wo Donats Text Ähnlichkeit mit der längeren Fassung hat, wurde dies mit dem Verweis *versio aucta* im Quellenapparat angezeigt. Wie bereits für die Caesarius-Regel beschrieben, wurde auch zu Col. im Quellenapparat notiert, wo Donat von Col. coen. bzw. mon. abweicht, und *variae lectiones* der Columban-Regel wurden dann im Quellenapparat genannt, wenn der Donat-Text mit diesen konform geht.

* * *

Ein weiteres Indiz dafür, dass Donats Text Zeuge einer Entwicklungsstufe zwischen einer kürzeren und der heute (in *C* bzw. *Par*) vorliegenden erweiterten Fassung von Col. coen. darstellt, ist in der Verwandtschaft mit dem folgenden Nonnenregelfragment zu sehen (Edition in diesem Band), das ebenfalls Berührungen mit dem Donat-Text aufweist:

---

[55] In 34,5 liest Donat mit den Handschriften der erweiterten Fassung *in commune autem omnes*, während die Handschriften der kürzeren Fassung von Col. coen. *in commune cum omnibus* bieten. Ob dies ein Fehler in der kürzeren Fassung ist (dies scheint Walker in seiner Edition anzunehmen, weil er die Lesart in den Apparat, nicht aber in den Text setzt), den Donats Vorlage noch nicht aufwies, oder ob Donat hier eine Lesart der erweiterten Fassung repräsentiert, ist fraglich. Gleiches gilt für 34,6 offecerit *Col. versio aucta, Don.*] hoc fecerit *Col. versio brevior*; 34,9 et a *Col. versio aucta, Don.*] etiam *vel* etiam *Col. versio brevior*.

[56] Donat bezeugt, wie mehrfach dargelegt, viele Erweiterungen nicht; umgekehrt fehlt beispielsweise in der Münchener und Pariser Handschrift zu Col. coen. 2 der Satz *si dixerit suum proprium aliquid, VI percussionibus*, der sich Don. 25,5 wie in den Handschriften der kürzeren Fassung jedoch findet.

### 1.5.3 Pseudo-Columbani Regula monialium (Ps.-Col. = Frg. I)

Für den zweiten Teil von Donats Kapitel 19 lässt sich keine Vorbild-Stelle bei Columban, Benedikt oder Caesarius festmachen; dennoch gibt es einen weiteren Text,
der die Passage in nahezu identischem Wortlaut bietet: das ebenfalls nur im Codex
Regularum überlieferte auf Col. coen. fußende Fragment einer Nonnenregel (vgl.
dessen Edition in vorliegendem Band). Der Text dieser Nonnenregel geht auf Col.
coen. zurück, trägt in der Kopfzeile des Codex Regularum die Zuschreibung *Regula
sancti Columbani* und wird deshalb vielfach auch als „Pseudo-Columban" zitiert
(vgl. CPPM II 3637; GRYSON, Répertoire 1, p. 418: PS COL vg). Das Abhängigkeits-
bzw. Verwandtschaftsverhältnis zwischen dem Nonnenregel-Fragment sowie Don.
19,2–5 (der Text ist nahezu identisch) wurde kontroversiell diskutiert. Es wurde
angenommen, dass Donat diesen Abschnitt selbst formuliert habe,[57] und es wurde
diskutiert, ob das Nonnenregel-Fragment von Donat abhängt oder doch eher umgekehrt. Meiner Meinung nach lässt sich aufgrund von Textvergleich jedoch zeigen,
dass weder das anonyme Fragment der Nonnenregel noch Donat direkt voneinander
abhängen, sondern dass beide, wie schon Otto Seebass meinte, auf eine ähnliche
Quelle, nämlich die Columban-Erweiterungen, zurückgehen[58] (vgl. dazu auch die
Einleitung zur Edition des anonymen Nonnenregel-Fragmentes unten pp. 201–210).
Auffallend ist allerdings, dass dieser aller Wahrscheinlichkeit nach mit Columbans
Regula coenobialis zusammenhängende Abschnitt in der Donat-Regel nicht innerhalb jener Kapitel steht, an denen nahezu alle übrigen Entlehnungen aus Columban
zu finden sind (also besonders Don. 23 bis 34), sondern bereits in Kapitel 19.
    Es gibt Stellen der Columban-Regel, die sowohl vom Text des Nonnenregel-
Fragmentes als auch von Donat (33,7f.; 34 und 75,14–16) aufgegriffen werden. Beiden Nonnenregel-Texten ist an diesen Stellen offenbar eine vom uns überlieferten
Text von Col. coen. abweichende Form zugrunde gelegen.[59] Daher wird im Quellenapparat der vorliegenden Edition auch bei jenen Kapiteln, die Donat zwar aus Col.
coen. bezogen hat, die aber auch im Nonnenregel-Fragment überliefert sind, nicht

---

57 KRUSCH, Zur Mönchsregel Columbans; nach ihm etwa WALKER in seiner Edition der Regulae
Columbani, LI; PRISCHL, Die Regula Donati, 101; MUSCHIOL, Psallere et legere, 106 (= Famula Dei,
231): „es handelt sich um Eigengut des Donatus ..."; DUPONT – DE SEILHAC, Règle de Donat, 275: „... un
passage propre à la Règle de Donat".
58 Vgl. dazu ZIMMERL-PANAGL, *Elegi pauca e plurimis*, 236–252; SEEBASS, Über die sogen. Regula
coenobialis, 60, vermutet die Regula Columbani als Quelle für beide Texte, später – nach der Kritik
durch Bruno Krusch – formulierte er jedoch vorsichtiger in SEEBASS, Ein Beitrag, 135.
59 Die den Nonnenregeln (Donat und Fragment) gemeinsamen Bindefehler sind gesammelt und
ausgewertet in ZIMMERL-PANAGL, *Elegi pauca e plurimis*, 239–243; es handelt sich insbesondere um
Don. 34,4 bzw. Ps.-Col. (= Frg. I) 7 paenitentes *om.*; Don. 34,6 bzw. Ps.-Col. 8 animo] moderamine;
Don. 34,10 bzw. Ps.-Col. 12 sed sedule dominum orent *om.*; Don. 75,16 bzw. Ps.Col. 39 proximorum]
sive proximarum *add.*; otiosa] quam/quae *praem.*; passim verba, de quibus ..., ore promamus]
passim verba ore promamus, de quibus ... .

nur die Textform von Col. coen. zum Vergleich herangezogen, sondern auch jene des Nonnenregel-Fragmentes (zitiert als Ps.-Col.).

Zu den Zusammenhängen sowie den sich daraus ergebenden Problemen vgl. weiters die Einleitung zur Edition des Nonnenregel-Fragmentes unten p. 202–208.

### 1.5.4 Donat und die Benedikt-Regel

Wann und auf welche Weise die etwa zur Mitte des 6. Jahrhunderts verfasste Benedikt-Regel ins Frankenreich gelangte, ist nicht geklärt. Ab der Mitte des 7. Jahrhunderts wurden die Columban- und die Benedikt-Regel bisweilen miteinander verbunden; so sind Passagen aus den beiden Regeln etwa auch in der Regula cuiusdam ad virgines zu finden (diese Nonnenregel ist im Codex Regularum des Benedikt von Aniane direkt nach der Donat-Regel angeordnet, vgl. PL 88,1053–1070).[60]

Aus der Benedikt-Regel hat Donat folgende Passagen übernommen (Prolog, erstes Kapitel und liturgische Vorschriften finden sich nicht in Donats Regel; an Ben. 3,10 bzw. 32,5 und ähnliche Stellen angelehnt sind Don. 14,2 bzw. 22,2; in folgender Tabelle steht „t." für „titulus"):

| Ben. | Don. | Ben. | Don. |
|---|---|---|---|
| 2,t./1.13f.16–18.20 | 1,t./1.13f.15–18 | 34 | 21 |
| 3,t.–5.7–10.11–13 | 2,t.–9.11–13 | 35,t.–4.7.10–14 | 67,t.1.3–11 |
| 4 | 3 | 36,1–8 | 12,5–12 |
| 5,1–9.11–15 | 37,1–9.14–18 | 41,t.–5.7f. | 76,t.–5.9f. |
| 6,t.1–5. 8 | 49,t.3f.6–8.11 | 42,1f.8 | 19,1f. |
| 7,t.31–41.44–70 | 37,t.9–13;38–48 | 43,t.1–6.13–17 | 13,1–6; 14,t.3–7 |
| 19 | 17,t.–7 | 47 | 15 |
| 20 | 18 | 49,t.–9 | 36 |
| 22 | 65 | 52 | 16 |
| 24 | 69 | 54,1–3 | 53,1–3 |
| 25 | 70 | 58,2–9 (58,9–14.17) | 6,3.5–11 (*cf.* 6,11f.) |
| 26 | 71 | 63,t.–12.15–17 | 66 |
| 27,(t.)1–4 | 72 | 64,7–17.19–21 | 1,2–12.19.21f. |
| 28 | 73,t.–8 | 65,t.(15.)16–21 | 5,t.(1.)3–8 |
| 31 | (5,1) 61 | 66,1f.(5) | 60,1f. |
| 32,t.–3 | 62,t.–3 | 68 | 68 |
| 33,(t.)1–7 | 8,(t.)1–7 | 69 | 74,t.–4 |

---

**60** Eine Neuedition samt Übersetzung der Regula cuiusdam ad virgines wird von Albrecht Diem vorbereitet, der auch Untersuchungen über die Autorschaft der Regel durchführt.

Ludwig Traube vermerkte vor mehr als einhundert Jahren, dass Benedikts Regel zuerst in einer sprachlich überarbeiteten und ‚korrigierten' Version Verbreitung gefunden hatte, und meinte, dass der Codex St. Gallen 914, s. IX[in.] (*A*) von der Original-Version abstamme und der beste Textzeuge sei.[61]

Der älteste Textzeuge der Regel (Oxford, Hatton 48 = *O*) wurde um die Mitte des 8. Jahrhunderts geschrieben und gehört einer anderen Klasse, nämlich der sogenannten ‚interpolierten' Fassung an. Mit den Lesarten dieser Handschrift und ihrer Textklasse (repräsentiert durch die Handschriften *VSMW*)[62] ist die Donat-Regel verwandt. Sehr oft stimmt die Textform Donats auch mit den Varianten jener Handschriften überein, die gegen Ende des 9. bzw. zu Beginn des 10. Jahrhunderts in Spanien geschrieben wurden (*H$_{1-3}$*),[63] wie u. a. folgende Beispiele zeigen:

Ben. 4,66f.: zelum non habere, invidiam non exercere *A*
zelum et invidiam non habere *OVSMWH$_{1-3}$* = Don. 3,66

Ben. 4,77: nec auris audivit *A*
nec auris audivit nec in cor hominis ascendit *OVSMWH$_{1-3}$* = Don. 3,76

Ben. 25,5: ciui autem refectionem *AH$_3$* (*pc.*)
cibi autem perceptione(m) *OVSMH$_{1-3}$* = Don. 70,5

Ben. 27,2: inmittere senpectas id est seniores sapientes fratres *A*
inmittere quasi occultos (occultores *H$_2$*) consolatores (*om. H$_2$*) senpectas id est seniores (*om. ac. H$_3$*) sapientes fratres *OSMH$_{1-3}$*
Don. 72,2: inmittere quasi occultas consolatrices id est seniores et sapientiores sorores

Ben. 28,3: ad ultimum ustionem *A*
ad ultimum ultionem (ultionum *H$_1$*) *OS*(*ac.*) *MWH$_{1-3}$* = Don. 73,3

Ben. 33,6: omnium sint communia *A*
omnibus sint communia *OVSMWH$_{1-3}$* = Don. 8,6

Ben. 43,1: mox auditus fuerit signus *A*
mox ut (ut *om. H$_{1,2,3}$*[*ac.*]) auditum fuerit signum *OSMWH$_{1-3}$* = Don. 13,1

Ben. 58,5: ubi meditent et manducent et dormiant *A*
ubi meditet et manducet et dormiat *O* (*ac.*) *VS* (*ac.*) *WH$_{1,2,3}$* (*ac.*)
ubi meditetur et manducet et dormiat *O* (*pc.*) *S* (*pc.*) *MH$_3$* (*pc.*) = Don. 6,7

Ben. 58,7: et sollicitudo sit *A*(*ac.*)
et sollicitus sit *A*(*pc.*)*OVSMWH* = Don. 6,9

Ben. 65,17: sollicitius *A*
sollicite *OVS* (*ac.*)*MWH$_{1-3}$* = Don. 5,4

---

61 TRAUBE, Textgeschichte.

62 *V* = Verona, bibl. cap. LII, s. VIII[ex.]; *S* = St. Gallen, 916, ca. 800; *M* = Trier 1245, s. IX; *W* = Wolfenbüttel, Mp. th. q. 22, s. VIII/IX.

63 *H$_1$* = El Escorial, a I 13, s. X; *H$_2$* = El Escorial, I III 13, s. IX/X; *H$_3$* = London, BL Add. 30055 (s. X; ex monasterio S. Petri Cardenensi); *H$_4$* = Narbonensis (s. VIII scriptus?, nunc deperditus; seine Lesarten sind erhalten in der Handschrift Paris, BN Lat. 12772, p. 137ff.; in vorliegender Edition ist die Gruppe der *H*-Handschriften durch die Handschriften *H$_{1-3}$* dokumentiert; vgl. HANSLIK (ed.), Benedicti Regula, CSEL 75, pp. Lf.

Weitere Stellen zeigen Verwandtschaft der Textform Donats mit *O* (und seinen Verwandten) gegen *AH₁₋₃*, z. B.:

> Ben. 32,1: vita (vitam *H₁*) et moribus *AH₁₋₃*
> vitae moribus *O* (*ac.*) *VSW* = Don. 62,1
>
> Ben. 32,2: custodienda *AH₁₋₃*
> constituenda *OVSW* = Don. 62,2
>
> Ben. 32,3: vicissim succedunt *AH₁₋₃*
> vicibus succedunt *OVS* (*ac.*) *MW* = Don. 62,3
>
> Ben. 35,11: item *AH₁₋₃*
> iterum *OVS* (*ac.*) *W* = Don. 67,8

An wenigen weiteren Stellen zeigt sich der Donat-Text ähnlich jenem Text, den die Verwandten von *O* (also *VSMW*), nicht aber *O* selbst, überliefern; z. B.:

> Ben. 52,5: explicito *AOS* (*pc.*) *H₃* (*pc.*)
> expleto *VS* (*ac.*) *MWH₁₋₃* (*ac.*) = Don. 16,5
>
> Ben. 63,1: conversationis *AOH₁₋₃*
> conversionis *VSMW* = Don. 66,1
>
> Ben. 63,5: discernat ordines *AOH₁*
> discernatur in ordines *H₃* (*H₂ deest*)
> discernatur in ordine *MW* = Don. 66,5

Dass der Text der Donat-Regel manchmal Übereinstimmungen mit einzelnen Verwandten von *O* aufweist, vermerkte bereits Prischl;[64] als Beispiele seien genannt:

> Ben. 49,3: pariter et *A* (*ac.*) *OH₁₋₃*
> pariter sordes et *A* (*pc.*) *S* = Don. 36,3
>
> Ben. 52,5: remorari *AOVSMH₁₋₃*
> remanere *W* = Don. 16,5
>
> Ben. 28,3: medicamina *AOVSM* (medicina/-am/-i *H₁₋₃*)
> medicamenta *W* = Don. 73,3 (allerdings könnte dies auch zufällige Übereinstimmung sein)

Bisweilen ergeben sich aber auch Übereinstimmungen mit *H₁₋₃* gegen *O* und *A* (jedoch lesen mitunter Verwandte von *O* denselben Text), z. B.:

> Ben. 7,57: monstrante scriptura *AOVS* (*pc.*) *MW*
> dicente scriptura *S* (*ac.*) *H₁₋₃* = Don. 45,2
>
> Ben. 7,64: tremendo iudicio repraesentari *AOVSW*
> tremendo iudicio dei repraesentari *MH₁₋₃*
> Don. 48,3: tremendo iudicio dei repraesentare
>
> Ben. 52,2: expleto *AOVSMW*
> ex(c)epto *H₁₋₃* = Don. 16,1
>
> Ben. 65,21: pellatur *AOVS* (*pc.*) *W*
> expellatur *S* (*ac.*) *MH₁₃* = Don. 5,8

---

**64** PRISCHL, Die Regula Donati, IXf.

Darüber hinaus geht in Codex *H₁* dem 65. Kapitel der Benedikt-Regel das 5. Kapitel der Donat-Regel (*De praeposita monasterii*) in maskuliner Form voran.[65]

Dass der Donat-Text der älteste Zeuge der sog. interpolierten Fassung ist, haben nach Plenkers und Traube auch Prischl sowie Michaela Zelzer gezeigt.[66] Nur wenige (von PLENKERS, 40, genannte und tw. von PRISCHL, X, aufgegriffene) Stellen könnten gemeinsame Lesarten des Donat-Textes und der Klasse des ‚reinen Textes' (repräsentiert durch *A*) der Regula Benedicti anzeigen, nämlich z. B.: Don. 13,2 (= Ben. 43,2) *scurrilitas* (nicht *scurrilitatis* wie u. a. in *OVSMW*); 69,1 (= Ben. 24,1) *et* (*om. OVSMWH₁₋₃*), vielleicht 67,7 (= Ben. 35,10) *consignet* (nicht *resignet* wie *OVW* bzw. *re-consignet* wie *SH₁.₃*, teilweise mit Korrekturen; *consignet* u. a. auch in *M* und *H₂*). Plenkers meint, diese Stellen wären in der Donat-Überlieferung von einem ‚Redaktor' (der Handschrift *M*) emendiert worden; unter diesen Umständen dürften sie im Donat-Text nicht stehenbleiben. Dagegen ist aber einzuwenden, dass wohl nicht ausgeschlossen werden kann, dass die Lesarten noch in Donats Vorlage zu finden waren und sich erst später im Laufe der Entwicklung des Benedikt-Textes ‚veränderten'.[67]

Michaela Zelzer zog den Schluss, dass die Benedikt-Regel in ‚überarbeiteter' Form ins Frankenreich gelangt und dort in den gelehrten irischen Zirkeln sprachlich ein wenig verändert bzw. grammatikalisch ‚korrigiert' worden war; dass diese Form des Textes im südlichen Frankreich und in Spanien Verbreitung gefunden hatte, zeigten die Handschriften *H₁₋₃*.[68]

Aufgrund der aufgezeigten Verwandtschaften sind im Quellenapparat der vorliegenden Edition zu Ben. außer den Lesarten des Codex *A*, die zumeist dem edierten Benedikt-Text entsprechen, an jenen Stellen, an denen Donat abweicht, auch die Textvarianten von *O* (sowie seiner Verwandten *VSMW*) und *H₁₋₃* verzeichnet, wenn sie mit Donat konform gehen.

Mitunter stimmt der Text der Donat-Regel mit Lesarten des sog. textus receptus der Benedikt-Regel überein, was nach Michaela Zelzers Meinung zeige, dass der in den irischen Kreisen im Frankenreich überarbeitete Text der Benedikt-Regel zur

---

**65** Es scheint, dass zumindest Codex *H₁* den Donat-Text gekannt hat, vgl. auch unten Anm. 217.

**66** PLENKERS, Untersuchungen, 39f.; TRAUBE, Textgeschichte, 633 (35); PRISCHL, Die Regula Donati, VIIf.; vgl. auch die Erwähnung bei HANSLIK, Regula Donati, 104, dass der Donat-Text der älteste Beleg für die Lesarten der „geglätteten Version" ist, deren älteste Handschrift *O* darstellt. Vgl. besonders auch die Ausführungen M. ZELZER, Die Regula Donati, der älteste Textzeuge, 32–35.

**67** Vgl. auch M. ZELZER, Die Regula Donati, der älteste Textzeuge, 33f.: „.... auch im Donattext ist kein Einfluß des reinen Textes anzunehmen, sondern einfach Bewahrung sprachlicher Härten des alten Bestandes."

**68** Vgl. auch Hanslik in seiner Edition der Regula Benedicti (CSEL 75, XLVII) zu Don.: „Donati textus saepe concordat cum lectionibus codicum, qui in Gallia meridionali originem habebant, praecipue cum codd. *H₁₋₄*."

Ausprägung des sog. textus receptus beigetragen habe[69] (als Beispiele hielt sie Don. 2,9 *pendeat*; 66,12 *sorores nominent* oder 73,3 *plagas virgarum* fest).

### 1.5.5 Weitere Quellentexte in Regel-Text und Widmungsepistel

Dass einzelne nicht direkt auf Caesarius, Columban oder Benedikt fußende Abschnitte deutliche Anklänge an andere Quellen aufweisen, darf nicht übersehen werden: Die Worte *Prohibetur, ne pro dilectione aliqua nulla alterius teneat manum sive steterit sive ambulaverit sive sederit* in Kapitel 32,1 stehen Ps.-Hier. mon. Pachom. praec. 95 sehr nahe:[70] *manum alterius nemo teneat; sed sive steterit sive ambulaverit sive sederit, uno cubito distet ab altero.* Da die Worte *prohibetur ne quis alterius teneat manum* aber auch in der erweiterten Version von Col. coen. 8 zu finden sind, erscheint fraglich, ob Donat die Pachomius-Anspielung nicht auch über Vermittlung der ihm vorliegenden Fassung von Col. coen. übernommen haben könnte (und sie vielleicht heute in den Col.-Handschriften nicht mehr in vollem Wortlaut vorliegt?).

Es lässt sich ergänzen, dass Don. 52,10f. Übereinstimmungen mit Ps.-Sulp. Sev. epist. 2,17 (CSEL 1, p. 247,10–13 = Ps.-Hier. epist. 13 = Pelagius, epist. ad Claudiam de virginitate; CPL 741; CPPM II 862) aufweist.[71] Außerdem lässt sich eine kurze Passage in Kapitel 56,1 (*matronae etiam seu puellae saeculares sive viri nobiles atque ignobiles in saeculari habitu constituti, qui vel ob visitationes parentum vel orandi seu invisendi gratia ad monasterium veniunt, intus aliter introire non permittantur*) mit einem Abschnitt aus Aurelian. reg. mon. 14 parallelisieren: *nullus laicus, sive nobilis sive ignobilis, in basilicam sive monasterium introire permittatur. Si quis pro devotione aut parentela occurrere voluerit, in salutatorium monasterii occurrat.* Dass Donat also Gedankengut auch aus anderen (Regel-)Texten in seine Nonnenregel übernommen hat, und zwar vielleicht auch dort, wo sich uns die Quelle nicht mehr klar erschließt, sollte nicht gänzlich ausgeschlossen werden.

Auf bisher nicht gesehene Bezugnahmen bin ich in Donats Widmungsepistel gestoßen.[72] In dieser knüpft Donat – wie bisher schon festgehalten worden war – klar erkennbar u. a. an den Beginn der Caesarius-Regel an, jedoch möchte ich darauf hinweisen, dass sich in sehr deutlicher Weise auch Anklänge an andere Autoren darin finden. Donat stellt sich mit diesen Anklängen evident in die Tradition von Prooemien der christlichen Spätantike. Beispiele für diese Bezugnahmen sind etwa:

---

69 Vgl. K. ZELZER, Zur Stellung des textus receptus; M. ZELZER, Zur Überlieferung der Regula Benedicti; K. ZELZER, Regulae monachorum.

70 Darauf haben schon MAYO, Three Merovingian Rules 1, 139, DE VOGÜÉ in seiner Edition der Donat-Regel, 273, und DIEM, New Ideas, 18, hingewiesen.

71 Dass Donat diesen Text benutzt, verzeichnet auch GRYSON, Répertoire 1, 1860.

72 Näher vorgestellt sind diese Bezugnahmen in ZIMMERL-PANAGL, Unbeachtete Quellen.

Don. epist. 6 (*ad haec ego inplenda diu multumque renisus sum voluntati vestrae, non ut pervicaciter durus, sed mea conscius impossibilitate retentus*) ~ Pomer. prol. (PL 59,415B: *diu multumque renisus sum voluntati tuae, mi domine studiosissime pontificum Iuliane, non velut pertinaciter durus, sed propriae impossibilitatis admonitus*); epist. 9 (*taciturnitatem meam immo tacendi perseverantiam sedulae tandem vestrae rupere preces*), eine Stelle, die auf den Beginn der Praefatio von Hier. in Ezech. 12 Bezug zu nehmen scheint (*trepidationem meam in explanatione templi Hiezechiel, immo tacendi perseverantiam, tuae, filia Eustochium, preces, et domini promissa superant ...*); vgl. außerdem epist. 7 (besonders *iudicium pertimesco*) mit Hier. epist. 79,11; epist. 8 mit Leo M. serm. 1; epist. 10f. (*parere ... tam efficaciter quam libenter*) mit Orosius hist. 1, prol.; epist. 12 (*rursus ... ambiguitate constringor*) mit Boeth. cons. 5,3,1 (*rursus ambiguitate confundor*); epist. 12 (*me inparem ad indaganda praefatorum patrum monita fore censeo*) mit Paul. Med. vita Ambr. 1,2 oder Rufin. Orig. in num. 1,3, bzw. epist. 12 (*strepitu saecularium*) mit Aldh. virg. prosa 59; epist. 15 (*quod bonis vestris desideriis placuit*) mit Greg. M. in Ezech. 2, praef.; epist. 17 (besonders *rectum Christi tramitem ... tenere*) mit Hier. epist. 52,1. Donat stellt damit nicht nur seine literarische Bildung unter Beweis, sondern nützt die Anspielungen an große Vorbilder (wie Julianus Pomerius, Hieronymus oder Gregor den Großen) im Rahmen der Prooemial-Topik geschickt für seine Captatio benevolentiae (Näheres dazu in ZIMMERL-PANAGL, Unbeachtete Quellen).

## 1.6 Donat als Kompilator und Gestalter

Aus seinen Quellentexten übernimmt Donat meist ganze Sätze oder Abschnitte, mitunter verbindet er aber auch Halbsätze oder einzelne Satzteile. Die Anordnung und syntaktische Verbindung (bzw. gegebenenfalls Umformulierung) des Quellenmaterials ist Donats eigene gestalterische Leistung; wobei allerdings vorsichtig überlegt werden muss, was sicher bewusste, was vielleicht unbewusste Abweichungen und was vielleicht sogar bloß Überlieferungsfehler sind. Will man Donat als ‚Autor' untersuchen, nach seinen Schwerpunktsetzungen und nach seinem ‚Stil' fragen, muss man das Augenmerk auf diese Passagen richten.

Es stellt sich dabei freilich die Frage, wie man sich die Entstehung der Donat-Regel vorzustellen hat (vgl. die unten in Zusammenhang mit der Textkritik vorgebrachten Überlegungen zur Abfassungssituation und zum Originalwortlaut pp. 62ff.). Es ist anzunehmen, dass bei der Vielzahl unterschiedlicher Stellen, manchmal nur ausgewählter Wörter oder Wendungen, Donat die Niederschrift des ersten Exemplars seines Regeltextes selbst unternommen oder anhand seiner Aufzeichnungen (vielleicht Markierungen in seinen Quellentexten?) einem Schreiber diktiert bzw. ihm – wo wenige Änderungen notwendig waren – die zur Abschrift ausgewählten Stellen vorgelegt hat (dazu können nur Vermutungen angestellt werden).[73] Es wurde also bereits bei der Abfassung des Originals ein anderer Text abgeschrieben, und es lässt sich nicht ganz ausschließen, dass die eine oder andere Abweichung vom Quellen-Text von Donat nicht bewusst vorgesehen war, sondern bereits dort ein Abschreibfehler sein k ö n n t e . Es ist fraglich, ob Donat jede abgeschriebene Passage selbst noch einmal mit dem Wortlaut der Quelle verglichen hat. Es könnte also sein, dass Donat vielleicht im einen oder anderen Fall den Text seiner Quelle wörtlich übernehmen wollte, ihm selbst (oder einem assistierenden Schreiber) aber Unachtsamkeiten unterlaufen sind, die Donat bei einem möglichen Kontrolldurchgang (ohne direkten Vergleich mit der Quelle) nicht aufgefallen sind, weil der Satz trotzdem verständlich war. Es könnte somit sein, dass letztlich ein Text vorlag, den Donat in der einen oder anderen Kleinigkeit (bzw. in sprachlichen Details) anders konzipiert hatte. Dennoch muss das, was als Donats Regel schriftlich fixiert in die Überlieferung kam, als der von Donat autorisierte Text gelten.

Abgesehen von dieser Frage nach der Abfassungssituation ist, auch wenn ausschließlich Donat selbst die ihm vorliegenden Quellen abgeschrieben hat, nicht immer einfach festzustellen, ob Abweichungen von seinen Quellen eindeutig inhaltliche und b e w u s s t e Umgewichtungen durch Donat anzeigen (viele davon präsentiert DIEM, New Ideas), oder ob hinter Abweichungen keine Intention zu vermuten ist, weil sie durch Unachtsamkeit oder aufgrund von bzw. bereits in Donats Vorlage passiert sind (vgl. dazu auch unten pp. 60–63). Im Folgenden soll anhand ausgewählter Beispiele gezeigt werden, dass mitunter auch Missverständnisse oder vielleicht fehlerhafte Vorlagen zu Abweichungen vom Quellentext geführt haben könnten, dass aber andererseits auch bewusste Schwerpunktsetzungen zu erkennen sind:

### 1.6.1 Caes. 35,3–5 und Don. 4,1 bzw. 52,29

Donat greift an zwei Stellen auf Caesarius 35,3–5 zurück.[74] Caesarius schreibt (in Anlehnung an Augustins Praeceptum 6/7) über das Zurechtweisen, wobei er in den zwei im Folgenden zitierten Sätzen zwei unterschiedliche Aspekte behandelt: der erste Satz (*sed tamen … diligatis*) schließt Angaben über mitunter notwendige Zurechtweisungen ab; sollten diese zu heftig ausfallen, soll man Gott um Verzeihung bitten, der seinerseits ja wisse, welche wohlwollende Liebe man auch denjenigen gegenüber empfinde, die man über das rechte Maß hinaus getadelt habe: … *qui* [sc.

---

73 Weniger leicht denkbar erscheint mir die Möglichkeit, dass Donat bloß in seinen Quellen markiert hat, welche Passagen zu welchem Kapitel seiner Regel werden sollen, und dass er einem Schreiber lediglich die derart markierten Quellentexte mit Anweisungen, wie die Texte zu kombinieren seien, vorgelegt hat; vgl. unten Anm. 76.

74 Zu diesen Passagen vgl. auch DE VOGÜÉ in seiner Edition, p. 247 (zu Don. 4,1).

*deus] novit etiam quas plus iuste corripitis, quanta benevolentia diligatis.* Hernach setzt Caesarius mit der Anweisung fort, dass der für alle Sorge tragenden *mater* und der *praeposita* ohne Murren zu gehorchen sei (*matri ... et praepositae sine murmuratione oboediatur*). Folgende Tabelle stellt die beiden Donat-Kapitel ihrer Quelle gegenüber:

| Caes. 35,3f. | Don. 4,1 | Don. 52,29 |
|---|---|---|
| *Sed tamen petenda venia est ab omnium domino, qui novit etiam, quas plus iuste corripitis, quanta benivolentia diligatis. Matri, quae omnium vestrum curam gerit, et praepositae sine murmuratione oboediatur, ne in illis caritas contristetur.* | *Quanta benivolentia diligatis matrem quae omnium vestrum curam gerit, et praepositae sine murmuratione oboediatur, ne in illis caritas contristetur.* | *Sed tamen petenda venia est ab omnium deo, qui novit etiam quam plus iuste corripitis.* |

Donat greift zu Beginn seines vierten Kapitels (erstmals innerhalb des Regel-Textes) auf Caesarius zurück. Der inhaltliche Schwerpunkt dieses Kapitels liegt auf Anweisungen zum Gehorsam; auf zu heftig ausgefallene Zurechtweisungen nimmt er (wie dies seine Quelle Caesarius tut) an dieser Stelle allerdings nicht Bezug. Donats Kapitel beginnt mit den Worten *quanta benivolentia diligatis*, die er somit aus dem eigentlichen Kontext bei Caesarius/Augustinus isoliert (Caes. 35,3). Das nunmehr fehlende Objekt zu *diligatis* gewinnt Donat durch die syntaktische Einbeziehung von *matrem* (statt des mit dem folgenden Prädikat verbundenen *matri* bei Caesarius), deren Nennung bei Caesarius allerdings bereits einen neuen Gedankengang einleitet. Damit verschieben sich die inhaltlichen Nuancen gegenüber Caesarius. Worin dies begründet ist, lässt Raum für Spekulationen: Es lässt sich für sich betrachtet wohl schwer beantworten, ob eine intentionale inhaltliche Schwerpunktsetzung (wollte Donat – aus welchen Gründen auch immer – ausdrücken, dass der *mater* nicht nur zu gehorchen, sondern dass dieser auch respektvolle Liebe entgegenzubringen ist?) oder eine anders gegliederte Vorlage oder ein Versehen dahinter stehen. Interessant ist aber zu sehen, dass Donat an späterer Stelle seiner Regel das, was er zu Beginn von Kapitel vier bei seinem Rückgriff auf den Caesarius-Text weggelassen hat, aufgreift: Er übernimmt in Kapitel 52,29 den Satz *sed tamen petenda venia est ab omnium deo, qui novit etiam quam plus iuste corripitis*, lässt aber die folgenden Worte (*quanta benivolentia diligatis*), die ja bereits in Don. 4,1 zitiert wurden, weg. Damit erhält auch die in 52,29 zitierte Aussage eine andere Nuance: Gott kennt auch diejenige, die getadelt wird, und zwischen den Zeilen darf man wohl verstehen, dass also auch Gott wüsste, w a r u m bzw. d a s s Tadel sozusagen notwendig war (nicht wie bei Caesarius: Gott weiß, mit welcher Liebe die Tadelnden den Getadelten sonst gegenüberstehen).

Dies zeigt wohl, dass Donat Caesarius' Aussage in 35,3 nicht als eine Einheit verstanden hat, wohinter sehr leicht ein Fehler oder fehlende/falsch gesetzte Gliederungshinweise in seiner Vorlage, aber auch ein Missverständnis stehen kann. Diese Stelle wirft freilich auch die Frage auf, ob Donat den der Caesarius-Regel zugrunde liegenden Text, nämlich Augustins Praeceptum, (genau) gekannt oder hinter dieser Passage überhaupt gesehen hat (wohl nicht).

## 1.6.2 Caes. 43,3 und Don. 60,4

Als Beispiel für eine syntaktische Änderung, hinter der keine inhaltliche Neugewichtung steht, ist etwa Kapitel 60,4 zu nennen: *Tamen ut adsolet abbatissa cum a salutatoribus occupata fuerit, posticiariae praepositae ostendant quodcumque exhibitum fuerit.* Der Satz stammt aus Caes. 43,3 und lautet dort folgendermaßen: *Tamen si abbatissa, ut assolet, cum salutatoribus occupata fuerit, posticiariae praepositae ostendant quodcumque exhibitum fuerit.* Donat hat das Einleitungswort *si* ausgelassen (ob Absicht, Unachtsamkeit oder ein Defekt in seiner Quelle dahinter steht, lässt sich nicht sagen), die Wortstellung zu Beginn leicht verändert und fasst das dann folgende *cum* nicht als Präposition, sondern als Konjunktion auf.[75] Da nun eine Präposition zu *salutatoribus* fehlt, ergänzt Donat kurzerhand *a*. Passagen wie diese können ein Indiz sein, dass Abweichungen auch aus einem Versehen (wohlgemerkt: nicht negativ als ‚Fehler' zu betrachten!) entstanden sein können.

## 1.6.3 Ben. 42,8 und Don. 19

Interessant in Zusammenhang mit der Frage nach Donats Arbeitsweise ist ferner Kapitel 19, in dem Donat einen Abschnitt aus Ben. mit einem Abschnitt verknüpft, der auch in dem oben bereits genannten auf Col. coen. fußenden Nonnenregel-Fragment (Ps.-Col.; Edition in vorliegendem Band) erhalten ist. Darin geht es um das Schweige-Gebot ab der Komplet. Während Benedikt lediglich schreibt (42,8): *... exeuntes a conpletoriis nulla sit licentia denuo cuiquam loqui aliquid,* also keine explizite Angabe zum Ende des Schweigens macht, fügt Donat hinzu (19,2): *usque mane.* Mit dem Wort *mane* beginnt jener Abschnitt, der mit dem Nonnenregel-Fragment in Verbindung steht (Donat gewinnt diese Passage aus einer ähnlichen Vorlage wie das Fragment; vgl. dazu oben pp. 22f.) und ergänzt davor verbindend *usque*.[76] Interessant ist allerdings, dass die Passage ab *mane*, wie sie uns im Non-

---

75 Zu der Stelle vgl. auch DE VOGÜÉ in seiner Edition der Donat-Regel ad locum.

76 Erwähnt sei an dieser Stelle die von meinem Kollegen Clemens Weidmann in einem Gespräch erwogene Möglichkeit, dass *usque* ein Vermerk sein könnte im Sinne von „bis hierher [*sc.* abschrei-

nenregel-Fragment vorliegt, eigentlich nicht dem Schweigen gewidmet ist, sondern dass ihr Kontext der Wechsel des Gewandes bzw. die Beichte ist. Donat ergänzt also den Abschnitt über das Schweigen (Benedikt) mit einer Zeitangabe, wann dieses Schweigen endet und leitet damit über zu den Pflichten/Tätigkeiten am Morgen und dem Gewandwechsel. Ohne umzuformulieren und offenbar nur durch das Einfügen von *usque* schafft Donat hier eine syntaktisch logische Verbindung zweier ursprünglich offenbar kontextuell und syntaktisch anders verankerter Abschnitte.

### 1.6.4 Ben. 5,1–9 sowie 7,38–41 und Don. 37,1–13

Hervorgehoben sei auch Kapitel 37,9. Die Passage entstammt dem Beginn des Abschnittes über die Demut, in dem Donat in Anlehnung an Ben. die zwölf Stufen der Demut darlegt. Während Donat das Textmaterial für die zweite bis zwölfte Demutsstufe allein aus Benedikts siebentem Kapitel gewinnt, greift er für die erste Demutsstufe auf Benedikts fünftes Kapitel zurück, lässt einen kurzen Abschnitt daraus aus und ergänzt dafür einen kurzen Abschnitt aus Benedikts siebentem Kapitel (aus dessen vierter Demutsstufe), den er wiederum später bei seiner Bezugnahme auf die vierte Demutsstufe weglässt. Die erste Demutsstufe bei Donat verbindet also: Ben. 5,1–9; 7,38–41 (Abschnitt aus vierter Demutsstufe) und 5,11–15, worauf ein kurzer Abschnitt aus Col. mon. 1 folgt. Bereits Frumentius Renner meinte, dass bei Donat 37,9f. (hier vollzieht sich ein Wechsel der Vorlage, nämlich von Ben. 5,9 zu Ben. 7,38) eine „Textkorruption, ja eine ganze Textlücke" anzutreffen sei; zu ähnlichen Einschätzungen gelangten auch Moyse, de Vogüé und Mayo.[77] Offenbar unabhängig davon wollte auch Michaela Zelzer eine Korruptel erkennen und war der Meinung, dass der Abschnitt aus der vierten Demuts-Stufe, also Ben. 7, innerhalb von Ben. 5 bei Donat als Fehler anzusehen und auch für Donat an seine bei Benedikt überlieferte Position zu setzen sei (nämlich nach Don. 40,3), was einige weitere syntaktische Eingriffe und Ergänzungen an den Nahtstellen mit sich bringen würde.[78] Um die

---

ben]", jedoch ist die syntaktisch-inhaltliche Verknüpfung der beiden Teile durch dieses Wort auffällig, so dass man eher Intention dahinter vermutet.

**77** RENNER, Die literarische Struktur der Demutsstufen, 24–32, Zitat: 25 (Renners im Aufsatz außerdem dargelegte These, Donat habe die Demutsstufen bei Benedikt in anderer Form vorgefunden, ist nicht frei von Problemen, vgl. ZIMMERL-PANAGL, Unbeachtete Quellen). Vgl. auch MOYSE, Les origines, 399 Anm. 2: „est-ce donc là une construction maladroite de Donat ou une lacune du manuscrit?"; DE VOGÜE vermerkt in seiner Edition, 277 Anm. 9: „Le passage de *RB* 5 à *RB* 7 ne se fait pas sans accident. Le texte de Donat n'offre aucun sens", ändert aber nichts am Wortlaut des überlieferten Textes. Auch MAYO, Three Merovingian Rules 1, 157, notiert das Problem und vermutet (176) „careless or mechanical compilation on Donatus' part". HAUSCHILD, Nonnenregel, 70f., besonders Anm. 102, schließt sich dem negativen Urteil ihrer Vorgänger an: „... das führt zu einem grammatikalisch unvollständigen Satz, der jeglichen Sinns entbehrt."

**78** Posthum dargelegt in K. und M. (†) ZELZER, Zu Überlieferung und Textgestaltung, 45f.

Zusammenhänge zu verdeutlichen, sei hier der Text paraphrasiert bzw. an seinen Nahtstellen wiedergegeben: Die erste Stufe der Demut gebietet Gehorsam ohne zu zögern. Dies erfüllen diejenigen, die, sobald ihnen etwas *a maiore* aufgetragen wurde, das Gebotene, als hätte Gott es befohlen, unverzüglich ausführen. Dann heißt es (der erste Textteil nimmt Ben. 5,7–9 auf, der Wechsel zu Ben. 7,38–41 ist hier durch Zeilenwechsel in der Tabelle markiert):

| Don. 37,7–13 |
| --- |
| 7 *Ergo tales relinquentes statim quae sua sunt et voluntatem propriam deserentes,* 8 *mox exoccupatis manibus et quod agebant imperfectum relinquentes, vicino oboedientes pede iubentis vocem factis sequuntur;* 9 *vel uno momento praedictae senioris iussione* |
| *etiam contraria sustinere debere* 10 *dicit ex persona sufferentium: Propter te mortificamur tota die, aestimatae sumus ut oves occisionis.* 11 *Et securae de spe retributionis divinae subsequuntur gaudentes et dicentes: Sed haec omnia superamus propter eum, qui dilexit nos.* 12 *Et eadem alio loco scriptura dicit: Probasti nos, deus, igne nos examinasti, sicut examinatur argentum, et induxisti nos in laqueum; posuisti tribulationes in dorso nostro.* 13 *Et ut ostendat sub priore debere nos esse, subsequitur dicens: Imposuisti homines super capita nostra.* |

Don. 37,7f. fordert also, dass man sofort das, was man nach eigenem Willen tut, aufgeben und unfertig zurücklassen soll, um Befohlenes unverzüglich auszuführen. Hernach folgt ein Satz, der in der Quelle (Ben. 5,9) lautete: *et veluti uno momento praedicta magistri iussio et perfecta discipuli opera in velocitate timoris dei ambae res communiter citius explicantur.* Auch dieser verdeutlicht somit, dass Befehl und Befolgung des Befehls mehr oder weniger zeitgleich erfolgen sollen (*veluti uno momento*). Bei Donat allerdings findet sich nur der Teil übernommen, der sich mit dem Befehl beschäftigt, und zwar mit kleinen sprachlichen Änderungen: *et veluti* wurde zu *vel*, und das Subjekt *iussio* wurde zum Ablativ (eine Lesart, die sich allerdings auch in einigen Handschriften zur Regula Benedicti finden lässt, vielleicht also schon aus Donats Quelle stammt). Mit diesem Satzteil wurde ein anderer (*etiam contraria ...*) aus Ben. 7,38 verbunden, der dort in seinem Zusammenhang lautet: *et ostendens fidelem pro domino universa, etiam contraria sustinere debere dicit ex persona sufferentium ...* . Donat verzichtet also auf die Worte *et ostendens fidelem pro domino universa,* deren Subjektsakkusativ *fidelem* dem Satz *contraria sustinere debere* syntaktisch fehlt.

Michaela Zelzer vermutete daher einen Fehler in der Donat-Überlieferung, wollte in Don. 37,9 den ursprünglichen Kontext aus Benedikt ergänzen, die Worte Don. 37,9–13 wie bei Benedikt nach Don. 40,3 positionieren und dort auch den Anfang aus Benedikt 7,38 ergänzen. Diese Umstellung wäre also mit einigen weiteren Eingriffen in den Text verbunden; undenkbar ist freilich nicht, dass in der Überlieferung eine Passage irrtümlich verschoben wurde, aber es scheint trotz aller Kritik auch nicht ausgeschlossen, dass diese Umstellung von Donat selbst vorgenommen wurde. Ich denke, dass mit den kleinen sprachlichen Änderungen in 37,9 sogar eine syntaktische Verbindung zwischen den ursprünglich kontextuell unterschiedlich eingebetteten Stellen gegeben sein könnte: mit *vel* (statt *et veluti*) wird steigernd auf das Folgende hingewiesen, nämlich dass man nicht nur gehorchen, sondern im schlimmsten Fall s o g a r Unrecht erdulden soll; auch der Ablativ *iussione* (vielleicht in der Benedikt-Handschrift vorgefunden?) gliedert das Wort in den syntaktischen Verlauf ein. Beide Änderungen können intentional vorgenommen worden oder unabsichtlich (etwa weil Donats Vorlage nicht eindeutig war) passiert sein. Auch wenn das Verständnis des nächsten Satzteiles (also jenes Teiles, der aus Ben. 7,38 gewonnen wurde) ohne seinen ursprünglichen Beginn erschwert ist, lässt er sich in seinem neuen Kontext dennoch verstehen: zum von *dicit* abhängigen AcI kann als Subjektsakkusativ sinngemäß aus dem Vorherigen *tales* (vgl. 37,7), *eas* oder Ähnliches ergänzt werden (sofern nicht möglicherweise eine e/i-Vertauschung beim Infinitiv *sustinere* für *sustineri* vorliegt; zum Problem der Infinitiv-Konstruktionen bzw. zu AcI ohne Subjektsakkusativ in der Regula Donati vgl. unten pp. 65ff.). Zwar fehlt zu *dicit* das Subjekt, allerdings ist dies auch bei Benedikt der Fall; bei Don. müsste man sich aber entweder aus dem Vorhergehenden gedanklich *scriptura* ergänzt,[79] oder man fasst das danach folgende Bibel-Zitat als Subjekt für *dicit* auf, im Sinne von: „*Propter te mortificamur* ... bedeutet/sagt aus, dass ...". Dann könnte der Satz Don. 37,9 etwa folgendermaßen verstanden werden: „... ja in demselben Moment auf Befehl der zuvor genannten Seniorin hin sogar Unrecht erdulden zu müssen, sagt aus der Sichtweise der Person der Leidenden [folgender Satz/folgendes Schriftwort]: *Propter te mortificamur* ...". Da also der Satz nicht restlos unverständlich ist, ergibt sich aus syntaktischen Gründen keine zwingende Notwendigkeit, die von Frumentius Renner und unabhängig von ihm von Klaus und Michaela Zelzer vorgeschlagenen Eingriffe (Ergänzung fehlender Satzteile aus Benedikt bzw. Umstellung der Passage ab *etiam* in 37,9) vorzunehmen.

Inhaltlich stellt sich die Frage, warum Donat bereits bei der Besprechung der ersten Demutsstufe (Gehorsam ohne zu zögern) auch *contraria sustinere* erwähnt, wo doch die vierte Demutsstufe dem Ertragen von Hartem und Widrigem (*contraria*) gewidmet ist. Möglicherweise lässt sich – ich folge Anregungen, die Dr. Michaela Puzicha, OSB (Institut für Benediktinische Studien, Salzburg), 2013 im Rahmen eines Studientages zur Regula Donati gegeben hat – eine Besonderheit bzw. Neugewichtung bei Donat daran erkennen, dass es der Seniorin des Klosters zusteht, von den Nonnen sogar Widriges zu verlangen;[80] der ‚Autoritäts-Anspruch' der Seniorin

---

79 Bei Zitaten aus autoritativen Texten, besonders bei Bibelworten, begegnet *dicit* mitunter durchaus ohne Subjekt, vgl. auch STOTZ, Handbuch 4, p. 374 (§ 93.2).
80 Michaela Puzicha, der ich für ihre Hinweise sehr herzlich danke, macht auch aufmerksam darauf, dass sich eine inhaltliche Parallele etwa bei Cassian. inst. 12,33,1 findet: ... *status ille humilitatis vere tranquillus atque inmobilis subsequetur, ut nosmet ipsos inferiores omnibus iudicantes*

würde damit also gleich zu Beginn der Ausführungen zur Demut noch stärker untermauert.[81]

Diese Überlegungen, nämlich dass die von Donat zusammengefügten Stellen syntaktisch zumindest verständlich sind und dass eine inhaltliche Gewichtung hinter der Verschiebung vermutet werden kann (weshalb die Passage in diesem Kapitel besprochen wurde), geben den Ausschlag, den Text in vorliegender Edition wie überliefert zu drucken. Auf die Problematik dieses Abschnittes muss jedoch in jedem Fall verwiesen werden.

### 1.6.5 Kombination auffällig vieler Einzelstellen bzw. Donats Hinzufügungen

Weitere Beobachtungen zu Donats Arbeitsweise lassen sich anfügen: Donat kombiniert nicht nur längere zusammenhängende Stücke aus seinen Vorbild-Texten, sondern hat sich detailliert mit seinen Quellentexten auseinandergesetzt, so dass er aus unterschiedlichen Zusammenhängen das für ihn Notwendige gewinnen konnte. So kombiniert er etwa in seinem zwölften Kapitel viele unterschiedliche Abschnitte aus Benedikt bzw. Caesarius, und zwar: Caes. 42,1–4; Ben. 36,1–8; Caes. 71,8f.,; 22,4 und 32,3 zu einem Ganzen, indem die drei letzten kurzen Entlehnungen aus Caesarius (dort in unterschiedlichem Kontext zu finden) jene Angaben ergänzen, die Donat über die Sorge für alte und schwache Nonnen macht.[82] Ein weiteres Kapitel, in dem auffällig viele Einzelstellen kombiniert wurden, ist etwa Kapitel 49.[83]

Eigene Hinzufügungen Donats sind sehr häufig in Anlehnungen an Strafvorschriften formuliert, wie sie in Col. coen. reichlich zu finden sind, die Donat auch jenen Kapiteln beifügt, die er nicht aus Col. gewonnen hat[84] (Anleihen nimmt er in

---

*universa, quae nobis fuerint inrogata, tametsi iniuriosa sint vel tristia vel damnosa, tamquam a superioribus nostris illata patientissime toleremus.*

**81** Verwiesen sei an dieser Stelle auch auf die unten zu besprechenden Ergebnisse von Diem, New Ideas, besonders 33f., dass Donat der *abbatissa* mehr Machtbefugnisse einräumt. Nach Diems Ergebnissen scheint es Donat wichtiger, dass die *abbatissa* von Verfehlungen weiß, als dass Gott davon wisse; Diem betont auch, dass Donat Anspielungen auf die Abhängigkeit des Menschen von göttlicher Gnade bewusst vermeide, und unter diesem Aspekt ließe sich auch die Weglassung der ersten Demutsstufe aus Ben. 7 zugunsten der ersten Demutsstufe aus Ben. 5 erklären. Zu diesen Überlegungen siehe auch unten, pp. 39f.

**82** Mayo, Three Merovingian Rules 1, 161, vermerkt: „... Donatus is here at his best, covering all the points made by his sources by means of his characteristic method of choosing the formulation of one point from one rule, the expression of another from the other." – Allgemein zu Donats ‚Kompositions-Technik' ebenda, 167f.

**83** Zu diesem Kapitel vgl. auch Mayo, Three Merovingian Rules 1, 165f., die es als „not particularly well planned" bezeichnet.

**84** Z. B. 9,4; 10,6; 11,6; 35,2; 49,9; 53,11; 74,4. – Vgl. dazu die im Folgenden vorgestellten Ergebnisse von Albrecht Diem und die Rolle der *paenitentia* bzw. *confessio* in der Donat-Regel. – Allgemein zur Einfügung von Strafbestimmungen bei Donat auch Mayo, Three Merovingian Rules 1, 172f.

diesem Zusammenhang mehrmals auch bei Caes. 65,2, nämlich Don. 2,10; 5,9; 73,9).
Donats Regel sollte der Strenge der Columban-Regel wohl zumindest ähnlich sein.

Jene Kapitel, in denen Donat – zumindest nach heutiger Kenntnis der Quellen –
insgesamt am eigenständigsten formuliert hat, sind Kapitel 56 (*Ut neque matronae
saeculares ingredi permittantur vel puellae*), 58 (*Ut convivium nulli praeparetur*) oder
75 (*De ordine quod*[85] *psallere debent*). In diesen Kapiteln geht Donat über seine Vorlagen hinaus bzw. formuliert in 75 nur in Anlehnung an seine Quelle. Besonders
erwähnenswert erscheint auch der Beginn von Kapitel 23 (hier beginnt jener Abschnitt der Donat-Regel, der deutlich an Col. coen. orientiert ist), in dem Donat eigenständig und mit Nachdruck die Wichtigkeit der Beichte darlegt (bevor er in 23,4
auf Col. coen. 1 wörtlich zurückgreift).

### 1.6.6 Besonderheiten bei der Übertragung maskuliner Begriffe ins Feminine

Donat hat, wie gezeigt, das meiste aus den für Männer abgefassten Regeln auf Frau-
en übertragen (nicht aber – worauf auch de Vogüé in seiner Edition ad locum hinweist – die Adjektive in 3,34–40, was aber vielleicht auch aufgrund der Allgemein-
gültigkeit der dort erwähnten Gebote geschehen ist). Das betrifft prinzipiell auch
Bezeichnungen wie *abbas* (Don.: *abbatissa*), *frater* (Don.: *soror*) oder *pater* (Don.:
*mater*). Bereits de Vogüé macht jedoch darauf aufmerksam, dass Donat den Begriff
*monachus* zwar ins Feminine überträgt, ihn aber auch mit *ancilla Christi* bzw. *soror*
umschreibt oder ihn einfach weglässt,[86] dass Donat dazu tendiert, den Begriff *abbas*
oft durch *mater*, *senior* oder feminine Pronomina zu ersetzen, und dass er für den
Begriff *discipulus* kein feminines Pendant verwendet (analog dazu auch *magister*,
der in Don. 37,9 zu *senior* wird).

### 1.6.7 Donats ‚Stil‘

Da Donat seinen Text vorwiegend wörtlich aus seinen Quellen übernimmt, ist sein
individueller Stil kaum fassbar. An einigen Stellen lassen sich aber Charakteristika
für Donats Stil bzw. Sprachempfinden feststellen:[87] Formen wie *degeo* (Don. epist.
32) oder *pertunderit* (25,4) zeigen, dass Donat auch als nicht klassisch einzustufende
Verbal-Formen verwendet hat, Verben anderer Konjugationsklassen zuordnet bzw.
hinsichtlich der Stammformen von der Norm abweicht (schwierig zu sagen ist, ob in

---

**85** Zur Textkritik vgl. unten Kapitel 3 ad locum.
**86** DE VOGÜÉ, Le Règle de Donat, 230f. – *Monacha*: 36,1; 42,1; 44,1; 45,1; 47,1; 48,1.6; *ancilla Christi*:
19,1; *soror*: 53,1; 74,1.3; kein Äquivalent: 65,tit.6; 76,2.
**87** Einige Überlegungen auch bei PRISCHL, Die Regula Donati, 70–75, im Kapitel „Die Sprache der
Regula Donati".

Don. 10,1 mit *fastidient* tatsächlich ein Präsens-Konjunktiv überliefert und diese Form für Donat korrekt ist, vgl. unten ad locum, und auch im Fall von 32,tit. *ut ... se invicem appellant/appellent* ist schwierig zu sagen, ob das Verbum einer anderen Konjugationsklasse zugeordnet wurde, da das Verbum *appellere* eine andere Bedeutung hat als *appellare*, vgl. dazu unten die Diskussion zur Texterstellung von Don. 32,tit. bzw. 32,3). Wenn man die in *M* für Donat überlieferten Perfektformen *perciperint* und *officerit* (12,4 und 34,6) neben *exigerit* (12,16) tatsächlich für Donat annehmen darf,[88] wären auch diese hinzuzurechnen. Zu Donats Verwendung von Infinitiven und Deponentia vgl. unten pp. 65f. Besonders verweisen möchte ich auf Don. 3,9 *et quod sibi quisque facere non vult, alio non faciat* (Donats Quelle, Ben. 4,9, liest *fieri* statt *facere*), ein Beispiel dafür, dass Donat seine Quellentexte auch stilistisch manchmal verändert haben könnte (sofern er *facere* nicht vorgefunden hat; zu *facere/fieri* siehe im Folgenden).

Donat ersetzt *ne* mitunter durch *non* (vgl. 3,9 oder 8,2 *ut nulla* statt Ben. 33,2 *ne quis*), auffällig ist auch 73,8 *ut ne una ovis ... gregem contaminet* gegenüber reinem *ne* in der Quelle; zu nennen ist ferner 58,3 *neque abbatissa aut quaelibet ulla ... nullo tempore ... adire praesumat*. PRISCHL (73) macht auch auf Don. 1,6 *odio habeat* (statt *oderit* der Quelle) aufmerksam; dies ist allerdings nicht erst als frühmittelalterliches Sprachcharakteristikum, sondern besonders in Bibeltexten und bei patristischen Autoren immer wieder zu finden (vgl. ThlL IX,2,462, lin. 31–55).

Zudem lässt sich beobachten, dass Donat unpersönliche Formulierungen seiner Quellen manchmal zu persönlichen abändert, was aber – worauf schon de Vogüé aufmerksam machte – auffällig oft beim Verb *facere* auftritt,[89] vgl. etwa 9,2; 15,4 oder 36,8 *facia(n)t* statt *fia(n)t* (Quellen sind: Caes. 29,2; Ben. 47,4 bzw. 49,8); 58,2 *convivium faciatis* statt *convivium fiat* (Caes. 39,2); 63,1 *in usu habeatis* statt *in usu habeantur* (Caes. 55,1). Trifft sich damit die Beobachtung, dass einige in der Quelle mit passiven Infinitiven gebildete Konstruktionen bei Donat mit aktiven überliefert sind (vgl. dazu unten pp. 65f.)? Ein Gegenbeispiel stellt auf den ersten Blick zwar etwa Don. 23,4 *detur confessio* statt *demus confessionem* (Col. coen. 1.) dar,[90] jedoch ist die von Donat gewählte Formulierung auch in der erweiterten Fassung von Col. coen. anzutreffen und somit wahrscheinlich aus Donats Quelle übernommen.

Bisweilen findet sich bei Donat der Singular, wo in seiner Quelle der Plural anzutreffen war, vgl. etwa 10,5; 52,25; 55,2 oder 62,7 und öfter (siehe dazu auch bei der Kommentierung der Einzelstellen ad locum). Als Gegenbeispiel (Plural statt Singular der Quelle) aber etwa Don. 65,4 (allerdings wählt Donat hier ein anderes Vokabel, nämlich *luminaria* statt *candela*).

---

**88** PRISCHL, Die Regula Donati, 71f., spricht sich dafür aus; vgl. aber unten die Diskussion ad locum.

**89** DE VOGÜÉ in seiner Donat-Edition, 230 und öfter zum Text ad locum.

**90** Vgl. zu dieser Stelle oben Anm. 45.

Da die Frage nach Donats Sprachgebrauch aufs Engste verbunden ist mit den textkritischen Entscheidungen, sei auf die betreffenden Passagen der vorliegenden Einleitung verwiesen (Kapitel 3).

### 1.6.8 Spezifika der Donat-Regel – inhaltliche Änderungen gegenüber den Quellen

Umformulierungen des zugrunde liegenden Quellentextes, Weglassungen oder Hinzufügungen, aber auch Umgruppierungen gegenüber den Quellen sind von der Forschung genauer beachtet worden, um die inhaltlichen Spezifika der Donat-Regel herauszuarbeiten. Zu Donats Übertragung von Begriffen wie *discipulus, magister, abbas* oder *monachus* vgl. das oben p. 36 in Anlehnung an de Vogüés Beobachtungen Gesagte.[91] Hope Mayo hat über Donats Verarbeitung der Quellen-Texte geforscht,[92] und in jüngerer Zeit hat Albrecht Diem den inhaltlichen Gewichtungen der Donat-Regel größere Aufmerksamkeit geschenkt. Das Folgende fußt in erster Linie auf den Ergebnissen der Studien von Diem und Mayo, auf die auch für eine darüber hinausgehende und detailliertere Beschäftigung mit der Frage zu verweisen ist:[93] Mayo (Bd. 1, 150f.) macht darauf aufmerksam, dass Donat aus der Caesarius-Regel abgesehen vom *ordo* auch jene Elemente nicht übernommen hat, die mit ,äußeren Gegebenheiten' („physical layout") des Caesarius-Klosters, mit Wollarbeit oder „caution against the frequent giving of alms at the monastery itself" in Zusammenhang stehen; ferner, dass Donat die strengen Klausur-Regeln des Caesarius nicht in vollem Umfang aufgegriffen hat,[94] jedoch vermutet Mayo aufgrund anderer Beobachtungen ein ähnlich strenges Konzept wie bei Caesarius und verweist (Bd. 1, 170) darauf, dass jene Kapitel, welche die Klausur-Regelung betreffen, etwas mehr ,eigenes' Textmaterial des Donat umfassen, was darauf hindeute, dass Donat hier mehr als anderswo „local practice" in seiner Regel darlege.[95] Diem geht in seinen

---

**91** Vgl. De Vogüé in seiner Donat-Edition, 230f.

**92** Mayo, Three Merovingian Rules 1, 149–183; auf den Seiten 175–177 übt sie aber auch Kritik an Donat bzw. dem Resultat und spricht (177) von „indications that he did not carry his plan through as thoroughly as he might have, and the resulting imperfections and discrepancies, magnified by contrast with the precision which justified the conception and which is manifest so beautifully in some places in the rule, undeniably detract from the result." Auf den Seiten 177–181 setzt sie sich kritisch mit dem negativen Urteil über die Donat-Regel durch Corbinian Gindele auseinander.

**93** Unter Diems Arbeiten besonders: Diem, New Ideas, aber auch Diems Einleitung zur deutschen Übersetzung der Donat-Regel von Katharina Hauschild, OCist. Ich danke Albrecht Diem, dass er mir diese Einleitung bereits vorab hatte zukommen lassen!

**94** Vgl. aber etwa auch das Abweichen vom Benedikt-Text in Don. 2,8 (Weglassung der Worte *aut foris monasterium*), worauf schon De Vogüé in seiner Edition ad locum hinweist. – Zur Klausurregel vgl. auch Muschiol, Famula Dei, 75.

**95** Verwiesen sei an dieser Stelle auch auf Don. 56. Hier fügt Donat Anordnungen ein, die den Kontakt mit der Außenwelt betreffen und über seine Quelle (Caes. 37) hinausgehen, wenn er über

Ergebnissen noch einen Schritt weiter: Er streicht heraus, dass Donat das auf strenger Klausur beruhende Konzept des Caesarius, der im zweiten Kapitel den Nonnen ausdrücklich verboten hat, das Kloster zu verlassen, durch ein anderes ‚ersetzt‘;[96] Diem nennt es: „enclosure of the mouth (and the ears)".[97] Dieses manifestiere sich darin, dass Donat großes Gewicht auf das Schweigen bzw. die Unterdrückung von *murmuratio* etc. legt.[98] Hinzu komme, dass Donats Regel vom Gedanken der *paenitentia* als *medicamentum* getragen ist (in Nachfolge der Columban-Tradition),[99] und dass es Donat in diesem Zusammenhang sehr daran liegt, dass die *abbatissa* von Verfehlung weiß, weshalb die Beichte (drei Beichten sind vorgeschrieben) ein zentraler Punkt ist; und zwar Beichte nicht nur tatsächlich begangener, sondern etwa auch in der Nacht geträumter Verfehlungen (vgl. Don. 19,3). Auch in diesem Zusammenhang macht Diem auf eine kleine Änderung im Donat-Text aufmerksam:[100] In Kapitel 23 (damit beginnt die Reihe einiger nach Col. formulierter Kapitel) übernimmt Donat Columbans Anweisung, dass auch die kleinsten Verfehlungen (bei Columban: *peccata*) nicht von der Beichte auszunehmen sind. Donat ersetzt Columbans *peccata* durch *cogitata* – also selbst das, was man sündhaft d e n k e, müsse gebeichtet werden. Beachtenswert ist ferner, dass Donat dieses Kapitel mit einer breiten Betonung der Notwendigkeit der Beichte einleitet. Diesen Abschnitt formuliert er eigenständig und versieht ihn mit großem Nachdruck. Dort zählt er auch auf, was alles Gegenstand der Beichte sein müsse: *cogitatus, verbum inutile, opus, commotio animi*.[101] Auch hier findet sich also bereits die Betonung, dass sogar *cogitatus* gebeichtet werden müsse.

Während hinter einigen inhaltlichen Änderungen gegenüber den Quellen-Texten rein geschlechtsspezifische Ursachen vermutet werden dürfen,[102] streicht Diem darüber hinausgehend einige Aspekte der Donat-Regel hervor: Donat mache

---

Besuche weltlicher Frauen im Kloster schreibt. Auffällig erscheint, dass einige Formulierungen Ähnlichkeiten mit der Regel des Aurelian (ebenfalls auf der Caesarius-Regel fußend) aufweisen.

**96** DIEM, New Ideas, 30, vermerkt: „Instead of prohibiting the nuns from leaving the monastic confines, Donatus prescribed a (relatively mild) punishment for nuns who moved around outside the walls of the monastery (*extra vallum*) without the permission of the abbess or without the prayers required before leaving the monastic confines" und verweist auf Don. 27 sowie 31.

**97** DIEM, New Ideas, 31f.

**98** Vgl. DIEM, New Ideas, 32 und die dort Anm. 184 aufgelisteten Stellen aus Donat.

**99** Zu den *medicamenta paenitentiae* vgl. DIEM, New Ideas, 32–36.

**100** DIEM, New Ideas, 35.

**101** Don. 23,1f.: *Inter ceteras regulae observantias hoc magis super omnia tam iuniores quam etiam seniores monemus sorores, ut assidue et indesinenti studio tam de cogitatu quam etiam de verbo inutili vel opere seu aliqua commotione animi confessio omnibus diebus, omnibus horis omnibusque momentis semper donetur ... .*

**102** Vgl. etwa DIEM, New Ideas, 12f., z. B.: Frauen leben unter strengerer Klausur als Männer, weshalb Vorschriften für Arbeit außerhalb des Klosters oder Reisen ebenso wie die Einladung von Gästen zur Tafel des Abtes hinfällig waren. Unter gender-spezifischem Gesichtspunkt zu sehen ist etwa auch die Weglassung der Vorschrift, nachts keine Messer zu tragen (Don. 65,5 gegenüber Ben. 22,5).

beispielsweise weniger scharfe Vorschriften, was das Essen außerhalb der festgesetzten Zeiten anbelangt, bleibe aber in den übrigen das Essen betreffenden Vorgaben ähnlich strikt wie seine Vorbild-Texte. Verwiesen sei in diesem Zusammenhang darauf, dass Donat in seinem Kapitel 58 die Vorschriften gegenüber Caesarius ein wenig verschärft, nämlich was Mahlzeiten gemeinsam mit anderen Personen anbelangt. Zu diesem Zweck verlässt er sogar den zuvor und danach wörtlich zitierten Text der Vorlage und formuliert eigenständig; Caesarius hat in seinem Kapitel 40 erlaubt, dass unter gewissen Umständen und nach Prüfung durch die *abbatissa* Besuch zum Essen zugelassen werden darf. Dies greift Donat nicht auf, sondern schreibt vor, dass sogar Verwandte den Nonnen nur über die *portariae* Dinge zukommen lassen, nicht aber mit ihnen speisen dürfen.

Diem macht darauf aufmerksam, dass Donats Regel außer in seinen Äußerungen in Kapitel 6 keine Vorschriften über den Eintritt ins Kloster, etwa ein Noviziat betreffend, macht und in diesem Zusammenhang viele Vorschriften des Benedikt oder Caesarius übergeht,[103] und dass Donat kaum Anweisungen übernommen hat, die sich mit Kindern oder im Kloster Heranwachsenden beschäftigen. Diem streicht außerdem hervor, dass Donat in mancher Hinsicht vielleicht weniger strenge Vorschriften gibt als seine Vorbild-Texte, etwa was privaten Besitz, Kleidung oder Fasten abelangt, was aber in der bereits erwähnten bedeutenden Rolle der *abbatissa* begründet sein könne: Die Äbtissin muss über alles Bescheid wissen, und solange sie es erlaubt, sind bestimmte Dinge oder Handlungen möglich, die in den Regeln von Donats Vorbild-Texten generell verboten werden.[104] Dass Donats monastisches Programm hinsichtlich seiner Spiritualität oder Disziplin geschlechtsspezifisch zu begründen sei, verneint Diem.[105]

---

**103** MAYO, Three Merovingian Rules 1, 160, sieht dagegen Donats Formulierungen als ‚Verdichtung‘ der Informationen auf das Notwendigste und folgert: „Donatus' aim was apparently to simplify RB while retaining its essential features and logical organization.“

**104** In seiner Einleitung zur deutschen Übersetzung der Donat-Regel durch HAUSCHILD (20) macht Diem auch darauf aufmerksam, dass etwa in Kapitel 51 sofort die *abbatissa* zu informieren ist, wenn eine Mitschwester eine Verfehlung begeht und nicht, wie bei Caesarius (der sich wiederum auf Augustinus stützt) die Schwestern einander zuerst untereinander ermahnen sollen.

**105** DIEM, New Ideas, 37: „There are no indications in the texts [*sc.* Regula Donati und Regula cuiusdam ad virgines] that the spirituality, the concept of discipline and control or the theological program were gender specific.“

# 2 Zur Überlieferung der Donat-Regel

## 2.1 Handschriftliche Überlieferung

### 2.1.1 Benedikt von Aniane und seine Regel-Sammlung (Codex Regularum) bzw. Concordia Regularum

Hätte Benedikt von Aniane nicht all jene Regel-Texte in seinem sog. Codex Regularum (zur Handschrift *M* siehe unten pp. 42–44) zusammengetragen, die er in der Gallia Narbonensis gefunden hatte, wären die Donat-Regel und einige andere Regel-Texte[106] nicht für die Nachwelt bewahrt worden. Benedikt von Aniane, geboren um 750 (seine Vita gibt an: *ex Getarum genere partibus Gotiae*)[107] und ‚Witiza‘ genannt, gründete das Kloster von Aniane, das binnen kürzester Zeit höchsten Rang erlangte. Er trug viel zur Reformierung der Klöster des Frankenreiches bei, und es heißt: *Dedit autem cor suum ad investigandum beati Benedicti regulam, eamque ut intelligere possit satagere, circumiens monasteria, peritos quosque interrogans quae ignorabat, et omnium sanctorum, quascumque invenire potuit, regulas congregavit.*[108] Im Jahr 814 wurde er von Ludwig dem Frommen an den Aachener Hof gerufen, und ihm wurde die klösterliche Neugründung Kornelimünster (*Inda*) zur Verfügung gestellt; es heißt: *prefecit eum quoque imperator cunctis in regno suo coenobiis ... multa denique monasteria erant, quae quondam regulariter fuerant instituta; set paulatim tepescente rigore, regularis pene deperierat ordo. Ut autem, sicut una omnium erat professio, fieret quoque omnium monasteriorum salubris una consuetudo, iubente imperatore, adgregatis coenobiorum patribus una cum quam pluribus monachis perplures resedit dies ... .*[109] Benedikt trug dazu bei, dass die Regula Benedicti für das monastische Leben verbindlich wurde (bzw. werden sollte).

Bezüglich seiner Regel-Sammlungen (dem sog. Codex Regularum und der Concordia Regularum) vermerkt sein Schüler Ardo Folgendes: *Fecit denique librum ex*

---

**106** Etwa die Regula orientalis (ed. A. DE VOGÜÉ, SC 298, pp. 462–494), die Regula cuiusdam ad virgines (PL 88, 1053–1070; eine Neu-Edition dieser Regel bereitet Albrecht Diem vor), die Regula Ferreoli (ed. V. DESPREZ, Revue Mabillon 60 [1981], 117–148), die Mönchs- und Nonnenregel des Aurelianus von Arles (Nonnenregel: PL 68, 385–395; Mönchsregel: ed. A. SCHMIDT, Studia Monastica 17 [1975], 237–256 [teilweise mit Druckfehlern und ohne *ordo psallendi* bzw. *ordo convivii*]), die Regula Tarnatensis (ed. F. VILLEGAS, RBen 84 [1974], 14–46), die Regula cuiusdam patris ad monachos (ed. F. VILLEGAS, Revue d'Histoire de la Spiritualité 49 [1973], 3–36) oder die Regula Communis des Fructuosus von Braga (PL 87, 1109–1127; ed. J. CAMPOS RUIZ, San Leandro, San Isidoro, San Fructuoso. Reglas monásticas de la España visigoda, Madrid 1971, 172–208), zu der sich Fragmente aber auch in anderen Handschriften finden.

**107** Vgl. Ardo, Vita Benedicti Anianensis 1 (ed. G. WAITZ, MGH SS 15,1, p. 201).

**108** Vit. 18 (p. 206)

**109** Vit. 36 (p. 215); Benedikt von Aniane starb 821 in Kornelimünster.

*regulis diversorum patrum collectum, ita ut prior beati Benedicti regula cunctis esset ... . Ex quo rursus, ut ostenderet contentiosis nil frivola cassaque a beato Benedicto edita fore, set suam ex aliorum fultam esse regulam, alium collectis regularum sententiis composuit librum, cui nomen Concordia regularum dedit, ita dumtaxat, ut beati Benedicti precederet sententia.*[110]

**ConcR** In seiner Concordia Regularum[111] zitiert Benedikt von Aniane vier Kapitel aus der Regula Donati: 23 (Concordia: 15,10); 26 (36,4); 49 (9,10); 53 (61,14). Diese Kapitel der Concordia sind somit indirekte Zeugen des Donat-Textes. Laut Handschriften-Stemma der Concordia in der Edition von BONNERUE (CCCM 168, p. 196) geht diese auf dieselbe Quelle zurück wie die Handschrift *M* (der direkte Textzeuge zur Donat-Regel). Wo die Lesarten der Concordia Regularum für den Donat-Text relevant sind, wurde auf diese im textkritischen Apparat der vorliegenden Edition verwiesen.

### 2.1.2 Codex Regularum: München, Clm 28118[112]

**M** Der Codex Regularum, die erwähnte Regel-Sammlung des Benedikt von Aniane, umfasst die für Benedikt greifbaren Klosterregeln; heute ist nur ein einziger Textzeuge dieser Sammlung erhalten, nämlich die Handschrift München, Clm 28118, s. IX. Dieser Codex (geschrieben in Kornelimünster?) wurde in den Jahren vor dem Tod Benedikts von Aniane (821) in karolingischer Minuskel verfasst und gelangte danach in das Kloster St. Maximin bei Trier (er wird daher manchmal auch als „Trierer Handschrift" bzw. als „Codex aus St. Maximin" bezeichnet), dessen Abt Helisachas mit Benedikt freundschaftlich verbunden war. Bis gegen Ende des 19. Jahrhunderts konnte diese Handschrift nicht benutzt werden und wurde erst durch Ankauf seitens der Bayerischen Staatsbibliothek in München im Jahr 1902 der Wissenschaft zugänglich.[113]

---

**110** Vit. 38 (p. 217).

**111** Diese ist in einigen Handschriften überliefert, von denen der Codex Orléans, bibl. mun. 233, s. IX (= *F*) am bedeutendsten ist, dessen Text recht eng mit jenem von *M* verbunden ist; Textausgabe: BONNERUE, Benedicti Anianensis Concordia regularum, CCCM 168/168A; zur Handschrift *F* (im Frankenreich, wohl in Fleury geschrieben, vgl. CCCM 168, p. 163 Anm. 7) vgl. auch BISCHOFF, Katalog, 347f.

**112** Ein Digitalisat dieser Handschrift ist online einsehbar in der Digitalen Bibliothek der Bayerischen Staatsbibliothek: http://daten.digitale-sammlungen.de/~db/0005/bsb00054966/images/index.html (Zugriff: Juni 2014). – Zu dieser und weiterer Handschrift(en) bzw. generell für monastische Forschung sehr nützlich ist die Homepage von Albrecht Diem: http://www.earlymedieval monasticism.org/index.html (Zugriff: Juni 2014).

**113** Zur Geschichte der Handschrift und ihrer Wiederauffindung vgl. PLENKERS, Untersuchungen zur Überlieferungsgeschichte, 3–13; BISCHOFF, Katalog, 274f. Beschreibung der Handschrift: HAUKE, Katalog, 7–13.

Die Handschrift Clm 28118 umfasst 216 Folien und misst 415 x 325 mm. Auf fol. 196rb–207ra ist die Regula Donati zu finden. Der Regel-Codex enthält zuerst Regeln für Mönche, dann ab fol. 184vb Texte für Nonnen, nämlich: Caesarius, Regula ad virgines; Epistula ad Caesarium (Probatio regulae Caesarii); Orationes; Aurelianus, Regula ad virgines; Johannes Arelat., Epistula ad virgines; Regula Donati; Regula cuiusdam ad virgines; Ps.-Columbanus, Regula monialium (frg.).[114]

Im Text finden sich oft abweichende Schreibungen von *ae* und *e*, z. B. *egregiae* statt *egregie* (epist. 1), *sepius* (epist. 2 und öfter; aber z. B. 2,3: *sępe*), *Cesarii* (epist. 2; 5), *piaeta-* (epist. 14; 4,3), *equissimo* (2,11), *sanctae* statt *sancte* (4,5), *sociaetatem* (10,1), *similae* (16,5), *publicae* statt *publice* (24,1), *caetere* [sic] (30,1), *tardae* statt *tarde* (37,17), *consuaetudine* (48,7), *mansuaetudine* (68,1), *secretae* statt *secrete* (72,3), manchmal auch umgekehrt;[115] ebenso findet sich oft *qu* statt *c*, z. B. *quotid-* (epist. 1. 12; *quottidie* 3,57, aber *cotidie* z. B. 3,47.63), *quoaceruare* (epist. 3), *quur* (epist. 7), *quoquin-* (12,16 und öfter), *quoaequalibus* (20,13), *quohortantur* (44,1), seltener auch *c* statt *qu*, etwa *alico* (5,5). Bisweilen scheinen die Vokale *e/i* und *o/u* vertauscht (z. B. epist. 3: *fluscolis*, korrigiert offenbar noch von erster Hand, ebenso 26,3 *curso*, korrigiert zu *cursu*; 46,1 *prumpta*, korrigiert von späterer Hand, jedoch 6,9 *prompta*), selten *b/v* (etwa 16,3 *inprovitate*; 52,12: *travem*; einmal offenbar *d/v*: 66,7 *degravaverit*), mitunter findet sich *c* statt *t* und umgekehrt (z. B. epist. 18 *conditiones*; 7,9 *servicio*; 7,10 *solatio*; 20,2 *fatiant*; 63,5 *tapecia*) selten *cx* statt *x* wie etwa *sancxerunt*[116] (75,3); *c* statt *g* bei *stracula* (63,5). Erwähnenswert scheinen auch Formen wie *volumtatem* (2,7); selten finden sich Reduplikationen, etwa epist. 6 *renissus* (*ac.*); 52,17 *defferant*; 65,8 *excussationes*, umgekehrt aber auch beispielsweise 19,5 *comeatum*.

Auffällige Kürzungen: einmal findet sich *uī* mit Kürzungsstrich über dem „t" für *uester* (50,8),[117] einmal *confessioñ* für *confessione* (23,6) und *superpositioñ* für *superpositione*[118] (31,1) sowie oft *penī* mit Kürzungsstrich für *paenitea(n)t* (28,4 und im

**114** Zur Handschriftenbeschreibung vgl. HAUKE, Katalog, 7–13; eine Faksimile-Edition dieser Handschrift bereitet Abt. em. Dr. Pius Engelbert, OSB, vor, der in dieser eine exaktere Beschreibung des Codex geben und paläographische wie kodikologische Aspekte genauer beleuchten möchte. – Vgl. auch I. KNOBLICH, Die Bibliothek des Klosters St. Maximin bei Trier bis zum 12. Jahrhundert, Trier 1996, besonders 59f.

**115** Z. B. *peniteberis* (2,13; und öfter), *equaliter* (21,tit.), *tumide* (49,5), *sancte* (55,6), *posticiarie* (60,4), *egritudo* (67,3).

**116** Zu *cx* statt *x* vgl. STOTZ, Handbuch 3, pp. 318f. (§ 281.4); in Zusammenhang mit *sancx-* spielen wohl auch die Formen *sanctus/sanctio* eine Rolle.

**117** LINDSAY, Notae Latinae, p. 149, gibt die Kürzung *nī* als für die nördliche Hälfte Frankreichs charakteristisch an.

**118** Zur Kürzung *ñ* für *-ne* vgl. LINDSAY, Notae Latinae, pp. 327–330, besonders 329.

Folgenden öfter.; 49,9: *pet* für *paeniteat*).[119] Zu *luᵐ* (76,10) bzw. *criᵐ* (10,6) vgl. unten (Kapitel 3.4) jeweils ad locum.

Einige in *M* enthaltene Regel-Texte scheinen, was Umfang sowie Wortlaut anbelangt, jüngere Entwicklungsstufen der jeweiligen Regeln zu repräsentieren (siehe dazu unten pp. 60f.); ob daraus allerdings geschlossen werden darf, dass dies auch für die Donat-Regel zutrifft und ihr Text daher über mehrere Stufen vom Original bereits entfernt ist, ist spekulativ.

Codex *M* weist an einigen Stellen Korrekturen auf. Manche davon scheinen bereits vom Schreiber vorgenommen worden zu sein, andere dagegen sind eindeutig von späterer Hand angebracht (diese sind sehr klein und mit dünnen Strichen geschrieben, so dass sie manchmal nur schwer erkennbar sind). Soweit es möglich war, sind in vorliegender Edition die Angaben zu *Mpc.* geschieden in Korrekturen, die allem Anschein nach noch von erster Hand stammen, und Korrekturen, die mit Sicherheit von späterer Hand (*m²*) hinzugefügt wurden. Die späten humanistischen Korrekturen wurden im Zuge der Anfertigung der Kölner Handschrift *K* angebracht:

### 2.1.3 Arnoldus Losen – die Handschrift Köln, Hist. Archiv W 231

*K*     Köln, Historisches Archiv W 231, s. XV (anno 1467),[120] fol. 189ra–200vb. Geschrieben wurde diese Handschrift, wie ein Vermerk 212r angibt, von Arnoldus Losen im Kloster Gaesdonck (zu Losen vgl. unten Anm. 284), der seine Abschrift im Jänner 1467 vollendet hat; seine unmittelbare Vorlage war der Münchener Codex 28118 (*M*).[121] Der Text der Kölner Handschrift wiederum wurde – über eine weitere Abschrift – Grundlage für die Edition des Lucas Holstenius (siehe dazu unten pp. 50f.).[122] Die für *M* erwähnten sehr feinen, zarten Korrekturen von später Hand wurden in Zusammenhang mit der Erstellung der Abschrift durch Losen angebracht; dabei handelt es sich aber nicht immer um Text-Änderungen, sondern oft findet sich z. B. über einem *quod* ein *quod* in neuzeitlicher Kürzung von späterer Hand (manchmal auch über Wortteilen, wie etwa eine Kürzung für *quam* über 1,11 *numquam*).

---

**119** Nach LINDSAY, Notae Latinae, p. 435, ist dies nicht als ungewöhnlich anzusehen, denn das häufige Vorkommen des Wortes u. a. in Regel-Texten hat zu „capricious curtailments" geführt.

**120** Beschrieben ist der Kölner Codex in: VENNEBUSCH, Die theologischen Handschriften des Stadtarchivs Köln 4, 116–121; zur Auffindung und ersten Beschreibung des Codex vgl. SEEBASS, Über das Regelbuch. Die kodikologischen Informationen oben im Text gehen auf Vennebusch zurück.

**121** Vgl. auch den Vermerk in *K* fol. 1v, den auch VENNEBUSCH, Die theologischen Handschriften des Stadtarchivs Köln 4, 117 wiedergibt: *... ad codicem veteranum monasterii sancti Maximini Treverensis*, in seinem Kontext abgedruckt bei O. SEEBASS, Über das Regelbuch Benedikts von Aniane, Zeitschrift für Kirchengeschichte 15 (1895), 244–257, dort: 248.

**122** Eine weitere Abschrift von *M* stellt die Handschrift Utrecht, Universiteitsbibliotheek 361, s. XV (a. 1471), dar. In ihr ist allerdings die Regula Donati nicht enthalten.

Korrekturen, die die Vermutung nahelegen würden, dass der Korrektor ein weiteres Exemplar der Donat-Regel als Vorlage verwendet hat, sind sehr rar. Ein einziges Mal ist innerhalb der Regula Donati von späterer Hand am Rand eine Lücke ergänzt worden, und zwar 48,7f. die Worte *incipiet custodire non iam timore gehennae, sed amore Christi et consuetudine* (auch diese sind in *K* abgeschrieben). Dass die Ergänzung in Don. 48,7f. vom Korrektor, der mit *K* in Zusammenhang steht, angebracht wurde, ist naheliegend, lässt sich aber (bis jetzt) nicht mit letzter Sicherheit beweisen. Für diese Ergänzung muss wohl ein weiteres Exemplar herangezogen worden sein; da es sich allerdings um ein wörtliches Zitat aus der Benedikt-Regel handelt, könnte auch auf den Text dieser Regel zurückgegriffen worden sein. Immerhin jedoch darf man dann annehmen, dass dem Korrektor der Bezug zur Benedikt-Regel klar war. Zum ebenfalls in vorliegendem Band edierten Fragment einer Nonnenregel lässt sich beobachten, dass an einer Stelle (39) mit großer Wahrscheinlichkeit auf Columbans Regel-Text zurückgegriffen wurde (siehe dazu das Kapitel, das sich mit dem Verhältnis von *K* zu *M* beschäftigt, in der Einleitung zur Edition des Fragmentes pp. 192–194 sowie p. 220).

Bereits J. Neufville hat in Zusammenhang mit der Regula quattuor patrum bzw. der Regula Maccharii vermerkt,[123] dass dort für die Korrekturen in *M* eine zweite Handschriften-Tradition herangezogen wurde (nämlich eine, wie der Text in der Handschrift Stiftsarchiv Lambach, Handschriftensammlung Cod. XXXI, ca. 820, heute vorliegt), und bringt die Korrekturen mit Losen in Verbindung: „Voilà donc identifié le mystérieux réviseur du ms. A [damit meint Neufville *M*]. C'est Arnold Losen lui-même." Pierre Bonnerue schreibt in seiner Edition der Concordia Regularum die Korrekturen in *M* ebenfalls Losen zu und vermutet, dass diese mit der Concordia Regularum in Zusammenhang stünden.[124] Hat also Losen, als er den Münchener Codex korrigiert und den Kölner Codex geschrieben hat, womöglich auch zwei (oder mehrere?) Handschriften-Exemplare für die Regula Donati vor sich gehabt? Auf fol. 1v des Kölner Codex vermerkt Losen unter anderem:[125] ... *plura secundum modernum loquendi modum e regione quasi sub dubio posuimus, ne lector scriptorem nostrum negligentem et emendatores dormitantes calumpnietur. Sicubi vero aliter quam exemplar continebat scriptum fuerit, quomodo idem habuerat "e"* [?]

---

123 Neufville, Les éditeurs, die Beobachtungen zu Losens Arbeitsweise: 338f. (die oben in Folge zitierten Worte: 339).

124 Vgl. Bonnerue, CCCM 168, 180: „C'est à lui que nous devons une série de corrections peu lisibles sur le manuscrit *M*" und 185: „Cette prudence vis-à-vis de l'utilisation du manuscrit *M* n'est pas excessive au regard des corrections portées sur ce manuscrit et que nous n'attribuons pas à Arnold Losen (*M²*). Il est très probable en effet que le manuscrit *M* a été corrigé à partir de l'exemplaire de la *Concordia* ou du subarchétype *F-F'W*, car dans de nombreux cas, le *Codex* s'accorde, après corrections, avec la *Concordia*." Weitere Angaben zu Losens Arbeitsweise bei Bonnerue, CCCM 168, 188–192.

125 Neufville und Bonnerue haben das Zitat nicht in ihre Überlegungen einfließen lassen.

*littera supraposita in mergine* [sic!] *econtra annotatur. Item in regula sancti Basilii multa sunt emendata et dampnata secundum diversa exemplaria, que nobis quoad illam tantum presto erant.*

Es überrascht die Angabe, dass nur für die Regula Basilii weitere Emendations-Exemplare herangezogen worden sein sollen – woher stammt dann die korrigierende Hinzufügung in der Regula Maccharii (Neufvilles Beobachtung)?[126] Außerdem ist zu bedenken, dass Losen schreibt: ... *ne lector scriptorem nostrum negligentem et emendatores dormitantes calumpnietur.* Wenn *emendatores* den Text von *K* korrigiert zu haben scheinen, könnte Losen auch bei der Korrektur von *M* Unterstützung gehabt haben? Könnte sein, dass Losen seinerseits nach der Emendation von *M* noch z u s ä t z l i c h bei der Erstellung der Abschrift der Regula Basilii (sie ist der erste Text in seinem Codex) die explizit erwähnten weiteren Vergleichsexemplare herangezogen und deshalb nur diese erwähnt hat?

Wie Neufvilles Hinweis zeigt, können späte Korrekturen in der Handschrift *M* eigenständige humanistische Korrekturen darstellen, andererseits vielleicht aber auch auf Textvergleich fußen und Lesarten einer anderen Handschrift repräsentieren. Tiefergehende Untersuchungen zum Verhältnis von *K* zu seiner Vorlage *M* bei anderen im Codex Regularum enthaltenen Regel-Texten könnten vielleicht mehr Licht auf diese Fragen werfen (nämlich vor allem dann, wenn sich Lesarten von *Mpc.* wie bei der Regula Maccharii eindeutig in anderen Handschriftenzweigen finden). Zu Pachomius vermerkt Dom Amand Boon, dass wohl kein weiteres Exemplar zum Vergleich herangezogen wurde.[127] Um Untersuchungen zu Losens Arbeitsweise zu erleichtern, schien es sinnvoll, für die Donat-Regel die Lesarten des Kölner Codex näher zu dokumentieren:

Die – wie dargelegt – gründlich vorbereitete und penibel durchgeführte Abschrift geht (abgesehen von Orthographica) konform mit den Lesarten von *M* bzw., wenn *M* Korrekturen aufweist, immer mit *M* (*pc.*) (im textkritischen Apparat der vorliegenden Edition ist *K* nur dann verzeichnet, wenn seine Lesart von *M* bzw. *M* (*pc.*) abweicht, wobei rein Orthographisches nicht berücksichtigt wurde). Abweichungen vom Text des Münchener Codex sind:[128] epist. tit. constructo *M*] constituto *K*; epist. 18 ac *M*] et *K*; 2,9 regulari *M*] regulare *K*; 4,3 quae vobis *M*] vobis quae

---

**126** Müsste man annehmen, dass es vor Losen einen anderen humanistischen Korrektor gegeben hätte, der auf der Basis von Textvergleich bereits (einzelne Regeln) korrigiert hatte und dessen Korrekturen in ähnlich zarter Schrift wie Losens angebracht worden sind?

**127** Boon, Pachomiana latina, XI: „Selon toute vraisemblance, ces corrections n'ont pas été faites d'après un autre manuscrit; leur auteur a simplement voulu rendre plus facile la lecture de l'ancien codex."

**128** *K* korrigiert darüber hinaus viele der bereits oben genannten Vertauschungen von ae/e oder o/u und andere Orthographica sowie nach klassischer Grammatik nicht ‚korrekte' Perfektstämme wie 12,16 *exigerit*, aber auch etwa 48,8 *ipsam bonam et dilectionem* zu *ipsa bona et dilectione*, wobei hier in *M* zumindest beim Wort *ipsam* eine Korrektur zu *ipsa* erkennbar scheint (das *-m* scheint zart durchgestrichen).

*K*(*ac.*); 10,4 unianimiter *M*] unanimiter *K*; 20,13 in *om.*; 42,1 contempta *M*] contenta *K*; 52,13 legistis *M*] legitis *K*; 75 tit. quod *M*] quo *K*. Diese Lesarten liefern keine eindeutigen Hinweise, dass dafür eine andere Handschrift konsultiert worden sein müsste. Zu der nur scheinbar beweiskräftigen Abweichung in Don. 53,4 – *K* fügt in den Wortlaut von *M* (*in tantum fuerit*) nach *fuerit* das Wort *malum* ein, was sich auch in Donats Quelle (Caes.) an ebendieser Stelle findet – siehe unten (pp. 108f.) zu Don. 53,4.

Da die Lesarten von *K* weitgehend jenen von *M* – bzw., wenn Korrekturen angebracht wurden, immer jenen von *M* (*pc.*) – entsprechen, wurden die Lesarten von *K* im textkritischen Apparat der vorliegenden Edition nur dann dokumentiert, wenn sie von *M* bzw. *M* (*pc.*) abweichen.

## 2.1.4 Eine Handschrift der Bollandisten – Codex Bruxelles, Bibl. roy. 8126–41

*B*      Bruxelles, Bibl. roy. 8126–41, s. XVII, fol. 123r–154r. Die Handschrift stammt aus der Bibliothek der Bollandisten und trug dort die Signatur ms. 174. Die Abfolge der in dieser Handschrift enthaltenen Regel-Texte unterscheidet sich von jener in *M* bzw. *K*.[129] Ludwig Traubes Vermutung (ohne nähere Begründung),[130] die Handschrift stelle eine Abschrift der Edition des Lucas Holstenius dar, lässt sich nicht verifizieren. Zur Donat-Regel (wie auch zu einigen anderen Regeln auf deren jeweiligen ‚Titel-Blättern‘) findet sich zwar auf fol. 123r ein späterer Verweis: *est impressa i Regula Cod.* [gemeint ist wohl: *in Regularum Codice*] *3 à pag. 75*, womit auf die Edition des Holstenius aus dem Jahr 1661 verwiesen wird, in deren drittem Band sich die Donat-Regel tatsächlich auf den Seiten 75–120 findet, jedoch lassen sich im Text keine eindeutigen Hinweise für ein Einwirken dieser Edition finden. Oberhalb dieses Hinweises finden sich auf fol. 123r außerdem noch folgende Worte: *ab hoc Donato vide ante Regulam S. Leandri pag. 22*,[131] allerdings weist diese Angabe nicht auf den Verfasser der vorliegenden Regel hin. Ich denke, dass der Schreiber damit auf Angaben in folgendem Werk hinweist: Sidera illustrium et sanctorum virorum qui

---

129  Zu dieser Handschrift und einer Übersicht über die Regel-Texte vgl. J. VAN DEN GHEYN, Catalogue des manuscrits de la Bibliothèque royale de Belgique, tom. sixième, Bruxelles 1906, pp. 2f. (No. 3597). Weitere Literaturhinweise in den folgenden Fußnoten, vgl. auch VANDERHOVEN – MASAI – CORBETT, La Règle du Maître, 12 Anm. 1. – Ich danke sehr herzlich Dr. Michiel Verweij, Mitarbeiter der Handschriftenabteilung der Bibliothèque royale de Belgique (Bruxelles), der mir zusätzliche Auskünfte zu diesem Codex erteilt hat und bei der Entzifferung einiger Subscriptiones freundlich behilflich war.

130  TRAUBE, Textgeschichte, 700 (102).

131  Laut Auskunft von Dr. Michiel Verweij hat diesen Vermerk eine sonst in *B* selten anzutreffende spätere Hand angebracht, die allerdings auch einige Notizen zur Regula Isidori (fol. 215–217) angebracht hat (die Blätter zur Isidor-Regel sind aus einem Druck ausgeschnitten und in die Handschrift eingebunden; im Druck waren sie die Seiten 698–708).

Germaniam praesertim magnam olim gestis rebus ornarunt ... Christophorus Browe-
rus ..., Moguntiae 1616, denn darin lassen sich (in Zusammenhang mit der Leander-
Regel) auf Seite 22 tatsächlich Notizen zu ‚Donat' finden – jedoch nicht zu Donat,
Bischof von Besançon, sondern genannt ist dort vielmehr ein *Gregorio Turonensi
aequalis Donatus monachus*, ein Mönch afrikanischer Herkunft des 6. Jh., der Abt
und Klostgeründer in Spanien gewesen sein soll.[132] In der Zuweisung der Regel an
diesen *Donatus monachus* in Spanien steht der Schreiber übrigens offenbar in einer
Tradition, die erst durch Lucas Holstenius korrigiert wurde, der die Donat-Regel klar
dem Bischof von Besançon zuweist (vgl. auch die Angaben bei FABRICIUS, wie o.
Anm. 132).

De Vogüé gibt zu den Regulae Patrum an (SC 297, p. 159 Anm. 9), dass *B* eine
Abschrift von *K* darstelle; jedoch muss für Donat jedenfalls ergänzt werden: nicht
nur von *K*, sondern auch von *M* (vgl. etwa fol. 123r zur Donat-Regel: *ex manuscripto
S. Maximini Treveris vetustissimo et Coloniensi, qui inde descripserat*). Ein Textvergleich lässt darauf schließen, dass zuerst *K* abgeschrieben, dann der Text mit *M*
verglichen und gegebenenfalls korrigiert wurde.[133] Es lässt sich für die Donat-Regel
außerdem zeigen, dass *B* auch jene Lesarten von *K* kennt, die *K* nicht aus *M* übernommen hat, etwa epist. tit.: *B* liest zuerst wie *K* constituto und korrigiert dies zu
constructo wie in *M*; epist. 18 ac *M B(pc.)*] et *K B(ac.)*; 3,70/71 iuniores diligere, in
Christi amore pro inimicis orare *distinx. M*; iuniores diligere in Christi amore, pro
inimicis orare *distinx. K B*; 4,3 vobis quae *tr. ac. K B*; 10,4 unianimiter *M*] unanimiter
*K B*; 13,4 non occurrerit psalmi *tr. ac. K B*; 20,13 in invicem] in *om. K B*; 52,13 legistis
*M*] legitis *K B*; 53,4 fuerit] malum *add. K B(ac.)*; 75,tit. quod *M*] quo *K B*; das Gesagte
gilt nicht für Don. 2,9, weil dort in *B* zuerst das Wort *regulari* fehlt, das in *K* zu *regu-
lare* verlesen wurde. Ersichtlich sind die Abhängigkeiten aber auch an Incipit- und
Explicit-Vermerken, die (vor der Korrektur) mit *K* konform gehen.

Wie unten in Zusammenhang mit verlorenen Texthandschriften noch zu erwähnen ist, sind für Köln zwei Codices mit Regel-Texten bezeugt, so dass auch ein heute
verlorener Kölner Codex Vorlage für *B* gewesen sein könnte, jedoch lassen die aufgezeigten Gemeinsamkeiten mit *K* den Schluss zu, dass *B* mit *K* in Verbindung steht
(deutliche Indizien zeigen sich auch beim auf Col. coen fußenden Nonnenregel-
Fragment, vgl. dazu die Einleitung in vorliegender Edition).

Zuletzt sei noch erwähnt, dass Dom Eligius Dekkers die Handschrift *B* mit einem
für Affligem (in der Nähe von Brüssel) erwähnten Codex in Verbindung bringt.[134]
Einen solchen Codex bezeugt nämlich S. Sanderus, Bibliothecae Belgicae Manu-

---

132 Vgl. FABRICIUS, Bibliotheca latina, I, 472f.
133 Die von Dom J. Evangelista M. VILANOVA in seiner Edition der Regula Pauli et Stephani, 35,
gegebene Klassifizierung des Brüsseler Codex („Igualment cal dir del text de *b*, que reprodueix *M* a
través ja de l'edició de Holste") trifft für die Donat-Regel nicht zu.
134 E. DEKKERS, La tradition des textes et les problèmes de l'édition diplomatique, Traditio 10
(1954), 549–555, hier: 553f. Anm. 13.

scriptae pars secunda, Lille 1643, 149, mit folgender Angabe: *Sanctorum patrum regulae hactenus non editae et in Concordia Regularum Benedicti Anianensis Abbatis ante octingentos annos citatae, ex Mss. codicibus monasteriorum S. Maximini Treviris et S. Pantaleonis Coloniae descriptae.* Dass auch hier der Codex *M* sowie ein Kölner Codex genannt sind, scheint auf die Brüsseler Handschrift zu verweisen. Es gibt jedoch in Codex *B* einen Vermerk auf fol. 2r (Regula quattuor Patrum), der auf die Edition des Hendrik van Cuyk hinweist (erschienen 1578 bei Plantin, in *B* allerdings mit der Jahreszahl 1568 versehen), zu der es unter anderem heißt: ... *ubi hec habeatur ex codice Affligemiens*(i).[135] Wenn also die Regula quattuor patrum bereits aus einem in Affligem befindlichen Codex ediert wurde, müsste geklärt werden, ob der Eintrag bei Sanderus auf diese eindeutig vor 1568/1578 geschriebene Handschrift verweist, die dann allerdings nicht mit *B* identisch sein kann, oder ob es in Affligem zwei Handschriften mit dem Text der Regula quattuor Patrum gegeben hat. Weitere Überlegungen vgl. im folgenden Kapitel („Verlorene Handschriften").

Da die Handschrift *B* also offenbar lediglich eine Abschrift zweier uns bekannter Textzeugen darstellt, ist sie zwar für die Forschungsgeschichte interessant; der Text dieser späten Handschrift trägt jedoch nichts zur Text-Konstitution bei.

## 2.1.5 Verlorene Handschriften

Zeugnisse für die Existenz weiterer Handschriften sind gesammelt von Hope Mayo.[136] Ein Bibliothekskatalog aus Fulda, der aller Wahrscheinlichkeit nach in das 9. Jh. zu datieren ist, nennt die Regula Donati in einer heute verlorenen Regel-Handschrift. Die fragmentarisch erhaltene Liste zeigt, dass die Abfolge der in dieser Handschrift enthaltenen Regeln nicht mit jener von *M* übereinstimmt (aber auch nicht mit jener von *B*); möglicherweise war also diese verlorene Handschrift ein von München unabhängiger Textzeuge.[137]

Man kann außerdem davon ausgehen, dass – abgesehen von einer für Lucas Holstenius durch Fabio Chigi erstellten Abschrift des Kölner Codex (siehe dazu un-

---

**135** Herzlichen Dank abermals an Dr. Michiel Verweij (Bruxelles) für die Hilfe bei der Transkription der Worte!

**136** MAYO, Three Merovingian Rules, 51–53 mit weiteren Angaben.

**137** Ediert und besprochen ist diese Liste zuletzt bei: G. SCHRIMPF (in Zusammenarbeit mit J. LEINWEBER und Th. MARTIN), Mittelalterliche Bücherverzeichnisse des Klosters Fulda und andere Beiträge zur Geschichte der Bibliothek des Klosters Fulda im Mittelalter, Frankfurt/Main 1992, besonders 57–75; ein Vergleich mit dem Münchener Codex Regularum dort 72–75. Auf die *Regula a Donato collecta* folgen in diesem Verzeichnis: *Regula cuiusdam ad virgines, Regula sancti Columbani* und *Regula eiusdem*; Schrimpf (69) geht davon aus, dass es sich dabei um die beiden Columban-Regeln gehandelt hat, was naheliegend ist. Bedenkt man aber, dass auch das auf Col. coen. fußende Nonnenregel-Fragment (vgl. die Edition in diesem Band) als *Regula Columbani* bezeichnet wurde, könnte im Verband mit den Nonnenregeln auch dieses gemeint gewesen sein.

ten Anm. 143) – neben der heute bekannten Kölner Handschrift *K* zumindest eine weitere in Köln (im 17. Jh.) existiert hat.[138] Eine Abschrift des Münchener und eines Kölner Codex Regularum wird – wie zuvor in Zusammenhang mit *B* erwähnt – außerdem für das Kloster Affligem für das Jahr 1643 genannt; Mayo (Bd. 1, 52) vermutet, dass diese mit einer von Benedict van Haeften (1588–1648) erstellten Abschrift identisch sei, und zitiert van Haeften: *easdem [sc.* die Regeltexte der Handschrift *M* und eines Kölner Codex] *mihi communicatas curavi describi, iis tantum exceptis, quae typis sunt expressae.*[139] Diese Angabe entspricht tatsächlich jener von Sanderus gegebenen (zitiert oben p. 49), was die Provenienz der Quellen-Handschriften und die Klassifizierung, es handle sich um *regulae ... hactenus non editae*, betrifft. Ob es sich allerdings um *B* gehandelt hat, bleibt zu fragen, denn dieser heute in Brüssel verwahrte Codex enthält z. B. auch die Regulae Patrum, zu denen es die bereits genannte Ausgabe von Hendrik van Cuyk (Henricus Cuyckius) aus dem Jahr 1578 (gedruckt bei Plantin) gibt, wie auch auf fol. 2r in *B* vermerkt ist, was der Angabe *hactenus non editae* widerspräche.[140]

## 2.2 Editionen

### 2.2.1 Die Edition des Lucas Holstenius (1661) und ihre Nachdrucke bis Migne (PL 87)

*h*  Die erste Edition des Codex Regularum ist – in drei Teilen – jene von Lucas Holstenius aus dem Jahr 1661 (²1663);[141] diese Edition, von Marianus Brockie erwei-

---

**138** Vgl. B. van Haeften, Disquisitiones monasticae, 1644, II, 8, zitiert auch bei Seebass, Über das Regelbuch, 246, und Mayo, Three Merovingian Rules 1, 51f.: Van Haeften schreibt von einer größeren Zahl von Handschriften und nennt konkret den Codex Trevirensis S. Maximini (= *M*) sowie eine Handschrift aus dem Kloster St. Pantaleon (in Köln) und explizit noch einen dritten, der ebenfalls in Köln aufbewahrt würde, nämlich *in monasterio S. Corporis Christi Canonicorum Regularium.* Vgl. auch Löffler, Kölnische Bibliotheksgeschichte, 23.

**139** van Haeften, Disquisitiones (wie o. Anm. 138), 8, hier wiedergegeben nach Mayo, Three Merovingian Rules 1, 52.

**140** Sollte der heute in Brüssel verwahrte Codex dennoch mit jenem aus Affligem (vgl. die erwähnte Überlegung von Eligius Dekkers) und zugleich mit jenem von van Haeften erstellten identisch sein, müsste van Haeften entweder für einzelne Regel-Texte eine Ausnahme gemacht und sie trotzdem in seiner Sammlung abgeschrieben haben (wie etwa die Regulae Patrum), oder er hat von der Existenz der gedruckten Edition erst später erfahren.

**141** Codex Regularum quas sancti patres monachis et virginibus sanctimonialibus servandas praescripsere, collectus olim a S. Benedicto Anianensi abbate, Lucas Holstenius Vatic. Basil. canonicus et bibliothecae praefectus in tres partes digestum auctumque edidit, Romae 1661. Die Widmung lautet: Sanctissimo Domino nostro Alexandro VII. Pont. Opt. Max. Codicem antiquum Regularum Monasticarum Ante annos octingentos à S. Benedicto Anianensi Abbate collectum Et ab ipso Fabio Chisio Neritinorum tunc Episcopo, & apud Ubicos Apostolico Apocrisario, ex veteri Coloniensi

tert, erschien abermals im Jahr 1759. Dieser Text wiederum wurde, an wenigen Stellen verändert, in Mignes Patrologia Latina, Band 87, abgedruckt.

Bis gegen Ende des 19. Jh. war die Regula Donati nur in der Edition des Holstenius bzw. der PL benutzbar, Handschriften waren nicht bekannt. Man wusste zwar, dass die in Köln für Holstenius (der unter anderem Kustos der Biblioteca Vaticana war)[142] angefertigte handschriftliche Vorlage ihrerseits eine Abschrift eines in Köln befindlichen Codex war, der seinerseits auf die – damals ebenfalls nicht bekannte – Handschrift aus St. Maximin (*M*) zurückging, jedoch machte sich erst Ende des 19. Jahrhunderts Otto Seebass (als er an den Regulae Columbani arbeitete) in Köln auf die Suche nach der Vorlage der Holstenius-Edition. Dabei stieß er auf die Handschrift *K*, deren Text mit jenem des Holstenius enge Verwandtschaft aufweist (somit war *K* wiederum kurze Zeit der einzige bekannte handschriftliche Zeuge der Regula Donati, denn erst 1902 wurde, wie oben erwähnt, *M* für die Wissenschaft zugänglich).[143]

Über mehrere Zwischenstufen also ebenfalls von *M* abhängig, repräsentiert auch die Edition des Holstenius keinen von *M* unabhängigen Überlieferungszweig. Nach den Angaben in seinem Vorwort hat Lucas Holstenius zwar für seine Edition Handschriften verglichen und Unterschiede notiert, allerdings nur soweit ihm weitere Textzeugen zur Verfügung standen. Zur Donat-Regel finden sich keine *variae lectiones* verzeichnet.

Der Text des Holstenius steht jenem von *K* sehr nahe. Darüber hinaus lässt sich generell sagen, dass Holstenius (oder seine Vorlage?) den Donat-Text an einigen Stellen allem Anschein nach an den Wortlaut der von Donat benützten Vorlage angepasst hat, z. B.: Don. 3,50 satisfacere] patefacere (= Ben.); 8,7 fuerit] delectari *add.* (= Ben.); 40,1 conscientiam] conscientia paenitentiam (= Ben.); 52,29 corripitis] quanta benevolentia diligatis *add.* (= Caes.); 62,2 constituenda] custodienda (= Ben.). Ebenso finden sich manchmal Bibelzitate analog zum oder in Anlehnung an

---

Manuscripto Codice accuratè descriptum, & collatum Nunc bono publico Typis editum Cum humillimo Pedum osculo offert, dat, dicat, consecrat, Sedis Apostolicae obsequiis deditissimus Lucas Holstenius. Die Regula Donati dort: 75–120. Zur Edition hat Holstenius eine heute verlorene Abschrift des Kölner Codex herangezogen. Zu dieser Edition vgl. in kurzen Bemerkungen PLENKERS, Untersuchungen, 4.

**142** Zur Person des Holstenius vgl. mit Hinweisen auf weitere Literatur: Lucas Holstenius (1596–1661): Ein Hamburger Humanist im Rom des Barock. Material zur Geschichte seiner Handschriftenschenkung an die Stadtbibliothek Hamburg, bearb. v. G. BÜHRING et al., ed. H.-W. STORK, Husum 2008.

**143** Zu den geschilderten Sachverhalten vgl. PLENKERS, Untersuchungen, 4, und besonders SEEBASS, Über das Regelbuch Benedikts von Aniane, 244f. – Die heute verlorene Handschrift, die als Vorlage für die Edition des Lucas Holstenius diente, wurde um die Mitte des 17. Jh. von Fabio Chigi, dem späteren Papst Alexander VII (1655–1667), geschrieben. Vgl. dazu auch die Angaben im Vorwort der Edition von Lucas Holstenius.

den Wortlaut der Vulgata, z. B.: Don. 3,1 deum] tuum *add.*; 3,2 seipsum] teipsum; 41,5 cordis] peccati.

Einige Merkmale der Edition bzw. Fehler sind: Holstenius resp. seine Vorlage verlesen das Wort *sanctus* oft zu *sacer* (z. B. Don. epist. 34; 75,5; 77,2.9) und *superpositio* stets zu *suppositio*,[144] häufig sind außerdem *quod* bzw. *quae* verwechselt. Orthographisch bevorzugt *h* beispielsweise *quoties* statt *quotiens* bzw. *spiritualis* statt *spiritalis*. An einigen Stellen scheinen Holstenius oder seine Vorlage konjiziert bzw. den Text an die Regeln klassischer Grammatik angepasst zu haben, nämlich stets bei Infinitiv-Konstruktionen (z. B.: 1,9; 12,3 und 8; 20,18; 48,3), aber auch etwa: Don. epist. 17 ipso] Christo *h*; 3,9 alio] alii *h*; 3,60 odire] odisse *h*; 19,tit. und 19,1 silentium studere] silentio studere *h*; 25,4 pertunderit] pertuderit *h*; 32,1 prohibetur ne ... nulla] prohibetur ne ... ulla *h*; 36,8 ipsud] ipsum *h*; 67,2 excepto matre] excepta matre *h* (*cf.* Caes.) etc. – Fehler und Versehen sind (abgesehen von Wortumstellungen) zahlreich, etwa 3,43 reputet] deputet *h*; 4,5 solum *om. h*; 7,8 fieri] scilicet *h*; 9,2 quomodo si] quasi *h*; 10,6 superius *om. h*; 15,4 tremore] timore *h*; 17,9 profertur] praefertur *h*; 29,8 discentem] decentem *h*; ei *om.*; 33,7 scierit] fecerit *h*; 57,3 sub *om. h*; 66,1 utque] atque *h*; 66,1f. senior constituerit quae *om.*; 66,4 communionem] unionem *h*; 66,11 nominum] nominatim *h*; 77,11 dei[2]] deo *h* etc.

Andererseits gehen aber einige allem Anschein nach gute Lesarten auf Konjekturen des Lucas Holstenius oder seiner Vorlage zurück, z. B.: Don. epist. 14 caligo (caliginis *codd.*); epist. 34 onerato (-tum *codd.*); 2,7 proprii (-iis *codd.*); 5,5 elatione (elationis *codd.*); 27,2 regrediens (egrediens *codd.*); 29,5 cum *del.*; 34,9 sancti (-tum *codd.*); 50,7 modo (mundo *codd.*); 56,1 gratia (-iam *codd.*); 58,5 praeparent (-tur *codd.*); 61,12 avaritiae (-tia *codd.*); 69,4 privatae (-ta *codd.*); 75,11 sanctarum (-orum *codd.*); 75,16 (vielleicht mit Blick auf die Quelle Col.?) aedificationemque (edificationique *codd.*) ... conceptam (concepta *codd.*) ... iusto sumus retributori rationem reddituri (iuxto/iuxta sumus retributorem rationem reddituri *codd.*) oder 77,10 minae (-nas *codd.*).

Im vorliegenden textkritischen Apparat berücksichtigen die Angaben zur Edition des Holstenius (*h*) alle drei Ausgaben (1661 = $h_{61}$, 1663= $h_{63}$ und 1759, überarbeitet von Brockie = $h_{br}$) sowie deren Weiterwirken in PL 87. Um den Text des Holstenius zu erfassen, muss die älteste, ihrerseits bereits posthum erschienene Edition aus dem Jahr 1661 herangezogen werden. Die weiteren Editionen brachten eher Text-Verschlechterungen mit sich,[145] wirkten aber über die Patrologia Latina ihrerseits

---

144 Vgl. aber die Angabe des Holstenius in seinem Indiculus Declaratorius (am Ende von Band 3 seiner Edition), wo er *vel potius superpositio* vermerkt (und diese als *extraordinarii ieiunii indictio ob culpam* erklärt).

145 Fehler der Edition aus dem Jahr 1661, die ab der Edition aus dem Jahr 1663 in einen weiteren Fehler mündeten, sind: 8,7 qua huic] quae huic $h_{61}$; quae hoc $h_{63}$, $h_{br}$ und *m*; 10,2 quomodo si] quasi $h_{61}$; quod $h_{63}$, $h_{br}$ und *m*; 51,3 peccato] peccatis $h_{61}$; peccati $h_{63}$, $h_{br}$ und *m*. – Als Fehler der 1663 erschienenen Edition gegenüber 1661 können u. a. genannt werden: epist. 21 obsecrare] obsecrate;

weiter.[146] Aus forschungsgeschichtlichem Interesse soll jedoch in vorliegender Edition nicht nur die erste Edition aus dem Jahr 1661 berücksichtigt, sondern die Textentwicklung nachgezeichnet werden. Diese Text-Entwicklung wird, wo notwendig, mithilfe folgender Siglen angezeigt:

$h^1/h^2$ Die Gruppen-Sigle $h$ bezieht sich auf Lesarten, die bei Holstenius (sowie in PL 87) ab der ersten Edition aus dem Jahr 1661 (= $h_{61}$) anzutreffen sind; die Gruppen-Sigle $h^1$ kennzeichnet jene Lesarten, die sich erst ab dem Nachdruck 1663 (= $h_{63}$) finden. Auf Lesarten, die nur in der 1759 erschienenen Holstenius-Edition auftreten, die von M. Brockie (= $h_{br}$), überarbeitet wurde (und fußend auf dieser auch in PL 87 zu finden sind), verweist die Gruppen-Sigle $h^2$.

$m$ Mit dieser Sigle wird auf PL 87,273–298, verwiesen. Als direkter Nachfolger der Holstenius-Editionen ist $m$ in vorliegendem textkritischem Apparat in zuvor vorgestellter Weise unter den Gruppen-Siglen $h$, $h^1$ bzw. $h^2$ dokumentiert; nur wenn $m$ auch von $h_{br}$ abweicht, wurde die Lesart von $m$ eigens angeführt (der in $m$ edierte Text weist alle Fehler von $h_{br}$ auf. Als darüber hinausgehender Fehler ist zu nennen: 34,9 excepto] excepta $h_{br}$, exceptis $m$; Korrekturen gegenüber dem Text von Holstenius/Brockie sind (sie sind alle auf konjekturaler Basis möglich und ihrerseits keine Indizien, dass eine Handschrift herangezogen wurde): Don. epist. 21 obsecrate → obsecrare; 1,13 ea → ne; 7,tit. ad maritis → maritis ad; 62,2 ei → eis; 76,10 et → ut).

---

epist. 33 pro] per; 10,2 sic *om.*; 10,3 quid] qui; 11,1 aut[1] *om.*; 16,1 quicquam] quicquid; 19,3 quo] quod; 20,9 murmurio] murmure; 20,16 penitus] non *add.*; 22,tit. debeat] debet; 36,4 atque] aut; 36,8 cum] cura; 41,2 viam] vitam; 42,1 vilitate] utilitate; operariam] operarium; 43,1 ex] et; 61,9 infantum] infantium; 63,1 lactena] lactina; 75,7 quinque[2]] quoque; 75,12 de aequinoctio] veris *add.*; 77,10 ut] et. – Korrekturen von 1663 gegenüber Fehlern der Ausgabe von 1661 sind kaum zu nennen: 7,5 possint wurde wieder possunt; 12,14 disperata wurde zur vermeintlich korrekten Form desperata; 41,4 idem wurde wieder item. – Zusätzliche Fehler der Ausgabe von 1759 gegenüber 1663: epist. 7 necessitatem] necessitate; epist. 9 immo] imo; epist. 12 ambiguitate *om.*; 1,13 ne] ea; 1,14 et[2] *om.*; 3,9 et *om.*; 3,61 illud dominicum praeceptum] illius dominici praecepti; 4,6 maiore] maiori; 7,tit. ad maritis *tr.*; 13,5 ab ipsa vel *om.*; 15,4 et[3] *om.*; 20,14 ne[1]] et; 26,6 seu] vel; 32,3 paeniteant] poeniteat; 34,9 excepto] excepta; 37,17 murmurio] murmuratione; 50,3 quae] qui; 50,4 ut] aut; 52,14 suas *om.*; 61,8 illud apostolicum] illius apostolici; 62,6 murmurio] murmuratione; 66,10 honorent ... suas *om.*; 69,3 invenitur] inveniatur; 74,2 iungantur] iungatur; 75,2 kalendas] kalendis; 77,8 resistite] resistere. – Korrekturen gegenüber 1663 sind abermals dünn gesät und lassen nicht darauf schließen, dass eine Text-Handschrift zu Rate gezogen worden sein muss: 10,3 qui → quid; 42,1 operarium → operariam.

**146** Adalbert de Vogüé und ihm folgend Michaela Zelzer haben für Donat lediglich die durch M. Brockie überarbeitete Edition des Holstenius aus dem Jahr 1759 herangezogen und damit eigentlich einen depravierten Holstenius-Text dokumentiert; Prischl hatte mit der Edition aus dem Jahr 1663 ebenfalls einen im Gegensatz zur Edition 1661 ,fehlerhafteren' Text herangezogen.

### 2.2.2 Die diplomatische Edition der Epistula von Gérard Moyse (1973) bzw. der Epistula und der Regel von Hope Mayo (1974)

Wie im Vorwort erwähnt, hatte zwar Rudolf Hanslik in den 1960er-Jahren angekündigt, den Text der Donat-Regel kritisch zu edieren,[147] jedoch setzte er dieses Vorhaben nicht in die Tat um. Im 20. Jahrhundert veröffentlichte zuerst Gérard Moyse im Rahmen seiner Untersuchung „Les origines du monachisme dans le diocèse de Besançon (V$^e$-X$^e$ siècles)" eine diplomatische Abschrift der Widmungsepistel (pp. 402–404 seiner Studie), die den Wortlaut aus *M* getreu wiedergibt;[148] sein Ziel war jedoch weder eine wissenschaftliche Edition noch die Herausgabe der gesamten Regel. Immerhin aber spricht er sich zu epist. 19 für die Lesart *era* statt des bis damals edierten *ea* aus (p. 403 bzw. 405) und hebt hervor, dass die damals als einzige vorhandene Edition des Holstenius nicht in allen Punkten den ‚Urtext' wiedergibt (p. 399).

Im folgenden Jahr erschien eine Ausgabe der gesamten Donat-Regel von Hope Mayo, die in ihrer Dissertation „Three Merovingian Rules for Nuns, 2 vols., PhD-thesis Harvard, Cambridge (Mass.) 1974 (ungedr.)" auch die Regula Aureliani ad virgines sowie die Regula cuiusdam ad virgines ediert hat (auf Mayos inhaltliche Untersuchungen wurde oben bereits mehrfach verwiesen). Ihre Texterstellung beruht allerdings ebenfalls allein auf *M*, und zwar im Normalfall *M(ac.)* (so etwa auch 3,9: *quis*, cf. Ben; offensichtliche Fehler in *M* wie epist. 32 *petioni*; 4,tit. *essa* oder 72,3 *tristititia* korrigierte sie),[149] mit Ausnahme nur sehr weniger Stellen, an denen sie Holstenius' Lesarten übernahm (besonders 27,3, wo sie gegen *M* nicht *egrediens*, sondern mit Col. in Nachfolge von Holstenius *regrediens* liest).[150] Auf Mayos Text wird daher im textkritischen Apparat der vorliegenden Edition nur dann verwiesen, wenn sie nicht *M* folgt.

---

147 Vgl. etwa HANSLIK, Regula Donati, 104.

148 Lediglich „i" wurde, wenn es konsonantisch gebraucht wird, als „j" geschrieben; auf nach Rasuren nicht mehr lesbare Buchstaben hat er nicht verwiesen.

149 An folgenden Stellen geht Mayo nicht mit *M(ac.)* sondern *M(pc.)* konform: epist. tit. coenobio a; epist. 6 ego; renisus; epist. 21 qua de re; 1,3 prodesse; 1,19 sic; 7,1 voluerit; 13,3 operi; 16,3 inprobitate; 19,2 a; 24,1 omnibus arguatur; 25,3 et ... sex; 41,1 absconse; 46,1 prompta; 50,8 propositum; 53,1 vel quaelibet; 55,6 sanctae; 57,5 filiam; 58,1 sanctimonialis; 66,8 illius; 66,13 sibi; 71,2 sortiatur; 73,7 discedat; 75,5 (und öfter) chore; 76,10 lumine; 77,5 pro; 77,10 vestrum.

150 An folgenden Stellen folgt Mayo nicht *M* (oft decken sich diese Lesarten mit *h*, was den Anschein erweckt, als hätte sie den Text von *h* als Ausgangspunkt ihrer Arbeit verwendet und die Abweichungen von *M* zwar notiert, an diesen Stellen aber irrtümlich übersehen; an anderen Stellen sind wohl bloße Tippfehler passiert): Don. epist. 19 aera] era *M*, ea *h Mayo*; epist. 34 sanctarum *M*, sacrarum *h Mayo*; 6,11 ingrediatur *M*, ingrediantur *Mayo*; 17,9 profertur *M*, praefertur *h Mayo*; 20,1 fuerit *M*, fuerint *Mayo*; 34,5 ac *M*, et *h Mayo*; 50,4 ut *M*, vel *Mayo*; 57,5 requirendam *M*, requirendum *Mayo*; abbatissae *M*, abbatissa *Mayo*; 60,1 senex *M*, senes *Mayo*; 66,10 priores ... diligant *M*, om. *Mayo* (cf. *h²*); 73,3 adhortationum *M*, adortationem *Mayo*; 75,5 sanctis *M*, sacris *h Mayo*.

### 2.2.3 Die kritischen Editionen von Ingrid Prischl (1977) und Adalbert de Vogüé (1978)

Wenig später wurde der Text einerseits von Ingrid Prischl, andererseits von Adalbert de Vogüé kritisch ediert:

> Ingrid PRISCHL, Die Regula Donati, Dissertation zur Erlangung des Doktorgrades an der geisteswissenschaftlichen Fakultät der Universität Wien, 1977 (ungedr.).

> Adalbert DE VOGÜÉ, La règle de Donat pour l'abbesse Gauthstrude, Benedictina 25 (1978), 219–313.

Beide Editoren arbeiteten unabhängig voneinander, keiner bezieht sich auf Mayo (oder Moyse). De Vogüé und Prischl konnten unter anderem aufgrund der Berücksichtigung von *M* einige Fehler der Holstenius-Editionen korrigieren (vgl. etwa die oben Anm. 145 aufgelisteten Versehen). Die Editionen unterscheiden sich jedoch in einigen Bereichen.

*p*  Prischl kollationierte die Handschriften *M* und *K* sowie die Edition $h_{63}$, und sie setzte sich ausführlich mit Donat und seinem Verhältnis zu den Quellentexten (und deren Handschriften) auseinander. Sie verfolgte in der Texterstellung in vielen Punkten eine konservative Linie und folgte der Handschrift *M* oft auch orthographisch, z. B.: Don. epist. 1 (und öfter, auch in *M* jedoch nicht durchgehend) quotidie; 16,3 inprobitate] inprovitate; 26,tit. quoquina etc., nahm aber auch Formen wie z. B. epist. 22 mentique (als Ablativ); 34,6 officerit oder 66,15 honorem (im Bibelzitat *honore invicem praevenientes*) für korrekt an.

Teilweise in Nachfolge der Edition des Holstenius passierten Versehen wie etwa: Don. epist. 18 ac] et *K h p*; epist. 28 puro] vero *p*; 3,1 deum] tuum *add. h p*; 4,5 solum *om. h p*; 5,1 sancta *om. p*; 6,5 petitioni] petitione *p*; 34,5 ac] et *h p*; 41,2 viam] vitam *h¹ p*. Die Texterstellung brachte aber insgesamt einen gegenüber Holstenius verbesserten kritischen Text hervor.

Prischl korrigierte auch an einigen Stellen (teilweise als Frucht ihrer genauen Beschäftigung mit den Quellentexten) den in *M* überlieferten Donat-Text,[151] etwa: 4,5 vestris] vestri (so unabhängig von *p* auch *v*; diese Lesart wurde auch in vorliegender Edition übernommen), aber auch 27,1 acceptam] benedictionem *add.*; 28,1 fabulas] si *praemisit*; 29,8 quodlibet] quam *add.*; 64,tit. ut *del.*; 64,1 incato] encausto; 68,4 ista] ita; 70,6 cibus] cibum; 75,14 custodire] custodiri (Lesarten, die in vorliegender Edition nicht übernommen wurden; vgl. zu einigen aber unten ad locum).

*v*  Da es sich bei Prischls Arbeit um eine ungedruckte Dissertation handelte, war ihr Text nur eingeschränkt zugänglich. Mit de Vogüés Veröffentlichung des Textes

---

151 Die Dissertation geht dem Verhältnis der handschriftlichen Überlieferung der Quellentexte und des Donat auf den Grund; aus diesem Zweck wurde der Quellentext dem Donat-Text synoptisch gegenübergestellt. Dass dies in vorliegender Edition nicht geschehen ist, sondern im Quellenapparat dokumentiert wird, entspricht dem Wunsch von Michaela Zelzer.

in der Zeitschrift Benedictina lag der Donat-Text erstmals ‚öffentlich zugänglich' in kritischer Edition vor. Anders als Prischl löste sich de Vogüé weitgehend von der strengen Übernahme auch mancher Orthographica aus *M*. Zwar veröffentlichte er zu seinem edierten Text 1980 einige Korrekturen,[152] dennoch blieb auch seine Edition – basierend auf der Kollation von *M* sowie *h*~br~ bzw. unter Heranziehung der Lesarten der Concordia Reglarum – nicht frei von Irrtümern, die abermals mitunter aus der Übernahme des Textes von *h* (wie erwähnt: *h*~br~) herzurühren scheinen oder Versehen beim Kollationieren darstellen; bisweilen gibt de Vogüé in seinem textkritischen Apparat nicht an, dass sich in *M* eine Variante zu dem von ihm erstellten Text findet, was darauf hindeutet, dass sich de Vogüé des Irrtums bzw. seines Abweichens vom überlieferten Text offenbar nicht bewusst war (zu den im Folgenden genannten Stellen vermerkt er nicht, dass *M*/*M* (*ac.*) eine andere Lesart bietet, sondern übernimmt mehrmals Irrtümer/Korrekturen aus der Holstenius-Edition): Don. epist. 34 sanctarum] sacrarum *h v*; 1,9 nutrire] nutriri *h v*; 5,2 de *om. h v*; 12,3 dare] dari *h v*; 12,16 exigerit] exegerit *K h v*; 13,7 horis diurnis *tr. h v*; 20,9 debeant] debeat *h v*; 37,2 existimant] existimantes *h v*; 37,6 idem] item *v*; 49,9 duabus] duobus *v*; 52,1 cogitare] cogitari *h v*; 53,7 usu] ausu *h v*; 66,2 potestatem] potestate *h v*; 70,2 iungatur] coniungatur *h v*; 75,9 aequinoctium] aequinoxium *v*; 75,15 quod] quae *h v*; 76,5 et² *om. h v*. Auch beispielsweise zu epist. 22 menteque oder 69,4 privatae fehlt die Angabe der Lesart in *M* und damit der Hinweis, dass nicht der überlieferte Wortlaut, sondern Holstenius' Konjekturen in den Text gesetzt wurden. –

De Vogüé schlug zu epist. 8 (*devotione*) und 15 (Tilgung von *vel*) Korrekturen vor bzw. korrigierte in seiner Edition den Text zu 5,5 vestri (unabhängig von der durch Prischl ebenso vorgenommenen Korrektur); außerdem konjizierte er 73,tit. correptae sunt ⟨et⟩. Darüber hinaus korrigierte er wie Prischl viele Lesarten von *h* zu jenem Text, den er durch die Kollation von *M* erstellen konnte.

---

152 A. DE VOGÜE, «Lectiones sanctas libenter audire ». Silence, lecture et prière chez Saint Benoît, Benedictina 27 (1980), 11–25, hier: 11 Anm. 1. Nicht eindeutig ist seine Angabe: „... remplacer ... *et* (Prol. 32) par *vel*", weil sich in epist. 32 das Wort *et* nicht findet. Nicht korrekt ist seine Angabe zu LXXVI,6, dass sich in der Münchener Handschrift *febr* fände; dort ist *febs* zu lesen.

# 3 Zur Erstellung des Textes

Die Textkonstitution wirft einige methodische Probleme auf, die im Folgenden näher zu besprechen sind. Zum einen gilt es zu überlegen, wie sich die Handschrift *M* hinsichtlich ihrer Verlässlichkeit als Textzeuge darstellt (Kapitel 3.1; *K*, als direkte Abschrift von *M*, und *B* tragen für die Textkonstitution nichts Wesentliches bei). Zum anderen müssen, da Donat seine Regel aus Quellentexten kompiliert hat, ergänzend zur direkten Überlieferung auch Donats Quellen berücksichtigt werden, wozu unter 3.2 Überlegungen angestellt sind; die Tatsache, dass im Zuge des Kompilierens Irrtümer passiert sein können (die manchmal kaum von Donats bewusst vorgenommenen Abweichungen vom Quellentext unterscheidbar sind), erschwert die Rekonstruktion des Originalwortlautes der Donat-Regel (vgl. unten Kapitel 3.2).

Der überlieferte Text weist Merkmale des Spät- bzw. Mittellatein auf, präsentiert sich aber nicht als vulgärlateinisch geprägtes Dokument.[153] Donat hat aus seinen Quellen Formen/Konstruktionen übernommen, die als ‚nicht klassisch‘ anzusehen sind; zu einigen davon gilt es im Zuge der Texterstellung Überlegungen anzustellen; die Textentscheidungen sind in Kapitel 3.4 ad locum von p. 72 an kommentiert.

## 3.1 Die Handschrift *M* als Textzeuge – redaktionelle Tätigkeit des Benedikt von Aniane?

Wie dargelegt, verläuft die Überlieferung der Donat-Regel linear, nämlich ausgehend vom Codex Regularum, den Benedikt von Aniane redigiert hat. Einige Editoren haben zu anderen in *M* enthaltenen Texten vermerkt, dass die Textform dieser Handschrift die eine oder andere sprachliche ‚Korrektur‘/Glättung aufzuweisen scheint, und es hat in ihren Augen den Anschein, als habe Benedikt von Aniane selbst die Textform an manchen Stellen nach karolingischen Sprach-Maßstäben korrigiert;[154] diesen Befund relativierte etwa Pierre Bonnerue (fußend auf A. Boon)

---

153 Zur Sprache Donats vermerkt PRISCHL, Die Regula Donati, 70: „Die RD bietet uns ein Latein, wie es im 6. und 7. Jh. von den Angehörigen der mittleren und oberen Schichten des Frankenreiches verwendet worden sein muß. Es ist zwar weit von der klassischen Sprache entfernt, aber doch nicht als vulgär zu bezeichnen.“

154 Vgl. etwa PLENKERS, Untersuchungen, 38: „... doch hat der Schreiber die Orthographie nach den Schulregeln korrigiert und auch die grammatischen Anstöße vielfach beseitigt.“ DE VOGÜÉ – NEUFVILLE vermerken in ihrer Edition der Regula Benedicti (SC 181, p. 330 Anm. 34), dass Benedikt von Aniane beim Redigieren der Regula Benedicti ein wenig vorsichtiger gewesen sei als bei anderen Texten. VANDERHOVEN – MASAI – CORBETT, Regula Magistri, edition diplomatique, kennzeichnen *M* als von karolingischer Hand korrigiert, nämlich z. B. 10 („... adaptations orthographiques faites à l'époque carolingienne“), 73 (Beispiele, an denen nach Meinung der Editoren *M* ‚korrektes‘ Latein hergestellt hat) oder 122; NEUFVILLE, Les éditeurs, 327–343. Vgl. auch folgende Editionen: Regulae

mit seiner Vermutung, dass Benedikt aufgrund von Textvergleich die ihm korrekt erscheinenden Lesarten ausgewählt habe.[155] Es lassen sich einige Stellen finden wie etwa Regula Pauli et Stephani 10,5 (*in loco conveniant deputato*), an denen allein *M* gegen die restliche Überlieferung steht (*in locum conveniant deputatum*), was auf möglicherweise im Sinn der klassischen Grammatik durchgeführte Korrekturen hindeutet.

Es gilt also zu bedenken, dass zwischen dem Wortlaut des Autors und jenem uns überlieferten nicht nur ein oder mehrere Schreiber, sondern vielleicht auch ein karolingischer Redaktor (Benedikt von Aniane) steht, der den Wortlaut kritisch ,bearbeitet' oder erst nach Textvergleich ,ediert' haben könnte. Da also mit *M* möglicherweise ein Textzeuge vorliegt, der stärker als andere Handschriften dazu neigt (nach klassischen Regeln) zu korrigieren, ist fraglich, ob und an welchen Stellen dies für die Donat-Regel passiert sein könnte. Es ist folglich fraglich, ob vielleicht auch vulgärlateinische Spuren in der Donat-Regel an manchen Stellen beseitigt wurden, etwa indem Casus ,korrigiert' wurden; doch selbst wenn in *M* möglicherweise vulgärlateinische Sprachmerkmale korrigiert worden sind, bleibt die Frage, ob diese tatsächlich auf Donat oder lediglich die Vorlage von *M* zurückgehen.[156]

---

Patrum (ed. DE VOGÜE, SC 297/298), Regula magistri (ed. DE VOGÜÉ, SC 105/106) oder Regula Pauli et Stephani (ed. VILANOVA, besonders p. 40), in deren Einleitungen auch zu diesem Aspekt geschrieben wurde. – Auch HANSLIK, Regula Donati, 103f., fragt, ob Benedikt von Aniane nicht am Donat-Text „sprachliche Glättungen vorgenommen hat, ob er nicht die Orthographie verändert hat."

**155** Vgl. BONNERUE, Benedicti Anianensis Concordia, CCCM 168, 124f. Vgl. etwa auch die Angaben von LAMBOT, Passage de la Regula magistri, dépendant d'un manuscrit interpolé de la Règle de S. Benoit, RBen 51 (1939), 139–143, hier: 142 Anm. 1.

**156** Stellen, an denen ,auffällige' Casus überliefert sind, geben Raum für die spekulative Frage, ob diese Formen Hinweise darauf sind, dass auch zu Donat in der Vorlage von *M* ,nicht korrekte' Casus gestanden sind und dass einige von ihnen bei der Korrektur in *M* sozusagen übersehen wurden. So ist etwa Don. 48,8 statt des Ablativs der Akkusativ *ipsam bonam et dilectionem* zu finden (allgemein zu Akkusativ statt Ablativ vgl. STOTZ, Handbuch 4, p. 251 [§ 10]). Bei der Beurteilung dieser Stelle ist zu bedenken, dass in *M* zuvor ein Satzteil ausgefallen ist, und es kann freilich sein, dass der Akkusativ aufgrund des fehlenden Kontexts irrtümlich entstanden ist (allerdings ist der ,verstümmelte' Satz durch den Akkusativ nicht klarer verständlich); umgekehrt könnte diese Stelle aber auch einen Hinweis darauf enthalten, dass hier in der Vorlage der Akkusativ statt des Ablativ gestanden ist: Da durch den Textausfall in *M* der unmittelbare Kontext der Stelle fehlt, könnte sein, dass der Schreiber hier nicht sicher war, ob für Donat zum Ablativ zu korrigieren ist. – Ebenfalls Akkusativ statt Ablativ findet sich beispielsweise auch in 17,11 (*superpositionem*; dies allerdings auch als Akkusativ im Kontext verstehbar, siehe dazu unten bei der Besprechung der Stelle); 56,1 (*gratiam*; hier vielleicht aufgrund des vorangehenden, irrtümlich mit *gratiam* verbundenen *ob*); 66,2 (*potestatem*; siehe dazu unten ad locum bzw. 15 (*honorem*) sowie 69,7 (*congruam*; dieses aber vielleicht mit folgendem *veniam* verbunden, siehe zur Problemlage dieser Stelle unten ad locum), jedoch auch epist. 8 (*devotionem*; hier aber wahrscheinlich aufgrund des zuvorstehenden *contra* in *M* entweder passiert oder irrtümlich belassen). PRISCHL, Die Regula Donati, 72, geht davon aus, dass sich in der Donat-Regel auch sog. auditive Akkusative fänden. Sie nennt: epist. 17 *era designata*; 12,8 *aliqua neglegentia patiantur* (siehe dazu unten ad locum); 52,23 *in congregatione societur*; 66,2 *libera utens potestatem*

Dass der Text von *M* manchmal durch Konjektur vom Text des Originals entfernt ist, zeigen, wie ich meine, etwa folgende Beispiele aus der Regula Pauli et Stephani (ed. VILANOVA, 1959); zu dieser Regel ist mit der Handschrift Paris, BN Lat. 4333B (= *P*) ein Verwandter von *M* erhalten (*M* fußt aber nicht auf *P*), und folgende Stellen seien genannt, an denen in *M* eine auf der Textform, wie sie in *P* anzutreffen ist, aufbauende Konjektur vorzuliegen scheint: 10,tit. und 1 recollocet] recul\*cet *P*; recubitet *M*; 19,1 ausu suo] ad usu suo *P*; ad usos [*sic*!] suos *M*.

Andererseits kann man nicht ausschließen, dass dem Schreiber von *M* Fehler unterlaufen sind (was sich auch in anderen Editionen zu Regel-Texten vermerkt findet)[157] und dass so manche Schreibung in ihrer Orthographie vielleicht eher karolingisches Sprachgefühl wiedergibt als Donats eigenen Wortlaut (vgl. auch etwa im Folgenden die Problematik e/i oder etwa die Frage betreffend, ob beispielsweise 34,10 *psalmodii* für Donat anzunehmen ist). Umgekehrt gewinnt man an einigen Stellen den Eindruck, dass zumindest *M* in einigen Details recht zuverlässig kopiert hat (vgl. etwa unten die Überlegungen zu Don. 53,1.8 bzw. 56,4 zu *elogi-*, dass Schreibungen ausgefallener Wörter je nach Regel-Text variieren, weshalb vermutet werden kann, dass in *M* jeweils die Schreibung der Vorlage übernommen wurde; vgl. auch 53,7 zu *usu* mit Anm. 285). Will man den Sprachgebrauch des Schreibers von *M* vergleichend heranziehen, ist vor allem ein Vergleich mit den darin auf fol. 114r–216v enthaltenen Regel-Texten angebracht,[158] weil diese vom selben Schreiber wie die Donat-Regel stammen,[159] während fol. 1r–18r/19v–113v von anderer Hand (somit vielleicht von einem leicht anderen Stilempfinden in der Orthographie geprägt?) geschrieben sind (Gemeinsamkeiten zwischen erstem und zweitem Teil der Handschrift könnten freilich wiederum ein sprachliches Spezifikum des Benedikt von Aniane anzeigen, sollte er tatsächlich redaktionell eingegriffen haben). Selbst-

---

(siehe dazu unten ad locum); 73,9 *in cella retrudatur* (der Ablativ scheint hier jedoch verständlich). Dies scheint allerdings ebenfalls schwer eindeutig beweisbar. – Hingewiesen sei auch auf den in 77,10 überlieferten Akkusativ *minas*, an dessen Stelle ein Nominativ zu erwarten ist (vgl. allgemein zum Akkusativ als Subjektskasus bei STOTZ, Handbuch 4, pp. 249f. [§ 9] mit Literaturhinweisen); für derartigen Sprachgebrauch gibt es im Text sonst allerdings keine Anzeichen. Etwa in der Benedikt-Regel lassen sich Beispiele für derartigen Casus-Gebrauch durchaus finden (z. B. 55,19 oder 66,6; siehe dazu etwa LINDERBAUER, 232), vgl. aber auch die zahlreichen Beispiele in der Regula magistri (eine Sammlung von Stellen findet sich in der Edition dieses Textes von DE VOGÜÉ, SC 105/106, p. 472: „Accusatif sujet").

**157** Vgl. z. B. DESPREZ, Regula Ferrioli, 119.

**158** Es sind dies (abgesehen von Orationes): Aurelian. reg. mon. (samt Diptychon); Fruct. reg. comm. und Pactum; Reg. Cassiani; Reg. Tarnat.; Reg. orient.; Reg. cuiusdam mon.; Reg. mag.; Caes. virg.; Epistula ad Caes. (Probatio regulae Caesarii); Aurelian. reg. virg.; Johannes Arelat. epist. ad virg.; Reg. cuiusdam virg.; Pseudo-Columbani Regula monialium (Edition in diesem Band).

**159** Vgl. die Beschreibung der Handschrift durch HAUKE, Katalog, 7. Ich danke Abt em. Dr. Pius Engelbert, OSB, der eine Faksimile-Ausgabe von München, Clm 28118 vorbereitet und mir bestätigt hat, dass die Texte ab fol. 114r von derselben Hand stammen.

verständlich muss dennoch bedacht werden, dass ein mögliches Spezifikum im Sprachgebrauch von *M* sich auch mit einem der Donat-Regel decken kann; wenn beispielsweise festzustellen ist, dass in *M* eher unassimilierte Formen anzutreffen sind, so kann dies den Sprachgebrauch einzelner Autoren durchaus spiegeln. Das bedeutet also, dass nicht alles, was ein mögliches Spezifikum von *M* darstellen k ö n n t e, gewissermaßen automatisch n i c h t für Donat angenommen werden dürf- te. Es lassen sich aber Wahrscheinlichkeiten aufzeigen, ob eine vom ‚Üblichen‘ ab- weichende Schreibung innerhalb von *M* singulär und daher wohl nicht für den Sprachgebrauch dieses Schreibers spezifisch ist (was den Schluss zulässt, dass der Schreiber an dieser Stelle nicht vereinheitlichend eingegriffen hat). Es besteht frei- lich die Unsicherheit, dass eine zwar für *M* ‚nicht spezifische‘ Schreibung wiederum bloß aus der Vorlage von *M* zwar getreu übernommen wurde, ihrerseits aber von Donats Wortlaut abweicht (nämlich weil die Schreibung dem Sprachgebrauch der Vorlage von *M* entspricht). Wie nahe die Vorlage von *M* an Donats Original stand, lässt sich nicht sagen.

Zudem gewinnt man aus der Beschäftigung mit dem Text der Caesarius- oder der Columban-Regeln, aber auch aus den zuvor erwähnten Beispielen aus der Regu- la Pauli et Stephani den Eindruck, als hätte Benedikt von Aniane – abseits der Regu- la Benedicti – Vorlagen der Regel-Texte benutzt, die jüngere Entwicklungsstufen der jeweiligen Texte repräsentieren (vgl. beispielsweise den Umfang der Columban- Regeln mit ihren Erweiterungen, vgl. aber auch etwa Stufenfehler in *M*, die aller- dings lediglich anzeigen, dass zwischen dem Original und der Handschrift *M* zu- mindest eine, vielleicht aber mehrere weitere Handschriften stehen). Ob dies freilich für alle Texte in *M* – somit auch für die Donat-Regel – zutrifft, ist bei Fehlen von Parallel-Überlieferung nicht zu klären.

Es bleibt somit ein Maß an Unsicherheit, wie weit die Textform der Handschrift *M* von Donats Original entfernt ist (zur Frage, was als Original zu gelten hat, siehe im folgenden Kapitel).

## 3.2 Fehler in *M* oder Abweichung Donats von seiner Quelle – Überlegungen zu Donats ‚Originalwortlaut‘

Neben der direkten Überlieferung (*M* bzw. als indirektes Zeugnis der Donat-Regel an wenigen Stellen die Concordia Regularum) sind auch die meist nahezu wörtlich zitierten Quellentexte (mit ihren Überlieferungsvarianten) zu berücksichtigen (vgl. dazu auch die Abschnitte zu Caes., Col. und Ben. oben in vorliegender Einleitung). Da Donat dem Wortlaut des Textes seiner jeweiligen Vorlage nicht immer nur wört- lich folgt, ist jedoch oft nicht zu entscheiden, ob eine Lesart der direkten Überliefe- rung (*M*), die sich von Lesarten von Donats Quellen unterscheidet, eine echte Ab- weichung Donats anzeigt (also im edierten Text stehen muss) oder auf einem Fehler in der Überlieferung der Donat-Regel beruht (also zu emendieren ist). Es ist beispielsweise bei Änderung der Wortstellung kaum entscheidbar, ob diese von Donat stammt oder vielleicht einen Fehler von *M* oder seiner Vorlage anzeigt.[160]

Kaum zu entscheiden ist ferner, ob Wörter wie Konjunktionen von Donat geändert oder in der Überlieferung verwechselt wurden, und so lässt sich in Fällen wie Don. 11,1 *aut* statt Caes. 9,1 *vel* oder Don. 35,1 *vel* statt Caes. 3 *et* und sehr vielen anderen nicht sagen, ob in *M* Donats Originalwortlaut (Überlegungen dazu, was als solcher anzusehen ist, im Folgenden) vorliegt oder ein Irrtum in der Überlieferung passiert ist.

Die klare Entscheidung, was als Überlieferungsfehler anzusehen ist, erweist sich oft als schwierig, und die Rekonstruktion von Donats Text kann nur im ständigen Vergleich mit den Lesarten seiner Quellen erfolgen. Dort, wo *M* und Donats Quelle übereinstimmen, ergibt sich kein offensichtlicher Grund textkritisch einzugreifen, auch wenn nicht ausgeschlossen werden kann, dass ein Schreiber, dem der Wortlaut von Donats Quelle an der einen oder anderen Stelle bekannt gewesen sein kann, bewusst oder unbewusst in Richtung Original korrigiert hat.[161]

Dort, wo Lesarten von *M* sich mit Lesarten einzelner Handschriften der Quellen decken, können die Varianten der Quelle den für Donat überlieferten Text stützen, wobei es zu bedenken gilt, welche Quellen-Handschriften als mit dem Donat-Text verwandt angesehen werden können (beispielsweise bei den aus Benedikt gewonnenen Passagen stützen die Handschriften *OVSMW* sowie *H* sehr oft jene Varianten gegenüber Benedikts ‚Original‘, die auch bei Donat anzutreffen ist, siehe dazu oben pp. 24–27). Die Frage nach der ‚besseren‘,‚logischeren‘ oder grammatikalisch ‚korrekteren‘ Lesart steht in vielen Fällen nicht an erster Stelle, weil gefragt werden muss, welchen (möglicherweise bereits fehlerhaften) Text Donat v o r g e f u n d e n

---

**160** Wortumstellungen gegenüber dem Benedikt-Text finden sich in Don. 1,15; 8,1.2 (in Don. 8,2 können zusätzlich zur Wortumstellung vorgenommene kleine Änderungen vermuten lassen, dass Donat hier bewusst von seiner Quelle leicht abgewichen ist); 19,2; 66,8; 73,1; 73,4. An einigen anderen Stellen gehen die Wortumstellungen mit Textvarianten bei Benedikt konform, so dass Donat diese vielleicht bereits in seiner Vorlage angetroffen haben kann. Umstellungen, die mit *O* und meist *H* konform gehen, sind zu finden in Don. 1,tit.; 1,7; 1,17; 42,1; 62,2; 66,11; 69,1; Umstellungen, die in anderen Handschriften der Benedikt-Regel zu finden sind: Don. 2,12; 8,5; 61,8 (vgl. aber auch Vulgata). In Don 48,1 berührt eine Umstellung auch eine inhaltliche Frage, zu dieser Stelle unten ad locum. – Wortumstellungen gegenüber Caesarius sind zu finden etwa in Don. 6,13; 10,1; 20,2; 50,3; 52,22; 53,4; 57,6; 57,7; 62,8. Eine größere Umstellung unter Weglassung weiterer Satzbestandteile etwa Don. 60,5. – Wortumstellungen gegenüber Columban sind eher selten, vgl. 17,11; 28,2. Gegenüber Col. coen. 15 scheint auch die Wortstellung Don. 75,16 (*ore promamus de quibus …*) verändert, vgl. aber die mit Donat übereinstimmende Wortstellung des auf Col. coen. fußenden Nonnenregel-Fragments (Edition in diesem Band) zu dieser Stelle, was darauf schließen lässt, dass in Donats Vorlage (wie auch der des Fragments) die Satzstellung verändert war.
**161** Verwiesen sei auf Don. 53,4 (*malum*), eine Stelle, an der in sehr naheliegender Weise der Schreiber von *K* durch den ihm bekannten Wortlaut beeinflusst war, vgl. dazu unten pp. 108f.

und r e z i p i e r t hat; dies kann durchaus ein sprachlich oder auch inhaltlich ‚schlechterer' sein als der Originalwortlaut der jeweiligen Quelle.

Wo *M* vom Quellentext abweicht, die Abweichung aber mit keiner Quellenhandschrift parallelisiert werden kann, gilt es zu überlegen, ob es sich um eine echte Abweichung Donats gegenüber seiner Quelle oder einen Irrtum in der Überlieferung handelt (wobei allerdings festgehalten werden muss, dass dieser Irrtum nicht erst in *M* passiert sein muss, sondern bereits in früheren Stufen passiert sein kann). Als Unsicherheitsfaktor bleibt: Auch wenn in den uns erhaltenen Handschriften der Quelle die für Donat überlieferte Lesart heute nicht nachweisbar ist, kann nicht restlos ausgeschlossen werden, dass etwas, das uns als ‚Abweichung' erscheint, in Donats Quelle (als Sonderfehler) dennoch zu finden war.

Wenn vom ‚Originalwortlaut' der Donat-Regel die Rede ist, ist damit jener Text gemeint, der von Donat autorisiert als schriftliche Fassung seiner Regel in die Überlieferung gelangte. Es kann freilich sein, dass sich dieser Text von jenem, den Donat konzipiert hatte, im einen oder anderen Detail unterscheidet: Zum einen können Donat, der ja auf schriftlich fixierte Vorlagen zurückgegriffen hat, wie jedem anderen, der einen Text abschreibt, unabsichtlich Fehler (im Sinne von nicht intendierten Abweichungen von seiner Quelle) unterlaufen sein, trotz derer aber die Sätze verständlich blieben, so dass Donat selbst den ‚Fehler' vielleicht nicht bemerkt hat. Donats gedanklich konzipierter Text einerseits (vielleicht in einigen Fällen näher am Wortlaut der Quelle?) und seine schriftlich vorliegende Regel andererseits können unterschiedlich sein, und dennoch ist die schriftliche Fassung als Originalwortlaut der überlieferten Donat-Regel zu werten. Vielleicht hat – wie bereits oben (pp. 28f.) erwähnt – ein Schreiber Donat bei der Abfassung der Regel assistiert (beweisen lässt sich dies nicht, aber es kann auch nicht gänzlich ausgeschlossen werden); Donat könnte ihm diktiert oder einzelne Passagen, an denen er keine wesentlichen Abweichungen von seinen Quellen im Sinn hatte, zur Abschrift vorgelegt haben, was ebenfalls bedeuten k ö n n t e , dass die eine oder andere Abweichung vom Quellen-Text nicht Donats Intention war, sondern bereits im Original ein Versehen darstellte, jedoch nicht bemerkt wurde.

Bei der Erstellung des Donat-Textes ist also darauf zu achten, nicht durch zu starkes Anpassen an den Wortlaut der Quellentexte mögliche Abweichungen Donats zu verschleiern (auch wenn Donats Konzept vielleicht stärker an den Quellen orientiert war als die ‚endgültige' Fassung seiner Regel). Die Überlegung, dass Donat, auch wenn er den Regel-Text am Ende noch einmal durchgesehen hat, vielleicht nicht mehr alle Fehler erkannt (und den Wortlaut vielleicht auch nicht mehr streng mit jenem seiner Quellen verglichen) hat, ist ähnlich dem, was R. B. C. Huygens folgendermaßen formulierte:[162] „There are quite a number of factual, and even grammatical errors the editor should not correct, since it is by no means certain that the

---

162 HUYGENS, Ars edendi, 41.

author himself cannot have made them, or that he would have noticed them in a copy of his work." Das bedeutet nicht zwangsläufig, dass in der Edition keine ‚Fehler‘ mehr korrigiert werden dürften, eben weil sie ja vom Autor stammen könnten, aber es mahnt zur Vorsicht.

Auch andere Komponenten erschweren die Texterstellung: Da keine weiteren Werke Donats erhalten sind, wissen wir nichts über Donats Stil und orthographische Eigenheiten. Wir wissen somit auch nicht Bescheid, ob und wie streng er – im merowingischen Frankenreich schreibend – an den Regeln klassischer Grammatik orientiert war (vgl. u. Anm. 181). Sprachliche Auffälligkeiten der Donat-Regel, die jenen im merowingischen Frankenreich entsprechen, können ihrerseits freilich erst im Zuge der Überlieferung in den Text der Donat-Regel eingedrungen sein. Genausogut können sie aber auch auf Donat bzw. den Wortlaut seiner Vorlagen zurückgehen.

Wenn gefragt wird, was als Fehler im überlieferten Donat-Text anzusehen ist, gilt weiters zu bedenken, dass Abweichungen im Original der Donat-Regel nicht nur aus Unachtsamkeit, sondern auch aufgrund optischer (schlecht lesbarer Vorlagen, uneindeutiger Schreibungen, Verwechslung von Buchstaben, falsch aufgelöster Kürzungen etc.), aber auch aufgrund akustischer Missverständnisse in Donats Vorlagen passiert sein können (dem Schreiber von Donats Quellenhandschrift könnte der Text diktiert worden sein, weshalb sich in diesem Text akustische Missverständnisse finden könnten). In Zusammenhang mit vermeintlichen akustischen Missverständnissen ist allerdings noch einmal daran zu erinnern, dass auch Donat seinen Text (oder einzelne Passagen direkt aus den Quellen) diktiert haben k ö n n t e (wofür es aber keine ‚Beweise‘ gibt), weshalb vielleicht manche Wortformen seiner gesprochenen Sprache entsprechen k ö n n t e n , möglicherweise aber nicht seiner geschriebenen.

Die Tatsache, dass Donat den Text dreier Quellenautoren übernommen hat, hat dazu geführt, dass sich seine Regel hinsichtlich der Schreibung einzelner Wörter oder in grammatikalischer Hinsicht am Stil seines Quellenautors bzw. seiner Quellenhandschrift orientierte, was Inkonsequenzen innerhalb seines Textes mit sich bringt.[163] Vgl. dazu unter anderem unten zu Don. 12,1 (zum Nebeneinander der Bezeichnungen *posticiaria* und *portaria* je nach Quellentext sowie zu möglichem Nebeneinander auch von *primiceria* und *primitiaria*) oder Don. 49,2.7 (Donat übernimmt Prov. 10,19 aus Ben. bzw. aus Col. in unterschiedlichem Wortlaut; Überlegungen zum Wortlaut der Bibelstellen vgl. unten p. 73).

All diese Komponenten erschweren die Texterstellung. Der textkritische Kommentar (Kapitel 3.4) soll die getroffenen Entscheidungen begründen, aber auch auf Schwierigkeiten aufmerksam machen.

---

**163** Vgl. HUYGENS, Ars edendi, 31 (in anderem Zusammenhang): „One who used different sources may well have borrowed different spellings from his models, even for identical words".

## 3.3 Zur vorliegenden Edition – textkritische Bemerkungen

### 3.3.1 Zu e/i und zu Infinitiv-Konstruktionen

Wie in nahezu allen mittelalterlichen Handschriften sind auch in *M* Vertauschungen von e/i anzutreffen, die als Fehler von *M* oder seiner Vorlage angesehen werden können. Andererseits aber kann nicht eindeutig ausgeschlossen werden, dass es sich um lautliche Varianten in Donats Vorlagen handelt, somit um Formen, die Donat übernommen/geschrieben haben könnte (vgl. auch die Frage, oben p. 62, ob er seinen Text diktiert haben könnte und somit – zumindest an einigen Stellen – nicht zwingend sein geschriebenes, sondern sein gesprochenes Latein dokumentiert wäre; dies ist allerdings Spekulation).

Es könnte angenommen werden, dass beispielsweise in Don. 1,9 überliefertes *nutrire* von Donat als solches in lautlicher Bedeutung von *nutriri* verstanden wurde, und e/i betreffende Abweichungen könnten als lediglich lautliche Varianten betrachtet werden (vgl. in diesem Fall aber unten p. 67 sowie die näheren Ausführungen unten ad locum).[164] Dies lässt sich für Don. aber nicht beweisen.

Zur Schreibung von e/i in vorliegender Edition sei vermerkt: Das Verb *intellegere* ist für Donat zweimal überliefert (epist. 7 und 66,12), beide Male *intelleg-* (mit Korrektur von humanistischer Hand zu *intellig-*). *Intelleg-* wurde in den Text gesetzt.

Die Schreibung von *negleg-/neglig-* wurde zu für Don. häufiger überliefertem *negleg-* vereinheitlicht (*negleg-* ist überliefert in Don. epist. 23 und 26; 12,10; 23,7; 36,3; 61,11; 62,7; *neglig-* in 13,5 [wahrscheinlich mit Korrektur zu *negleg-*, was aber offenbar radiert wurde]; 23,6; 26,6; 77,11; viele dieser Stellen mit Korrekturen). Wo Don. den Columban-Text rezipiert (23,6; 26,6), ist *neglig-* zu finden (23,7 *negleg-* ist dabei zwar eine Ausnahme, jedoch stellt dieses Columban-Zitat seinerseits wiederum ein Bibelzitat dar). Dieses Zusammentreffen kann Zufall sein. Ob sich umgekehrt daraus ableiten ließe, in welcher Schreibung Donat das Wort vorgefunden hat und dass er es tatsächlich analog zu seiner Quelle übernommen hätte (und dies bis in *M* erhalten geblieben wäre), ist speziell bei der Häufigkeit von e/i-Vertauschungen hypothetisch. Die Beobachtung sollte aber zumindest festgehalten sein (vgl. im Folgenden die Überlegung zu *diabolus/diabulus*). Im textkritischen Apparat wird auf die hier angebrachte Beobachtung hingewiesen.

Bei anderen e/i betreffenden Entscheidungen bin ich dann der Schreibung, wie sie in *M* vorliegt, gefolgt, wenn sich anhand von sprachlichen (grammatikalisch-syntaktischen) Parallelen aus Spätantike oder frühem Mittelalter die für Donat überlieferten Formen stützen lassen; wo möglich, sollte auch ein vergleichender Blick

---

[164] Zur Tatsache, dass e/i einander im Spät- bzw. Mittellatein lautlich ‚ersetzen' konnten, vgl. etwa die zahlreichen Beispiele in STOTZ, Handbuch 3, pp. 14–26 und 34–41 mit Verweisen auf Sekundärliteratur.

auf die sprachlichen Konventionen in *M* geworfen werden. In Zusammenhang mit e/i (bzw. ae/i) sind beispielsweise folgende Formen zu nennen (vgl. jeweils die Kommentare unten in Kapitel 3.4 ad locum; auffallend viele abweichend gebrauchte e/i-Formen sind in Don. 12 zu verzeichnen):

> epist. 3 *inchiridion* (in vorliegender Edition: *enchiridion*); Don. 3,73 bzw. 12,14 *disperare/disperata*; 4,7 *primiciria* und 12,1 *primitiaria*; 10,tit. bzw. 10,1 *dispicia(n)t*; 20,6 *dispitias* (das auf *discutias* der Quelle zurückgeht; vgl. ad locum); 34,4 *tempore quinquagesimi*; 34,10 *tempore psalmodii*; 63,1 *lactena*; 63,2 *polemitum*[165] für *poli-/polymitum*.[166] In 12,2 ist *diligantius* überliefert, das aber wohl auf *delicatius* (vielleicht *dilicatius*?) der Quelle zurückweist (siehe unten ad locum).

Perfektstämme mit -i-: Don. 12,16 *exigerit* (aber 20,6 bzw. 67,2 *exegerit*; vgl. auch 12,4 *perciperint* und 34,6 *officerit*; die beiden letzten Formen sind nicht in den erstellten Text aufgenommen, vgl. unten zu Don. 12,16).

Ablativ/Dativ: In 3,21 ist (vor der Korrektur) *amore* für *amori* überliefert (*amori* wurde in vorliegender Edition in den Text gesetzt); die statt der Dative der Quelle in 36,4 überlieferten Formen *oratione ... lectione ... conpunctione* können als Ablative verstanden werden (vgl. ebenfalls ad locum). Zu *grandis* ist der Ablativ *grande* in Don. 12,2 und 77,4 überliefert, zu *fervens* in 9,2 *fervente* (statt in der Quelle *ferventi*); die Schreibung des Ablativs *altiore* schwankt zwischen dieser Form in 11,5 und *altiori* in 49,9 bzw. 66,7; ein Ablativ auf -i ist epist. 22 überliefert (*menti*, nicht in den vorliegenden Text aufgenommen).

In 37,10 findet sich der Nominativ Plural *ovis* überliefert.

In Zusammenhang mit e/i sind auch Infinitiv-Konstruktionen zu nennen:

### 3.3.1.1 Infinitiv-Konstruktionen

Bereits im ersten Kapitel der Donat-Regel (1,9) berührt eine Textentscheidung das Problemfeld der Infinitiv-Konstruktionen. Da es sich in sehr vielen Fällen um die Entscheidung handelt, ob -*e* oder -*i* zu lesen ist, tritt zur lautlich/morphologischen Frage[167] die grammatikalisch-syntaktische, welche Konstruktion Donat übernommen/verwendet hat (es bleibt Hypothese, ob manche Infinitive, die uns ‚korrekt' erscheinen, in *M* oder in einer Vorlage von *M* ‚korrigiert' wurden). Die Donat-Regel scheint bei Infinitiv-Konstruktionen nicht unbedingt immer streng dem klassischen

---

**165** *Polemitaria* etwa in der Kosmographie des Aethicus p. 222,2 (MGH QQ zur Geistesgeschichte 14).

**166** Vgl. etwa Stotz, Handbuch 3, p. 79 (§ 64.1), der u. a. auf *polepticum* statt *polyptychum* aufmerksam macht.

**167** Vgl. Stotz, Handbuch 3, p. 39 (§ 29.2): „In merowingischen Texten werden bisweilen Flexionsendungen verdunkelt ... . Oft sehen Formen des Inf. pass. wie solche des Inf. act. aus: *habere* für *haberi* usf.", mit Hinweisen auf Sekundärliteratur dazu.

Sprachgebrauch zu folgen, vgl. Don. 3,9 (= Ben. 4,9): *et quod sibi quisque facere* (Ben.: *fieri*)[168] *non vult, alio non faciat.*[169]

Möglicherweise in dieselbe Richtung weist Don. 52,1 (sofern *cogitare* nicht lautlich für *cogitari* steht), wo die Quelle (Caes. 26,1) in folgender Form wiedergegeben wird: *et quamvis non solum cogitare, sed omnino nec credi debeat.* Auf den ersten Blick scheint die von Holstenius vorgenommene (und von de Vogüé und Michaela Zelzer akzeptierte) Korrektur *cogitari* deutlich auf der Hand zu liegen. Auch der (von de Vogüé) edierte Caesarius-Text bietet an dieser Stelle *cogitari*; allerdings ist für Donats Quelle Caes. in zwei von drei Handschriften ebenfalls *cogitare* überliefert (nämlich in *M*, was schlicht auf das Stilempfinden dieses Schreibers hinweisen könnte, aber auch in der Bamberger Caesarius-Handschrift, *B*), und darüber hinaus findet sich die Lesart ebenso in der Concordia Regularum zu Caes. 26,1 (ConcR 32,7). Das zeigt, dass *cogitare* an dieser Stelle (zumindest im/seit dem 9. Jh.) als nicht auffällig erachtet wurde, und es lässt daran denken, dass diese Lesart auch Donat vorgelegen und von Donat in seinen Text gesetzt worden sein könnte.

Andererseits könnte diese Stelle aber auch ein Indiz dafür sein, dass die vermeintlich aktive Form lautlich der passiven entspricht, was durch den Befund gestützt wird, dass im frühmittelalterlichen Latein „e" sehr häufig für „i" eingetreten ist.[170] Es fällt auf, dass für die Donat-Regel zu den Verben der a-/e-Konjugation öfter aktive Infinitive überliefert sind, wo passive zu vermuten wären, was bei den Verben der 3. Konjugation nicht der Fall ist, so dass die Vermutung einer lautlichen Verwechslung (im Zuge der Überlieferung?) naheliegt. Es muss aber bemerkt werden, dass Infinitive auf *-ari/-eri* für Donat trotzdem nicht fehlen, vgl. z. B. 1,10 *amari* bzw. *timeri*, 51,4 *dum timet secari* oder 2,3 *omnes ad consilium vocari diximus.* Sollten jedoch in Fällen wie *cogitare* (52,1) und Vergleichbarem tatsächlich lautliche Verwechslungen vorliegen, lässt sich nicht mit letzter Sicherheit sagen, wann diese passiert sind (bereits in Donats Quelle, aus der Donat sie übernahm, oder als Donat seinen Text verfasste/diktierte oder beim Abschreiben des Donat-Textes, vielleicht in *M*).

Wo sich die in *M* überlieferten Infinitive durch Parallelen stützen lassen und daher auch dem Sprachgebrauch Donats entsprochen haben können, folge ich dem handschriftlichen Befund, ohne freilich mit letzter Sicherheit ausschließen zu können, dass einige Stellen davon auf e/i-Vertauschungen in der Überlieferung des

---

**168** Donat ersetzt, wie auch DE VOGÜÉ in seiner Edition (230) vermerkt hat, öfter Formen von *fieri* und konstruiert aktiv bzw. persönlich mit Formen von *facere*, vgl.: 15,4; 36,8; 58,2 und öfter, ersetzt die Formen von *fieri* aber nicht überall. Vgl. dazu auch oben pp. 36f.

**169** Zum Thema Infinitiv-Konstruktion sei am Rande auch verwiesen auf 19,5: *da commeatum vestimentum mutare*, demgegenüber das Ps.-Col. = Frg. I 36 (vgl. die Edition in vorliegendem Band) ein Gerundium bietet (so vielleicht auch in Donats Vorlage?): *da commeatum mutandi vestimentum.*

**170** Vgl. etwa STOTZ, Handbuch 3, p. 6 (§ 2.4); vgl. auch o. Anm. 167.

Donat-Textes zurückgehen. Ein Asterisk im textkritischen Apparat weist bei der Angabe der Variante darauf hin, dass diese Lesarten für Donat denkbar sind.

Anstatt eines AcI des Quellentextes ist in folgenden Fällen zur Donat-Regel ein bloßer Infinitiv überliefert (immer unter der Voraussetzung, dass man die aktiven Infinitive nicht als lautlich passiven entsprechend ansieht):[171] 1,9 (... *ut permittat nutrire vitia*); 11,4 (... *ita illis convenit obtemperare vel ordinare* ...); 12,3 (... *vos eis iubeatis a cellarariis dare*); in 52,25 tritt allem Anschein nach der umgekehrte Fall ein (... *non pigeat ex ipso ore proferri medicamentum* ...). Nähere Ausführungen zur Textentscheidung vgl. unten jeweils ad locum. Interessant erscheint auch Don. 49,11.

Folgende Stellen verbindet, dass für Don. in *M* (zumindest *ante correctionem*) ein AcI ohne Subjektsakkusativ überliefert scheint (eine bereits in der Antike mitunter anzutreffende Konstruktion);[172] auch diese Fälle können selbstverständlich auf der Vertauschung von e/i basieren, was in 18,3 eine offenbar frühe Korrektur nahelegt: 12,8; 20,18; 48,3. Zu den Textentscheidungen vgl. abermals unten jeweils ad locum.

Abgesehen von diesen Infinitiven sei auch auf die Diskussion zu Deponentia[173] in Don. 3,19 (*consolare/-i*); 17,8 (*fabulare*), aber auch auf 49,4 (*tacere* bzw. *cessare*) 52,15 (*purgare*) und 75,14 (*custodire*) sowie 37,9 (*sustinere*; vgl. dazu oben p. 34) verwiesen.

## 3.3.2 Zu o/u

Auch o/u-Vertauschungen sind in *M* zu finden, und auch diese sind für die Sprache der Zeit Donats nicht selten. Wie im Fall von e/i können auch diese beiden Vokale rein lautliche Varianten für ein und dieselbe Form sein.[174] Für Don. konsequent überliefertes *somnulent-* wurde in vorliegendem Text statt *somnolent-* aufgenommen; schwer zu entscheiden ist, ob in Don. 25,4 *coltello* korrekt ist.[175] In epist. 3 ist

---

171 Verwiesen sei u. a. abermals auf Stotz, Handbuch 3, p. 39 (§ 29.2) wie o. Anm. 167, sowie auf die Möglichkeit einer lautlichen Verwechslung von e/i. – Es sei außerdem betont, dass der überlieferte Donat-Text nicht den Schluss zulässt, dass Donat AcI-Konstruktionen völlig ,vermieden' hätte, findet sich doch auch in *M* etwa (wie zuvor bereits zitiert): Don. 2,3 *omnes ad consilium vocari diximus*, und auch im von Donat eigenständig formulierten Widmungsbrief (epist. 33) heißt es: ... *sacras pro me hostias offerri domino faciatis*.

172 Zu dieser Konstruktion vgl. Hofmann – Szantyr, Lateinische Syntax, p. 362[3.4] (§ 198).

173 Im Spätlatein ist in der Volkssprache ein Aussterben des Deponens zu beobachten, vgl. Hofmann – Szantyr, Lateinische Syntax, p. 292[1-3] (§ 163 a), und Donat könnte die eine oder andere aktive Form vorgefunden haben.

174 Vgl. Stotz, Handbuch 3, pp. 48–56 bzw. 60–68.

175 In *M* findet sich in anderen Regel-Texten *cultell-* (etwa Ben. 22,5 und 55,19; Col. coen. 2 p. 146,12; Regula magistri 1,16 und 9,26), so dass das für Donat überlieferte *coltello* zumindest kein orthographisches Spezifikum von *M* darzustellen scheint.

*fluscolis* zu finden, das aber der Schreiber selbst bereits zu *flosculis* korrigierte[176] (vielleicht ging es auf einen Hörfehler zurück), vgl. auch *prumpta* in *M* von erster Hand für Don. 46,1. Weitere Auffälligkeiten (vgl. dazu unten ad locum) betreffen *diabolus/diabulus* in Don. 35,1; 50,1; 51,5; 52,2.18.

Zu *mundo* statt *modo* (Don. 50,7) vgl. unten ad locum; ebenso zu Don. 63,5 *lectu*.

In epist. 34 steht *oneratum* für *onerato*; hier wurde offenbar in der Überlieferung -um mit -o vertauscht. An folgenden Stellen wurde in vorliegender Edition zwar nicht emendiert, aber es ist auf ähnliche lautliche Abweichungen Donats gegenüber seiner Quelle zu verweisen (es kann nicht restlos ausgeschlossen werden, dass die eine oder andere Form wie *oneratum* einen Überlieferungsfehler darstellt, jedoch fehlen eindeutige Anhaltspunkte): Don. 4,6 findet sich *quantum ... tantum* statt *quanto ... tanto* der Vorlage (Caes. 35,9); erwähnenswert erscheint auch Don. 27,tit. (*egrediuntur domo*) gegenüber 27,1 (*egrediens domum*) oder Don. 33,1 *animo*, an dessen Stelle in der Vorlage (Caes. 18,2) *animum* steht, nur in *M* allerdings ebenfalls *animo*. Don. 62,5 heißt es: *super evangelio*, das in der Quelle (Caes. 32,4) *super evangelium* lautet. Zweimal (60,3 und 66,8) findet sich *in monasterium* statt *in monasterio* der Quelle überliefert, jedoch ist in beiden Fällen die Variante -o auch Variante in Handschriften des Quellentextes (in 60,3 für die Quelle, Caes. 43,2, in *M* überliefert, in 66,8 bei Ben. zumindest *vl.*).

### 3.3.3 ‚Fremdwörter' und Namen

Aus dem Bereich ‚Fremdwörter' ist – abseits von Wörtern, deren Schreibung mit e/i in Zusammenhang steht (siehe dort etwa *polemitum*) – auch das Wort *eulogiae* (für Don. überliefert: *elogiae*) zu nennen; siehe unten zu Don. 53,1.8. Für die Wörter *antiphon-* bzw. *epiphan-* findet sich in *M* für Don. die Schreibung *antyphon-* bzw. *epyphan-* überliefert (15,2; 69,4 bzw. 76,8), zu anderen Texten variiert die Schreibung in *M* (vgl. etwa den Ordo der Aurelian-Regeln). Zur Kennzeichnung griechischer Begriffe wurde im Mittelalter generell bisweilen „y" statt „i" geschrieben.[177] Dass diese Schreibungen auf Donat zurückgehen, lässt sich nicht eindeutig widerlegen, aber auch nicht mit letzter Sicherheit beweisen. Umgekehrt sind *sinax-* und *tipus* (Don. 61,16) für *typhus/tyfus* bzw. *zelotipus* (1,11) nicht mit „y" überliefert, mit „y" dagegen mehrmals *cybus* für Don. (etwa 33,5).

Der Name *Saphira* wird in *M* für Donat in der Schreibung *Saffyr-* überliefert (Don. 7,7); vgl. dazu unten ad locum.

---

176 Zu „u" statt „o" vor Konsonant in der Haupttonsilbe vgl. Stotz, Handbuch 3, pp. 48f. (§ 39).
177 Vgl. etwa Stotz, Handbuch 3, p. 76 (§ 63.2f.).

### 3.3.4 Zu ae/e bzw. oe/e und anderen Orthographica, zu Aspirationen und Assimilationen

Wie oben (p. 43) zu Handschrift *M* bereits vermerkt, sind in ihr einige orthographische Auffälligkeiten zu finden. Die Schreibung einiger Wörter variiert hinsichtlich ae/e oder oe/e, Regelmäßigkeiten sind dabei kaum zu erkennen. Die Vereinheitlichung von Schreibungen (lautlicher Varianten) birgt zwar die Gefahr, den Blick auf Eigenheiten des Textes zu verstellen (Donat kann aus unterschiedlichen Quellen unterschiedliche Schreibungen ein und desselben Wortes übernommen haben), Schreibungen, die lediglich lautliche Varianten darstellen, unterliegen jedoch in der Überlieferung immer wieder gewissen Schwankungen. In vorliegender Edition wurden zumindest folgende Vereinheitlichungen vorgenommen:

Die Schreibung von *ae* und *e* wurde bei Abweichungen, die rein lautlicher Natur sind, normiert[178] (z. B. *pietas* statt überliefertem *piaetas* in epist. 14 und öfter, das mit -*ae* aber auch in anderen Regel-Texten in *M* zu finden ist; *saepius* statt überliefertem *sepius* in epist. 2 bzw. 24 und öfter, mit *ę* überliefert aber in 2,3; *aequissimi* statt *equissimi* in 2,11, aber z. B. *aequalem* in 1,18 oder *aequo* in 34,6 überliefert; *consuetudine(m)* statt *consuaetudine(m)* in 48,7 bzw. 58,5, *consuetudinem* aber in 12,15 überliefert; Weiteres zur Schreibung von ae/e siehe oben p. 43). Im textkritischen Apparat wurden abweichende Schreibweisen dann angezeigt, wenn die Lesart auf ein anderes Wort hinweisen könnte.

*Poenit-* bzw. *penit-* wurde in vorliegender Edition zu *paenit-* vereinheitlicht (meist findet sich *penit-* überliefert, *pęnit-* z. B. in 2,10, *paenit-* z. B. in 31,3, *poenit-* beispielsweise in 8,8). Auch die Silbe *prae-* ist in *M* (wie auch in anderen Regel-Texten) mit *ae*, mit *ę*, mit *e* oder in Kürzung anzutreffen, und es sind diesbezüglich keine Regelmäßigkeiten zu erkennen (so findet sich beispielsweise 2,8 *praesumat*, aber gleich darauf 2,9 *presumpserit*;[179] u. a. 5,1.5 *praeposita*, aber 5,3 *preposita*).

Ob in epist. 19 eher *aera* (Korrekturvorschlag von Michaela Zelzer) oder überliefertes *era* zu setzen ist, ist schwer entscheidbar. Das selten belegte Wort ist in beiden Schreibungen nachweisbar (vgl. ThlL I,1052, lin. 47–58); in vorliegender Edition habe ich mich für die überlieferte Form *era* entschieden.

---

**178** PRISCHL, Die Regula Donati, 70, macht auf eine „erhebliche Unsicherheit bezüglich der ae/e-Schreibung" des Schreibers von *M* aufmerksam. – Bemerkungen zu diesbezüglichen orthographischen Besonderheiten der Handschrift *M* finden sich auch in Editionen von Regel-Texten, die sich allein auf *M* stützen können, etwa zur Regula Ferrioli (ed. DESPREZ, 122); orthographische Normierungen auch in der Edition von Aurelian. reg. mon. von SCHMIDT.

**179** Absolut betrachtet, findet man nahezu gleich viele Wörter mit *pre-* wie mit *prae-* geschrieben (wenn man die mit e-caudata geschriebenen Formen zu *prae-* rechnet). Die Schreibung *prae-* findet sich insbesondere beim Verb *praesumere* (so Don. 2,4; 2,8; 11,3; 24,tit.; 24,1; 33,6; 36,9 [*praesumptioni*]; 49,9; 49,10; 52,16; 53,2; 53,11; 54,1; 56,5; 58,3 und 71,1; mit e-caudata ist es geschrieben in 8,2; 8,6; 12,3; 15,3; 22,1; 61,15 und 74,tit.; mit *prae*-Kürzung in 53,10 und 66,14; dagegen *presumere* in Don. 2,9; 18,1; 20,16; 53,7; 74,1 und 74,3).

An einigen Stellen finden sich in *M* Unregelmäßigkeiten bei Aspirationen (z. B. epist. 33 sowie 55,3 *ostia(s)* statt *hostia(s)* bzw. umgekehrt; 1,2 *honus* für *onus*; 37,2 bzw. 48,3 *exhistimant/exhistimet* statt *existimant/existimet*; 41,2 *ortans* statt *hortans*; 48,2 *orto* statt *horto*; 62,8 *abuerint* statt *habuerint*; 73,3 *adortationum*;[180] erwähnenswert ist auch *hinianter* in epist. 8 (vgl. dazu unten ad locum). In vorliegender Edition wurden Unregelmäßigkeiten in der Aspiration nicht im Text übernommen, sie sind jedoch im textkritischen Apparat dokumentiert.

Assimilationen finden sich im edierten Text nur dort, wo diese auch in *M* anzutreffen waren. Tendenziell sind in der Donat-Regel (aber auch in anderen Texten in *M*) eher unassimilierte Formen zu finden (PRISCHL, 72: „Assimilationen der Präpositionen in Verben und Substantiven werden kaum mehr durchgeführt").

Statt *c* gesetztes *qu* (z. B. bei den Worten *quoquina* oder *quotidie*) wurde in vorliegender Edition als *c* wiedergegeben. Hinsichtlich dieser Wörter sind in *M* orthographische Inkonsequenzen auch in anderen Regel-Texten öfter festzustellen. Weitere orthographische Besonderheiten sind oben p. 43 zur Handschrift *M* aufgelistet.

### 3.3.5 Konjekturen in vorliegender Edition

Michaela Zelzer hatte einige Änderungen gegenüber *M*, aber auch gegenüber den Vorgänger-Editionen vorgenommen. Bei der Texterstellung stützte sie sich in höherem Ausmaß als *p* und *v* auf die Regeln der klassischen Grammatik, weil sie davon ausging, dass Donats Sprache an klassischem Latein orientiert gewesen sein müsse;[181] zudem passte sie den für Donat überlieferten Wortlaut an einigen Stellen an

---

**180** Interessant erscheinen einige dieser Schreibungen wohl im Hinblick auf die Entwicklung in den romanischen Sprachen; ob sie aber zweifelsfrei Donats Stil oder der Schreibung, die er seiner Vorlage entnommen hat, entsprechen, lässt sich nicht entscheiden.

**181** Sie meinte, dass Donat beim Iren Columban eine „gepflegte, in typisch irischer Art etwas gesuchte Ausdrucksweise" gelernt habe (vgl. M. ZELZER, Die Regula Donati, der älteste Textzeuge, 34; ähnlich auch in: Die Regula Donati als frühestes Zeugnis, 761). Diesen Schluss zog sie daraus, dass die Benedikt-Stellen im Donat-Text sprachlich ‚korrekter' seien als in Benedikts Original; dies wiederum führte sie zu der Annahme, Donat habe „Deklinations- und Konjugationsfehler des Benedikttextes beseitigt", wofür sie als Beispiele etwa Don. 13,1 (*auditum fuerit signum*; gegenüber Ben. 43,1: *auditus fuerit signus*), 36,8 (*cum ... oratione et voluntate*; gegenüber Ben. 49,9: *cum ... orationem et voluntatem*) oder 6,7 (*meditetur*; gegenüber Ben. 58,5: *meditent*) nannte (vgl. die zuvor genannten Aufsätze von Michaela Zelzer). An diesen Stellen gibt Donat allerdings den Text in jener Form wieder, wie er auch in den mit Donats Text verwandten Handschriften der sog. interpolierten Klasse des Benedikt-Textes (*O* und seinen Verwandten bzw. der Gruppe *H*) zu finden ist (außer diesen Beispielen nannte Michaela Zelzer noch – gegenüber den anderen Beispielen weniger signifikant – Don. 36,8 *offert* gegenüber Ben. 49,8 *offerit*, das zwar nicht in der interpolierten Textklasse, aber auch in anderen Benedikt-Handschriften zu finden ist). Somit erscheint schwierig zu beweisen, dass Donat an den genannten drei Stellen nicht dem Wortlaut der ihm vorliegenden Benedikt-Handschrift gefolgt ist, sondern tatsächlich selbst korrigiert hat. Beweise dafür, dass sich Donat streng auf die

den Wortlaut der Quelle an. Es lässt sich aber nicht ausschließen, dass Donat bei der Übernahme aus seinen Quellentexten die eine oder andere als ‚nicht klassisch' anzusehende Form oder Konstruktion übernommen hat, und es lässt sich auch nicht ausschließen, dass seine uns unbekannte Quellenhandschrift ‚Sonderfehler' aufgewiesen hat, die Donat übernommen haben könnte, bzw. dass ihm selbst beim Abschreiben ‚Irrtümer' passiert sein könnten (vgl. die Überlegungen oben pp. 60ff.). So bin ich an einigen Stellen von Michaela Zelzers Texterstellung abgewichen (siehe etwa u. Anm. 184). Wie allerdings bereits erörtert, ist die Rekonstruktion des Originals der Donat-Regel ein unsicheres Unterfangen. Im folgenden Kapitel habe ich deshalb dargelegt, nach welchen Kriterien ich die Entscheidungen in jedem einzelnen Fall getroffen habe. Die von Michaela Zelzer gewählten Lesarten sind jedenfalls in der textkritischen Diskussion und im textkritischen Apparat der Edition dokumentiert.

Zu einigen Stellen hat Michaela Zelzer konjiziert. Folgende dieser Konjekturen sind in den vorliegenden Text übernommen: 28,1 quae *suppl.*; 75,9 singula] singulae; außerdem zwei Korrekturen, die de Vogüé überlegt, aber erst Michaela Zelzer durchgeführt hat (vgl. jeweils unten ad locum): epist. 8 devotionem] devotione; epist. 15 vel *delevit*; in 75,9 ad finem] a fine (eine Konjektur von Clemens Weidmann).[182] Zudem rekonstruierte Michaela Zelzer den Capitula-Index (vor dem Regel-Text).[183] Darüber hinaus schlug sie (abgesehen von epist. 15 septa] saepta und epist. 19 era] aera) zu folgenden Passagen Konjekturen vor, die im textkritischen Apparat der vorliegenden Edition verzeichnet und in der folgenden Diskussion ad locum vorgestellt sind: Don. epist. 3 quaeque] quaecumque; epist. 15 adunata] adunato; epist. 16 ea quae vobis expediunt *tr. post* praestat; 1,12 quae] quam; 2,12 monasterio] monasterii; 12,10 aliqua neglegentia] aliquam neglegentiam; 12,11 per] super; 16,2 dei] deo; 17,11 superpositionem] superpositione; eine Umstellung von 37,9–13 nach 40,3; 60,5 posticiariae] quae permittunt *suppl.*; 62,7 interversor] interversores. Zu Kapitel 59 wollte sie analog zu Holstenius' Konjektur (*ne abbatissa extra congregationem reficiat*) eine Überschrift ergänzen, schlug jedoch *ut ... non* statt *ne* vor. In einer Reihe weiterer Fälle überlegte sie, einer anderen Variante (meist einer Konjek-

---

Regeln der klassischen Grammatik stützen würde, lassen sich daraus somit schwer erbringen; Stellen wie etwa Don. 3,9 *quod sibi quisque facere* (Ben.: *fieri*) *non vult, alio non faciat* deuten eher darauf hin, dass Donat auch Abweichungen von den Regeln klassischer Grammatik tolerierte. Vgl. auch die Diskussion im Folgenden hier in Kapitel 3 der Einleitung.

**182** Allerdings in der Lesart *ab fine*, vgl. K. und M. (†) ZELZER, Zu Überlieferung und Textgestaltung, 45; vgl. unten p. 123.

**183** In diesem Zusammenhang schien ihr eine Änderung der Kapitelzählung notwendig (sie fasste die 12 Demutsstufen als ein einziges Kapitel auf, weshalb sich die Zählung um 11 reduzierte; vgl. K. und M. (†) ZELZER, Zu Überlieferung und Textgestaltung, 43 Anm. 103), was ich allerdings in vorliegender Edition nicht übernommen habe. Näheres dazu unten pp. 78f. und ausführlicher in ZIMMERL-PANAGL, Unbeachtete Quellen.

tur von *h*) zu folgen;[184] in diesen Fällen ist die von Michaela Zelzer bevorzugte Lesart im Apparat mit *approb. Zelzer* ausgewiesen.

Konjiziert habe ich (zur Argumentation vgl. unten ad locum) in Don. 12,2 diligantius] delicatius; in 75,5 übernehme ich eine Konjektur von Clemens Weidmann: post] per;[185] in 75,11 habe ich den Text zu *quindecim* (vgl. ZIMMERL-PANAGL, Elegi pauca e plurimis; die Zahl *quindecim* erschloss bereits MOYSE, Les origines, 407f.; Weiteres zum Kontext dieser problematischen Stelle unten ad locum) und in 76,6 zu *Septembris* geändert (vgl. MAYO, Three Merovingian Rules 1, 164, die in ihrer Edition des Textes allerdings *februarii* schrieb). Die Interpunktion und damit den Sinn leicht verändert habe ich in 20,9/10 (*fiant omnia. Quaecumque*) und 75,12/13 (siehe dazu unten ad locum). Zu einigen anderen Passagen sind Vorschläge im textkritischen Apparat angezeigt bzw. im Folgenden diskutiert.[186] Wo ich (wie teilweise auch schon frühere Editoren) nicht dem in *M* überlieferten Text gefolgt bin, sind diese Stellen im Text mit einem Astersik (*) oder durch Ergänzungs-/Tilgungsklammern kenntlich gemacht (einige dieser Stellen sind auch im Folgenden besprochen).

## 3.4 Textkritischer Kommentar

Im Folgenden werden jene Stellen diskutiert, zu denen textkritische Überlegungen notwendig waren bzw. deren Entscheidung begründet oder deren Unsicherheit aufgezeigt werden soll. In vielen Fällen ist keine eindeutige Entscheidung möglich (im

---

**184** Z. B. Don. epist. 16 discordat] discordant *h Michaela Zelzer* (im Folgenden: *M.Z.*); 1,9 nutrire] nutriri *h v M.Z.*; 3,9 quisque] quis *M* (*ac.*) *M.Z.*; 3,73 disperare] desperare *M* (*pc.*) *h M.Z.*; 12,1 primitiariam] primiceriam *h v M.Z.*; 12,2 delicatius] diligentius *M* (*pc.*) *h p M.Z.*; 12,3 dare] dari *h v M.Z.*; 12,8 servire] serviri *h M.Z.*; 12,16 exigerit] exegerit *K h v M.Z.*; 20,13 in *om. K h p M.Z.*; 20,9 fiant] fiat *h M.Z.*; 20,18 imperare] imperari *h M.Z.*; 27,1 acceptam] benedictionem *add. p M.Z.*; 34,4 quinquagesimi] quinquagesimae *h M.Z.*; 34,10 psalmodii] psalmodiae *h M.Z.*; 36,4 oratione ... lectione ... compunctione] orationi ... lectioni ... compunctioni *h v M.Z.*; 48,3 repraesentare] repraesentari *h M.Z.*; 52,1 cogitare] cogitari *h v M.Z.*; 52,6 piam] ipsam *h M.Z.* (*cf.* Caes.); 52,25 proferri] proferre *h M.Z.*; 53,1.8 und 56,4 elogias] eulogias *h p v M.Z.*; 53,7 usu] ausu *h p v M.Z.*; 58,1 sanctaemonialis] sanctimonialis *h v M.Z.*; 60,2 quo] qua *h p M.Z.*; 63,5 lectu] lecto *h M.Z.*; 64,tit. ut *del. p M.Z.*; 64,1 incato] incausto *h M.Z.*; 66,2 potestatem] potestate *h v M.Z.*; 70,6 quod] qui *M* (*pc.*) *h M.Z.*; 75,tit. quod] quo *K h p M.Z.*; 75,14 custodire] custodiri *p M.Z.*; 77,1 aliqua] aliquam *h p M.Z.*; velle] velit *h p M.Z.*; 77,7 subiectionis] subiectionem *h M.Z.*

**185** Diese sowie die Konjektur *a fine* in 75,9 wurden von ihm in einem Gespräch gemacht, als ich mit ihm über die Probleme einiger Stellen diskutierte.

**186** Etwa epist. 6 ut pervicaciter: vielleicht *velut pertinaciter* analog zur (bisher nicht beachteten) Quelle Pomer., jedoch ist nicht auszuschließen, dass *ut pervicaciter* eine Variante Donats darstellt; 4,7 primiciriae: vielleicht *primitiariae* (vgl. 12,1), jedoch könnte Donat die Bezeichnung variieren, vgl. unten ad locum; 20,16 dispitias: vielleicht *discutias*; 34,10 humiliantes: fraglich, ob das Reflexivum *se* ergänzt werden sollte; 53,8 cuiusque: vielleicht *cuiuscumque* aufgrund der Parallele in ConcR, jedoch im Vergleich mit anderen Stellen bei Donat weniger wahrscheinlich.

erstellten Text findet sich dann die Lesart von *M* bzw. *M* (*pc.*), sofern die Korrektur nicht erst von später Hand stammt), jedoch sollte zumindest das Für und Wider im Folgenden abgewogen werden. Im Folgenden wird auch auf jene Textänderungen Bezug genommen, die Michaela Zelzer zwar überlegt hat,[187] denen ich aber nicht gefolgt bin.

Im Fall von **Wortumstellungen** gegenüber Donats Quelle (vgl. o. Anm. 160) habe ich keine Textänderung vorgenommen, sondern bin dem Wortlaut von *M* gefolgt, möchte aber darauf hinweisen, dass nicht ausgeschlossen werden kann, dass die eine oder andere Umstellung im Zuge der Donat-Überlieferung passiert ist. Wortumstellungen sind im Folgenden nicht einzeln kommentiert, sondern in der genannten Anmerkung gesammelt.

Im Folgenden sind außerdem Abweichungen Donats vom Wortlaut seiner Quelle wie Don. 11,1 *aut* statt Caes. 9,1 *vel* u. Ä. nicht kommentiert. Die Möglichkeit, dass ein Überlieferungsfehler vorliegt, ist gegeben, jedoch fehlen eindeutige Entscheidungskriterien. Wo es keinen inhaltlichen Grund gibt anzunehmen, dass die Überlieferung irrt, folgt vorliegende Edition (wie auch die früheren Editionen) in diesen Fällen dem in *M* überlieferten Text.

Nicht einzeln kommentiert sind **Bibelzitate**, die im Wortlaut von Donats Quelle abweichen, sich aber mit dem Text der Vulgata decken. Es stellt sich die Frage, ob sie von Donat an den Wortlaut der Vulgata angepasst wurden, oder ob ein Angleichen an die Vulgata irrtümlich in der Überlieferung passiert ist. Bei der Zitierung von Bibelstellen orientierte sich Donat am Wortlaut seiner Quelle, was beispielsweise das Zitat von Prov. 10,19 (*in multiloquio peccatum non deerit*) zeigt, das Donat 45,2 und 49,7 analog zu Benedikt mit dem Verb *effugietur* bzw. *effugies* wiedergibt, in 49,2 dagegen analog zu Columban mit dem Verb *deerit* (vgl. Vulgata).[188] An Stellen, an denen der überlieferte Donat-Text bei Bibelzitaten von Donats Quelle abweicht und sich mit dem Wortlaut der Vulgata trifft, sind u. a. zu nennen (wo auch in der Quelle der Vulgata-Wortlaut als *vl.* überliefert ist, könnte Donat den Wortlaut auch aus der Quelle bezogen haben, jedoch findet sich dieser oft nur in einzelnen Handschriften zu Ben., zu Don. 48,6 bzw. 70,4 dagegen in einem Großteil der interpolierten Textklasse): 3,59 perficere *Don. Vulg.*] efficere *Ben.*; 7,3 habes *Don. Vulg.*] possides *Ben.*; 17,1 contemplantes *Don.* (contemplantur *Vulg.*)] speculari *Ben.*; 37,10 mortificamur *Don. Vulg.*] morte adficimur *Ben.*; 41,2 domino *Don. Vulg.*] ad dominum *Ben.* (domino *vl.*); 41,4f. abscondi ... adversus *Don. Vulg.*] operui ... adversum *Ben.* (mit Varianten); 43,4 quia *Don. Vulg.*] quod Ben. (quia *vl.*); 45,3 dirigetur *Don. Vulg.*]

---

187 Die Begründungen ihrer Entscheidungen sind mir bis auf sehr wenige, hier explizit genannte Ausnahmen nicht bekannt. Mir lag ein von ihr erstellter Text vor, jedoch enthielten der Text sowie ihre Vorarbeiten zur Einleitung keine textkritischen Überlegungen; einige Bemerkungen zum Text sind posthum dargelegt in K. und M. (†) ZELZER, Zu Überlieferung und Textgestaltung, worauf bei der Besprechung der Einzelstellen hier gesondert verwiesen wird.

188 Auf diesen Umstand machte bereits DE VOGÜÉ in seiner Edition (284) zu Don. 49,2 aufmerksam.

dirigitur *Ben.* (dirigetur *vl.*); 48,6 foras *Don. Vulg.*] foris *Ben.* (foras *vl.*); 52,9 domini *Don. Vulg.*] dei *Caes.*; 61,8 sibi bonum *Don. Vulg.*] bonum sibi *Ben.* (sibi bonum *vl.*); 70,4 huiusmodi *Don. Vulg.*] eiusmodi *Ben.* (huiusmodi *vl.*); 73,6 vobis ipsis *Don. Vulg.*] vobis *Ben.*

⁎ ⁎ ⁎

**epist. 3 enchiridion**: zu e/i vgl. oben pp. 64f.; überliefert ist *inchiridion*, vielleicht eine irrtümliche lautliche Angleichung nach *instar*?[189]

**epist. 3** et **quaeque** specialius femineo sexui custodienda competerent: die Form *quaeque* erscheint problematisch. Bedenkt man jedoch, dass das Pronomen *quisque* für *quisquis* stehen kann[190] (bzw. dass *quaeque* als *quaequae* zu verstehen sein könnte?), kann das Pronomen auch in dieser Form im Text gehalten werden (vgl. auch die Überlegungen unten zu Don. 53,8: *cuiusque*). Michaela Zelzer schlug die Konjektur *quaecumque* vor.

**epist. 6 ut pervicaciter**: auf die Vorbildstelle dieses Satzes, Pomer. (De vita contemplativa) prol. 1, habe ich zuvor schon aufmerksam gemacht[191] und vermerkt, dass Pomer. *velut pertinaciter* liest. Es ist sehr wahrscheinlich, dass *ut pervicaciter* eine Abweichung Donats ist, jedoch lässt sich nicht mit letzter Sicherheit ausschließen, dass ein Fehler in der Überlieferung passiert sein könnte (da es keine moderne Edition zu Pomer. gibt, in der die textkritischen Varianten verzeichnet sind, ist außerdem unklar, ob es zu Pomer. prol. 1 auch die Variante *ut pervicaciter* gibt, und ob daher Donat diesen Wortlaut kennengelernt haben könnte).

**epist. 8 devotione**: überliefert ist *devotionem*, das vielleicht aufgrund des vorhergehenden *contra* irrtümlich gesetzt wurde; de Vogüé erwog in seiner Edition, dass es *devotione* geheißen haben könnte, Michaela Zelzer führte die Korrektur durch. Donat scheint die *devotio* gegenüber Gauthstrude und ihrem Kloster zu meinen, die ihn im Gegensatz (*contra*) zu seinen zuvor geäußerten Bedenken veranlasst hat, den Bitten Folge zu leisten.

**epist. 8 inhianter**: die in *M* überlieferte Form *hinianter* wurde seit *K* zu *inhianter* korrigiert (Mayo und Moyse setzten, beide *M* streng folgend, allerdings *hinianter* in ihre diplomatischen Editionen). *Hinianter* ist selten belegt und lässt sich in literarischen Werken erst nach Donat nachweisen, nämlich bei Smaragdus, in part. Donati De adverbio, 11T oder Petr. Dam. epist. 59 (MGH Briefe d. dt. Kaiserzeit 4,2, p. 200,7); als Variante etwa auch in Handschriften des 9. Jh. zu Aug. c. Faust. 15,7 (CSEL 25, p. 431,9; dort allerdings offenbar aufgrund einer Verwechslung mit *hiniantur*?). Max Manitius vermerkte zu Samaragdus, dass *hinianter* auf irischen Einfluss hindeute;[192]

---

**189** Die Form *inchiridion* scheint wenig belegt zu sein. Leyser, Shoring Fragments, 72, verweist auf ein Blatt in Codex Paris, BN Lat. 12205, das eine karolingische Inscriptio trägt: *Inchiridion Rufini Praesbyteri.*

**190** Vgl. etwa Hofmann – Szantyr, Lateinische Syntax, pp. 201⁴ und 562⁴.

**191** Vgl. oben p. 28 und Zimmerl-Panagl, Unbeachtete Quellen.

**192** Manitius, Zur karolingischen Literatur, 64.

ob sich damit argumentieren lassen könnte, dass die Form von Donat (im vom Iren Columban gegründeten Kloster erzogen) verwendet worden wäre, ist unsicher. Zu Aspirationen in *M* vgl. auch oben p. 70.

**epist. 14** sensus obtunsi **caligo**: überliefert ist *caliginis*, Holstenius korrigierte zu *caligo*, was auch in den späteren Editionen übernommen wurde (de Vogüé jedoch später – ohne weitere Begründung – in Benedictina 27 [1980], 11 Anm. 1: *caliginis*). Es ist wahrscheinlich, dass in der Überlieferung *sensus* als Nominativ missverstanden und daher *caliginis* zu vermeintlich bezugslosem *obtunsi* gebildet wurde (als Genitivus qualitatis verstanden?). Zur Junktur *sensus obtu(n)si* vgl. 2 Cor. 3,14 (worauf Donat allerdings inhaltlich hier nicht Bezug nimmt) oder Aug. div. daem. 5,9 (CSEL 41, p. 608,11: *... quae obtuso sensu hominum cognosci non possunt*) u. a.

**epist. 15** quod bonis vestris desideriis placuit cunctoque sancto **[vel]** vestro collegio intra septa[193] istius monasterii adunata suggestio flagitavit: zu dieser Passage schlug Michaela Zelzer Korrekturen vor: Zum einen tilgte sie *vel* (was auch de Vogüé in Erwägung gezogen hatte), zum anderen bezog sie das Partizip *adunata* auf *collegio* und korrigierte es zu *adunato*.[194] Die Konjektur *adunato* erscheint zwar naheliegend, jedoch ist die überlieferte Form *adunata* gut verständlich bzw. syntaktisch offenbar ein Bindeglied, weil sie das Subjekt *suggestio* deutlicher in den Zusammenhang ‚einbettet‘, das sonst ohne Bezugswort stünde. *Intra septa istius monasterii adunata suggestio* bildet offenbar eine Einheit. – Die Junktur *sancto vel vestro collegio* ist schwer verständlich (wäre denkbar, dass *vel* in diesem Zusammenhang steigernde Funktion hat?) und die Tilung von *vel* (Dittographie) ist naheliegend. Zur Diskussion stellen möchte ich jedoch, ob vielleicht auch eine Verlesung eines anderen Wortes (in *M* findet man *vel vestro* wie ein einziges Wort geschrieben als *ueluro* mit Kürzungsstrich über *uro*) oder eine Doppellesart zugrunde liegen könnte, also etwa *sancto collegio*, bei dem über *sancto* die Variante *vel vestro* zu finden gewesen sein könnte und irrtümlich abgeschrieben wurde. *Vestro sancto coenobio* schreibt Donat aber immerhin in einer weiteren Passage (6,1), die er nicht aus einer seiner Quellen bezog, was als sprachliche Parallele zu epist. 15 gesehen werden könnte.

**epist. 16** ea quae vobis expediunt et loci oportunitas vel corporis possibilitas praestat et a norma recti dogmatis non discordat, elegi pauca e plurimis: Michaela Zelzer über-

---

193 Ob Michaela Zelzers *saepta* oder überliefertes *septa* (so auch zu Don. 31,4 überliefert, dort beruhend auf Col. coen. 8 p. 154,4 *sepem*) Original-Orthographie darstellt, ist nicht entscheidbar, vgl. auch oben p. 69 sowie im Folgenden zu epist. 19 *era*.

194 Vgl. K. und M. (†) ZELZER, Zu Überlieferung und Textgestaltung, 42. Im Sinne von *adunato* scheint auch HAUSCHILD, Nonnenregel, 29, den Satzteil zu verstehen: „... für eure ganze heilige Gemeinschaft, die in den Mauern desselben Klosters vereint ist". Anders, nämlich wie in *M* überliefert, die französische Übersetzung durch DUPONT – DE SEILHAC, 114: „... et qu'une requête unanime de votre sainte monastère, l'a réclamé". – Statt *cunctoque* überlegte Michaela Zelzer (ebenda) ferner *quodque cuncto*, wofür sich allerdings sprachlich keine echte Notwendigkeit nennen lässt.

legte, zu diesem Abschnitt einen größeren Eingriff vorzunehmen.[195] Der Satzteil wirkt hinsichtlich des Relativpronomens *quae* ein wenig schwierig, das zuerst als Subjekt im Plural (*quae … expediunt*), dann als Akkusativ-Objekt (*quae loci oportunitas vel corporis possibilitas praestat*) verstanden werden muss, bevor es im letzten Glied offenbar abermals als Nominativ auftritt, aber mit einem Prädikat im Singular verbunden ist (*quae a norma recti dogmatis non discordat*). Michaela Zelzer setzte den Satzteil *ea quae vobis expediunt* hinter *praestat* und folgte außerdem Holstenius in der Konjektur des Plurals *discordant*; somit hätte *quae* bei beiden Prädikaten die Funktion eines Nominativ Plural, und der Satzteil *et loci … praestat* wäre Bestandteil des vorhergehenden *quod*-Satzes (15) und, mit diesem verbunden, nach klassischer Grammatik korrekt konstruierbar.[196] Freilich könnte in der Überlieferung eine Umstellung passiert sein, jedoch erscheint der überlieferte Satz nicht derart unverständlich, dass seine (nicht klassischer Latinität folgende) Syntax als gänzlich verdorben angesehen werden muss. In der lateinischen Literatur lassen sich durchaus Beispiele finden, in denen aus dem Nominativ *quae* (wie auch *quod*) im nachfolgenden Relativsatz(teil) gedanklich der Akkusativ zu ergänzen ist, etwa bei Plautus (z. B. Amph. 885: *quae neque sunt facta neque ego in me admisi, arguit*), aber auch etwa bei Cassiodor.[197] Dies zeigt, dass der Wechsel des Casus von *quae* auch für Donat nicht undenkbar ist. Die Korrektur des Prädikates *discordat* zum Plural ist nur dann erwägenswert, wenn man nicht annehmen möchte, dass bei *quae* in diesem dritten Glied nicht nur ein Casus-, sondern auch einen Numeruswechsel vorliegt;[198] zu Numerus-Abweichungen vgl. etwa auch die Regula Pauli et Stephani 19,3: *quaecumque harum rerum … a quolibet inventa fuerint, cellario fideliter contradantur, ut … ministretur* (vgl. dazu ed. VILANOVA, 86) sowie die Tatsache, dass sich in spätlateinischen und frühmittelalterlichen Texten Neutrum Plural-Formen, häufig *quae*, bisweilen mit Verben im Singular verbinden.[199]

**epist. 19 era**: vgl. oben p. 69.

**epist. 22** vestrae petitioni statuta: im Gutachten zu vorliegendem Band wird darauf aufmerksam gemacht, dass es *vestrae petitionis statuta* geheißen haben könnte (ein Haplographie-Fehler könnte vorliegen; jedoch verweist das Gutachten selbst auch auf epist. 32). Diese Möglichkeit kann nicht ausgeschlossen werden; verwiesen sei

---

**195** Vgl. dazu K. und M. (†) ZELZER, Zu Überlieferung und Textgestaltung, 41f.

**196** Damit würde allerdings eine inhaltliche Verschiebung und Umgewichtung einhergehen.

**197** Zu diesem syntaktischen Phänomen vgl. HOFMANN – SZANTYR, Lateinische Syntax, p. 565[3,4] (§ 305/b), woraus auch oben zitierte Beispiele genommen sind.

**198** Derart versteht den Text offensichtlich HAUSCHILD, Nonnenregel, 29, in ihrer Übersetzung (die deutsche Übersetzung umschifft das Problem des Casus-Wechsels von *quae* im zweiten Satzteil): „… ich habe also aus den vielen wenige [Anordnungen] ausgewählt, die euch zuträglich sind und die auf die örtliche Lage und das körperliche Verhältnis Rücksicht nehmen, und die von der Regel der rechten Lehre nicht abweichen."

**199** Vgl. etwa STOTZ, Handbuch 4, p. 357 (§ 81.2).

aber auch auf andere Stellen, an denen für Don. der Dativ statt des zu erwartenden Genitivs überliefert ist (vgl. etwa zu Don. 2,12).

**epist. 22 menteque:** in *M* ist *menti* überliefert; zu e/i vgl. oben pp. 64f. Ablativ Singular auf *-i* statt *-e* lässt sich im Spätlatein beobachten, und zu manchen Wörtern waren Nebenformen gebräuchlich.[200] Im weiteren Regeltext ist kein Ablativ auf *-i* statt *-e* überliefert, weshalb fraglich ist, ob diese Form tatsächlich auf Donat zurückgeht.[201] Da umgekehrt die Epistel jener Abschnitt des Donat-Textes ist, in dem er vergleichsweise frei (nicht streng vom Wortlaut einer Quelle abhängig) formulierte, und da sich in der Epistel kleine sprachliche ,Auffälligkeiten' finden lassen, ist auf *menti* zumindest zu verweisen.

**epist. 23 neglegentes** und **26 neglegentias:** vgl. oben p. 64.

**epist. 29 relucenti⟨bu⟩s** lampadibus: Michaela Zelzer setzte (wie vor ihr Holstenius und de Vogüé) *relucentibus* in den Text, hatte jedoch 1990 in ihrem Aufsatz „Die Regula Donati, der älteste Textzeuge der Regula Benedicti" (p. 26) darauf aufmerksam gemacht, dass Donat wie sein Vorbild Caes. (1,4) auf das Gleichnis Mt. 25,1ff. anspielt. Bei Caesarius finden sich in diesem Zusammenhang u. a. die Worte *incensis lampadibus*. Sie vermerkte weiter: „Bei der Umsetzung der caesarianischen Wendung *incensis lampadibus* in ein gewähltes Wort ist Donat der Fehler *relucentis* für *relucentibus* unterlaufen, der einzige tatsächlich grammatische Fehler in dieser Regel" (in Anm. 11 machte sie auf epist. 32 *degeo* – siehe dazu im Folgenden – aufmerksam, dessen Korrektur ihr damals erwägenswert schien; nicht mehr aber bei der Texterstellung für vorliegende Edition). Dieser Hinweis auf die Vorbildstelle und die Möglichkeit, dass das Partizip sozusagen in der Schnelle ,verschrieben' wurde, soll nicht unerwähnt bleiben. Es sei außerdem daran erinnert, dass in der Sprache der Spätantike und vor allem des Mittelalters Heteroklisien durchaus anzutreffen sind, dass also beispielsweise Nomina der 3. Deklination Formen der 1. Deklination übernahmen und dass dieser Wechsel besonders bei Dativ/Ablativ-Formen passierte.[202] Für Heteroklisien liefert allerdings der weitere Regel-Text in seiner überlieferten Form keine Anhaltspunkte. Donats Epistula ist allerdings jenes Schriftstück, in

---

**200** LEUMANN, Lateinische Laut- und Formenlehre, p. 440, macht auf die Ablative *imbri, igni, fini, hosti, civi, sorti, parti, navi* aufmerksam. – STOTZ, Handbuch 4, p. 87 (§ 39.2), betont, dass besonders in der Merowingerzeit nicht nur die Schwankung von e/i, sondern auch der „Umstand, daß bei Wörtern dieser Flexionsklasse [*sc.* der dritten] die Abl. sg.-Endungen in nur schwer durchschaubarer Weise zwischen *-e* und *-i* aufgeteilt waren, die oft genug auch bei einem und demselben Wort nebeneinander her gingen", zur Verwirrung beigetragen hat. STOTZ, ebenda, pp. 80f., hält fest, dass ein Austausch der Ablativ- und Dativ-Endung in beide Richtungen denkbar und ein Nebeneinander von *-e* und *-i*-Endungen zu ein und demselben Casus in ein und demselben Satz nichts Seltenes war (auch die karolingische Bildungsreform hat diese Anomalie nicht restlos beseitigt, was bedeutet, dass eine mögliche Verwechslung der Casus auch von Benedikt von Aniane oder dem Schreiber von *M* nicht automatisch korrigiert werden hätte ,müssen').

**201** Zum Ablativ *menti* vgl. zwei offenbar unsichere Belege in ThlL VIII,711, lin. 75f.

**202** Vgl. STOTZ, Handbuch 4, p. 24 (§ 9.10).

dem er am freiesten formulierte, weshalb auch auf diese auffällige Form zumindest verwiesen sein muss (vgl. auch etwa 32 *degeo* oder den syntaktisch auffällig erscheinende Abschnitt 15/16); dass die Form aber seinem persönlichen Sprachgebrauch entsprach, ist nicht beweisbar.

**epist. 32 degeo**: wie vereinzelt auch bei anderen Autoren anzutreffen (z. B. Ambrosius Autpertus, expos. in Apocal. 2,2,22; Vita patr. 9,1; siehe ThlL V,1,384; dort auch Beispiele für das Perfekt *degui*), ordnet auch Donat das Verb offenbar der 2. Konjugation zu; vgl. dazu auch PRISCHL, Die Regula Donati, 72, die auch auf Ben. 50,2 (*perpendet*) mit Kommentierung durch LINDERBAUER, 342 verweist. Vgl. aber auch Abbo Floriacensis, Quaestiones grammaticales 32 (ed. A. GUERREAU-JALABERT, Paris 1982).[203] Vgl. ferner unten zu Don. 10,1 *fastidio.*

**epist. 34 onerato**: vgl. oben p. 67f.

**Capitula**: der verlorene Index (seine Existenz bzw. seine Anordnung zwischen Epistula und Regeltext ist in Don. epist. 19f. klar bezeugt) wurde von Michaela Zelzer rekonstruiert,[204] indem die im Regel-Text überlieferten Kapitel-Überschriften samt Zählung aneinandergereiht wurden. Die Rekonstruktion erfolgte basierend auf der Hypothese, dass sich der Wortlaut der Kapitel-Überschriften mit den Überschriften im Inhaltsverzeichnis deckt.[205] Zumindest an zwei Stellen ergeben sich Probleme, nämlich nach Kapitel 37 und zu Kapitel 59. Michaela Zelzer schien, als sie den Capitula-Index der Regel rekonstruierte, eine Änderung der Kapitelzählung notwendig, nämlich nach Kapitel 37; Kapitel 59 stellte für sie keine Auffälligkeit dar. Die Überschrift zu Kapitel 37 bezieht sich auf alle 12 folgenden Demutsstufen, die ihrerseits (Kapitel 38–48) keine eigene Überschrift tragen. Deshalb meinte Michaela Zelzer, dass die Nummerierung der Kapitel 38–48 erst sekundär irrtümlich erfolgt sei, weshalb sie diese 11 Kapitel-Zahlen ausschied, die zwölf Demutsstufen (analog zu Ben.) zu einem Großkapitel machte und alle folgenden Kapitel in der Zählung um 11 reduzierte.[206] Es ist allerdings fraglich, ob dies tatsächlich Donats Intention wiedergab (Näheres zur Problemlage und ausführlicher als im Folgenden besprochen in ZIMMERL-PANAGL, Unbeachtete Quellen). Viele Handschriften zu Ben., besonders aber die Handschriften der interpolierten Klasse (deren Textform mit Donat eng verwandt ist), weisen Benedikts Demutkapitel in optischer Untergliederungen auf, und in manchen Handschriften sind die zwölf Demutsstufen sogar mit einer Zählung ver-

---

203 Zum im Mittelalter verbreiteten Phänomen, dass zwischen den Flexionsklassen Wechsel eintraten, vgl. STOTZ, Handbuch 4, pp. 172–193 mit zahlreichen Hinweisen und Literaturangaben.

204 Vgl. dazu auch oben Anm. 17 mit Verweis auf ältere Literatur, in der das Fehlen des Index zumindest vermerkt wurde. Die französische Übersetzung DUPONT – DE SEILHAC, 117–120, begegnet diesem Mangel und gibt zwischen Epistula und Regel-Text eine Liste der Kapitel-Titel.

205 Diese Annahme erscheint legitim, weil Donat die meisten Kapitel-Überschriften wörtlich aus seinen Quellen übernommen hat, so dass nicht zwingend anzunehmen ist, dass er die Überschriften im Index in ihrem Wortlaut (stark) verändert hätte.

206 Kurz dargelegt in K. und M. (†) ZELZER, Zu Überlieferung und Textgestaltung, 43 Anm. 103.

sehen. Somit liegt nahe, dass auch Donat das betreffende Kapitel untergliedert kennengelernt und daher die zwölf Stufen zwar nicht jeweils mit einer Überschrift (vielleicht stellten für ihn die Angaben *secundus, tertius … duodecimus humilitatis gradus est* gedanklich Überschriften dar?), aber mit einer gliedernden Zahl versehen hat. Wenn in Handschriften eine untergliedernde Zählung sekundär angebracht wurde (wie etwa in einigen Handschriften zu Benedikts Demutskapitel), geschah dies meist, indem die im Text genannten Zahlen durch Zahlzeichen verdeutlicht wurden (*primus* also mit vorangestelltem „I", *secundus* mit „II" usw.), es wurde aber nicht die laufende Kapitel-Zählung fortgesetzt und (in großem Ausmaß) verändert. Die Einbindung der einzelnen Demutsstufen in die fortlaufende Zählung, wie sie für Donat überliefert ist, könnte also auf den Autor und nicht auf einen irrtümlich ändernden Schreiber verweisen. Wie Donat diese Divergenz (Überschrift für ein Großkapitel, jedoch Zählung der Unterabschnitte) in weiterer Folge in seinem Inhaltsverzeichnis gelöst hat, entzieht sich unserer Kenntnis. Die Formulierung *a XXXVII usque XLVIII quot sunt…* versteht sich als Vorschlag, wie die Kapitel-Überschrift gemeinsam mit den Kapitel-Zahlen ins Verzeichnis übernommen worden sein könnte, ist jedoch spekulativ. Für eine ausführliche Besprechung dieser Frage und die mit ihr verbundenen Unsicherheiten sei nochmals auf Zimmerl-Panagl, Unbeachtete Quellen, verwiesen, worin sich außerdem diskutiert findet, dass in *M* die Zählung nach Kapitel 62 um eins zurückspringt, die letzten Kapitel eigentlich als *LXXX* bzw. *LXXXI* gezählt werden (was auf Verwechslung mit den Zahlzeichen *LXXV* bzw. *LXXVI* und somit eine Gesamtzahl von „76" Kapiteln hindeutet) bzw. dass auch Kapitel 59 keine Überschrift trägt. Die separate Zählung von Kapitel 59 (ohne Überschrift) ist auffällig, könnte aber analog zur Quelle (Caes. 41) vorgenommen und von Donat intendiert sein. Dennoch kann nicht restlos ausgeschlossen werden, dass ein Überlieferungsfehler vorliegt. Zwingende Anhaltspunkte, Kapitel 59 mit letzter Sicherheit aus der Zählung auszuscheiden bzw. insgesamt 76 statt 77 Kapitel zu zählen, ergeben sich nicht, und ohne weitere (von *M* unabhängige) Textzeugen zur Donat-Regel bleiben Antworten spekulativ.

**cap. 4,tit**: der Wortlaut entspricht der Überschrift zu Kapitel 1. Es kann nicht ausgeschlossen werden, dass ein Irrtum in der Überlieferung vorliegt.

**cap. 10 dispiciat**: vgl. unten zu 10,tit.

**capp. 37–48**: vgl. oben pp. 78f. zu Capitula und ausführlicher Zimmerl-Panagl, Unbeachtete Quellen. Im Regel-Text ist die Überschrift nur zu Kapitel 37 überliefert, bezieht sich aber inhaltlich auf 37–48. Ob es einen Eintrag *a XXXVII usque XLVIII Quot sunt gradus humilitatis* in dieser Form gegeben hat, oder ob Donat in seinem Inhaltsverzeichnis eine andere Formulierung als bei der Kapitel-Überschrift gewählt hat, ist unklar.

**cap. 59**: vgl. oben pp. 78f. zu Capitula und ausführlicher Zimmerl-Panagl, Unbeachtete Quellen. Es ist unklar, ob die Zählung von Kapitel 59 einen Überlieferungsirrtum darstellt (es fehlt eine eigene Überschrift, aber die Zählung erfolgt an derselben Stelle wie in Donats Quelle Caes.). Wenn die Zählung an dieser Stelle korrekt ist, ist außerdem unklar, ob Donat die Kapitelzahl 59 in seinem Inhaltsverzeichnis separat gesetzt oder mit 58 verbunden hat (die Kapitel-Überschrift ist allein zu 58 überliefert), ob 59 (ohne eigene Kapitel-Überschrift?) im Index nicht berücksichtigt wurde oder ob umgekehrt die Kapitel-Überschrift zu 59 in der Überlieferung irrtümlich ausgefallen ist, und 59 ursprünglich im Inhaltsverzeichnis einen eigenen Eintrag samt Überschrift aufgewiesen hat. Holstenius versuchte, die fehlende Überschrift zu konjizieren (Prischl und – mit kleinen Abweichungen – Michaela Zelzer übernahmen seinen Vorschlag), jedoch ist nicht gesichert, dass Donat an dieser Stelle eine Überschrift angebracht hat bzw. welchen Wortlaut sie trug.

**cap. 63** Zurückspringen der Kapitelzählung in *M*: vgl. oben pp. 78f. zu Capitula und ZIMMERL-PANAGL, Unbeachtete Quellen.

**cap. 63 vario opere**: vgl. unten zu 63,tit.

**cap. 64 ut**: vgl. unten zu 64,tit.

**cap. 75 quod**: vgl. unten zu 75,tit.

**cap. 76/77**: zur Zählung vgl. oben pp. 78f. zu Capitula und ausführlicher in ZIMMERL-PANAGL, Unbeachtete Quellen.

**1,3 prodesse**: überliefert ist in *M prode esse* (mit Korrektur zu *prodesse*), eine Form, die etwa schon von Einar Löfstedt als typisch für das Vulgärlatein bezeichnet wurde (sie entwickelte sich im Spätlatein).[207] Es ist nicht zu entscheiden, ob sie mit Sicherheit auf Donat zurückgeht.

**1,9** ut permittat **nutrire** vitia: zu Infinitiv statt AcI bei Don. vgl. oben p. 67. Holstenius konjizierte *nutriri*, de Vogüé und Michaela Zelzer folgten ihm darin[208] (vgl. Donats Quelle, Ben., dort aber als Variante auch: *nutrire*). Der für Don. überlieferte aktive Infinitiv kann jedoch gerechtfertigt werden, da *permitto* (nicht erst seit der Spätantike) auch mit Infinitiv konstruiert wird.[209] In analoger Konstruktion ist *permitto* für Donat auch überliefert in 60,3: *nihil ... permittant dare* (dort aber mit folgendem: *vel a foris ... adquiescant excipi*; hier also die bereits erwähnte Frage, ob aktiver und passiver Infinitiv hintereinander gebraucht werden oder *dare* für *dari* steht, vgl. oben p. 66 zu Don. 52,1). Vgl. aber besonders Don. 49,11: bei Benedikt (6,8) hat Donat einen AcI vorgefunden (*... ad talia eloquia discipulum aperire os non permittimus*), diesen aber offenbar zu einer Infinitiv-Konstruktion mit Dativ umgewandelt: *... ad tale eloquium famulae Christi aperire os non permittimus*.

**1,12** et sive secundum deum sive secundum saeculum sit opera **quae** iniungit discernat et temperet: de Vogüé folgte dieser Lesart und vermerkt in seiner Edition (242), dass es sich um einen Anakoluth handle. Michaela Zelzer schlug vor, *quae* analog zur Quelle Ben. 64,17, zu *quam* zu korrigieren. Die Möglichkeit, dass in der Donat-

---

**207** LÖFSTEDT, Late Latin, 175.

**208** De Vogüé offenbar in Nachfolge von *h*, aber ohne im Apparat anzugeben, dass *M* den aktiven Infinitiv bietet.

**209** Vgl. dazu ThlL X 1,2,1558f., mit einigen Beispielen, sowie HOFMANN – SZANTYR, Lateinische Syntax, pp. 345[4] (§ 191 I. B) und 356[3] (§ 195 A: „*permitto* tritt mit bloßem Inf. seit Cic. auf").

Überlieferung ein Fehler passiert ist und *quam* (auch die uns bekannten Handschriften der mit Donat verwandten Textklasse bieten zu Ben. *quam*) irrtümlich zu *quae* verlesen wurde, ist gegeben. Ob aber Donats unmittelbare Vorlage, deren Wortlaut wir nicht kennen, mit Sicherheit *quam* las, ist unklar; es könnte außerdem sein, dass bereits Donat die Kürzung optisch verwechselt hat. Er könnte den Satzteil folgendermaßen verstanden haben: „und sie [*sc.* die *praeposita*] soll – ob es sich um Geistliches oder Weltliches handelt – die Aufgaben, die sie aufträgt, unterscheiden und bemessen".

**1,13 alias** praedicans: in der Quelle (Ben.) ist *aliis praedicans* (vgl. 1 Cor. 9,27 *aliis praedicaverim* ...) zu finden, was in *M* von später Hand ebenso als Korrektur angebracht wurde und in alle Editionen mit Ausnahme von *v* Eingang genommen hat. *Alias* ist syntaktisch nicht unverständlich.

**2,12** in **monasterio** utilitatibus: in Donats Quelle (Ben. 3,12) steht *monasterii* (vereinzelt als *vl.* auch *monasterio*).[210] Das vorangehende *in* (zu verbinden mit *utilitatibus*) könnte irrtümlich als Ortsangabe mit *monasterio* verbunden worden sein; Michaela Zelzer überlegte analog zum Text der Quelle die Konjektur *monasterii*. Dass dieses Versehen aber bereits in Donats Vorlage (wie es einige der erhaltenen Benedikt-Handschriften zeigen) passiert und von Donat übernommen worden sein könnte, ist ebenso denkbar. *Monasterio* lässt sich als Dativ „für das Kloster" (eventuell in Analogie zu *aliquid alicui utile est*?) und *utilitatibus* im Sinn von *rebus utilibus* verstehen; außerdem ist zu bedenken, dass der Dativ in der Sprache des Frühmittelalters mitunter an die Stelle des Genitivs treten konnte.[211]

**3,9 quisque**: in der Quelle (Ben. 4,9) lautet die Lesart *quis*, wie dies *ante correctionem* auch in *M* zu finden ist, und Michaela Zelzer sah diese Lesart als für Donat korrekt an. In *M* wurde *quis* allerdings offenbar schon vom Schreiber zu *quisque* korrigiert (nicht erst von später Hand), und es lässt sich außerdem feststellen, dass das Pronomen *quisque* in der Donat-Regel nicht nur häufig in Erscheinung tritt (vgl. auch oben zu epist. 3 und unten zu Don. 53,8 und öfter), sondern es fällt auch auf, dass Donat auch an anderen Stellen, an denen er bei Ben. *quis* vorgefunden hat, dies durch *quaeque* (nämlich Don. 38,1 und 39,1) bzw. *aliqua* (67,3) ersetzt; dort ist die Ersetzung allerdings wohl auch aus Gründen der besseren Verständlichkeit erfolgt (umgekehrt hat Donat in 8,7 bei Benedikt anzutreffendes *quisquam* offenbar durch

---

210 Hingewiesen sei auch auf 2,7 *nulla in monasterio propriis sequatur cordis voluntatem*, wo *propriis* seit Holstenius wohl zu Recht (analog zu Benedikt) zu *proprii* korrigiert wird (die Betonung, nicht dem eigenen Willen zu folgen, wird hier ausgedrückt); das nachfolgende anlautende „s" kann sehr leicht zum Fehler *propriis* geführt haben, wie dies auch in einigen Handschriften der Quelle (Ben.) passiert ist. Gesetzt den Fall, dass Donat den Text mit diesem Fehler kennengelernt hat, könnte er *propriis* nur dann verstanden haben, wenn er es mit *in* verbunden auffasst und *monasterio* abermals als Dativ verstehen würde: „bei den für das Kloster eigenen Dingen/Angelegenheiten". Dies erscheint allerdings sehr unwahrscheinlich.

211 Stotz, Handbuch 4, p. 258 (§ 17.3) mit Beispielen und Literaturhinweisen.

*qua* ersetzt). Aus diesem Befund mag vorsichtig geschlossen werden, dass die Form *quisque* eher auf Donat als auf einen späteren Schreiber (der möglicherweise die Stelle aus Ben. kannte?) zurückgeht.

**3,19 consolari; 3,21** nihil **amori** Christi praeponere: überliefert sind *consolare* bzw. *amore*, zu e/i vgl. oben pp. 64f.; zu *consolare* vgl. Don. 17,8 (*fabulare*), zu *amore/amori* vgl. unten Don. 36,4. Die in 3,19 überlieferte Form *consolare* wurde in *M* nicht erst von später Hand zu *consolari* korrigiert,[212] und *consolari* findet sich ab *K* auch in den Editionen (mit Ausnahme von *p*). Die Endung *-are* könnte eine rein lautliche Variante für *-ari* sein, sie könnte an dieser Stelle aber auch lautlich von der vorhergehenden Reihe an Infinitiven beeinflusst sein: ... *ieiunium amare, pauperes recreare, nudos vestire, infirmos visitare, mortuum sepelire, in tribulatione subvenire.* Für Don. 4,4 und zweimal für Don. 72,3 ist *consolor* als Deponens gebraucht überliefert (*consolentur*). Zwei Dinge gilt es jedoch zu bedenken: Zum einen werden ab der Spätantike vor allem bei Infinitiven zu Deponentia auch aktive Formen gebildet[213] (Donat könnten also zu ein und demselben Verb aktive neben passiven Formen geläufig gewesen sein), zum anderen könnte auch Donats Vorlage eine Rolle gespielt haben, denn in den mit Donat verwandten Handschriften des Benedikt-Textes liest man ebenfalls *consolare* (für Ben. allerdings nicht im Codex Regularum). Wenn Donat diese Form in ‚seinem' Exemplar des Benedikt-Textes tatsächlich vorgefunden hat, könnte er hier die aktive Form übernommen haben, auch wenn er sonst die passive verwendet.[214] Im Folgenden (Don. 3,69) ist für Donat allerdings das Deponens *venerari* überliefert. Wenn diese Form für Donat korrekt überliefert ist, liegt nahe, dass hier Donat selbst das Deponens ‚gesetzt' hat, obwohl er bei Benedikt (wahrscheinlich) *venerare* vorgefunden hat (so auch in den mit Donats Text enger verwandten Handschriften; in einigen erst später zu *venerari* korrigiert). Dies er-

---

212 Aktive Endungen beim Verbum *consolor* kann man einmal für Varro und gelegentlich für spätantike Autoren nachweisen, vgl. ThlL IV 481,2–45. – Verwiesen sei auch auf Stellen bei Autoren des 6. bzw. 7. Jh., etwa Ruric. Lemovic. epist. 2,31 (ed. R. DEMEULENAERE, CCSL 64, p. 369): *Gratias ago pietati vestrae, quod me consolare de civitatis ordinatione dignamini* (für Ruricius lassen sich laut Edition CCSL 64 für das Verbum deponentiale sowie aktive Formen nachweisen); Martin. Bracar. correct. rustic. 18, p. 202,17ff. (ed. BARLOW, 1950): *Et in locis proximis licet viam die dominico facere, non tamen pro occasionibus malis, sed magis pro bonis, id est aut ad loca sancta ambulare, aut fratrem vel amicum visitare, vel infirmum consolare ...*, oder Desiderius Cadurcensis in seinen Epistulae, aber auch Vitas sanctorum patrum Emeretensium 5,6 bzw. 8, beide Male in der Wendung *consolare dignatus/-a est.*

213 Vgl. auch o. Anm. 173.

214 Ein interessantes Beispiel für offenbar problemloses Nebeneinander einer Deponens-Form sowie einer aktiven Form von *consolor* bietet eine Benedictio des fränkischen Sacramentarium Gelasianum, 8. Jh. (Nr. 1628 im Liber Sacramentorum Augustodunensis [ed. O. HEIMING, CCSL 159B] und Nr. 2615 im Liber Sacramentorum Gellonensis [ed. A. DUMAS, CCSL 159]): *Consolare domine hanc famulam tuam viduitatis laboribus constrictam sicut consolare dignatus es sareptenam viduam per Haeliam prophetam.*

schwert die Beurteilung der Infinitiv-Form *consolare* in 3,19 (und könnte indirekt auch zur Frage führen, ob *venerari* mit Sicherheit für Donat korrekt ist). – Gefragt werden muss außerdem, ob *consolare* ein sprachliches Spezifikum von *M* ist: diese Form findet sich (ohne Korrektur) an analoger Stelle in Regula magistri 3,19 (die ihrerseits in Ben. 4,19 aufgegriffen wurde; zu Reg. mag. 3,19 ist in der Pariser Handschrift 12205, fol. 95v, *consolari* überliefert). Auffällig ist auch, dass in *M* wenige Zeilen später für Donat (3,21), aber auch für die analoge Stelle der Regula magistri (3,23) *amore* statt *amori* tradiert wird (in der Regula magistri abermals nicht so in der Pariser Handschrift); *amore* ist für Donats Quelle, Benedikt, zwar nicht in *O*, aber anderen Handschriften der sog. interpolierten Textklasse, die mit Donats Text als verwandt anzusehen ist, zu finden.[215] Somit ergibt sich folgender Befund: *consolare* und *amore* sind auch für die Regula magistri in *M* (aber nicht in der Pariser Handschrift) sowie für die Quelle von Donat (Ben. 4,19/21) in einem großen Teil der interpolierten Textklasse überliefert, die mit der Vorlage des Donat-Textes eng verwandt ist. Es kann somit sein, dass Donat die Lesarten der interpolierten Fassung aus Ben. übernommen hat. Verwiesen sei aber auf Stellen wie etwa Don. 12,9 *merces* gegenüber der Quelle (Ben. 36,5) *mercis*, das auch die mit Donat verwandten Handschriften der interpolierten Textklasse überliefern. Es lässt sich also nicht mit letzter Sicherheit sagen, dass Don. immer (besonders in Zusammenhang mit der Setzung von e/i) der interpolierten Klasse gefolgt sein müsste (auch wenn einschränkend betont werden muss, dass wir nicht wissen, welche Lesart Donat in seinem Quellentext tatsächlich vorgefunden hat, besonders in derart ‚schwankenden‘ Fällen wie der Handhabung von e/i). Eine eindeutige Entscheidung ist für Don. 3,19 bzw. 3,21 nicht möglich. Aufgrund der Form *consolentur* in Don. 4,4 bzw. 72,3, aufgrund der frühen Korrektur in *M* (und aufgrund einer möglicherweise passierten lautlichen Angleichung an die vorangehenden Infinitive) könnten *consolari* bzw. *amori* für Don. korrekt sein; aufgrund der Parallele zu den Handschriften der interpolierten Fassung von Ben. aber auch *consolare* bzw. *amore* (als Dativ, vgl. Anm. 215 bzw. 268). In die Edition wurden *consolari* bzw. *amori* gesetzt, jedoch mit großer Unsicherheit.

**3,50** cogitationes malas ... ad Christum allidere et seniori spiritali **satisfacere**: auffällige inhaltliche Änderung gegenüber Ben. 4,50 (*patefacere*). Der Text ist allerdings verständlich, und es gibt keine zwingende Notwendigkeit, wie Holstenius zu *patefacere* zu korrigieren.

---

**215** Ob *amore* (in *M* ist überliefert: *nihil amore Christi praeponere*) in Donats Vorlage (Ben. 4,21) gestanden und von Donat als Ablativ verstanden worden sein könnte („nichts aus Liebe zu Christus vorziehen"), ist fraglich; dem Satz würde der Dativ fehlen. Zwar werden zuvor die Werke der Nächstenliebe aufgereiht, und darauf könnte sich gedanklich 3,21 beziehen, jedoch trennt die Aufzählung der Werke der Nächstenliebe von 3,21 der Satz (3,20): *a saeculi actibus se facere alienum*, woran der Gedanke „nichts aus Liebe zu Christus [*sc.* den Werken der Nächstenliebe] vorziehen" nicht nahtlos anknüpft.

**3,69 venerari**: vgl. zu Don. 3,19.21 (*consolare*).

**3,73 disperare**: vgl. zu Don. 10,tit./1.

**4,tit**: vgl. oben zu cap. 4,tit.

**4,6 quantum ... tantum**: zu o/u vgl. oben pp. 67f.

**4,6 maiore**: siehe zu Don. 12,2 (*grande*).

**4,7 primiciriae**: vgl. zu Don. 12,1.

**5,1** seniorum **suarum**: überliefert ist *suorum*, das seit Holstenius zu *suarum* korrigiert wurde. Die Form *suorum* könnte klanglich von der Endung *seniorum* beeinflusst sein. Für das Spät- und Mittellatein lässt sich beobachten, dass bei Pronomina mitunter maskuline Formen anstelle von femininen traten, was besonders häufig bei der Endung des Genitiv Plural (*illorum* oder *eorum* als prominenteste Beispiele) der Fall ist;[216] im Gegensatz zu den absolut stehenden Formen *eorum* bzw. *illorum* ist aber *suorum/suarum* bei Don. unmittelbar mit einem Substantiv übereingestimmt.

Donats **Kapitel 5** speist sich aus Textmaterial der Kapitel Ben. 31 sowie 65. In $H_1$ (einer der Handschriften zur Regula Benedicti, nämlich dem Codex Escorial a I 13, s. X) findet sich vor Ben. 65 der Wortlaut von Don. 5 für Mönche adaptiert, also offensichtlich ein Rezeptionsdokument der Donat-Stelle.[217] Der Text in $H_1$ weicht allerdings (abgesehen von der Ersetzung femininer Bezeichnungen durch maskuline, wo diese mit den Nonnen in Zusammenhang stehen) in manchem vom Donat-Text ab. Fraglich erscheint, ob der in $H_1$ überlieferte Text näher an Donat steht als der in $M$ überlieferte Donat-Text, oder ob $H_1$ vielleicht eher durch den Wortlaut des Benedikt-Texts beeinflusst war.[218] Wollte man daran allerdings Überlegungen bezüglich der

---

**216** Vgl. STOTZ, Handbuch 4, p. 131 (§ 65.1).

**217** Ich pflichte PRISCHL, Die Regula Donati, VIIIf., bei, dass der Schreiber des Codex $H_1$ (oder dessen Vorlage) den Text der Donat-Regel (zumindest für dieses Kapitel) rezipiert hat; der Textabschnitt ist wie bei Donat zu Beginn aus mehreren kurzen Anlehnungen an unterschiedliche Stellen der Benedikt-Regel zusammengefügt, und es schließt sich eine bei Benedikt nicht auffindbare Strafbestimmung an, die allerdings an Caesarius angelehnt erscheint und jener von Donat in Kapitel 7 ebenfalls in Anlehnung an Caesarius formulierten ähnlich ist. – Vgl. dazu auch oben Anm. 65.

**218** Verwiesen sei z. B. auf den Beginn: Donat übernimmt aus Ben. 31,1 *cellararius* (Don.: *praeposita*) *monasterii eligatur* (Don.: + *a matre spiritali*) *de congregatione sapiens*, fügt aber nach *congregatione* in Anlehnung an Ben. 65,15 (Donat gestaltet das folgende Kapitel nach Ben. 65,16–21) die Worte *cum consilio seniorum suarum* (in $M$ überliefert ist: *suorum*) ein und ergänzt außerdem *sancta*, bevor er mit *sapiens* wieder Ben. 31,1 aufgreift. Ben. 65,15 lautet: *cum consilio fratrum* (ohne Possessivum). Eben diesen Wortlaut scheint wiederum $H_1$ aufzugreifen, da der Beginn dort lautet: *praepositus monasterii eligatur a patre spiritale de congregatione cum consilio fratrum sapiens*; erst dann folgt das bei Benedikt an dieser Stelle ‚fremde‘, von Donat ergänzte *sanctus*. Es hat also den Anschein, als könnte manche Abweichung vom Donat-Text in $H_1$ (unbewusst?) in Hinblick auf Ben. aufgetreten sein – außer es ergäbe sich ein Grund zur Annahme, dass $H_1$ womöglich den ‚echten‘ Donat-Text besser repräsentiert, und daher für Donat die Wortstellung zu *sapiens sancta* zu korrigieren oder Donats *seniorum suarum* durch bloßes *sororum* zu ersetzen wäre (könnte bei Donat eventuell eine Verwechslung in Zusammenhang mit einer Kürzung vorliegen?). Doch all dies fällt in den Bereich reiner Spekulation.

Verlässlichkeit von *M* anknüpfen, würde sich lediglich, wie in Anm. 218 vermerkt, ein sehr breites Feld für Spekulation eröffnen. Aufmerksamkeit verdient zumindest folgende Stelle:

**5,5** si in aliquo reperta fuerit vitio aut **elatione** fuerit decepta superbiae: die überlieferte Form *elationis* wurde von Holstenius analog zur Vorbildstelle (Ben. 65,18) zu *elatione* korrigiert, dem de Vogüé beipflichtete (so auch Michaela Zelzer); Prischl emendierte allerdings zu: ... *elationis fuerit decepta superbia.* Auffällig ist Donats leichte syntaktische Umgewichtung des Satzes, der bei Benedikt lautet: *si repertus fuerit vitiosus aut elatione deceptus supervire* (*superbire*; Variante: *superbiae*). *H₁* wiederum lässt das Worte *elationis* aus, und der Satz lautet: *si in aliquo deprensus fuerit vitio deceptus superbia.* Möglicherweise hat *superbia* Prischl zu ihrer Konjektur veranlasst, und wollte man annehmen, dass *H₁* näher am Donat-Text stünde als *M*, ließe sich diese Konjektur rechtfertigen (das würde aber beispielsweise auch die Frage nach sich ziehen, ob denn nicht auch *deprehensus* für Donat anzunehmen wäre wie vieles andere, das in *H₁* vom in *M* überlieferten Donat-Text abweicht). Es lässt sich aber durchaus denken, dass *H₁* den möglicherweise auch diesem Schreiber unverständlichen Genitiv *elationis* vorgefunden und ausgelassen hat. Der für Donat in *M* überlieferte Genitiv *elationis* ist also möglicherweise in Zusammenhang mit e/i-Vertauschungen zu sehen, das -s vielleicht aufgrund des folgenden anlautenden „f" entstanden (oder handelt es sich um eine irrtümlich angenommene Abhängigkeit von *vitio*?). Der Genitiv kann kaum sinnvoll erklärt werden (eventuell ein vermeintlicher Genitivus criminis im Umfeld von Verben, die ,ertappen' bedeuten?), weshalb die Emendation zum Ablativ (analog zur Quelle) naheliegt.

**5,5 ter**: Reduzierung der Zahl gegenüber der Vorlage (Ben. 65,18: *quater*). Dass eine Verwechslung (III statt IIII bzw. optisch/auditiv *ter* statt *quater*) vorliegt, ist nicht auszuschließen, jedoch kann diese bereits in Donats Vorlage passiert sein. Es besteht vordergründig kein Anlass, konjektural einzugreifen. Vgl. auch unten zu Don. 25,4; 32,3 (bzw. 34,8, wo *ter* gegenüber der Quelle fehlt).

**6,5–11**: das anonyme Gutachten der vorliegenden Edition macht darauf aufmerksam, dass die Interpunktion anders lauten könnte: 5 *si*, 8 *si revera* und 11 *si* könnten eine Folge bilden, weshalb vielleicht nach 5 *dormiat* kein Punkt, sondern Semikolon, dafür aber vor 9 *si revera* ein Punkt zu setzen wären; nach 9 *sustinenda* wiederum ein Komma statt des Punktes. Es ist schwierig zu entscheiden, wie Donat diese Passage verstanden hat. Die Interpunktion in vorliegender Edition folgt jener in der Regula Benedicti (Quelle dieser Passage).

**7,7 Saffyrae**: die in *M* überlieferte Schreibung *Saffyre* wurde seit *K* vielfältig orthographisch verändert (Michaela Zelzer wählte wie Prischl *Safirae*). In *M* ist der Name mehrmals überliefert, nämlich zu Reg. mag. 82,20; 87,24, Fruct. reg. comm. 2 bzw. 4 und Ben. 57,5: *Saphyr-* (die mit Donat verwandten Ben.-Handschriften *OVSH₂* schreiben *Saffir(a)e*); zu Fruct. reg. mon. 8: *Saphir-*; zu Caes. 6,2 (Quelle für Don. 7,7): *Sapphyrae* (*Saphyrae* dort in *B*); eine Mischung der Graphien findet sich zu Aurelian. reg. mon. 4: *Safphyr-*. Es hat also nicht den Anschein, als ginge die Schreibung

*Saffyre* auf die Orthographie von *M* zurück bzw. als hätte *M* die Schreibung vereinheitlicht. Sie scheint aus der Vorlage von *M* zu stammen; dass sie auf den Donat-Text zurückweist, kann zwar nicht bewiesen, aber auch nicht widerlegt werden.

**9,1** pro suo **libito**: vgl. zu Don. 63,5.

**9,2 fervente**: vgl. zu Don. 12,2 (*grande*).

**10,tit.** bzw. **1 dispiciat** bzw. **dispiciant**: zu e/i vgl. oben pp. 64f.; sämtliche auf *desp*-anlautende Formen sind für Donat als *disp*- überliefert, und es ist denkbar, dass Donat diese keineswegs ungewöhnlichen Formen verwendet hat.[219] In 10,tit. und 10,1 hat Donat offenbar eigenständig formuliert, so dass kein Vergleich mit einem Vorbildtext möglich ist. In *M* findet sich die Form häufig mit *disp*- anlautend, jedoch scheint sie nicht durchgehend gesetzt und somit zumindest kein Spezifikum von *M* zu sein.[220] – Zum über die e/i-Problematik hinausgehenden Problem der Form *dispitias* in Don. 20,16 siehe unten bei der Diskussion der betreffenden Stelle. – In gleicher Weise anlautend findet sich auch 3,73 *disperare* für *desperare* bzw. 12,14 *disperata* (wenig überraschend ist *disperare* aber auch in einigen mit Donats Text verwandten Handschriften zu Ben. 4,74, Quelle für Don. 3,73, zu finden).[221]

**10,1 fastidiant:** die in *M* überlieferte Form *fastidient* ist von später Hand korrigiert und von *K* an als *fastidiant* im Text zu finden (mit Ausnahme von *v*), was auch Michaela Zelzer korrekt schien. Im syntaktischen Zusammenhang erscheint der Präsens-Konjunktiv erforderlich, wie ihn Don. danach auch gegenüber seiner Quelle ergänzt

---

**219** Zu derart anlautenden Formen vgl. etwa Stotz, Handbuch 3, pp. 19f. (§ 14) mit Nennung zahlreicher Literatur.

**220** *Dispiciant* findet sich in *M* auch überliefert für die Regula Pauli et Stephani 14,4 (fol. 84rb), wohingegen die Handschriften Zürich, Zentralbibl. Rh 28 und St. Gallen 915 (beide s. IX) ebenso wie der mit *M* näher verwandte Codex Paris, BN Lat. 4333B (s. IX) *despiciant* bieten. *Dispic*- in *M* ferner noch in Regula IV patrum 13 (ebenso Codex Paris, BN Lat. 4333B, s. IX; sonst kein Textzeuge zu dieser Passage) sowie (von derselben Schreiberhand wie die Donat-Regel) Regula magistri 14,63 (Codex Paris, BN Lat. 12205, s. VII^in dagegen: *despicias*); Regula Tarnatensis 8,5; Caes. 63,3 (die beiden anderen Handschriften zu dieser Regel haben *despicere*). *Despic*- findet sich in *M* allerdings in Regula Isidori (Zählung nach PL 83) 2,3 und 4,4 (nicht jedoch 17,3, vgl. *M* fol. 98va: *dispexerit*) sowie in der Regula communis des Fructuosus, Kapitel 9 (PL 87,1118A; *M* fol. 121vb). Die Schreibung mit „e" scheint sich in *M* auf bestimmte Regeln zu beschränken, so dass man vorsichtig schließen darf, dass sie zumindest analog zu ihrer Vorlage erfolgt sein könnte.

**221** *Dispera*- steht abermals auch anderswo in *M* fast ausschließlich statt *despera*-, zwar nicht in Ben. 4,74, aber etwa auch noch bei Col. mon. 8, p. 136,6 (*M* fol. 88va: *disperationem*; diese Form aber auch in anderen Columban-Handschriften, nämlich: Paris, BN Lat. 4333B, s. IX; Zürich, Rh. 28, s. IX; St. Gallen, Stiftsbibliothek 915, s. X; Bamberg, Staatsbibliothek Ms lit. 143, s. XII); Fruct. reg. comm. 19 (fol. 125rb: *disperare, disperandum*; 125va: *disperati*); Caes. 71,9 (fol. 191vb; allerdings laut Edition SC 345, p. 268 – nicht in den Handschriften *B* und *T*; diese Stelle ist Quelle für Don. 12,14); Reg. mag. thema 19 (fol. 143ra: *disperatos*; so aber auch Paris, BN Lat. 12205, s. VII^in); 3,77 (fol. 148rb: *disperare*; *desperare* in Paris, BN Lat. 12205, s. VII^in); 7,10 (fol. 149ra: *disperatione*; ebenso in Paris, BN Lat. 12205, s. VII^in mit Korrektur zu *desp*-); 14,66 (fol. 155vb: *disperatio*; so auch in Paris, BN Lat. 12205, s. VII^in).

(*neque dispiciant*), weshalb die Form *fastidiant* korrekt erscheint; zur Quelle (Caes. 21,3) ist einheitlich *fastidiant* überliefert. Das Verb *fastidire* hat jedoch Nebenformen auch in der 1. (sowie der 2., aber auch 3.) Konjugationsklasse.[222] Es ist also nicht gänzlich ausgeschlossen, dass auch Donat das Verb in abweichender Form übernommen haben könnte,[223] sollte er es in seiner Vorlage vorgefunden haben. Vgl. auch *degeo*, das Donat in epist. 32 offenbar nicht der dritten, sondern der zweiten Konjugation zugeordnet hat. Die Entscheidung für *fastidiant* ist mit Unsicherheit verbunden.

**10,5** cuius **templum** esse meruistis: in Donats Quelle (Caes. 21,6) findet sich *templa*; es könnte sein, dass *templum* in *M* auf einer optischen Verwechslung beruht, jedoch besteht kein zwingender Grund, textkritisch einzugreifen. Donat könnte beispielsweise 1 Cor. 3,16 vor Augen gehabt haben: *nescitis quia templum dei estis …* . Erwähnenswert scheint diese Stelle aber auch unter dem Gesichtspunkt, dass sich vergleichbarer Wechsel von (logischem) Plural der Quelle zu Singular bei Donat etwa in 52,25; 55,2 oder 62,7 findet (in 52,25 wie bei *templum* eine Änderung von -a zu -um); siehe zu 52,25 und 62,7 unten ad locum.

**10,6 crimine**: überliefert ist das Wort in *M* mit einer Kürzung (*crim̄*), die als *crimen* aufzulösen wäre; von späterer Hand wurde ein -e für die Ablativ-Endung darüber gesetzt. Fraglich ist, ob in der Vorlage von *M* der Akkusativ stand, oder ob lediglich bei oder aufgrund der Kürzung eine Verwechslung passiert ist. Vgl. unten zu 76,10 *lumen* mit der Frage, ob *lum̄* (wie hier *crim̄*) ähnlich wie *nom̄* für beide Casus (Akk. und Abl.) stehen kann. In 23,6 ist *a confessione* in *M* gekürzt als *a confessiоñ*, was jedoch keine ausgesprochen ungewöhnliche Kürzung darstellt.[224]

**11,4 obtemperare** vel **ordinare**: Donats Quelle (Caes. 9,2) bietet statt des aktiven den passiven Infinitiv (*obtemperari* – Variante aber: *obtemperare* – bzw. *ordinari*). Convenit kann jedoch nicht nur mit AcI, sondern auch dem Infinitiv konstruiert werden. Zu Infinitiv und AcI bei Don. vgl. oben p. 67.

**11,5 altiore**: vgl. zu Don. 12,2 (*grande*).

**12,1 primitiariam**: dieser Form steht in 4,7 *primiciria* (als Nebenform von *primiceria*) gegenüber (beide Male ist Caesarius Donats Quelle, dort jeweils – auch in *M* eindeutig – *primiceria* überliefert). Die Form *primiciarius/primitiarius* lässt sich in der Kanoniker-Regel 10 (PL 89,1063D) des Chrodegang von Metz (8. Jh.) nachweisen, scheint sonst allerdings wenig belegt (zumindest nicht in edierten Texten).[225] Es ist

---

**222** Vgl. ThlL VI,1,308, lin. 65–74; weitere Belege zu diesem Verbum auch bei Stotz, Handbuch 4, pp. 191f. (§§ 109.2; 110; 111).

**223** Wenig wahrscheinlich ist, dass Futur anstelle des Konjunktivs gesetzt wurde, weil hernach ein Verbum auf gleicher syntaktischer Stufe folgt, das im Konjunktiv steht (*neque dispiciant*).

**224** Vgl. Lindsay, Notae Latinae, pp. 327–330.

**225** Vgl. auch Chrodegang von Metz „Pfälzer Beichte" – Biblioteca Apostolica Vaticana, Pal. lat. 555, 1. Hälfte 9. Jh., pag. 79. – Niermeyer (Mediae Latinitatis Lexicon) verzeichnet diese Form nicht, Blaise (Lexicon Latinitatis medii aevi) führt die Form an, verweist aber nur auf das Lemma *primice-*

fraglich, ob die allem Anschein nach wenig gebräuchliche Form *primitiaria* im Zuge der Überlieferung des Donat-Textes versehentlich statt *primicerius* in den Text geraten ist. Es kann nicht ausgeschlossen werden, dass die selten belegte Form auf Donat zurückgeht. *Primiciria* in 4,7 könnte zwar lediglich eine Variante zu *primiceria* darstellen (abermals bloße e/i-Vertauschung), jedoch würde auch dieser Form nur ein Buchstabe für *primiciaria* fehlen; vielleicht wurde also diese Form in 4,7 im Zuge des Abschreibens korrigiert? Es ist allerdings möglich, dass Donat beide Formen verwendete, und eine ‚Korrektur‘ bzw. eine Vereinheitlichung der überlieferten Formen lässt sich nicht mit letzter Sicherheit vornehmen. Verwiesen sei vielmehr auf den Umstand, dass Donat die Bezeichnung für die Pförtnerin (in diesem Fall: je nach Quellentext) variiert,[226] nämlich Don. 53,9/10 und 60,4/5 (Quelle: Caesarius) *posticiaria* bzw. Don. 58,4 (keine direkte Quelle nachweisbar) und 60,2 (Quelle: Benedikt) *portaria*. Es könnte also durchaus sein, dass auch die Bezeichnung für die *primiceria* von Donat nicht einheitlich verwendet wurde.

**12,2 delicatius** nutritae: in *M* ist die nicht belegbare Form *diligantius* überliefert, wurde dort von später Hand zu *diligentius* korrigiert (so auch *K h p* und Michaela Zelzer). In Donats Quelle (Caes. 42,2) findet man allerdings *delicatius*, worauf die Form *diligantius* zu verweisen scheint (ähnlich bereits de Vogüé, siehe unten). *Deli-/dilicatius* ist weder akustisch noch graphisch von *diligātius/diligantius* weit entfernt, das der humanistische Korrektor in *M* wohl fälschlich zu *diligentius* ‚korrigierte‘. De Vogüé entschied sich, in seine Edition die überlieferte Form *diligantius* zu setzen mit der Begründung (vgl. p. 256, ad locum): „Nous laissons tel quel *diligantius*, qui n'est sans doute pas une altération délibérée de Donat (*diligentius*, comme l'écrit *b*[227]), mais une graphie représentant *delicatius*". Die Form *diligantius* lässt sich lexikalisch allerdings nicht nachweisen, und es ist schwer argumentierbar, ob/dass diese für Donat mit Sicherheit ein sinnvolles Wort dargestellt hat, das er – auch wenn er es vorgefunden haben sollte – mit Sicherheit in seinen Text gesetzt hätte. Aus diesem Grund wird in vorliegender Edition überliefertes *diligantius* zu *delicatius* korrigiert, wobei nicht ausgeschlossen werden kann, dass es in der Form *dilicatius* geschrieben gewesen sein könnte (vgl. auch die Formen *disperare* für *desperare* und *dispicere* für *despicere* in Don.); die Form *dilicatus* findet sich etwa bei Aldh. virg. prosa 17 (CCSL 124A, p. 201,14); 35 (p. 465,34); 55 (p. 715,10) oder Corpus glossarium lat. (*cf.* ThlL V,1,443, lin. 10ff.); in ähnlicher Weise kann die Schreibung *deliciae/diliciae* variie-

---

*rius* (dort keine ausdrücklichen Belege für *primitiarius*). Du Cange (Glossarium mediae et infimae latinitatis) verweist auf Chrodegang von Metz. In den Materialien für das Mittellateinische Wörterbuch (München) sind keine Hinweise auf *primiciarius* (*-iti-*) zu finden; für diese Auskunft danke ich Helena Leithe-Jasper (MLWB, München) sehr herzlich.

**226** Vermerke zum wechselnden Gebrauch des Wortes bereits bei de Vogüé in seiner Donat-Edition, etwa zu 60,4.

**227** Mit der Sigle *b* bezeichnet Vogüé die Edition des Holstenius (er zog die jüngste Auflage heran: M. Brockie, L. Holstenii ... Codex Regularum, Augsburg 1759).

ren. Für Don. 3,12 (Quelle: Ben. 4,12) ist *delicias* (nicht *dilicias*) überliefert, so dass auch in 12,2 der Schreibung *delicatius* gegenüber möglichem *dilicatius* der Vorrang gegeben wird.

**12,2 cum grande** labore: zu e/i vgl. oben pp. 64f.; zweimal (hier und 77,4) verwendet Donat den Ablativ des Wortes *grandis*, beide Male findet sich dieser in *M* von erster Hand als *grande*, erst von humanistischer Hand zu *grandi* verbessert. Der Ablativ *grande* ist bei Autoren des Spätlatein bzw. des frühen Mittelalters durchaus gebräuchlich.[228] In *M* findet man in anderen Texten meist *grandi*,[229] weshalb die Form *grande* keine für Codex *M* sozusagen typische Schreibweise zu sein scheint. Dass sie für Donat zweimal überliefert ist, könnte dafür sprechen, dass Donat selbst sie verwendet hat. Aus diesem Grund wurde *grande* im Text belassen, auch wenn nicht ausgeschlossen werden kann, dass lediglich eine e/i-Vertauschung in der Überlieferung passiert ist. – Erwähnt sei in diesem Zusammenhang auch Don. 9,2 *fervente* statt *ferventi* (Caes. 29,2).[230] – Erwähnenswert ist außerdem Don. 11,5 *altiore voce*, was gegenüber Caes. 9,3 (*altiori voce*; so für Caes. auch in *M* überliefert) eine Änderung zur sozusagen korrekten Ablativ-Form bedeuten würde – ob diese bewusst erfolgt ist, von wem diese stammt und ob sie letztlich nur eine lautliche Variante für vermeintliches *altiori* ist, lässt sich nicht entscheiden, denn immerhin ist in 49,9 (*altiori voce*; Quelle: abermals Caes.) bzw. 66,7 (*altiori consilio*; Quelle: Ben.) der Ablativ *altiori* auch für Donat überliefert. In der Handschrift *M* variiert der Ablativ des Wortes *altior*; so liest man etwa *altiore voce* bei Aurelian. reg. mon. 16, aber *altiori voce* Aurelian. reg. virg. 12; *altiore sono* Col. coen. 1. Ob für Donat zu einer der beiden Formen zu vereinheitlichen ist, lässt sich schwer sagen. Vgl. Don. 72,3 *abundantiore tristitia* (Ben. 27,3 *abundantiori tristitia*, in einigen mit Don. verwandten Handschriften aber *abundantiore*); aber auch Don. 4,6 *in periculo maiore* (die Quelle, Caes. 35,9, hat *maiori* mit Ausnahme der Handschrift *B*).

**12,3 vos eis iubeatis a cellarariis dare**: zu Infinitiv statt AcI vgl. oben p. 67; *h v* und Michaela Zelzer setzten *dari* statt des in *M* überlieferten Infinitivs *dare* in den Text (vgl. auch den Text der Quelle Caes. 42,3).[231] Die Textentscheidung ist schwierig: *iubere* wird nicht nur mit AcI konstruiert, sondern kann (wenn auch seltener) auch einen bloßen Infinitiv regieren; ab dem Spätlatein lässt sich *iubere* zudem in abge-

---

**228** Vgl. u. a. ThlL VI,2.3,2179, lin. 32f.; STOTZ, Handbuch 4, p. 82 (§ 35.5).

**229** Aurelian. reg. mon. 3 (fol. 115ra); Caes. 16 (fol. 186rb); 42,2 (fol. 188va); 63,2.8 und 9 (fol. 190ra/b); einmal jedoch *grande* bei Caes. 61,3 (fol. 190ra) – einer der Vorbildstellen für Donat –, einmal bei Fruct. reg. comm. 1 (fol. 119ra) und einmal *grade* [sic], zu *grandi* korrigiert in Aurelian. reg. virg. 2 (fol. 193va); *grande* mit Korrektur in Frg. II 8 (fol. 216ra), vgl. vorliegende Edition.

**230** In *M* findet sich der Ablativ auf -i (*ferventi*) in Reg. Ferriol. 37,33 (*ferventi studio*), Reg. mag. 59,9 (*in ferventi aestate*); auf -e (*fervente animi motu*) in Reg. cuiusdam virg. 22. An der Vorbildstelle für Donat (Caes. 29,2) ist in *M* nicht *ferventi*, sondern *frequenti* überliefert.

**231** De Vogüé setzt *dari* für Don. allerdings möglicherweise ohne sich bewusst zu sein, dass er damit vom überlieferten Text abweicht, weil in seinem textkritischen Apparat abermals der Hinweis fehlt, dass die Handschriften *dare* lesen.

schwächter, etwa mit dem Imperativ vergleichbarer Bedeutung finden,[232] auch in Wendungen wie: *iubeat nobilitas tua ... requirere causam* (Vitae patr. 3,20 p. 751^A); *si placet, iube dare pauperibus* (Vita Melaniae 38 [BHL 5885] p. 22,13); *rogemus dominum, ut ... iubeat nobis adiutorium ministrare* (Ben. prol. 41) oder *rogat sanctitatem tuam, ut ... iubeas ei inducias dare* (Vitae patr. 3,26 p. 154^D).[233] Diese Beispiele zeigen, dass der aktive Infinitiv auch bei Donat nicht als unmöglich angesehen werden m u s s , wobei allerdings der Zusatz *a cellarariis* die Lage verkompliziert. Anders als hier findet man *iubeo* bei Don. 53,3 eindeutig mit AcI überliefert: *quod* [*sc.* etwas, das dargereicht wird] *si iusserit suscipi ...* (Quelle: Ben. 54,3), gefolgt allerdings von: *in ipsius sit potestate aut ei ... aut cui illud iubeat dare* (Ben. 54,3: *dari*, als Variante allerdings auch dort: *dare*, und zwar auch in allen Handschriften, die als mit Donats Textform verwandt gelten). Beide Konstruktionen könnten somit Donats Sprachgebrauch entsprochen haben. Erwähnenswert scheint darüber hinaus freilich, dass in Don. mehrfach das Verb *dare* aktiv gebraucht scheint, wo passiver Gebrauch erwartet würde (vgl. auch 60,3), was die Frage aufwirft, ob Donats Entscheidung ‚für‘ oder ‚gegen‘ eine der möglichen Konstruktionen nicht nur vom übergeordneten Verb (in diesem Fall also: *iubere*), sondern auch vom damit verbundenen Infinitiv abhing. Es könnte aber auch darauf hindeuten, dass beim Diktieren des Textes besonders das Wort *dari* wie *dare* klang, und für Don. irrtümlich mehrfach der aktive Infinitiv *dare* überliefert ist.[234]

**12,4 perceperint**: vgl. zu Don. 12,16.

**12,8 servire**: zu e/i vgl. oben pp. 64f.; zu AcI ohne Subjektsakkusativ oben p. 67; aus dem Sinnzusammenhang kann man einen Subjektsakkusativ (z. B.: *eas*) ergänzen, und auch für die Benedikt-Regel (36,4) wurde der aktive Infinitiv als ursprünglich angenommen (einige mit Donat verwandte Handschriften bieten allerdings *serviri*, nämlich *O* und *H₂*, die Verwandten von *O* jedoch durchaus *servire*; Holstenius konjizierte auch für Don. *serviri*, dem Michaela Zelzer folgte).[235] Fraglich ist ferner, ob *sorores* vor *considerent* als Subjektsakkusativ verstanden werden könnte;[236] *sorores*

---

232 Vgl. HOFMANN – SZANTYR, Lateinische Syntax, p. 339³ (§ 187 Zusatz a).

233 Beispiele nach ThlL VII,2,584.

234 Dass *M* die passive Infinitiv-Form *dari* generell ‚ersetzt‘ bzw. auditiv vertauscht hätte, lässt sich nicht zeigen, denn *dari* findet sich etwa, wie zuvor erwähnt, in Caes. 42,3 (Quelle für Don. 12,3; nicht aber in Caes. 43,2, Quelle für Don. 60,3) oder Reg. mag. 81,18. Jedoch *dare* in *M*, wo *h* ebenfalls den passiven Infinitiv konjiziert hat: Reg. cuiusdam virg. 5 (fol. 209va): (*nihil aliud dare praecipimur*) *nisi quod nobis dare petimus*; Reg. cuiusdam mon. 18 (fol. 140va): *ne occasionem inveniamur dare infirmis*. *Dare* in *M*, wo in anderen Überlieferungssträngen *dari* zu finden ist: Reg. mag. 87,59: *nec enim illi dare placeant* (*dari placeant* in *P*; allerdings liest *P* etwa auch 3,27 *pacem falsam non dari* statt *dare*, wo ein passiver Infinitiv im Kontext nicht anzunehmen ist). *Dare*, das in *M* nicht erst von später Hand zu *dari* korrigiert wurde, ist anzutreffen in Reg. Tarnat. 19,4 (fol. 136ra): *si vero cui transmissum est abbas praeceperit dare ...* .

235 Im Codex Regularum (*M*, für Ben.: *C*) ist zu Ben. an dieser Stelle *serviri* überliefert.

236 Ein Hinweis von Clemens Weidmann.

stellt eine Ergänzung Donats gegenüber Ben. dar, die allerdings folgende Frage aufwirft: Ist die Stelle, an der die Ergänzung vorgenommen wurde (nämlich unmittelbar nach dem Subjekt *infirmae* und vor dem Prädikat, von dem der folgende AcI abhängt), eher ein Zeichen, dass Donat *sorores* als Subjektsergänzung verstanden hat, und hätte er einen Subjektsakkusativ eher nach *cosiderent* ergänzt? Vgl. aber im weiteren Verlauf die explizite Nennung der *sorores suas servientes*.

**12,9 merces**: es ist auffällig, dass die Quelle (Ben. 36,5) *mercis* liest und dass dies auch in Handschriften, die mit Donats Textform verwandt sind (*OVSMW* sowie *H₂*), anzutreffen ist. Wie oben bereits erwähnt, häufen sich in Donats Kapitel 12 die Unklarheiten bezüglich e/i in besonders dichter Weise.

**12,10 ne aliqua neglegentia** patiantur: zu *patior* mit Ablativ vgl. ThlL X 1,1,728,36 mit Verweisen innerhalb des Artikels (z. B. Chromat. serm. 3,1: *si diversis tribulationibus patiamur*).[237] PRISCHL, Die Regula Donati, 72, ordnet diese Worte dagegen dem Phänomen des „auditiven Akkusativ" zu. Michaela Zelzer wiederum schlug für Don. die Korrektur zu *aliquam neglegentiam* vor. Dass aber Donat in seiner Quellenhandschrift, wie einige interpolierte Handschriften, nämlich *V(ac.)SW*, auch für Donats Quelle (Ben. 36,6) bezeugen, vielleicht auch *aliqua neglegentia* vorgefunden und dieses übernommen haben könnte, kann nicht restlos ausgeschlossen werden. – Zu *neglegentia* (oder *negligentia*) vgl. oben p. 64.

**12,11 cella per se deputata**: *per se* könnte von Donat als Angabe zur Absonderung verstanden worden sein[238] (die überlieferte Präposition *per* könnte eventuell auch statt *pro* aufzufassen sein;[239] verwechselt wurden die Präpositionen zu Don. 77,5, dort *pro*, in *M (ac.)* aber *per*). Michaela Zelzer nahm dagegen an, dass *super* (so die Lesart der Quelle, Ben. 36,7) in der handschriftlichen Überlieferung des Donat-Textes zu *per* verdorben ist, und schlug auch für Donat die Lesart *super* vor. Dass die Abweichung aber auf Donat oder einen Sonderfehler seiner Vorlage zurückgeht, lässt sich nicht mit letzter Sicherheit ausschließen.

**12,14 disperata**: vgl. zu Don. 10,tit./1.

**12,16 exigerit**: zu e/i vgl. oben pp. 64f.; dreimal finden sich Formen des Perfektstammes, an denen statt „e" ein „i" steht, nämlich: 12,4 *perciperint* (schon früh – von erster Hand? – zu *perceperint* korrigiert); 12,16 *exigerit* und 34,6 *officerit*. Dagegen aber Don. 20,6 bzw. 67,2 durchaus *exegerit*; zu den beiden anderen Verben sonst bei Donat keine Parallelen. Der Perfektstamm *exig-* ist für das Spätlatein nachweisbar (vgl. ThlL V,2,1447), ebenfalls nachweisbar (u. a. auch bei Cassiod. hist. 8,1,45) ist

---

237 Vgl. außerdem HOFMANN – SZANTYR, Lateinische Syntax, p. 133¹ (§ 82/a, Zusatz β: „bei den spätlateinischen Belegen für Abl. statt Akk. nach *doleo, patior, perpetior* ... kann z.T. der Wegfall des auslautenden *m* vorliegen").

238 Vgl. SVENNUNG, Untersuchungen zu Palladius, 375, der es als „für sich", „alleine" auffasst und Beispiele nennt, sowie ebenda, 316f.

239 Dazu, dass *per* und *pro* im Spätlatein mitunter zusammengefallen sind, siehe HOFMANN – SZANTYR, Lateinische Syntax, p. 270⁴.

der Perfektstamm *percip-* (vgl. ThlL X,1,1,1207). Bezeugt sind auch Perfektstämme auf *-fic-* statt *-fec-* für (die Komposita von) *facere*, wenig belegt allerdings offenbar zu *officere*.[240] – Es kann nicht ausgeschlossen werden, dass Donat die genannten Formen gebraucht hat;[241] andererseits könnte der Perfektstamm *exig-* (mit früher Korrektur zu *exeg-*) auch ein sprachliches ‚Spezifikum' von *M* sein, weil diese Form an vielen Stellen in dieser Handschrift zu finden ist.[242] An diesen Stellen fällt auf, dass sich der Perfektstamm *exeg-* (und zwar nicht erst nach Korrektur) in *M* abgesehen von Ben. 48,7 bei zwei Autoren findet, nämlich Caesarius und Donat (wie erwähnt, Don. 20,6 sowie 67,2). Es ist weiters bemerkenswert, dass für Caes. und Don. zur selben Stelle die Form *exigerit* überliefert ist, nämlich Don. 12,16 (Rezipient) und Caes. 32,3 (Quelle, in *M* fol. 187va, dort aber bereits von erster Hand zu *exeg-* korrigiert; DE VOGÜÉ vermerkt die Variante nicht im textkritischen Apparat seiner Caesarius-Edition); bei Donat kommt die Perfektform im Text zum ersten Mal vor, bei Caes. dagegen als *exeg-* bereits in 20,1 (Quelle für Don. 20,6) und bald nach 32,3 in 36,3 noch einmal, und es ist ebenso bemerkenswert, das sich Don. 20,6 (Rezipient) und Caes. 20,1 (Quelle) abermals in ihrer Orthographie (*exegerit*) decken (in 67,2 hat Donat offenbar selbst das Perfekt mit dem Stamm *exeg-* gegenüber dem Präsens, Caes. 14,2, *exigit* gebildet, wenn man der Überlieferung in *M* glauben darf). In *M* stimmt die Schreibung dieser Perfektform zu Caes. und Don. an denselben Stellen überein – einmal in beiden Fällen *exeg-*, dann aber wieder *exig-* (bei Caes. allerdings korrigiert); der Wortlaut der zwei Stellen ist sehr ähnlich, so dass nicht klar ersichtlich ist, worauf ein lautlicher Irrtum an derselben Stelle unabhängig voneinander beruhen könnte (Caes. 20,1 ~ Don. 20,6 *cum autem necessitas operis exegerit*; Caes. 32,3 ~ Don. 12,16 *si hoc necessitas infirmarum exigerit*). Dies könnte anzeigen, dass auch Donats Quelle zu Caes. das Verbum in unterschiedlicher Schreibung aufgewiesen hat (vgl. auch unten zu Don. 53,1.8 *elogias*; 53,7 *usu*). In der vorliegenden Editi-

---

**240** Zum Vorkommen von *-fic-* statt *-fec-* bzw. zu *-cip-* statt *-cep-* bei Präverbkomposita von *capere* vgl. STOTZ, Handbuch 3, pp. 15f. (§ 13.1) mit Literaturverweisen, vgl. aber auch STOTZ, Handbuch 4, pp. 209f. (§ 118.6: „bei Verben mit Umlaut tritt oft der Prs.-Stamm für den Pf.-Stamm ein"), dort auch die Beispiele *exigerit* und *perciperint*.

**241** PRISCHL, Die Regula Donati, 72, geht davon aus, dass der Präsensstamm im Perfekt beibehalten wurde und verweist auf LINDERBAUER, Regula Benedicti, 334f. zu Ben. 48,14.

**242** Nämlich Col. mon. 7 p. 132,7 (fol. 87vb; keine Korrektur zu *exegerit*); Reg. Tarnat. 9,10.13 (fol. 134rb) sowie 14,4 (fol. 135ra; diese drei Stellen zu *exeg-* korrigiert); Caes. 32,3 (fol. 187va, Quelle für Don. 12,16, sehr klar schon vom Schreiber zu *exegerit* korrigiert; *exeg-* aber bei Caes. 20,1 – Quelle für Don. 20,6 – und 36,3); Aurelian. reg. virg. 5 (fol. 193vb; hier keine Korrektur zu *exeg-*) bzw. Aurelian. reg. mon. 27 (fol. 115vb; mit Korrektur zu *exeg-*; Aurelian. reg. mon. 7 [fol. 115ra] allem Anschein nach *exgerit* [sic] korrigiert zu *exegerit*); Reg. cuiusdam virg. 11 (fol. 211va) und 22 (fol. 214va) etc. *Exegerit* in *M* jedoch etwa Ben. 48,7, dort allerdings mit Korrektur zu *exigerit*. – Auffällig ist, dass der Perfektstamm *exig-* für die Concordia Regularum nahezu lückenlos von allen die Concordia überliefernden Handschriften bezeugt wird; die Form könnte dem Sprachgebrauch des Benedikt von Aniane nahe gestanden sein.

on habe ich die Schreibung des Perfektstammes dieses Verbs nicht vereinheitlicht; auffällig ist allerdings, dass in Don. 12 insgesamt viele Abweichungen e/i betreffend festzustellen sind, so dass letzte Sicherheit schwer zu gewinnen ist. – Zu Don. 12,4 *perciperint* legt die frühe Korrektur nahe, dass es sich um ein Versehen des Schreibers gehandelt haben k ö n n t e .[243] In Don. 34,6 spricht das Fehlen von aussagekräftigen Bezeugungen des Perfektstammes *offic-* vorderhand gegen diesen.[244]

**13,2 scurrilitas**: vgl. oben p. 26.

**13,5 neglegentibus**: vgl. oben p. 64.

**15,2 antiphonas**: vgl. oben p. 68.

**16,2 agatur reverentia dei**: in Donats Quelle (Ben. 52,2) findet sich *deo*, und Michaela Zelzer schlug für Don. die Korrektur zum Dativ vor. Abermals stellt sich allerdings die Frage, ob Donat *dei* in seiner Quellenhandschrift vorgefunden bzw. selbst geschrieben haben könnte. Der überlieferte Wortlaut lässt sich verstehen, wenn man *dei* als Gen. objectivus[245] oder *reverentia dei* als e i n e n Begriff auffasst im Sinne von ‚Gottesfurcht' o.Ä. Ein Parallelbeispiel liegt in Don. 77,11 vor: auch hier ist statt *deo placita oboedientia* (Caes.) für Donat *dei placita oboedientia* überliefert.

**17,2 credimus**: in der Quelle (Ben. 19,2) Konjunktiv, vielleicht also ein Irrtum in der Donat-Überlieferung, aber auch im Indikativ ist der Satz ohne Probleme verständlich.

**17,8 fabulare**: mitunter finden sich für Donat Deponentia mit aktiven Endungen überliefert; Quelle für Don. 17,8 ist Caes. 10, dessen Handschriften an der betreffenden Stelle beide Infinitiv-Formen bieten, *fabulare* in M. In M wiederum ist *fabulare* etwa auch in Fruct. reg. comm. 15 (fol. 124rb), *fabulari* dagegen in Reg. Tarnat. 6,3 zu finden (eine Tendenz zur Vereinheitlichung scheint nicht gegeben). Aktive Formen zu *fabulor* lassen sich in der lateinischen Literatur nachweisen (vgl. ThlL VI,1,34, lin. 81–84), so dass der Gebrauch des aktiven Infinitivs für Donat nicht ausgeschlossen werden kann. Die Lesart in M zu Caes. zeigt, dass Donat *fabulare* auch in seiner Vorlage vorgefunden haben könnte (zu Gemeinsamkeiten zwischen Don. und Caes. in M, die auf ähnlich lautende Vorlagen hinweisen könnten, vgl. unten zu Don. 53,1.8 oder 53,7 mit Anm. 285).

**17,11 (percussionibus ...) superpositionem**: für Donats Quelle, Col. coen. 4, ist *superpositione* ediert; der Akkusativ *superpositionem* ist aber (speziell in den Handschriften der längeren Version) als *varia lectio* zu finden (in den Handschriften zu Col. coen.

---

243 *Perceperit* in M (fol. 133ra) etwa auch in Reg. Tarnat. 1,25, dort eindeutig *percep-*.

244 Die fi-Ligatur in M ist bei *officerit* optisch anders gestaltet als z. B. wenige Zeilen davor bei *fine* oder *infirmitas*, wo die Oberlänge des „f" das folgende „i" nicht berührt; anders bei *officerit*, wo das „i" im oberen Teil etwas ‚dicker' gestaltet ist und mit der Oberlänge des „f" verbunden scheint. Vielleicht also ein Indiz, dass das „i" unsicher ist? Vielleicht aber auch gerade umgekehrt ein Indiz, dass der Schreiber automatisch ein „e" schreiben wollte, dann aber doch in der Vorlage das „i" wahrgenommen hat.

245 Vgl. darüber hinaus, was Stotz, Handbuch 4, pp. 267f. (§ 23) zu Genitiv statt Dativ vermerkt.

sind besonders die Worte *percussio* oder *superpositio* vielfach abgekürzt worden, so dass nicht immer klar hervorgeht, welchen Fall sie repräsentieren).[246] Michaela Zelzer schlug für Don. die Korrektur zu *superpositione* vor. In 17,10f. fehlt das Prädikat, das gedanklich ergänzt werden muss. Die für Don. überlieferte Form *superpositionem* lässt sich verstehen, wenn man in 17,10/11 gedanklich zwei unterschiedliche Prädikate ergänzt: in 17,10 (*et quae subriserit in cursu orationum sex percussionibus*) etwa „bestraft werden mit/durch", im darauf folgenden 17,11 (*si in sonum eruperit risus, superpositionem*) etwa „als Strafe erhalten". Untersucht man die Donat-Regel hinsichtlich der Begriffe *percussio* und *superpositio* genauer, kann man erkennen, dass Donat im ersten Drittel seiner Regel *superpositio* in Verbindung mit den Verben *facere, sustinere* und *accipere* im Akkusativ verwendet[247] (dabei fällt auf, dass diese Stellen von Donat selbst formuliert bzw. gegenüber seiner Quelle mit einem Prädikat versehen wurden), später aber *superpositio* mit dem Ablativ konstruiert (jedoch auch in 8,8 im ersten Drittel der Regel). Steht *superpositio* im Ablativ, ist als Prädikat *paenitea(n)t* verwendet bzw. aus dem Umfeld zu ergänzen.[248] Wo sich wie in 17,11 *percussio* und *superpositio* in unmittelbarer Nähe zueinander befinden, erscheinen beide Wörter im selben Fall.[249] Von 17,11 unterscheiden sich die anderen Stellen aber dadurch, dass die Wörter durch *aut* bzw. *et* syntaktisch eindeutig auf gleicher Stufe verbunden sind und eindeutig vom selben Prädikat regiert werden. Ob dies in 17,10/11 gedanklich ebenfalls angenommen werden m u s s, lässt sich nicht beweisen, auch wenn es selbstverständlich nicht ausgeschlossen ist (ob der Akkusativ auch als Ablativ verstanden werden k ö n n t e[250] bzw. als solcher in der Quelle gesetzt wurde, ist fraglich; vgl. auch o. Anm. 156).

---

**246** Umgekehrt variieren die Casus dieser Wörter in einigen Handschriften von einem Satz zum anderen; so heißt es beispielsweise in der Handschrift des Stiftsarchives Lambach, Cod. XXXI zu Col. coen. 4: ... *et qui subridens in sinaxi, id est in cursu orationum, VI p e r c u s s i o n e s, si in sonum risus eruperit, s u p e r p o s i t i o n e, nisi veniabiliter contigerit; eglogias inmundus accipiens, XII p e r c u s s i o n e s ... si autem se non reprehenderit, s u p e r p o s i t i o n e m silentii aut L p e r c u s s i o n e s* ... .
**247** 10,6 *superpositionem cum silentio faciat*; 11,3 *superpositionem sustineat*; 11,6 *superpositionem silentii ... accipiant*; 24,2 *superpositionem sustinere cogatur*. DE VOGÜE verweist in seiner Edition ad locum (262) zur Stützung des Akkusativs auf Don. 10,6 sowie 11,3.6.
**248** In 8,8 sowie 29,1.4.8 (in 29,2.3.7 ohne *paeniteat*) und 53,11 sowie 74,4 heißt es: *tribus superpositionibus paeniteat*; in 31,4 *superpositione paeniteat* (in 31,1 und 3 ohne *paeniteat*); in 28,2 *superpositione silentii ... paeniteant*; in 35,2 und 49,9 *duabus silentii superpositionibus paeniteat*. – *Percussio* wird fast durchgehend mit *paenitea(n)t* oder *emende(n)tur* verbunden und steht im Ablativ: 9,4; 25,1.5; 26,8; 27,1.2.3.4; 28,4; 32,2; im Akkusativ mit *accipiat*: 11,6; 33,6.
**249** 11,6: *superpositionem silentii aut quinquaginta percussiones accipiant*; 28,2: *superpositione silentii aut quinquaginta percussionibus paeniteant*; 35,2: *duabus silentii superpositionibus et centum percussionibus paeniteat*; 49,9: *duabus silentii superpositionibus paeniteat aut quinquaginta percussionibus paeniteat*.
**250** Akkusativ statt Ablativus instrumenti? Vgl. STOTZ, Handbuch 4, p. 251 (§ 10) mit Literaturhinweisen.

**18,3 exaudiri:** der aktive Infinitiv ist in *M* (*ac.*) überliefert; zu AcI ohne Subjektsakkusativ vgl. oben p. 67. Aus dem Sinnzusammenhang der Passage könnte *eum* (sc. *dominum deum*, vgl. 18,2) gedanklich ergänzt werden, so dass der gedanklich vervollständigte AcI lauten würde: (*eum*) *nos exaudire* (so auch die in *V S* sowie in *H₃* für die Quelle, Ben. 20,3, überlieferte Lesart).[251] Anders als etwa zu Don. 12,8 findet sich jedoch hier in *M*, und zwar nicht erst von später Hand, eine Korrektur zu *exaudiri* (diese Korrektur ist optisch vergleichbar mit den Korrekturen in epist. 12, *ancipite* zu -*ti*, diese wohl sicher von erster Hand, oder 3,19 bzw. 3,21, wo *consolare* bzw. *amore* zu *consolari* bzw. *amori* ausgebessert wurden; vgl. dazu unten zu diesen Stellen). Beachtenswert ist, dass eine Parallele in Frg. II (vgl. die Edition in vorliegendem Band) anzutreffen ist, in dem es ebenfalls in Rückgriff auf Ben. 20,3 heißt (Frg. II 24f., hier der Text nach *M*): *Sic cordis conpunctione flagret, qualiter in se creatoris misericordiam ac clementiam excitet. Nec se in multiloquio quisquam, sed potius in puritate cordis et lacrimarum ubertate exaudire credat* (hier ist aufgrund des schlechten Zustandes des Blattes der Handschrift nicht mehr klar erkennbar, ob zu *exaudiri* eine Korrektur angebracht wurde, jedoch scheint dies andeutungsweise erkennbar zu sein; die Handschriften zu ConcR 26,5 bieten für den entsprechenden Abschnitt von Frg. II *exaudiri*). Es lässt sich zwar nicht völlig ausschließen, dass sowohl Donat als auch dem anonymen Verfasser des Fragmentes das Benedikt-Zitat mit *exaudire* vorlag;[252] die frühe Korrektur zu Don. in *M* legt allerdings nahe, dass es sich vielleicht lediglich um ein Versehen des Schreibers gehandelt hat.

**20,9/10 in arbitrio sit matris, qualiter absque murmurio fiant omnia.** Quaecumque opera facitis ...: überliefert ist: *fiant. Omnia quaecumque*, so auch gedruckt bei Prischl und de Vogüé, der Plural *fiant* erscheint allerdings problematisch; Holstenius konjizierte *fiat* (eine Lesart, die Michaela Zelzer übernehmen wollte). Bemerkenswert ist, dass Donat bis *omnia* offenbar eigenständig ergänzt hat und erst mit *quaecumque* seine Quelle (Caes. 22,2, dort: *quodcumque operis*) wieder aufgreift. Die Ergänzung *omnia* könnte also noch zu *fiant* gehören, und die Formulierung scheint von der in 20,12 zitierten Stelle Phil. 2,14 (*omnia facite sine murmuratione*) beeinflusst zu sein.

**20,13 in invicem:** diese Worte stellen offenbar eine kleine Hinzufügung gegenüber der Quelle (Caes. serm. 233,6) dar; in *M* ist diese Lesart überliefert, in *K* nur *invicem*, was in die Edition des Holstenius Eingang fand und von Prischl bzw. Michaela Zelzer bevorzugt wurde. *Invicem* wird nicht selten mit Präpositionen verbunden (*in invicem*

---

251 Für Beispiele, dass beim Verb *credere* das aus der Personalendung logisch zu ergänzende Pronomen im AcI fehlen kann, vgl. ThlL IV,1142, lin. 4–19. Dieses Phänomen trifft für Don. 18,3 allerdings nicht zu, weil nicht das Personalpronomen *nos* zu ergänzen wäre.

252 Zwar ist zu Frg. I anzunehmen, dass seine Vorlage mit jener des Donat in Berührung stand, jedoch trifft das für Frg. II, in dem sich das Benedikt-Zitat findet, nicht zu (es ist zweifelhaft, dass Frg. I und Frg. II überhaupt eine Einheit bilden, vgl. dazu unten in der Einleitung zum Fragment pp. 196–200).

findet sich etwa ab dem 4. Jh. sehr häufig bei patristischen Autoren, zwar nicht bei Ambrosius, jedoch etwa bei Rufinus, im Ambrosiaster sowie oft bei Augustinus); der Wegfall von *in* in *K* könnte ein optischer Irrtum zu sein; die Lesart von *K* scheint in *h* und *p* (es findet sich keine Angabe, dass *M* eine andere Lesart bietet) weiterzuwirken.

**20,16 dispitias**: vgl. zu Don. 10,tit./1; überliefert ist *dispitias*, korrigiert von später Hand zu *despitias*, das als *despicias* in die Editionen (mit Ausnahme von Prischl, die *dispicias* schrieb) übernommen wurde und auch Michaela Zelzer als zu wählende Lesart erschien. Eine Verwechslung von e/i bzw. c/t anzunehmen, liegt nahe; *despicere* in der Form *dispicere* findet sich auch für Donat überliefert (10,tit./1), wenn auch mit *c*, nicht *t*. In Donats Quelle (Caesarius, serm. 233) steht jedoch ein anderes Verb, nämlich: *discutias*, und es scheint (ähnlich wie die Verschreibung *diligantius* in 12,2 auf die Vorlage *delicatius* deutet) *dispitias* auf *discutias* hinzuweisen und optisch *cu* mit *pi* verwechselt worden zu sein. Die modernen Editionen des Caesarius-Sermo (MORIN, CCSL 103 bzw. DE VOGÜÉ, SC 398) verzeichnen zu *discutias* zwar keine Variante, jedoch war die Verbreitung des von Donat zitierten Sermo sehr hoch, und die modernen kritischen Editionen konnten nicht alle Handschriften und deren Lesarten in den textkritischen Apparat aufnehmen: Eine stichprobenartige Überprüfung online zugänglicher Handschriften zu Caesarius' Sermo 233 ergibt, dass sich auch in einigen dieser Codices die Variante *dispicias* an dieser Stelle findet, so dass also auch Donat diese Lesart vorgefunden haben kö n n te (etwa München, Clm 6330, s. VIII/IX, fol. 35r, und Clm 14470, s. VIII/IX, fol. 97v; vgl. auch zu Don. 20,18: diese Handschriften bieten − wie viele andere − auch die Lesart *imperare*).[253] Wir haben aber keine Anhaltspunkte dafür, mit welcher Textklasse der Donat-Text verwandt sein könnte (es handelt sich um ein singuläres, relativ kurzes Zitat aus den Sermones des Caesarius, so dass keine weiteren Vergleiche angestellt werden können). Ob die Indizien dafür sprechen, dass auch Donat *de-/dispicias* bzw. *de-/dispitias* in seiner Quelle vorgefunden hat, oder ob der Fehler dem Schreiber für Don. 20,16 unterlaufen ist, ist Spekulation. Das *-t-* in *dispitias* verweist zwar auf die Grundform *-tias* (vgl. auch Don. 71,2, wo sich in *M* die Form *sotiatur* findet, die keine Variante zu *sociatur* darstellt, sondern dort auch schon vom Korrektor von *M* als *sortiatur* erkannt wurde), jedoch sagt auch dies nichts darüber aus, ob die Verlesung von *discutias* in der Donat-Überlieferung passiert ist oder *dispitias* bereits in Donats Text stand.

---

**253** Der Satzteil *nihil reprehendas, nihil discutias* lautet in München, Clm 6330 (fol. 35r): *idcirco nihil diiudicis* [sic] *nihil dispicias nihil reprehendas*; in Clm 14470: *nihil deprehendas, nihil dispicias*. − Eingesehen habe ich weiters (überall: *discutias*): Köln, Erzbischöfl. Dom- und Diözesanbibl. 35, s. IX (fol. 236r); München, Clm 6344, s. IX (fol. 167v); Sankt Gallen, Stiftsbibliothek 193, s. VIII/IX (fol. 65r) und 194, s. VIII (fol. 64r); Sankt Gallen, Stiftsbibliothek 558, s. IX (fol. 240, hier in der Schreibweise: *discucias*).

**20,18 imperare**: zu AcI ohne Subjektsakkusativ vgl. oben p. 67. Die Handschriften der Quelle (Caes. serm. 233,6) kennen an dieser Stelle aktiven und passiven Infinitiv, und es ist nicht klar, welche Form Donat vorgelegen ist (Holstenius und Michaela Zelzer hielten den passiven Infinitiv für Don. für richtig). Wenige Zeilen zuvor steht in Don. 20,15: *quicquid vobis a senioribus fuerit imperatum, sic accipite* ... . Donat könnte gedanklich *eas* (auf die *seniores* in 20,15 verweisend) ergänzt haben.

**23,6 neglegenda** und **7 neglegit**: vgl. oben p. 64.

**25,4 pertunderit coltello**: Perfektstamm *pertund-* (statt *pertud-*) wie in Donats Quelle (Col. coen. 2).[254] Zu *coltello* vgl. oben p. 67 mit Anm. 175.

**25,4 sex**: für die Quelle (Col. coen. 2) ist die Zahl „X" überliefert, jedoch werden davor Vergehen aufgelistet, die *VI percussionibus* bestraft werden.[255] Man beachte ferner, dass Donat die Reihenfolge gegenüber Col. offenbar verändert hat. Anlass textkritisch einzugreifen, ist vorderhand nicht gegeben.

**26,3** quae **humiliationem** ... oblita fuerit: die Codices der Concordia Regularum (mit Ausnahme der Handschrift *P*) sowie möglicherweise zuerst auch *M* (der Kürzungsstrich am Wortende ist sehr klein und k ö n n t e nachträglich angebracht worden sein) lesen *humiliatione* (so also vielleicht in der gemeinsamen Vorlage?), vgl. aber Don. 27,2 *quae orationem ... oblita fuerit* (wie 26,3 ist die Quelle Columban; beide Male ist für Columban eindeutig der Akkusativ überliefert), vgl. auch Don. 66,2 *potestatem utens*. Es ist schwierig zu entscheiden, ob *humiliatione* von Donat stammen könnte.[256]

**26,6 neglegentia**: vgl. oben p. 64.

**26,7 paeniteatur (26,4 emendari)**: hier die einzige Stelle in der gesamten Regel, an der das Verbum *paeniteo* in passiver (deponentialer) Form überliefert ist, und zwar sowohl in *M* als auch in der Concordia Regularum (dort nur nicht in Handschrift *A*; in zwei Handschriften korrigiert zu *paeniteat*). Zugleich ist dies auch die einzige Stelle der Regel, an der das Verbum nicht mit einer Angabe im Ablativ (z. B. *percussionibus*), den Worten *simili modo* oder *similiter* verbunden ist (dass daraus jedoch ein deutliches Indiz abzuleiten wäre, dass Donat das Verbum hier anders als sonst gebraucht, kann nicht bewiesen werden). In Kapitel 26 findet sich auch das Wort *emendare*, und zwar sowohl mit aktiver als auch passiver Endung:[257] *quaecumque ... quantulum quid effuderit, oratione ... emendare statuitur. Similiter paeniteat ..., simili modo quae perdiderit micas oratione ... emendari cogatur. ... nullum membrum mo-*

---

**254** Allgemein zur Beibehaltung des präsentischen Nasalinfixes im Perfektstamm vgl. Stotz, Handbuch 4, pp. 208f. (§ 118.2) mit zahlreichen Beispielen.

**255** Könnte Donat für Col. coen. 2 die korrekte Lesart bezeugen und die Zahl X bei Col. auf eine dort in der Überlieferung passierte Verwechslung des -x im Zahlwort *sex* zurückgehen?

**256** Zur seltenen Verbindung von *obliviscor* mit dem Ablativ vgl. ThlL IX,2,113 und Hofmann – Szantyr, Lateinische Syntax, p. 81[3].

**257** Aktive Formen sonst in: Don. 3,58; 5,6; 14,2; 26,2; 73,tit. und 1; passive Formen (außer 26,4 immer *emendetur*, angelehnt an Columban bzw. Caesarius): 25,5; 27,3.4; 32,2; 53,6.

*vens paeniteatur, ... sex percussionibus emendetur.* Donat folgt in 26,2 (*emendare statuitur*) dem intransitiven Gebrauch des Wortes[258] in seinem Quellentext (Col. coen. 2), ersetzt aber kurz darauf in 26,4 Columbans *emendetur* durch: *emendari cogatur*;[259] möglicherweise gab also Columbans *emendetur* den Ausschlag zum Wechsel zur medial-passiven Form. Für Donat scheint – sofern keine e/i-Vertauschungen vorliegen – wechselnder Gebrauch dieser Verbalformen möglich gewesen zu sein. Somit stellt sich die Frage, ob auch für *paeniteat/paeniteatur* wechselnder Gebrauch denkbar ist, auch wenn die aktiven Formen auch außerhalb der Donat-Regel eindeutig überwiegen (Beispiele für deponentialen Gebrauch von *paeniteor* in ThlL X,1,1,66). Die Entscheidung ist mit großer Unsicherheit verbunden.

**27,tit.** egrediuntur **domo**: im unmittelbar folgenden Satz verwendet Donat das Verb wie seine Quelle (Col. coen. 3) transitiv (*egrediens domum*), während es in der Überschrift mit dem Ablativ verbunden überliefert ist. Da Donat die Überschrift selbständig formuliert hat, könnte sich die Divergenz dadurch erklären (sofern in 27,tit. nicht eine Vertauschung von *-um/-o* vorliegt, vgl. oben pp. 67f.).

**27,1** quae egrediens domum ad orationem poscendam non se humiliaverit et post acceptam non se signaverit: Prischl ergänzte nach *acceptam* aus Donats Quelle Col. coen. 3 das Wort *benedictionem*, was auch Michaela Zelzer für Don. korrekt erschien. Selbstverständlich ist mit diesem Wort der Text besser verständlich, jedoch ist fraglich, ob Donats Text mit Sicherheit *post acceptam benedictionem* lautete: Wenn Donat *benedictionem* gegenüber seiner Quelle ausgelassen oder das Wort in der Quelle nicht vorgefunden hat,[260] ergibt dies eine gewisse inhaltliche Verschiebung, nämlich dass sich die um eine *oratio* bittende *soror* nach ebendieser *oratio* und nicht nach Empfang einer *benedictio* bekreuzigen solle (vielleicht unter der Annahme, dass eine *oratio* auch eine *benedictio* umfasst bzw. durch eine solche abgeschlossen würde?). Die textkritische Entscheidung ist mit Unsicherheit verbunden.

**27,3 regrediens**: in *M* ist *egrediens* überliefert, in der Quelle (Col. coen. 3) findet sich allerdings *regrediens*, das von allen Editoren von Holstenius an (so auch Michaela Zelzer) auch für Donat gesetzt wurde. In 27,1 spricht Donat analog zu seiner Quelle

---

258 Vgl. ThlL V,2,459f.; KÜHNER – STEGMANN, Ausführliche Grammatik, I, p. 94 (§ 26c).

259 Es ist sehr auffällig, dass ausgerechnet in der Handschrift *M* (nicht aber im mit *M* verwandten Codex Paris, BN Lat. 4333B) für Col. coen. nahezu ausnahmslos *emendari* überliefert ist (in der Wendung *emendari statuitur*); dies könnte als Spezifikum von *M* gesehen werden. Da es sich aber bei den Schreibern von Col. coen. und Don. laut Handschriftenbeschreibung um unterschiedliche Hände gehandelt hat, steht dahinter wohl nicht das Stilempfinden des Schreibers von *M*; vielleicht aber Benedikt von Aniane? Dann wäre allerdings fraglich, warum zu Don. 26,2 dennoch *emendare statuitur* auch in *M* überliefert ist.

260 Auch wenn es sich um die Regel von Donats Lehrer Columban handelt, die Donat wahrscheinlich grosso modo – jedoch wirklich in allen Details? – im Ohr hatte, kann nicht ausgeschlossen werden, dass das Wort beispielsweise in Donats Quellentext ausgefallen war, weshalb Donat es nicht übernommen haben könnte.

ausdrücklich von jenen, die das Haus verlassen: *quae egrediens domum ad oratio-*
*nem poscendam non se humiliaverit ... duodecim percussionibus*, und in 27,3 sollen
wohl ebenfalls analog zu seiner Quelle jene genannt sein, die in das Haus zurück-
kehren: *aut quae regrediens domum orationem petens non se curvaverit intra domum,*
*duodecim percussionibus emendetur.* Liest man im zweiten Fall abermals *egrediens*,
ergäbe sich bis auf sehr kleine Nuancen, eine inhaltliche Doppelung zu 27,1. Dass
diese wohl auch nicht in Donats Sinn war, ist wahrscheinlich. Die von Donat formulierte Überschrift dieses Kapitels lautet allerdings: *de his quae sine oratione egredi-*
*untur domo*; ob Donat somit tatsächlich ausschließlich vom Verlassen des Hauses
handeln wollte, lässt sich schwer klären. Auch wenn das sehr einfach zu erklärende
Versehen *egrediens* in 27,3 nicht bloß aufgrund inhaltlicher Implikationen passiert
sein kann, könnte die Überschrift beim Abschreiben den Irrtum, *egrediens* statt
*regrediens* zu setzen, begünstigt haben.

**28,1** ⟨**quae**⟩ fabulas otiosas profert ... et ... semetipsam reprehendit: Michaela Zelzer ergänzte *quae* (vgl. die Kapitelüberschrift, aber auch den Beginn des vorhergehenden
Kapitels sowie den Duktus von Kapitel 29), weil der Satzteil sonst ohne Bezug zum
Folgenden wäre. Donats Quelle (Col. coen. 4) beginnt ebenfalls ohne Einleitewort,
jedoch bietet sie statt der Prädikate die Partizipien *proferens* bzw. *reprehendens* (was
Holstenius auch für Donat konjizierte); ob in der Donat-Überlieferung allerdings
zweimal eine Kürzung missverstanden und die Endung der Partizipien irrtümlich
als Personalendung aufgelöst wurde, ist fraglich. Andererseits aber ist überlegens-
wert, ob *fabulas otiosas profert ..., venia tantum sufficit* ohne ausdrückliche syntaktische Verknüpfung tatsächlich völlig unverständlich ist und ob gedanklich ohnehin
ein *si* (vgl. Prischls Konjektur) oder Vergleichbares mitschwingt (im Deutschen etwa: „Eine [sc. Schwester] erzählt einer anderen unnütze Geschichten und tadelt sich
sofort selbst: es genügt [dann] ...“; vgl. auch Don. 38,1, wo gegenüber der Quelle *si*
fehlt). Verglichen aber mit den vorangehenden und folgenden aus Col. coen. über-
nommenen Passagen (sie beginnen entweder mit einem Präsens-Partizip oder *quae*
+ Prädikat) erscheint Michaela Zelzers Konjektur naheliegend. Möglicherweise ist
beim Abschreiben aufgrund der ähnlich formulierten Kapitelüberschrift *quae* verlorengegangen. Umgekehrt aber erscheint auffällig, dass die Kapitelüberschrift ihrerseits eine Ausnahme bildet, denn die vorhergehenden und folgenden Überschriften
(Kapitel 24–27 bzw. 29–31) beginnen mit: *de his quae*. Hat also Donat zu Kapitel 28
die Überschrift variiert, oder könnte womöglich auch in der Überschrift ein Überlieferungsfehler vorliegen?

**29,5** quae aliquid [**cum**] reprehendens: *cum* ergibt in diesem Satz keinen Sinn und
wurde seit Holstenius (so auch von Michaela Zelzer) getilgt; möglicherweise liegt
der Fehler in einer irrtümlichen Wiederholung von 29,4. Es könnte aber auch eine
Doppellesart vorgelegen sein, nämlich neben *reprehendens* (so auch die Lesart der
Quelle) *conprehendens*.

**32,tit./3** ut ... **appellent**: in 32,tit. stand in *M* zuerst *appellant*, das aber zu *-ent* korrigiert
wurde. Auffällig erscheint, dass auch einige Handschriften der Quelle (Col. coen. 8

wird in 32,3 wörtlich aufgegriffen und ist indirekt auch für 32,tit. maßgeblich) die Form *appellant* bieten (*M* dagegen liest auch für Col. *appellent*). Dass in Don. 32,3 *appellent* steht, spricht eher für diese (auch inhaltlich/grammatikalisch ‚korrekte‘) Form, jedoch könnte auch der Fall sein, dass Donat *appellant* geschrieben hat, das *M* in der Überschrift zuerst übernahm, dann verbesserte und daher auch in 32,3 ‚korrigierte‘.

**32,3 quadraginta**: sehr auffällige Vermehrung der Zahl der *percussiones* gegenüber der Quelle (*tribus*). Anlass, textkritisch einzugreifen, ist jedoch nicht gegeben. Vgl. auch oben zu Don. 5,5 (*ter*) und 25,4 (*sex*).

**33,1 animo**: vgl. oben p. 68.

**34,3 viginti sex**: Donats Quelle (Col. coen. 9) sowie das auf Col. coen. fußende Nonnen-regel-Fragment lesen hier *XXIIII* (Col. coen. 9 eigentlich: *alii XXX aliii XXIIII*). Es könnte eine Verwechslung des Zahlzeichens *XXIIII* mit *XXVI* vorliegen, jedoch könnte die Änderung zu „26" auch von Donat vorgenommen worden sein.

**34,4 quinquagesimi**: in *M* sind offenbar neutrale Formen für *psalmodia* und *quinquagesima* überliefert (einheitlich feminin aber *quadragesima*): 34,10 *tempore psalmodii* bzw. 34,4 *tempore quinquagesimi* (vielleicht liegt aber auch eine Ersetzung von „ae/e" durch „i" vor).[261] An analoger Stelle finden sich in *M* dieselben nach der o-Deklination gebeugten Bezeichnungen auch im auf Col. coen. fußenden Nonnen-regel-Fragment 7 bzw. 12 (siehe Edition in vorliegendem Band, Frg. I). Beide Texte (Donat und Fragment) gehen auf die Columban-Regel zurück, für die die weiblichen Formen ediert sind; die Handschriften der längeren Textfassung von Col. coen. (nämlich *M* – anderer Schreiber als bei Donat-Regel und Fragment – und Paris, BN Lat. 4333B, s. IX) bezeugen *quinquagesimi* jedoch auch für Donats Quelle. *Psalmodii* dagegen findet sich in *M* weder für die Columban-Regel noch für die Benedikt-Regel. Verwendung fand diese Form sonst etwa in einem Brief aus dem Codex epistolaris Carolinus[262] (Papst Paulus I. an König Pippin; Brief 41 in der Edition MGH Epist. 3: Epist. Merow. et Karol. aevi, pp. 553f.): *ad instruendum eos psalmodii modulationem* bzw. *eandem psalmodii modulationem*; oder in der Vita Richarii sacerdotis Centulensis Primigenia 5 (MGH SS rer. Merov. 7: Passiones vitaeque 7, p. 447).[263] Der Genitiv *psalmodii* scheint also zumindest etwa zur Zeit der Abfassung von *M* geläufig gewe-

---

261 PRISCHL, Die Regula Donati, 73: Genusvertauschung. – Allgemein zu Neutrum-Formen für Nomina der 1. Deklination in der Sprache des Mittelalters sei verwiesen auf STOTZ, Handbuch 4, pp. 6f. (§ 2.5), mit weiteren Literaturverweisen. Zu „i" statt „ae" vgl. STOTZ, Handbuch 3, pp. 85f. (§ 69).

262 Dabei handelt es sich um: Wien, Nationalbibliothek Cod. 449, s. VIII, fol. 48v (*psalmodii modulationem* ist korrigiert zu: *in psalmodiae modulatione*). Ein Faksimile davon: F. UNTERKIRCHER, Codex epistolaris Carolinus. Österreichische Nationalbibliothek Codex 449, Einleitung und Beschreibung F. U., Graz 1962 (Codices selecti 3).

263 Weitere Belege für *psalmodium* bzw. andere Casus dieses Wortes u. a. etwa Flodoard. Remens. hist. Remens. eccl. 1,25 (MGH SS 36, p. 131) sowie in einigen weiteren in den MGH edierten Texten der Merowinger- und Karolinger-Zeit.

sen zu sein. Es ist schwierig zu entscheiden, ob *psalmodii* und *quinquagesimi* in *M* eher Varianten des 9. Jh. oder Donats Originaltext darstellen. Da *quinquagesimi* auch in den Handschriften der längeren Fassung der Columban-Regel anzutreffen ist und aufgrund der Parallele zum Nonnenregel-Fragment auch für die dem Fragment und Don. gemeinsame Vorlage vermutet werden kann (Zweiteres trifft auch für *psalmodii* zu), könnte Donat die Form in Col. coen. vorgefunden und übernommen haben (für die Korrektur zu *quinquagesimae* könnte die Analogie zu einheitlich überliefertem *quadragesima* sprechen; Quellen dafür waren Ben. bzw. Caes.).[264]

**34,6 offecerit**: vgl. zu Don. 12,16.

**34,8** quem versiculum **postquam in** oratione tacite decantaverint: gegenüber Col. fehlt bei Donat die Angabe *ter* nach *postquam* (vgl. auch das auf Col. coen. fußende Non-nenregel-Fragment, Frg. I 10, für das *ter* überliefert ist). De Vogüé meint in seiner Edition der Donat-Regel zu dieser Stelle (274f.): „l'oraison qui suit chaque psaume se trouve ainsi réduite au minimum, avant de disparaître complètement." Es mag also sein, dass hier eine Änderung gegenüber der Vorlage festzumachen ist und der Ausfall des Wortes nicht einen Überlieferungsfehler anzeigt.

**34,9** a **prima** die **sancti** paschae: für Donat ist *sanctum* überliefert, die von Holstenius konjizierte und auch von Michaela Zelzer favorisierte Lesart *sancti* ist für Donat unsicher; de Vogüé konjizierte *primo* (aufgrund der Nähe zu einigen Columban-Handschriften). Die Handschriften der kürzeren Fassung der Columban-Regel (coen. 9 p. 158,19) bieten die Lesart *sancti* oder *sancto*; die längere Fassung, vertreten einerseits durch München, Clm 28118 (fol. 91rb): *a die primo sancti paschae*, andererseits aber durch den mit dem Donat-Text näher verwandten Codex Paris, BN Lat. 4333B (fol. 45r): *a die primum sanctum paschae*. Nicht zu vernachlässigen ist ferner der Vergleich mit dem auf Col. coen. fußenden Nonnenregel-Fragment, wo es heißt (Frg. I 11): *a primo die sancto paschae*. Da sehr wahrscheinlich ist, dass Donat und dem Fragment eine ähnliche Vorlage zur Verfügung stand, und da auch Paris, BN Lat. 4333B dieser Textform nahe steht, ist nicht auszuschließen, dass Donat *primo sancto* bzw. *primum sanctum* vorgefunden haben könnte. Es lässt sich schwer ent-scheiden, ob für Donat überliefertes *sanctum* (aufgrund einer möglichen Verwechs-

---

264 Die Form *quadragesimi* ist belegt etwa in Dial. Neustr. (anni 737) 19 tit. bzw. danach folgend im Text (MGH QQ zur Geistesgeschichte 21,1: Schriften zur Komputistik im Frankenreich von 721–818, pp. 400f.; im textkritischen Apparat der anderen Bände sind Handschriften zu finden, in denen die Form *quadragesimi* für -*mae* vorkommt, vgl. u. a. MGH QQ zur Geistesgeschichte 21,2: Schriften zur Komputistik im Frankenreich von 721–818, pp. 613–615 [auf p. 615 auch im Text] und 732); *tempus quadragesimi* findet sich auch in der Vita Fidoli abb. Trecensis (MGH SS rer. Merov. 3: Passiones vitaeque sanctorum aevi Merovingici et antiquiorum aliquot [I], p. 429). *Totum quadragensimi* (mit der Variante *quadragesimi*) *tempus* findet sich in der Vita Willibaldi episcopi Eichstetensis p. 100,4 (MGH SS 15,1 [Supplementa tomorum I–XII, pars III. Supplementum tomi XIII]). – *Quinquagesimi* für -*mae* im textkritischen Apparat zu: Lex Romana XI,5 (MGH LL nat. Germ. 2,1: Leges Burgundionum, p. 136 bzw. MGH LL 3: Leges Alamannorum. Leges Baiuwariorum. Leges Burgundionum. Lex Frisi-onum, p. 604).

lung der Endungen -um/-o) für *sancto* steht, oder ob vielleicht eine Kürzung für *scī* von einem Schreiber irrtümlich optisch mit *sc̄m* (eine Haste mehr) verwechselt wurde. – Das Geschlecht von *dies* wechselt in 34,9: zuerst feminin, dann maskulin (*a prima die... usque ad quinquagesimum diem*; in der Quelle – Col. coen. 9 – ist sowohl *quinquagesimam* als auch *quinquagesimum* anzutreffen; bei Donat ist an anderen Stellen nicht erkennbar, welches Geschlecht *dies* hat); ähnlich schwankend das Geschlecht auch im in diesem Band edierten Nonnenregel-Fragment, das aus Col. dieselbe Passage wie Donat aufgreift, hier aber *dies* beide Male maskulin verwendet. Fraglich ist, ob die Überlieferung für Donat an dieser Stelle tatsächlich verlässlich ist (vielleicht *primo die*?).

**34,10** in quo moderate tempore **psalmodii humiliantes**: zur Form *psalmodii* vgl. oben zu Don. 34,4. – In Donats Quelle (Col. coen. 9) lautet die Passage: *in quibus moderate se in tempore psalmodiae humiliantes*. Nach *moderate* fehlen bei Donat also die Wörter *se in*. Diese Passage ist somit die einzige, an der Donat *humilio* nicht mit einem Reflexivum verbunden oder medio-passiv gebraucht (vgl. 27,11; 34,11; 43,2; zu 2,10 und 21,4 siehe u. Anm. 265; Anstoß an dieser Stelle ist bisher nicht geübt worden, auch nicht von Michaela Zelzer). Beispielsweise gleich im nächsten Satz (34,11) heißt es für Donat: *ter se humilient*. Das Verbum *humilio* wird in der lateinischen Literatur kaum intransitiv, bisweilen aber medio-passiv gebraucht (vgl. ThlL VI 2,3, 3102, lin. 74–3103, lin. 10 bzw. 3103, lin. 37–41), jedoch sind zu allen Zeiten transitive Verben bisweilen in reflexivem Sinn verwendet worden, besonders aber in/von der Spätantike an. Hinzu kommt, dass hier das Präsens-Partizip steht, zu dem es – sollte dem Verb gedanklich die Form *humilior* zugrunde liegen[265] – kein (medio-)passives Äquivalent gäbe.[266] 43,2 verwendet Donat jedoch ebenfalls das Präsenspartizip *humilians* in Verbindung mit *se*. Somit wäre die Ergänzung von *se* auch in 34,10 erwägenswert (zwischen *moderate* und *tempore*, aber auch nach *humiliantes* könnte es aus optischen Gründen sehr leicht ausgefallen sein); es lässt sich aber wohl nicht wie bei Columban *se in* ergänzen, weil bei Donat offenbar *in quo ... tempore* eine Einheit bildet und somit das zweite *in* abundant erscheint. Donat hat also offenbar gegenüber seiner Vorlage Nuancen verändert bzw. diese verändert vorgefunden; ob *se* also eindeutig zu ergänzen wäre, ist fraglich.

**35,1 diaboli**: hier und 51,5 findet sich der Genitiv *diaboli*, in 50,1; 52,2 und 52,18 hingegen der Ablativ *diabulo*. Die Schreibung variiert je nach Casus: im Ablativ -*bul*- in der Wendung *diabulo instigante* bzw. *stimulante diabulo*, -*bol*- dagegen bei den Genitiv-Formen (zu o/u vgl. oben pp. 67f.). Dies lässt sich nicht als Spezifikum von

---

265 Die Form *humilietur* aus Ben. 34,4 (LINDERBAUER, 291, erklärt sie als *se humiliet*), auch in Don. 21,4 sowie 2,10; an diesen Stellen aber nicht konkret auf die *humiliatio* beim Gebet, sondern eher die innere Haltung bezogen.

266 HOFMANN – SZANTYR, Lateinische Syntax, p. 295³ (§ 165), erläutern zudem die Entstehung der Intransitiva mit reflexiver Bedeutung aus dem Gebrauch des Partizips Präsens im Konjugationssystem der Medio-Passiva.

*M* festmachen.[267] Die orthographischen Varianten scheinen aus der Vorlage von *M* übernommen zu sein und könnten auf Donat zurückgehen.

**36,3 neglegentias:** vgl. oben p. 64.

**36,4 oratione** cum fletibus, **lectione** et **compunctione** cordis: an dieser Stelle finden sich in Donats Quelle (Ben. 49,4) Dative, die Holstenius (und nach ihm de Vogüé und Michaela Zelzer) auch als für Donat korrekt erachtete. Lässt man die Frage beiseite, ob „e" hier lautlich für „i" steht (vgl. oben p. 64) bzw. ob Dative auf -e[268] vorliegen könnten (ein ähnliches Problem oben Don. 3,21),[269] kann man die drei an dieser Stelle überlieferten Formen auch als Ablative verstehen,[270] nämlich als Angabe der Mittel, mit Hilfe derer man das erfüllen kann, was zuvor geboten wurde, nämlich von allen Lastern abzulassen. Der Satz lautet: *quod tunc digne fit, si ab omnibus vitiis temperamus oratione cum fletibus, lectione et compunctione cordis atque abstinentiae operam damus.* Zwischen *temperamus* und *oratione* (bei Ben. ist ab diesem Wort der Satz von *operam damus* regiert) findet sich keine Copula, was ein ‚Missverständnis' begünstigt haben könnte. Auch in Donats Quelle (Ben. 49,4) sind zu allen drei Wörtern Varianten im Ablativ (bzw. Dative auf -e?) zu finden, jedoch sind (laut Apparat von HANSLIK, CSEL 75) in keiner Benedikt-Handschrift alle drei Wörter betroffen. Das deutet für die Benedikt-Handschriften also eher auf punktuelle Fehler hin; da bei Donat aber alle drei Wörter im Ablativ stehen, kann Intention dahinter vermutet werden, die auf Donat selbst zurückweisen könnte.

**37,6 idem:** Donats Vorlage (Ben. 5,6) liest *item* (so auch de Vogüé in seiner Edition des Donat-Textes, jedoch möglicherweise ohne zu wissen, dass er damit vom überliefer-

---

267 In *M* ist die Wendung *diabolo instigante* (bzw. ähnliche Wendungen) öfter anzutreffen, jedoch mit auch sonst in M ‚üblichem' *diabolo* (etwa Reg. Tarnat. 19,11; Caes. 23,1; Aurelian. reg. mon. 12 und Reg. cuiusdam virg. 16; ähnlich auch Reg. Paul. Steph. 14,4: *diabolo suadente*); lediglich Aurelian. reg. virg. 10 hingegen *diabulo* (fol. 193vb). – Hätte der Schreiber von *M* die Orthographie des Wortes *diabol-/diabul-* verändert, weil es als Bestandteil eines Ablativus absolutus verwendet wird, stellt sich die Frage, warum er dies nicht auch an den anderen Stellen im Codex Regularum getan hat. Umgekehrt drängt sich aber auch nicht die Annahme auf, dass in der Vorlage von *M* an allen Stellen *diabulus* gestanden wäre, denn wenn dies der Schreiber vorgefunden hätte, warum hätte er es dann lediglich in den genannten Ablativ-Wendungen belassen, in 35,1 sowie 51,5 aber zu *diabol-* ‚korrigiert'?

268 Als Beispiele für Dative auf -*e* in frühmittelalterlicher Literatur nennt STOTZ, Handbuch 4, p. 87 (§ 39.2) u. a.: *muliere, rege, sorore, abbate, civitate, damnacione, venerabile.*

269 Ähnliches lässt sich in M auch zu anderen Regel-Texten beobachten, etwa Aurelian. reg. mon. 30 (fol. 116ra): *districtione subiaceat* (mit Korrektur zu -*ni*); Reg. Tarnat. 9,1 (fol. 134ra): *meditatione vacabunt* (mit Korrektur zu -*ni*); Reg. cuiusdam virg. 4 (fol. 208vb): *leni responsioni* (statt -*ne*); Pseudo-Columbani Regula monialium, Frg. II 21 (fol. 216rb; vgl. vorliegende Edition): *voce* (satt *voci*) *laudanti.*

270 PRISCHL, Die Regula Donati, 71, scheint davon auszugehen, dass bereits Donat nicht mehr zwischen Dativ und Ablativ geschieden habe, lässt aber die allgemeine Einschränkung folgen, dass manche Abweichungen auf den Schreiber von *M* zurückzuführen seien. Somit keine klare Entscheidung.

ten Donat-Text abweicht, weil er keine Variante im textkritischen Apparat verzeichnet). Die einzige Handschrift zu Ben., die ebenfalls *idem* liest, ist *O*. Ob Donat jenes Wort vorgelegen ist, ob er es selbst verlesen hat, oder ob es nur eine Variante für *item* sein soll[271] (so zog es LINDERBAUER, 350, für Ben. 53,21 in Erwägung), ist unklar.

**37,9–13** etiam contraria ... capita nostra: zur Verknüpfung der aus ihrem Kontext gelösten Ausschnitte aus Ben. 5 und Ben. 7 und zu den sich daraus ergebenden Fragestellungen sowie zu der von Michaela Zelzer vorgeschlagenen Umstellung[272] vgl. oben pp. 32–35; dort auch der Versuch zu argumentieren, dass die Passage bei Donat nicht – wie vielfach (und zuletzt von Klaus und Michaela Zelzer) konstatiert – unverständlich ist, sondern dass kleinere Änderungen gegenüber Donats Vorlage Hinweise sein können, dass die Verknüpfung der Stellen intentional erfolgt ist.

**37,9 sustinere**: vgl. oben p. 34.

**37,10 oves**: in 37,10 betrifft das e/i-Problem (vgl. oben pp. 64f.) das Wort *ovis* statt *oves* im Satz *aestimatae sumus ut ovis occisionis* (zu *ovis* als Nom. Pl. vgl. ThlL IX,2,1192, lin. 48–52). Das Bibelzitat (Ps. 43,22 bzw. Rom. 8,36) findet sich in *M* auch an den betreffenden Stellen zur Regula Benedicti (7,38, der Quelle von Don. 37,10), dort *oves* (wie in nahezu allen anderen Benedikt-Handschriften), und der Regula magistri (7,60; 10,55 bzw. 90,33); zur Magister-Regel ist in *M* wie zu Donat *ovis* überliefert (in 10,55 mit später Korrektur zu *oves*; die Form *ovis* für Reg. mag. aber nur in *M*, nicht aber in der Pariser Handschrift). An anderen Stellen, an denen das Wort *oves* anzutreffen ist, ist in *M* keine Verwechslung mit oder Ersetzung durch *ovis* aufgetreten (etwa Reg. Ferriol. 37,23.24; Fruct. Reg. comm. 1 und 9; Reg. mag. 1,84 bzw. 85; Reg. cuiusdam virg. 2). Es hat also den Anschein, als wäre die Schreibung an das Bibelzitat geknüpft, das Donat derart im Ohr gehabt haben könnte (die erhaltenen Handschriften zur Quelle, Ben., legen nicht nahe, dass Donat *ovis* vorgefunden hätte). Genausogut könnte aber die Schreibung *ovis* im Bibelzitat auf den Schreiber von *M* zurückgehen. Eine eindeutige Textentscheidung zu fällen, ist schwierig; die Emendierung der überlieferten Form ist mit Unsicherheit verbunden.

**37,11 subsequuntur**: der in *M* vor der Korrektur überlieferte Konjunktiv (so auch von de Vogüé übernommen) ließe sich in seinem Kontext ebenso rechtfertigen wie der Indikativ. In 37,19 allerdings findet sich abermals *sequatur* in *M* (von späterer Hand zu *sequitur* korrigiert) im Bibelzitat Io. 6,38: *Et qui non accipit crucem suam et sequitur me non est me dignus*; wenn man den hier kaum sinnvollen Konjunktiv als Versehen des Schreibers von *M* betrachten darf, mag das auch für 37,11 gelten.

**38–48** Kapitelzählung: vgl. oben pp. 78f. und ausführlicher ZIMMERL-PANAGL, Unbeachtete Quellen.

---

**271** Vgl. ThlL VII,2,532, lin. 39–41; HOFMANN – SZANTYR, Lateinische Syntax, pp. 188f.; STOTZ, Handbuch 3, p. 224 (§ 184.3: „Häufig und seit früher Zeit tritt für das Adverb *item* die Form *idem* ein") und 4, pp. 138f. (§ 71.1), jeweils mit Hinweisen auf weitere Sekundärliteratur.

**272** Posthum dargelegt in K. und M. (†) ZELZER, Zu Überlieferung und Textgestaltung, 45f.

**48,1** non solum **corpore** sed etiam **corde** monacha humilitatem ... indicet: auf diese Änderung der Wortstellung, die auch mit einer inhaltlichen Umgewichtung einhergeht (Anlass für Holstenius, diese zu korrigieren), weist auch de Vogüé in seiner Edition ad locum hin. Grund für einen textkritischen Eingriff besteht jedoch nicht, auch wenn nicht ausgeschlossen werden kann, dass die ähnlich anlautenden Wörter verwechselt wurden. Gegenüber der Quelle (Ben. 7,62: *corde monachus sed etiam corpore*) haben nicht bloß *corde* und *corpore* die Position gewechselt, sondern auch *monacha* (es wurde nicht von *corde* getrennt). Wenn also mit Holstenius zu Don. die Korrektur *corde sed etiam corpore monacha* vorzunehmen wäre, bleibt dennoch fraglich, ob die Position von *monacha* in dieser Form korrekt wäre. Zum Problem, dass bei Änderung der Wortstellung gegenüber Donats Quelle schwer nachweisbar ist, ob diese vom Autor stammt, bzw. weitere Beispiele dazu vgl. oben Anm. 160.

**48,3** ream se omni hora de peccatis suis existimans iam se tremendo iudicio dei **repraesentare** existimet: zu AcI ohne Subjektsakkusativ vgl. oben p. 67; *existimare* hat mitunter AcI-Konstruktionen bei sich, denen der Subjekts-Akkusativ (bzw. Infinitiv) fehlt; vielfach handelt es sich dabei wie auch hier um das aus dem Prädikat gedanklich ergänzbare Personal- bzw. Reflexiv-Pronomen.[273] Nimmt man die Konstruktion mit passivem Infinitiv als korrekt an (wie in der Quelle Ben. 7,64, aber auch in dessen Vorbildtext Reg. mag. 10,84; vgl. Holstenius und Michaela Zelzer auch für Donat),[274] versteht man den Satzteil *se ... repraesentari* als AcI, der aussagt, dass jemand anderer die betreffende *soror* dem Urteil Gottes ‚präsentiert/überlässt‘. Wenn aber Donat den Satzteil derart verstanden wissen wollte, dass sich die betreffende *soror* selbst dem Urteil Gottes ‚präsentiert‘, könnte man annehmen, dass abermals ein AcI mit Ellipse vorliegt bzw. sich das zweite *se* innerhalb der Konstruktion gedanklich ‚zweifach‘ verstehen lässt: einerseits als Reflexivum zu *repraesentare*, andererseits als Subjektsakkusativ (möglich ist auch, dass das Reflexivum *se* dem Verb einen reflexiven Charakter verleiht;[275] zum Reflexivum *se* bei *cohortent/cohortentur* vgl. unten zu Don. 65,8). Diese Überlegungen zeigen, dass *repraesentare* nicht mit Sicherheit ausgeschlossen werden kann/darf.[276]

**49,4** hic ostendit propheta, si a bonis eloquiis ... debet **tacere**, quanto magis a malis verbis ... debet **cessare**: zu e/i bzw. Infinitiven bei Don. vgl. oben pp. 64ff.; Quelle

---

**273** Vgl. ThlL V 2, 1523,51–65; ähnlich dem vorliegenden Fall etwa folgende Beispiele: Quint. decl. 326 p. 284,16: *exorare posse* (sc. *nos*) ... *existimabamus deos*; Min. Fel. 38,1: *abstinemus ...*, *ne quis existimet ... daemoniis cedere* (sc. *nos*); Amm. 17,4,13: *nihil committere* (sc. *se*) *recte existimans*.

**274** Dass auch für diese Passagen sowie Reg. mag. 71,10 in *M* durchaus der passive Infinitiv überliefert ist, zeigt zumindest, dass der Schreiber von *M* den Infinitiv nicht ‚generell‘ durch den aktiven ersetzte.

**275** Etwa schon zu Tertullian ließ sich ausdrücklich beobachten, dass er transitive Verben reflexiv oder medio-passiv gebraucht, vgl. Hoppe, Syntax und Stil des Tertullian, 63f.

**276** Prischl, Die Regula Donati, 71, führt diese Stelle als Beispiel an, dass aktive Formen statt Deponentia (gemeint ist in diesem Fall wohl: Reflexiva?) gesetzt werden.

für Don. ist Ben. 6,2 (dort: ... *deberet tacere* ... *debet cessari*, wobei die Handschriften *H*₁₋₃ wie Donat *cessare* lesen). Auch in ConcR 9,10,4 sind zur Donat-Stelle *tacere* bzw. *cessare* zu finden, wenn auch als Varianten *taceri* (allerdings in Handschriften, die im von Bonnerue in seiner Edition CCCM 168, p. 196 erstellten Stemma vom Archetypus relativ weit entfernt sind) und *cessari* zu finden sind. *Cessari* ist zwar auch die Lesart der besten Handschrift der Concordia, jedoch ist möglich, dass dort vielleicht der Quellen-Text (Ben. 6,2) Einfluss ausgeübt hat.

**49,9 altiori**: vgl. zu 12,2 (*grande*); dieselbe Form Don. 66,7, aber *altiore* Don. 11,5. ConcR 9,10,9 bezeugt zu dieser Stelle ebenfalls *altiori* (die Handschrift *F'* lediglich *altior*).

**49,9 paeniteat**: das Verbum ist in knappem Abstand zweimal gesetzt (so auch in ConcR 9,10,9 zu dieser Stelle überliefert), was durchaus auffällig ist (*silentii superpositionibus paeniteat aut quinquaginta percussionibus paeniteat*; das Verb ist gegenüber ähnlichen Formulierungen in der Vorlage, nämlich Col. coen., ergänzt). Das zweite *paeniteat* ist in *M* auffällig gekürzt (*peī*); wahrscheinlich aber nur deshalb, weil aufgrund der Wortwiederholung die Kürzung ohne Probleme verständlich ist. Holstenius und Prischl haben das erste *paeniteat* ausgelassen; ob sie damit Recht haben, ist fraglich. Sollte tatsächlich in der Überlieferung ein *paeniteat* irrtümlich gesetzt worden sein, müsste dies jedenfalls vor oder in der Vorlage des Codex Regularum und von ConcR passiert sein.

**50,1 diabulo**: vgl. zu Don. 35,1.

**50,7 modo**: *isto vos mundo custodit* ist überliefert, in der Quelle (Caes. 23,7, basierend auf Aug. praecept. 4) findet sich *modo* statt *mundo*, seit Holstenius wurde in allen Editionen zu *modo* korrigiert. Eine Verwechslung von o/u ist naheliegend, vgl. oben p. 68. Der überlieferte Text ist schwer verständlich (grammatikalisch könnte man *isto mundo* als eine Art Ablativus loci/Vertretung des Lokativs, der sich mit dem Instrumental der Raumerstreckung berührte,[277] verstehen – vielleicht wäre vor *isto* die Ergänzung von *in* notwendig –, jedoch ergeben sich inhaltlich bzw. im Sinnzusammenhang Schwierigkeiten).

**51,5 diaboli**: vgl. zu Don. 35,1.

**52,1 cogitare**: vgl. oben p. 66.

**52,2.18 diabulo**: vgl. zu Don. 35,1.

**52,6 piam**: Holstenius korrigierte hier analog zu Donats Quelle Caesarius das überlieferte *piam* zu *ipsam*, das auch Michaela Zelzer korrekt erschien. Eine Verwechslung der beiden Wörter ist paläographisch leicht denkbar und könnte bereits Donat bzw. seiner Vorlage passiert sein. *Ipsam* wäre wohl im Zusammenhang logischer und ist von Caesarius bestimmt bewusst gewählt worden, jedoch kann nicht mit letzter Sicherheit gesagt werden, dass Donat *ipsam* vorgefunden bzw. es nicht selbst ‚verlesen' hat.

---

277 Vgl. dazu Hofmann – Szantyr, Lateinische Syntax, pp. 145f. (§ 86).

**52,13 legistis**: mit den Worten *sic enim legistis* leitet Donat ein Bibelzitat ein (1 Io. 3,15), das zuvor noch nicht genannt worden ist. Caesarius (Donats Quelle für diese Passage) bietet *legitis* (für Donat so auch *K h p*). Die Korrektur zum Präsens wäre erwägenswert. Es lässt sich aber nicht eindeutig ausschließen, dass das ungewöhnliche Perfekt von Donat stammt.

**52,15 purgari**: vgl. unten zu Don. 52,25.

**52,25 proferri medicamentum**: zu Infinitiv und AcI vgl. oben p. 67; Holstenius (dem Michaela Zelzer folgte) korrigierte analog zur Quelle Caesarius zu *proferre*. Das unpersönliche Verbum *pige(a)t* konstruiert prinzipiell mit aktivem Infinitiv;[278] zwar findet sich bei Impersonalia wie *licet* (bereits in klassischem Latein) auch mitunter der passive Infinitiv bzw. AcI,[279] für *piget* sind Beispiele allerdings rar[280] (fraglich ist, ob man aber *non pigeat* hier bei Donat im Sinne von *deceat* oder *oporteat* auffassen könnte, wodurch der AcI weniger ungewöhnlich erschiene). Spekulativ ist ferner, ob *piget* hier sozusagen den Affekt der Person meint, aus deren Mund das *medicamentum* der Entschuldigung kommen soll, womit wohl eher der aktive Infinitiv zu verbinden wäre (also: „es soll die Person nicht verdrießen/ihr nicht schwer fallen, eine Entschuldigung vorzubringen"), oder sozusagen eine allgemeine Haltung, die auch mit dem AcI ausgedrückt werden könnte (also: „man soll nicht zurückweisen/nicht nicht wollen, dass eine Entschuldigung vorgebracht wird"). Es sei darauf verwiesen, dass nur wenige Zeilen zuvor (Don. 52,15) Caesarius' *meminerit culpam satisfactione pugare* für Donat als *meminerit culpam satisfactione purgari* überliefert ist (auch hier korrigierte Holstenius zu *purgare*; zu *meminerit* sind beide Konstruktionen möglich). Der passive Infinitiv erscheint somit als nicht völlig von der Hand zu weisen, aber ähnlich wie bei der Entscheidung in 12,3 für *dare* bleiben auch im Fall von *proferri/proferre* Unsicherheiten. – Zum Wechsel vom Plural der Vorlage (*medicamenta*) zum Singular vgl. ähnliche Beispiele oben Don. 10,5 oder unten Don. 62,7.

**52,28 nec**: *ne* (vgl. Caes.) erscheint syntaktisch klarer, *nec* ist allerdings zumindest ebenfalls verständlich.

Zu den im Folgenden zu besprechenden Passagen aus Kapitel 53 gilt es, nicht nur Codex *M*, sondern auch die Lesarten der Concordia Regularum (Kapitel 61,14) zu beachten:[281]

---

278 Darauf weisen auch nahezu alle in ThlL X 1,2,2112f. zu *piget* angeführten Beispiele hin.

279 HOFMANN – SZANTYR, Lateinische Syntax, pp. 353[1.2] (§ 193 b) und 358[4] (§ 196); *piget* wird hier allerdings nicht erwähnt (zu *piget* mit Infinitiv ebenda, p. 348[3]).

280 Einige sehr wenige Beispiele zu *piget* mit AcI oder passivem Inf. im zuvor genannten Artikel des ThlL.

281 Die Handschriften der Concordia Regularum sowie *M* gehen auf eine gemeinsame Quelle zurück, vgl. dazu das Stemma zur Edition der Concordia Regularum von Pierre BONNERUE, CCCM 168, p. 196. Das bedeutet, dass eine der Concordia und *M* gemeinsame Lesart nicht zwingend auf den korrekten Donat-Text hinweisen muss, sondern dass damit auch ein Fehler der gemeinsamen Quelle (also einer Donat-Handschrift) angezeigt sein kann.

**53,1.8 elogias:** Donat verwendet das Wort *eulogiae* in 53,1.8 sowie 56,4, überliefert ist es an allen drei Stellen in der Schreibung *elogias*. An der ersten Stelle ist seine Quelle Benedikt (dessen Text bietet *eulog-* bzw. *eolog-*), dann Caesarius (*eulog-* bzw. *elog-*), beim dritten Mal formulierte Donat offenbar eigenständig. Die Form *elogiae* stellt kein sprachliches Spezifikum von *M* dar, denn in dieser Handschrift lässt sich außerhalb des Donat-Textes lediglich für Caes. 25,4 (Quelle für Don. 53,8) *elog-* finden, nämlich *elogiam*. Sonst scheint in *M* die Form *eulog-* gängig.[282] Für die Regula magistri allerdings (deren Codex Paris 12205, s. VII, das Wort in der Form *oblog-* tradiert) findet sich in *M* auch noch *eologiae* (76,1; in Kapitel 85,1 wiederum: *eulogiarum*). Die Schreibung des Wortes scheint in *M* also nicht normiert worden zu sein, sondern – da Abweichungen von der ‚Standard-Schreibweise' *eulog-* auf bestimmte Regel-Texte beschränkt sind (Caes., Reg. mag. und Don.) – möglicherweise nahe an der jeweiligen Vorlage erfolgt zu sein. Interessant erscheint ferner, dass auch für das Testamentum des Caesarius (dort: 12, vgl. die Edition von DE VOGÜÉ, SC 345, p. 384) in einigen Handschriften die Form *elogiis* überliefert ist, vielleicht also sogar tatsächlich auf Caesarius' (oder seinem Umfeld zuzuschreibenden) Sprachgebrauch hinweist, welchem jener des Donat ähnlich sein könnte. Die konsequente Verwendung der Form *elogi-* im Codex Regularum für die Donat-Regel scheint darauf hinzudeuten, dass *elogi-* für Donat in der von *M* verwendeten Vorlage zu finden war und somit möglicherweise auf Donat zurückgeht. Gegen *elogias* ließe sich zwar einwenden, dass die Concordia Regularum (61,14) für diesen Donat-Abschnitt die Form *eulogias* überliefert, jedoch könnte dies dort auch eine Normalisierung sein.

**53,3** in ipsius sit potestate ... cui illud iubeat **dare**: zum aktiven Infinitiv (auch im Gegensatz zu 53,2: *quod si iusserit sucipi*) vgl. zu Don. 12,3. Beachtenswert ist die syntaktische Umgestaltung gegenüber der Quelle.

**53,4** in tantum progressa **fuerit, ut**: die Quelle dieser Passage (Caes. 25,1) bietet: *in tantum progressa fuerit malum, ut* (so auch *K*, *h* und *p* für Donat); ohne Weiteres verständlich sind die Worte aber auch ohne *malum*,[283] wie sie in *M* sowie in der Concordia Regularum (61,14,4) überliefert sind (was bedeuten könnte, dass lediglich Benedikt von Aniane in seiner Vorlage *malum* nicht vorgefunden hatte). Auffällig ist freilich, dass *K* von der Lesart seiner direkten Vorlage abweicht und das Wort *malum* an exakt jener Stelle bietet, an der es auch in Donats Quelle (Caes.) zu finden ist. Da der Schreiber von *K* zu anderen Texten mitunter weitere Handschriften zum Textvergleich herangezogen hat (vgl. oben pp. 45f.), gibt dies Anlass zur Spekulation, ob

---

**282** Nämlich in Ben. 54,1 (*eulogias*; Quelle für Don. 53,1); Col. coen. 4 (*eulogias*); Fruct. reg. mon. 23 (*eulogiam*), aber auch (von derselben Schreiberhand wie die Donat-Regel) Aurelian. reg. mon. ordo psallendi (*eulogias*).

**283** Vgl. etwa die ähnliche Wendung Aug. epist. 120,3: *nisi forte in tantum caro vana progreditur, ut ei parum sit humana membra substantiae dei tribuere* ...; ähnlich auch civ. 9,16: *si in tantum curiositas progrederetur* ...; c. Iul. op. imp. 5,53,2 (CSEL 85/2, p. 258,22): *an in tantum tua progreditur vanitas* ... .

auch hier eine andere Donat-Handschrift, in der *malum* stand, konsultiert wurde. Ich denke jedoch, dass das Zusammentreffen des Textes von *K* mit jenem von Donats Quelle eine andere Ursache haben und darauf zurückgeführt werden kann, dass Caesarius seinerseits auf dem Praeceptum des Augustinus fußt. Arnoldus Losen wiederum,[284] der Schreiber von *K*, war Augustiner Kanoniker. Losen mag also den Wortlaut seiner eigenen Ordensregel im Ohr gehabt und an dieser Stelle (unbeabsichtigt?) den ihm vertrauten Text geschrieben haben. Somit erklärt sich, warum in *K* derselbe Text wie bei Caesarius zu finden ist, ohne dass dieser auch bei Donat gestanden sein muss. Auch diese Stelle ist somit kein zwingender Beweis, dass Arnoldus Losen eine weitere Vorlage für Donat herangezogen haben muss (vgl. abermals oben pp. 45f.).

**53,7** sacrilego **usu**: Holstenius korrigierte das in *M* überlieferte sowie durch die Concordia Regularum (61,14,7) für Don. bezeugte *usu* analog zur Quelle (nämlich Caesarius) zu *ausu*; die späteren Editoren (auch Michaela Zelzer) folgten ihm. Im Sinnzusammenhang erscheint *ausu* freilich logischer, jedoch richtet sich die Frage abermals danach, was Donat in seiner Quelle vorgefunden bzw. geschrieben hat. Auffällig ist nämlich, dass *M* nicht nur für Donat, sondern auch an der analogen Stelle für Caesarius *usu* bietet (vgl. auch Don. 53,1.8 *elogias* oder 52,1 *cogitare*).[285] Es hat allerdings nicht den Anschein, als würde *M* diese Formen generell ‚verwechseln' (wenig zuvor, nämlich zu Don. 52,2, findet sich z. B. durchaus *ausae* überliefert).[286] Freilich kann bei *sacrilego ausu* das a- an beiden Stellen (Caes. 25,3 und Don. 53,7) aus optischen oder akustischen Gründen unabhängig voneinander ausgefallen sein,[287] jedoch erscheint der Zufall, dass dies an derselben Stelle passiert ist, zu groß (nicht passiert ist dieser Fehler beispielsweise an einer lautlich sehr ähnlichen Stelle in Regula magistri 2,43, fol. 147vb: *libero ausu*). Es könnte also auch in Donats Vorlage *usu* gestanden und von Donat übernommen worden sein. – Fraglich bleibt freilich, ob *usu* als lautliche Variante zu *ausu* verstanden worden sein könnte, da ja

---

284 Zu seiner Person vgl. SCHOLTEN, Gaesdonck, 121; HÖVELMANN, Gaesdonck, coll. 613f.; Erwähnung bei COSTARD, Spätmittelalterliche Frauenfrömmigkeit, 58.

285 Weitere Gemeinsamkeiten sind u. a.: Don. 55,1 und Caes. 36,1 *M*: monasterii (Caes. *rell*: in monasterio); Don. 57,4 und Caes. 51,4 *M*: vel ad (fehlt in anderen Caesarius-Handschriften) consuendum; Don. 60,3 und Caes. 43,2 *M*: dare (Caes. *rell*.: dari); in monasterium (Caes. *rell*.: in monasterio); Don. 62,7 und Caes. 32,5 *M*: interversor rerum (Caes. *C*: interversores rerum; *B*: inter universorum); Don. 64,1 und Caes. 56,1 *M*: incato (Caes. *rell*.: incausto); Don. 77,1 und Caes. 61,1 *M*: aliqua (Caes. *rell*.: aliquam); Don. 77,4 und Caes. 61,3 *M*: grande (Caes. *rell*.: grandi); sua (Caes. *rell*.: sui); elegistis (Caes. *rell*.: eligitis); Don. 77,7 *M*: subiectionis (Caes. 64,1 *M*: subiectiones (-is *pc*.; Caes. *rell*.: subiectionem); pontificis (Caes. *rell*.: pontifici).

286 In der Regula Pauli et Stephani findet sich in *M* wie auch in seinem Verwandten (Codex Paris, BN Lat. 4333B) in Überschrift XXVIIII die Verwechslung *usu* statt *iussu*, aber es lässt sich für *M* nicht behaupten, dass solche Verwechslungen typisch wären (sie könnten aus der Vorlage stammen), vgl. auch oben im Folgenden das Beispiel aus Regula magistri 2,43.

287 Zu „u" für „au" vgl. STOTZ, Handbuch 3, p. 94 (§ 79).

in der Sprache des lateinischen Mittelalters auch „u" statt „au" gesprochen werden konnte (ein lautlich ähnliches Problem stellt Don. 64,1 *incato/incau(s)to* dar; siehe dazu unten ad locum).

**53,8 cuiusque:** Donats Quelle (Caes. 25,4) und die Concordia Regularum (zu Don 53,8) bieten *cuiuscumque*, während in *M* für Donat *cuiusque* überliefert ist (zu *cuiusque* vgl. oben zu epist. 3: *quaeque*). Fraglich erscheint also, ob die Übereinstimmung zwischen Concordia Regularum und Donats Quelle Zufall ist, weil die Concordia die Form *cuiusque* zum ,korrekteren' Pronomen *cuiuscumque* (bewusst oder unbewusst) korrigiert hat, oder ob diese vielleicht doch darauf hindeutet, dass auch Donat *cuiuscumque* geschrieben hat. Vgl. aber Don. 26,3: die Quelle (Col. coen. 2) liest *cuiuscumque*, das für Donat als *uniuscuiusque* überliefert ist (dort wahrscheinlich zur Verdeutlichung „eines jeden Psalmes").

**55,5 utilitatibus quas:** überliefert ist *quos*, Holstenius korrigierte auch für Don. zu *quas*, was von allen späteren Editoren übernommen wurde. Für das Spät- und Mittellatein lässt sich beobachten, dass das Relativum *qui* (nicht nur im Nominativ) auch die Stelle des femininen Relativpronomens einnehmen konnte.[288] Es ist sehr schwierig zu beurteilen, ob *quos* bereits in Donats Vorlage (Caes. 36,5) stand und von ihm übernommen worden sein könnte;[289] zumindest die erhaltenen Handschriften zu Caes. liefern dafür keinen Hinweis. Andere Stellen, an denen Donat *utilitas* verwendet, liefern keinen Hinweis auf das Geschlecht des Wortes. Ähnlich einzustufen wäre Don. 77,7 (überliefert ist: *pro quolibet condicione*); vgl. auch 60,2 (*quo* statt zu erwartendem *qua*, das aber vielleicht auch aus inhaltlichen Gründen erklärbar ist).

**56,1 qui vel ob visitationes parentum vel orandi seu invisendi gratia** ad monasterium veniunt: für diesen Satzteil lässt sich keine unmittelbare wörtliche Quelle nachweisen. In *M* ist *gratiam* überliefert, was von Holstenius zu *gratia* korrigiert wurde (so auch in allen Editionen). Der Fehler ist selbstverständlich leicht zu erklären, und es kann sein, dass die Präposition *ob* den Akkusativ hier begünstigt hat (vgl. auch oben Anm. 156). Donat will wohl ausdrücken, dass die genannten Personen entweder um zu besuchen, oder um zu beten ins Kloster kommen, und nicht (*ob ... orandi ... gratiam*) „wegen der Gnade des Betens...", jedoch sei darauf hingewiesen, dass z. B. Beda hom. evang. 1,22 *pure orandi et perfecte inpetrandi ... gratiam* schreibt. Was bei Don. allerdings die „Gande des Besuchens" (*invisendi*) wäre, ist nicht klar.

**56,4 elogias:** siehe oben zu Don. 53,1.8.

**57,6 devotae:** in der Quelle (Caes. 40,2) steht *deo devotae*. Bereits de Vogüé machte in seiner Edition (294) ad locum darauf aufmerksam, dass es sich um eine Haplogra-

---

288 Vgl. STOTZ, Handbuch 4, pp. 130f. (§ 64); RÖNSCH, Itala und Vulgata, 276 mit einigen Belegen; BONNET, Latin de Grégoire, 390f. 394–396; LÖFSTEDT, Philologischer Kommentar zur Peregrinatio Aetheriae, 131–133.

289 Vgl. BONNET, Latin de Grégoire, 396, der für Gregor von Tours auf *filias quorum* oder *lectionibus quos* hinweist.

phie handeln könnte. Es lässt sich aber auch nicht ausschließen, dass bereits Donat *deo* ausgelassen hat. Vgl. auch unten zu Don. 61,2.

**58,1 sanctaemonialis**: die in *M* überlieferte Form wurde von Holstenius (so nach ihm auch de Vogüé sowie Michaela Zelzer) zu *sanctimonialis* korrigiert, und es ist nicht ausgeschlossen, dass dem Schreiber eine lautliche Verwechslung (ae/i bzw. e/i) passiert ist. Im Frühmittelalter wurde allerdings bei diesem und bei ähnlichen Wörtern bisweilen auch das Vorderglied flektiert,[290] so dass nicht ausgeschlossen werden kann, dass diese Form auf Donats Sprachgebrauch hinweist. Zur Caesarius-Regel ist in *M* stets die Form *sanctimonialis* überliefert, so dass es nicht den Anschein hat, als wäre *sanctae-* ein typischer Fehler von *M*.

**59,tit.**: zu Kapitelzählung und fehlender -überschrift vgl. oben pp. 78f. bzw. zu Cap. 59 sowie ZIMMERL-PANAGL, Unbeachtete Quellen.

**60,2 ut venientes ... inveniant, a quo responsum accipiant**: Holstenius und ihm folgend Prischl ändern zu *qua*, das auch Michaela Zelzer in den Text setzte, und zwar aus grammatisch logischen Gründen: Es muss sich um eine *soror* handeln, die um Auskunft gefragt werden kann. Es gilt aber zu bedenken, dass die männliche Form geschrieben sein könnte im Sinne von: „damit irgendjemand da ist, von dem man Auskunft bekommt"[291] (es gilt ferner zu bedenken, dass das Relativpronomen in maskuliner Form mitunter jenes der femininen oder neutralen ersetzt, vgl. dazu etwa HOFMANN – SZANTYR, Lateinische Syntax, p. 440[3.4], § 233). Ähnliches könnte auch für 65,8 (*somnulentorum*] *somnulentarum*) gelten. Allerdings sollte nicht vergessen werden, dass die Stelle aus der Benedikt-Regel übernommen wurde, und ein Schreiber (in Kenntnis der Vorbild-Stelle) das Maskulinum vielleicht irrtümlich gesetzt hat.

**60,3 dare**: vgl. zu Don. 1,9; 12,3 bzw. 53,3.

**60,3 monasterium**: vgl. oben p. 68.

**60,4 ut** adsolet abbatissa **cum a** salutatoribus: zur syntaktischen Änderung gegenüber der Quelle vgl. oben p. 31.

**60,5 quae permittunt** *suppl. Michaela Zelzer ex Caes.*: Donat übernimmt Bestimmungen, die Caesarius für die Pförtnerinnen formuliert hat: Diese dürfen weder etwas aus dem Kloster herausgeben noch etwas ohne Zustimmung der *abbatissa* annehmen; wenn diese aber verhindert ist, soll man sich an die *praeposita* wenden. Daran schließt sich der Satz an: *Quam rem* [sc. sich an die *praeposita* zu wenden] *si implere neglexerint, et illae posticiariae ⟨quae permittunt⟩ et illae quae excipiunt propter transgressionem sanctae regulae districtionem monasterii gravissimam sustinebunt.* Ohne Zweifel ist die Passage besser verständlich, wenn die Worte *quae permittunt* analog zur Quelle ergänzt werden, jedoch stellt sich (ähnlich wie für 27,1 *benedic-*

---

**290**  Vgl. STOTZ, Handbuch 3, p. 41 (§ 30) und 2, p. 466 (§ 168.4).

**291**  DE VOGÜÉ vermerkt in seiner Edition (296) ad locum lediglich: „le masculin *quo* est maintenu", ohne dies jedoch näher zu kommentieren.

*tionem*) nicht zuerst die Frage, was die besser verständliche Lesart wäre, sondern ob die Auslassung der Worte *quae permittunt* tatsächlich erst n a c h Donat passiert sein m u s s. Es könnte sein, dass Donat selbst dieser Fehler unterlaufen ist (vgl. oben p. 62), es könnte aber auch sein, dass die Worte bereits in seiner Quelle ausgefallen waren (dafür liefern allerdings zumindest die uns erhaltenen Handschriften zu Caesarius keinen Anhaltspunkt).[292]

**61,2 sit ut**: in der Quelle (Ben. 31,2) heißt es *sit sicut*, und abermals macht de Vogüé in seiner Edition (297) auf die Möglichkeit einer Haplographie aufmerksam. Abermals ist aber auch denkbar, dass die Änderung auf Donat zurückgeht.

**61,11 neglegendum**: vgl. oben p. 64.

**61,12** neque **avaritia⟨e⟩** studeat neque prodiga sit: überliefert ist *avaritia*, das *v* in den Text übernahm. Unter Umständen kann es als Ablativ verstanden werden („aus Gier"), jedoch fehlt inhaltlich das Objekt, auf das sich *studere* richtet. Die von Holstenius vorgenommene, von Prischl und Michaela Zelzer übernommene Korrektur zu *avaritiae* (vgl. Ben. 31,12) ist naheliegend, vgl. auch Don. 69,4 *privata*, das offenbar statt *privatae* überliefert ist. Dass *studere* bei Donat allerdings nicht immer mit dem Dativ verbunden sein muss, zeigen 19,tit. und 1 *silentium studere* (analog zu Ben.); daraus zu schließen, dass *avaritia* für *-am* stünde, ist jedoch reine Spekulation.

**61,16 tipo**: gemeint ist *typhus/tyfus*, in *M* überliefert ist *tipo*. Ob dies Donats Original-Orthographie darstellt, ist unklar; die mit seinem Text verwandten Handschriften der Quelle (Ben. 31,16) bieten *tipo* oder *typo*. Vgl. auch Don. 1,11 *zelotipa*.

**62,1** substantia monasterii ... praevideat abbatissa sorores: der Satzbau ist aus Donats Quelle (Ben. 32,1) übernommen; wie Donat *substantia* syntaktisch bezogen hat, ist nicht klar (LINDERBAUER, 285f., nimmt zu Ben. 32,1 an, dass der Hauptbegriff im Nominativ dem Satz vorangestellt wäre; die Möglichkeit, dass *substantia ... rebus* eine Art ‚Inhaltsangabe' sei, verneint er).

**62,5 evangelio**: vgl. oben p. 68.

**62,7 neglegenter**: vgl. oben p. 64.

**62,7** tamquam **interversor** rerum severius corrigantur: überliefert ist für Donat *interversor*, Michaela Zelzer hat den (nach klassischer Grammatik logischen) Plural *interversores* konjiziert, der sich in Donats Quelle der betreffenden Passage (Caes. 32,5) zumindest als Variante in der Handschrift *C*, s. XIII, findet. Die Caesarius-Handschrift *B* liest *inter universorum* statt *interversor rerum*; *M* dagegen hat auch für Caes. *interversor rerum*. Freilich könnte die Endung *-res* (*interversores*) gefolgt von optisch ähnlich anlautendem *rerum* in der Überlieferung aus Versehen verlorengegangen sein; jedoch ist keineswegs auszuschließen, dass Donat in seiner Vorlage

---

292 Gesetzt den Fall, *quae permittunt* fehlte in Donats Vorlage oder Donat hat es in Unachtsamkeit selbst ausgelassen, könnte das Missverständnis eingetreten sein, dass mit dem ersten Satzteil konkret jene *posticiariae* gemeint sind, die sich in dieser Angelegenheit nicht an die *abbatissa* oder stellvertretend für diese an die *praeposita* wenden. Das ist mit Sicherheit nicht der ‚bessere' Text, jedoch kann nicht ausgeschlossen werden, dass es der von Donat übernommene ist.

den Singular vorgefunden hat, der nicht unverständlich wirkt (eventuell: „sie sollen wie ein Verschleuderer der Güter angemessen streng zurechtgewiesen werden"?).[293] Zudem stellt sich die Frage, ob in *M* zu Donat und zur Quelle Caesarius tatsächlich zweimal derselbe ‚Fehler' (de Vogüé sieht für Caes. die Lesart von *M* als korrekten Text an) passiert wäre, oder ob nicht eher ein weiteres Mal in *M* eine Lesart für Caes. bezeugt wird, die auch Donat in seinem Caesarius-Codex vorgefunden hat (vgl. oben zu 53,7 *usu* und öfter). – Als Stellen, an denen für Don. der Singular statt des Plurals der Vorlage überliefert ist, sind etwa zu nennen: 10,5 (Quelle: Caes. 21,6) *honorate in vobis deum, cuius templa* [*templum* Don.; vgl. u. a. 1 Cor. 3,16] *esse meruistis*; ferner etwa 3,61 *memores*] *memor*; 52,25 *medicamenta*] *medicamentum*; 52,29 *quas*] *quam*.

**63,tit.**: zum Zurückspringen der Zählung in *M* vgl. oben pp. 78f. sowie ZIMMERL-PANAGL, Unbeachtete Quellen.

**63,tit.** ut ornamenta vel **vario opere** in monasterio non fiant: *h* konjizierte *varia opera*, ihm folgten *p* und Michaela Zelzer (*opera* ließe aber wohl eher an ‚Aufgaben', ‚Werke' oder ‚Taten' denken, nicht so sehr an bunt und schön geschmücktes Kunsthandwerk, vgl. den Inhalt des Kapitels). De Vogüé vermerkt in seiner Edition (299, ad locum) knapp: „*Vario opere* est elliptique". Die Worte könnten tatsächlich im Sinne von *vario opere ornata/confecta* gebraucht sein; Donat könnte an Exod. 36,8 gedacht haben: *feceruntque omnes corde sapientes ad explendum opus tabernaculi cortinas decem de bysso retorta et hyacintho et purpura coccoque bis tincto opere vario et arte polymita* (Don. 63,2 ist von *polemitum* die Rede; vielleicht ergab sich daraus die Assoziation zu *vario opere*?). Es könnte gemeint sein, dass es im Kloster keine *ornamenta*, und ganz besonders keine *vario opere* gefertigten geben soll; zudem gilt aber zu bedenken, dass der Ablativus qualitatis statt eines Subjektes stehen kann.[294]

**63,1 bebrina**: das seltene Wort ist in derselben Schreibung in Donats Quelle (Caes.) zu finden, zu seiner Bedeutung vgl. DU CANGE, Glossarium mediae et infimae Latinitatis, 646 unter dem Lemma *bever* (vgl. *beverina pellis*: „peau de bievre ou de castor").

**63,1 lactena**: zu e/i vgl. oben pp. 64f.; in *M* scheint auch sonst *lactena* zu stehen (als Ausnahme ließ sich fol. 115vb Aurelian. reg. mon. 26 finden). Dass die Schreibung von Donat stammt, ist nicht beweisbar, aber auch nicht widerlegbar.

**63,2 polemitum**: zu e/i vgl. oben pp. 64f.

**63,5 lectu**: die Zuordnung zur Deklinationsklasse erscheint fraglich. In Don. 65,1 heißt es analog zur Quelle *singulae per singula lecta dormiant*, in 65,7 dagegen: *... non habeant lectos* (dort aber als Variante in Handschriften der Quelle, Ben. 22,7, *lecta*). Trotz dieser Divergenz sprechen beide Stellen für eine Zuordnung des Wortes zur o-

---

293 Man bedenke ferner die im Mittelalter einsetzende Tendenz, das Prädikatsnomen nicht immer zwingend in den Plural zu setzen, vgl. dazu etwa STOTZ, Handbuch 4, p. 360 (§ 83.2).

294 Vgl. HOFMANN – SZANTYR, Lateinische Syntax, p. 411[4] (§ 217). – Ich danke Prof. Kurt Smolak für seinen Hinweis auf Liv. 21,62,5 (*et in agro Amiternino multis locis hominum specie procul candida veste visos nec cum ullo congressos ...*).

Deklination. In 63,5 korrigierte Holstenius (analog zur Quelle Caesarius?) *lectu* zu *lecto* (auch Michaela Zelzer erschien dies korrekt). Ist jedoch mit Sicherheit auszuschließen, dass Donat einzelne Formen nach unterschiedlichen Deklinationsmustern gebraucht hat? Der Ablativ *lectu* scheint in *M* eher ungewöhnlich zu sein, denn in Regula Pauli et Stephani,[295] Index 10 und 11 sowie Kapitel 10, aber auch in der Benedikt-, Fructuosus-, Isidor- oder Caesarius-Regel findet sich *lecto*, wodurch der auf *-u* lautende Ablativ in der Donat-Regel innerhalb von *M* eine Art ‚Sonderstellung' erhält.[296] – Verwiesen sei in diesem Zusammenhang auch auf Don. 9,1 *pro suo libito* (eine Lesart, an der bisher kein Editor Anstoß genommen hat); Quelle ist Caes. 8,1 *pro suo libitu*, zu dem sich ausgerechnet in *M* ebenfalls die Variante *libito* (dort mit Korrektur zu *libitu*) findet. Würde man annehmen, dass *lectu* zu *lecto* verbessert werden müsste, kann man dann mit Sicherheit ausschließen, dass sich nicht auch in 9,1 ein Irrtum findet?

**64,tit. ut** capita qua mensura ligentur: *ut* erscheint in diesem Satz abundant, weshalb es Prischl getilgt hat, was auch Michaela Zelzer korrekt erschien. Diese Überschrift wäre dann allerdings die einzige in der gesamten Donat-Regel, die nicht dem sonst Üblichen folgt: Alle Überschriften beginnen entweder mit einem Fragewort, mit *ut* oder einer anderen Konjunktion bzw. *de*. Der Satzbau wirkt sehr umständlich (so auch de Vogüé in seiner Edition p. 300, ad locum: „*Ut ... qua* est singulièrement gauche"), könnte aber derart verstanden werden: „Dass die Haare nach welchem Maß gesteckt/gebunden werden sollen".

**64,1 mensuram ... fecimus:** neben diesem Kapitel findet sich wie in Donats Quelle (Caes. 56) ein Strich, der die Länge angeben soll. Dieser Strich ist in *M* ca. 3,25cm lang; wie lang er im Original war, ist freilich unklar. Die für Caes. überlieferten Striche variieren ebenfalls in ihrer Länge, nämlich (so die Edition DE VOGÜÉ – COURRAEU ad locum): 5cm in *M*, 2,5cm in *B* (kein Strich in *C*; in der verlorenen Handschrift aus Tours soll er 9,5cm betragen haben).

**64,1 incato:** die Handschriften zu Donat bieten *incato*, eine Form, die sonst (in gedruckten Editionen) nicht belegt scheint und von Holstenius zu *incausto* korrigiert wurde (was Michaela Zelzer ebenfalls korrekt schien). Das Grundwort ist *encaustum* bzw. *encautum*. Methodisch ist das Problem mit jenem in 53,7 (*usu*) vergleichbar: *incato* findet sich auch als Variante im Quellentext (Caes. 56), und zwar ebenfalls in *M*. Abermals stellt sich die Frage, ob es sich um ein sprachliches Spezifikum von *M* handelt (eine lautliche Veränderung von „au" zu „a"), oder ob Donat die Form vielleicht derart bei Caesarius vorgefunden und daher selbst verwendet hat (vgl. auch zu Don. 53,1.8 *elogias*). Vergleichsstellen zu *incaust-* konnte ich in *M* nicht finden;

---

**295** Zu den o/u-Vertauschungen in dieser Regel vgl. Dom J. Evangelista M. VILANOVA in seiner Einleitung zur Edition der Regula Pauli et Stephani, 82.
**296** Vgl. aber in der Donat-Regel 26,3 *curso*, das allerdings offenbar schon von erster Hand zu *cursu* korrigiert wurde.

lautlich ähnliche Formen, etwa (in)cautus, scheinen in *M* allerdings nicht ‚verdorben' zu sein (etwa Reg. cuiusdam virg. 2: *incautis*; Fruct. Pactum: *incautam*; Caes. 46,2: *incautam*; Reg. cuiusdam virg. 3: *cautae* etc.).[297] Analog zu 53,7 (*usu*) bzw. 53,1.8 (*elogiae*) könnte also auch hier gelten, dass nicht *M* irrt, sondern womöglich Donat tatsächlich in seiner Vorlage *incato* vorgefunden hat. Anders als bei *usu* tritt hier freilich die Frage in den Vordergrund, ob *incato* für Donat ein sinnvolles Wort dargestellt hat, das sich ohne weiters übernehmen ließ. Eine Trübung des ‚au' zu ‚a' ist im Spät- und Mittellatein bei einigen Wörtern zu beobachten und hat sich in die Schrift übertragen;[298] darüber hinaus hat die Ersetzung von „a" durch „au" in griechischen Lehnwörtern auch zu umgekehrter Schreibung geführt, beispielsweise *holocastum* statt *holocaustum*.[299] Donat könnte also *incato* vorgefunden und es als *in-/encaustum* verstanden haben (*incautum* ohne -s- stellte eine Nebenform zu *incaustum* dar).

**65,8 cohortentur**: überliefert ist *cohortent* (so auch *K* und *v*), zu Deponentia mit aktiven Endungen bei Don. vgl. oben p. 67; Holstenius (in seiner Nachfolge auch Prischl) korrigierte zu *cohortentur*, das auch Michaela Zelzer als korrekt ansah (in Analogie zur Quelle Benedikt, wo sich keine Variante findet). Die aktive Form *cohorto* zum betreffenden Deponens lässt sich bereits im Altlatein belegen;[300] für Donat ist jedoch an anderer Stelle (44,1) die ‚korrekte' Deponens-Form *cohortantur* (in *M*: *quohortantur*) überliefert. Auffällig ist allerdings, dass in 65,8 das Verb mit dem Reflexivum *se* verbunden ist. Möglicherweise wurde dadurch die passive Endung als abundant empfunden – ob allerdings von Donat selbst oder von einem späteren Schreiber, lässt sich nicht eruieren (vgl. dazu auch Don. 48,3 mit Überlegungen zum Reflexivpronomen neben einer aktiven Verbalform).

**65,8 somnulentorum**: siehe oben zu Don. 60,2 (*quo*) oder 75,11 (*sanctorum*). Donat könnte an dieser Stelle allgemein an die Ausrede „müder Personen" gedacht und vielleicht auch deshalb das maskuline Pronomen der Quelle (Ben. 22,8) nicht ins Feminine übertragen haben.

---

**297** Zu diesen Formen findet sich in Handschriften anderweitig durchaus die Variante (in)catus, z. B.: zu Sidon. carm. 7,441 (MGH Auct. ant. 8, p. 214): *incautum – incatum* in Paris 9551, s. XII; Aldh. virg. prosa 53 *incautos – incatos* (*ac.*) in Würzburg, UB MS M.p.th.F.21, s. IX; zu Ven. Fort. carm. V,6 (Ad Sygarium episcopum Augustidunensem; MGH Auct. ant. 4,1, p. 113, lin. 15) *incausti – incauti/ incautis* etc.

**298** Vgl. etwa KÜHNER – HOLZWEISSIG, Ausführliche Grammatik, pp. 28 und besonders 97 mit den Beispielen *ascultare, clastrum, plastrum*. – Vgl. auch BAEHRENS, Sprachlicher Kommentar, 63.

**299** Vgl. STOTZ, Handbuch 3, p. 94 (§ 78.7).

**300** Vgl. ThlL III, 1561,39 und 43, sowie HOFMANN – SZANTYR, Lateinische Syntax, p. 292[2] (§ 163 a). Aus der Spätantike seien erwähnt: für Hier. in psalm. 10,33 wurde die Form *cohortatis* konjiziert (ed. G. MORIN, CCSL 78, p. 356), der aktive Infinitiv *cohortare* findet sich bei Greg. Tur. Franc. 8,15 (MGH SS rer. Merov. 1,1, p. 382,22; Variante: *cohortari*); es lässt sich schwer sagen, ob Textentscheidungen zugunsten der ‚korrekten' Deponens-Form in kritisch edierten spätlateinischen Texten die Zahl der (vermeintlichen) Parallelstellen vielleicht etwas verringert.

**66,1 conversionis:** in der Quelle (Ben. 65,1) ist *conversationis* zu finden, offenbar las aber Donat wie die mit *O* verwandten Handschriften *conversionis*. Zu den beiden Termini vgl. u. a. auch LINDERBAUER, 145.

**66,2** libera utens **potestatem:** in Nachfolge von *h* und *v* überlegte Michaela Zelzer die Korrektur des Akkusativs zum Ablativ, was nicht von der Hand zu weisen ist. Zu Donats Quelle (Ben. 63,2) sind beide Formen überliefert. Abgesehen von der Frage, ob Einfluss der Volkssprache (Verwirrung im Gebrauch des Akkusativs und des Ablativs bzw. Akkusativ als Normalcasus)[301] bereits in Donats Vorlage eine Rolle spielen kann, sei vermerkt, dass *utor* mitunter auch mit dem Akkusativ konstruiert werden kann, vgl. Forcellini VI, 441, Nota I zu *utor*: „transitivorum autem more cum accusativo"[302] (vgl. Don. 76,10 *indigeo* oder 26,3 und 27,2 *obliviscor* mit Akkusativ). – *Libera* wird von PRISCHL, Die Reulga Donati, 72, unter den „auditiven Akkusativen" genannt und somit auch bei Donat als auf *potestatem* bezogen gesehen. Es kann jedoch sein, dass *libera* ein Prädikativum darstellt, das „zügellos", „frei (von Regeln)" bedeutet und auf das Subjekt des Satzes (die Seniorin) bezogen ist.

**66,7 altiori:** vgl. zu Don. 12,2 (*grande*) und Don. 49,9, aber *altiore* Don. 11,5.

**66,8 monasterium:** vgl. oben p. 68.

**66,15 honore** invicem praevenientes: in *M* ist *honorem* überliefert, allerdings möglicherweise von später Hand zu *honore* korrigiert. Wollte man *honorem* im Text behalten (vgl. *p*), müsste man annehmen, dass der Akkusativ den Ablativ vertritt (vgl. zu Don. 69,7).

**67,9 singulos** biberes: das Geschlecht des selten belegten Wortes *biber* ist grundsätzlich feminin (vgl. ThlL II 1954, lin. 61–67; als Beispiele: Ben. 35,12; Caes. reg. mon. 22,10; Aurelian. reg. mon. ordo convivii), jedoch finden sich zu Ben. (Quelle für Don. 67,9) in Handschriften der interpolierten Textklasse auch Varianten mit maskuliner Endung (wie Don.: *singulos biberes*; *O* hat *singulus*). ConcR 44,1,12 bezeugt zu Donats Quelle (Ben. 35,12) in der besten Handschrift die feminine Endung, jedoch überliefern die anderen Handschriften ebenfalls die maskuline. Maskuline Endungen sind bei späteren Autoren (z. B. Hincmar. Remens. anzutreffen, vgl. auch DU CANGE, Glossarium mediae et infimae Latinitatis, 649). Es besteht die Möglichkeit, dass Donat das Maskulinum in seiner Quelle vorgefunden und übernommen hat, jedoch kann nicht eindeutig ausgeschlossen werden, dass es sich um einen Überlieferungsfehler in der Donat-Regel handelt.

**68,2** et si omnino virium suarum viderit pondus oneris excedere: wie *h* und nach ihm *p* ergänzte Michaela Zelzer aus Donats Quelle (Ben. 68,2) nach *virium suarum* das Wort *mensuram*, das für Don. nicht überliefert ist. In den Benedikt-Handschriften fehlt es zwar nicht in *O*, aber zumindest in zwei seiner Verwandten (nämlich *M* und *W*, aber

---

**301** Vgl. etwa HOFMANN – SZANTYR, Lateinische Syntax, p. 215 (§ 114) mit Literaturverweisen; STOTZ, Handbuch 4, pp. 242–255.
**302** Vgl. auch STOTZ, Handbuch 4, p. 242 (§ 6.2).

auch $H_3$) sowie wenigen weiteren Handschriften. Dass ein Haplographie-Fehler nach optisch ähnlichem *suarum* vorliegt, ist sehr leicht denkbar; fraglich ist freilich abermals, in welchem Stadium der Fehler passiert ist (vgl. oben pp. 60ff.). Der Sinn des Satzes ist mit *mensuram* klarer. Wenn das Wort aber beispielsweise bereits in Donats Quelle ausgefallen war oder Donat beim Abschreiben der Haplographie-Fehler unterlaufen ist, könnte Donat das Wort *pondus* gedanklich zweifach bezogen haben („wenn sie sieht, dass das Gewicht der Aufgabe jenes ihrer Kräfte[303] übersteigt"). Es ist schwierig zu beweisen, dass es sich um einen Fehler in der Donat-Überlieferung handeln muss; die Entscheidung bleibt wie so oft unsicher.

**69,1 et**: vgl. oben p. 26.

**69,4 privata⟨e⟩** autem a mensae consortio ista erit ratio: in *M* ist *privata* überliefert, das von Holstenius analog zur Quelle (Ben.) zum Dativ korrigiert wurde (so auch *p* und *v*). Für Donats Quelle (Ben. 24,4) ist *pribati* bzw. *privati* (*privatio* in $H_{2.3}$) überliefert. Dass Donat *privati* – vorausgesetzt, seine Quelle hat keinen Sonderfehler aufgewiesen – zu *privata* (Nominativ oder Ablativ) umformte, liegt nicht sehr nahe. Eine Verwechslung von ae/a bzw. e/a in der Donat-Überlieferung ist dagegen leicht denkbar.

**69,4 antiphonam**: vgl. oben p. 68.

**69,7** usque dum satisfactione **congrua** veniam consequatur: überliefert ist *congruam*, in allen Editionen korrigiert zu *congrua* (so auch der edierte Text der Quelle, Ben. 24,7). Es erscheint naheliegend, dass analog zum Quellentext *congrua*, also eine ‚angemessene/ausreichende', *satisfactio* gemeint ist (vgl. etwa auch Don. 26,5, wo von *parva paenitentia* die Rede ist, also ein kleines von größerem Strafausmaß je nach Vergehen geschieden wird, sowie ähnliche Gedanken im Regel-Text) und dass im überlieferten Text lediglich ein Versehen die Endung betreffend passiert ist. Erwähnt sei aber, dass in (wenigen) Handschriften zu Donats Quelle (Ben. 24,7) *congruam* zu finden ist, allerdings zumeist *satisfactionem congruam veniam* (Akkusativ statt Ablativ). Könnte Donat das Wort (irrtümlich) aufgrund eines möglicherweise vorgefundenen Akkusativs in der Vorlage im Akkusativ geschrieben hat? Zum anderen sei etwa auf Fruct. reg. mon. 16 (ed. J. CAMPOS RUIZ, p. 155) verwiesen: *Quisquis frater pro qualibet neglegentia vel reatu arguitur vel excommunicatur et tamen humiliter vel petit veniam vel confitetur lacrimabiliter, congruam ei remissionis et indulgentie medellam tribuetur.* Indirekt liegt dem der Gedanke zugrunde, dass ‚messbare' bzw. den Umständen entsprechende Vergebung (zur Heilung) zu gewähren ist. Fraglich ist ferner, ob etwa Don. 26,7 (Quelle: Col. 3) *longa venia in ecclesia ... prostrata nullum membrum movens* ebenfalls einen Hinweis gibt, dass Donat auch in 69,7 *venia* mit einem ‚quantifizierenden' Adjektiv verbunden haben könnte. Die Emendierung erfolgt mit Unsicherheit.

---

**303** Das Bild *virium pondus excedere* findet sich beispielsweise in der Vorrede zur Vita Benedicti Anianensis des Ardo (MGH SS 15,1, p. 200, lin. 9: *virium mearum cernens pondus excedere*).

**70,6 cibus quod**: für Donats Quelle (Ben. 25,6) ist neutraler Gebrauch des Wortes *cibus* überliefert, nämlich: *cibum quod*, eine Lesart, die sich auch in den mit Donat verwandten Handschriften findet. In *O*, der ältesten und wichtigsten Handschrift der interpolierten Textklasse, liest man allerdings (wie für Donat) *cibus quod*, das zu *cibus qui* korrigiert wurde (in den Verwandten von *O* jedoch *cibum* bzw. *cibu quod*). Es ist somit unklar, ob Donat *cibum quod* vorgefunden und dies auch selbst geschrieben hat (so der von *p* erstellte Text), oder ob Donat *cibus quod* in den Text gesetzt hat, weil er beispielsweise *cibu quod* vorgefunden und vielleicht zumindest *cibus* ‚korrigierte' oder weil vielleicht wie in *O* sogar *cibus quod* in seiner Quelle stand. Neutralen Gebrauch der Form *cibus* konnte ich zwar nicht nachweisen (wenn es wie bei Ben. neutral gebraucht wird, dann *cibum*, Beispiele in ThlL III,1038, lin. 76–79), jedoch lässt sich andererseits beobachten, dass „starres geschlechtsneutrales *quod* als Universalform des Relativpronomens" gebraucht und (auch noch in Karolingerzeit) auf ein maskulines Wort bezogen werden konnte.[304] Es ist somit sehr schwierig zu beurteilen, ob *cibus quod* für Don. eindeutig falsch ist.[305] Freilich könnte auch in der Überlieferung das Pronomen verwechselt worden sein, und Donat könnte *cibus qui* geschrieben haben (so auch die späte Korrektur in *M*, der wie *h* auch Michaela Zelzer folgten), jedoch legt die Nähe von *quod* zum Text der Vorlage nahe, dass sie aus der Quelle übernommen wurde (vielleicht *cibum quod* wie *p*?).

**73,2 superbia**: es ist auffällig, dass die mit Donat verwandten Handschriften zu Ben. 28,2 nahezu geschlossen *superbiam* bieten. Es könnte also sein, dass in *M* ein Irrtum vorliegt und auch Donat den Akkusativ gesetzt hat, jedoch lässt sich dies nicht beweisen.

**75,tit. de ordine quod** psallere debeant: der Wortlaut dieser Überschrift ist von Donat frei formuliert. Auffällig ist das Pronomen *quod*, dessen Genus nicht mit *ordo* übereingestimmt ist, weshalb bereits *K quo* konjizierte (die Verwechslung von *quod/quo* ist sehr einfach denkbar); eine Lesart, der *h*, *p* sowie Michaela Zelzer folgten. Die Problematik könnte sich jedoch analog zu jener in Don. 70,6 (*cibus quod*) verhalten, und auch für *de ordine quod* könnte erstarrtes *quod* als Universalform des Relativpronomens nicht völlig ausgeschlossen werden (vgl. o. Anm. 304). Vgl. auch Regula Pauli et Stephani 22,4. *Quod* könnte aber auch nicht unmittelbar auf *ordo* bezogen sein; es lässt sich verstehen im Sinn von: „Über den (liturgischen) *ordo*: was sie singen müssen" (vgl. auch Caes. 66,2: *ordinem etiam, quomodo psallere debeatis ... iudicavimus inserendum*).

---

[304] STOTZ, Handbuch 4, pp. 133f. (§ 66.6). – Dass Donat *quod* hier kausal verstanden hat, ist eher unwahrscheinlich.

[305] Vgl. etwa auch die Angaben bei BONNET, Latin de Grégoire, 390ff., bzw. konkret die Sammlung von Beispielen, bei denen *quod* auf Maskulina bezogen ist, darunter auch *cibum* (von Bonnet als maskuline Form eingestuft) oder *panem quod*.

**75,2–13:**[306] Donat orientiert sich hier an Col. mon. 7, jedoch fällt auf, dass er sehr frei formuliert. Er gibt die Zahl der *chorae* (je drei Psalmen) an, die zu den Gebetszeiten der Vigil-Feiern auszuführen sind, und scheidet wie Columban zwischen dem Winter- und Sommer-Halbjahr (Sommer: weniger Psalmen, weil kürzere Nächte), aber auch zwischen Wochenenden und Wochentagen (Wochentage: weniger Psalmen als an Wochenenden). Darüber hinaus gibt Donat auch eine Zahl von Psalmen zu den Märtyrer-Vigilien an, jedoch nur für eines der beiden Halbjahre. Für die *chorae* an Wochentagen findet sich analog zu Columban angegeben: 12 im Winter (Don. 75,4), 8 im Sommer (75,12). Diese Zahlen erscheinen klar.[307] Für die Wochenenden im Winter findet sich analog zu Col. angegeben, dass 25 *chorae* auszuführen seien (75,7 und öfter). Als absolute Zahl für den Sommer sind 12 *chorae* angegeben (Don. 75,11). In einer Übergangszeit zwischen Sommer- und Winterhalbjahr bzw. umgekehrt wächst bzw. schrumpft die Zahl nach gewissen Regeln (ebenfalls orientiert an Col.), und es ergibt sich das Problem, dass die für den Sommer absolut genannte Zahl 12 und die Zahl, die sich für den Sommer aus anderen Angaben berechnen lässt (siehe im Folgenden), divergieren (auf die Divergenz hat bereits Gisela Muschiol aufmerksam

---

306 Zu den inhaltlichen Problemen dieser Passage vgl. auch ZIMMERL-PANAGL, Elegi pauca e plurimis. Spätere Überlegungen, angeregt durch einen Brief von mir an Michaela Zelzer, ohne dessen Kenntnis ihr Mann Klaus die Angaben nachrechnete, auch bei K. und M. (†) ZELZER, Zu Überlieferung und Textgestaltung, 43–45; die dort in Anm. 107 erwähnte Frage, ob es sich bei 64 (= 75),13 (K. und M. Zelzer folgen in diesem Aufsatz der von M. Zelzer überlegten Neunummerierung der Kapitel) um eine Glosse handelt, habe ich brieflich zur Diskussion gestellt, möchte diese heute aber eher verneinen, weil Donat die Idee, die Zahl der *chorae* in Psalmen ‚aufzulösen‘, und somit eigentlich eine inhaltliche Doppelung zu geben, aus seiner Quelle, Col. mon. 7, gewonnen haben kann, weil Col. an ähnlicher Stelle ebenfalls in Psalmen ‚umrechnet‘ (... *ut XII in sanctis noctibus tantum antifonae remaneant, id est cottidiani hiemalis XXXVI psalmi cursus, XXIIII autem per totum ver et aestatem et usque autumnale aequinoctium* ...). Ebenso habe ich damals zu 75,2 überlegt, ob ein *quinque* ausgefallen wäre (in Analogie zu 75,6, in dem explizit von *quinque choris* die Rede ist); die im Aufsatz von K. und M. Zelzer vorgeschlagene Ergänzung und zusätzliche Casus-Änderung (*crescit cursus ⟨quinque choris⟩ usque ad summum eius viginti quinque chorarum quas tota hieme ... cantandas ...* statt *crescit cursus usque ad summum eius viginti quinque choris quas tota hieme ... cantandas ...*) ergibt zwar einen tadellos schönen Satz, jedoch ist auch sie inhaltlich nicht restlos befriedigend: Donat spricht an dieser Stelle davon, dass ab dem 24. September *chorae* zu addieren sind, bis es im Winter 25 sind; diese zu addierenden *chorae* umfassen nicht nur die ersten fünf direkt nach dem 24. September, sondern noch weitere fünf an den folgenden Samstagen. Aus diesem Grund erscheint die Hinzufügung eines *quinque* im Sinn von *quinque choris* in 75,2 nicht korrekt, weil auch *quinque* nicht die Gesamtzahl der zu addierenden *chorae* (nämlich 10) angibt. Der Ablativ *choris* (*ad summum eius viginti quinque choris*) könnte als Abl. instr. oder qualitat. verstanden werden.
307 Es sei jedoch darauf verwiesen, dass MUSCHIOL, Famula Dei, 116, die Zahl der *chorae* an Werktagen für die Zeit von 24.9. bis 1.11. als fraglich ansieht. Offenbar geht sie davon aus, dass der Winter nach Donats Ansicht mit dem 1.11. beginnt, denn diesen Beginn legt er für die volle Zahl an *chorae* an Wochenenden fest (75,3). Für die Werktage aber scheint Donat das Jahr in die Zeit zwischen Tag- und Nachtgleiche des Herbstes bzw. Frühjahres zu teilen (siehe 75,12); somit waren wohl zwischen 24.9. und 1.11. ebenso viele *chorae* an Werktagen auszuführen wie nach dem 1.11., nämlich 12.

gemacht, allerdings scheint sie von der Richtigkeit der 12 *chorae* auszugehen,[308] und Gérard Moyse, der den Text allerdings nicht ediert hat, hat knapp vermerkt, dass die Zahl „12" zu „15" zu korrigieren sei).[309] Donat beschreibt ein Anwachsen der *chorae* vom 24. September bis zum 1. November und ein Schrumpfen von Anfang Februar bis zum 24. März. Die betreffenden Angaben weichen bei Don. u. a. dadurch von Col. ab, dass Donat nicht vom 24. Juni ausgehend das Anwachsen beschreibt (Zeitpunkt der Zunahme der *chorae* bei Col.), sondern vom 24. September, und dass bei Don. ein Anwachsen von der Zahl 15 ausgehend erläutert wird (Don. 75,7: ... *in primo sabbato* [sc. dem ersten Samstag nach dem 24. September] *quinque chorae augendae sunt, ut sint viginti*).[310] Bei Columban müssen um den 24. September bereits mehr *chorae* ausgeführt worden sein als die 12 des Sommers; vielleicht jene 15, die Don. 75,7 für die Zeit vor dem 24. September angibt. Donat gibt allerdings nur an, wie man von 15 zu 25 *chorae* bzw. vice versa zur verringerten Zahl nach dem Winter gelangt, macht aber keine Angabe darüber, ob und wie sich die Zahl im Sommer bis zum 24. September verändern würde, wenn auch nach seinen Vorgaben tatsächlich von 12 *chorae* des Sommers (Don. 75,11) ein Anwachsen zu 15 (Don. 75,7) vor dem 24. September stattfinden sollte.[311]

Wenn man jedoch Donats weitere Angaben zum Anwachsen bzw. Schrumpfen rechnerisch überprüft,[312] erkennt man, dass, wenn zum Winterhalbjahr hin jeden Samstag eine *chora* addiert wird, die Zahl 25 problemlos erreicht wird. Zum Sommerhalbjahr hin ergibt sich jedoch das Problem, dass eine Subtraktion an jedem Samstag rechnerisch zwar die Zahl zwölf ergeben würde, dass Donat aber offenbar nicht von einer Subtraktion an jedem, sondern an jedem zweiten Samstag spricht, die (annähernd korrekt) die Zahl 15 ergibt. Donat differenziert das Anwachsen und Schrumpfen nämlich durch die Angabe, dass zum Winterhalbjahr hin *per alium sabbatum* (also jeden Samstag) eine *chora* zu ergänzen ist, dass zum Sommerhalbjahr hin aber *per alterna sabbata* eine abzuziehen wäre, also offensichtlich jeden zweiten Samstag (was würde sonst die Änderung *alium – alterna* anzeigen?). Donat

---

**308** MUSCHIOL, Famula Dei, 117 Anm. 216: „Beim Wachsen des *cursus* zählt Donatus für den ersten Samstag fünf *chorae* hinzu und erhält zwanzig. Dann kann er aber nicht von ursprünglich zwölf *chorae* ausgegangen sein, sondern muß zu irgendeinem Zeitpunkt bereits drei *chorae* addiert haben. Bei der Abnahme des *cursus* zum Sommer hin gibt es diese „Rechenprobleme" nicht." Dass ein ‚Rechenproblem' allerdings auch bei der Abnahme besteht bzw. zu berücksichtigen ist, wird das Folgende zeigen.

**309** MOYSE, Les origines, 407f. (auf diese Erwähnung bin ich erst nach Abfassung des Aufsatzes „Elegi pauca e plurimis" gestoßen, weshalb Moyse dort zum meinem großen Bedauern noch nicht berücksichtigt wurde).

**310** Die Addition von „fünf" *chorae* wird indirekt auch in Don. 75,6 und 75,9 durch die Nennung der Zahl Fünf bestätigt.

**311** DE VOGÜE vermerkt in seiner Edition ad locum (309) lediglich: „On ignore ce qui se fait après l'équinoxe de printemps (25 mars), comme avant celui d'automne (24 septembre)."

**312** Vgl. dazu ausführlicher ZIMMERL-PANAGL, Elegi pauca e plurimis, 230–235.

fügt außerdem in 75,9 begründend hinzu, dass für die Zeit der Abnahme ein längerer Zeitraum zur Verfügung steht, was wohl betont, dass die Abnahme langsamer vorangehe als die Zunahme, woraus er in 75,10 folgert: *ideo per a l t e r n a  sabbata singulae decidant chorae.* Damit spricht rechnerisch viel für die Zahl 15 und für die bereits von Moyse vorgeschlagene Korrektur. Eine optische Verwechslung der Zahlzeichen XII (Don. 75,11) und XV ist sehr leicht denkbar[313] (passiert ist sie an anderer Stelle etwa auch in *K* im auf Col. coen. fußenden Nonnenregel-Fragment, vgl. die Edition in vorliegendem Band, Frg. I 6).

Fraglich bleibt aber, ob Donat einen Grund hatte, von Columbans Zahl abzuweichen, ob Donat ungenau war, oder ob vielleicht sogar ein Stück Text fehlt (der Abschnitt ist weitgehend ohne Vorlage formuliert, so dass etwa im Falle eines Irrtums oder gar Textausfalles nicht so einfach von einem Schreiber korrigiert werden konnte, wie etwa zu Kapitel 48, wo das fehlende Stück auch aus dem Benedikt-Text, der Vorlage dieses Abschnittes, ergänzt werden konnte).

Interessant und vielleicht sogar in der textkritischen Frage hilfreich erscheint ferner die über Columban hinausgehende Angabe in 75,5 zu den Märtyrer-Vigilien: *et post hiemem quindecim chorae in sanctis martyrum vigiliis.* Diese Angabe bezieht sich auf den Sommer, während alle rund um sie gegebenen Informationen den Winter betreffen. Für den Sommer würde sich damit folgendes Bild ergeben:

> an Wochenenden 12 oder 15 *chorae*, an Wochentagen 8, zu den Märtyrer-Vigilien 15.

Für den Winter dagegen:

> an Wochenenden 25 *chorae*, an Wochentagen 12, zu den Märtyrer-Vigilien keine explizite Angabe.

Dass also für die Märtyrer-Vigilien des Winters keine Angabe gemacht wurde, führt zu folgenden Hypothesen: entweder ist ein Stück Text verlorengegangen (in dem auch vom Sommer die Rede war?), oder die Zahl entspricht der für die Wochenenden oder Wochentage des Winters genannten. Wenn anzunehmen wäre, dass im Winter analog zur Zahl der *chorae* an Wochentagen 12 *chorae* zu den Märtyrer-Vigilien vorgesehen wären, wäre nicht klar, warum es im Sommer (bei kürzeren Nächten) 15 gewesen sein sollten. Daher wäre wohl anzunehmen, dass es im Winter 25 waren, also genauso viele wie an den Wochenenden. Unter dieser Annahme aber stellt sich die Frage, warum Donat für den Sommer explizit erwähnen hätte müssen, dass es 15 seien, wenn diese Zahl ja ohnehin auch den (errechneten) *chorae* an den Wochenenden des Sommers entsprach. Wenn aber für den Sommer die zu Columban analoge Zahl „12" für die *chorae* an den Wochenenden korrekt wäre, wären im

---

[313] Diese Verwechslung ist bei Majuskeln denkbar, aber auch bei der Schreibung in Minuskeln. BISCHOFF, Paläographie, vermerkt 223: „doch ist V karolingisch häufig u". Dieses „u" wiederum ist optisch leicht mit „ii" zu verwechseln; vgl. auch die bei CAPPELLI, Lexicon abbreviaturarum, 418, zum 8. Jh. angeführten Zeichen für die Zahl „5".

Sommer sogar mehr *chorae* an der Märtyrer-Festen als an den Wochenenden auszuführen, womit die Märtyrer-Feste in ihrer Bedeutung – offenbar anders als im Winter – über den Sonntagen stünden.

Da sich aber die Nennung der Zahl der Märtyrer-Vigilien in 75,5 im Kontext der Nennung der Vigilien der Winterzeit findet, stellt sich die Frage, ob ein Fehler in der Überlieferung vorliegt und statt *post hiemem* eher *per hiemem* zu lesen wäre (eine Konjektur, die Clemens Weidmann machte, als ich mit ihm über die Probleme der Passage diskutierte).[314] Der Vorschlag, *per hiemem* zu lesen, führt wiederum zu folgender Überlegung: Würde man unter diesem Aspekt die Angabe für die Winterzeit betrachten, ergäbe sich:

25 *chorae* an Wochenenden, 12 an Wochentagen, 15 bei den Märtyrer-Festen.

Für den Sommer hieße dies dann:

12 oder 15 *chorae* an den Wochenenden, 8 an Wochentagen, keine (Notwendigkeit für) Angaben zu den Märtyrer-Festen.

Lässt dies den Schluss zu, dass das gesamte Jahr über 15 *chorae* an den Märtyrer-Vigilien auszuführen sind und im Sommer die Zahl der Vigilien also mit jener an den Wochenenden gleichzusetzen ist und daher keine Notwendigkeit besteht, diese separat anzugeben? Wäre die Nennung der Zahl für den Winter weiters ein Indiz dafür, dass für das Sommerhalbjahr an Wochenenden eindeutig die Zahl 15 anzunehmen ist, weil an Märtyrer- und Wochenend-Vigilien dieselbe Zahl an *chorae* auszuführen wäre (als Unsicherheitsfaktor ist gegeben, dass die Zuordnung der Zahl der Märtyrer-*chorae* zum Winterhalbjahr ihrerseits auf Basis einer Konjektur erfolgt)? Die Annahme, dass das gesamte Jahr hindurch bei den Märtyrer-Vigilien 15 *chorae* (erwähnenswert nur für das Winter-Halbjahr, weil in diesem weder an Wochenenden noch an Wochentagen 15 *chorae* ausgeführt werden) auszuführen sind, ergibt verbunden mit der zu errechnenden Zahl „15" *chorae* an Wochenenden im Sommer eine Konstellation, bei der zu keiner Zeit die Zahl der ‚Märtyrer-*chorae*' jene der an Wochenenden auszuführenden *chorae* übersteigt und die erklärlich macht, warum die explizite Nennung der Märtyrer nur für eines der beiden Halbjahre notwendig war.

Da also die zu errechnende Zahl der *chorae* an den Sommer-Wochenenden, die Angaben in 75,9 und die Angaben, dass vor der Zunahme im Herbst 15 *chorae* auszuführen sind (75,7) zur Annahme verleiten, dass die Zahl „XV" korrekt ist, soll diese in den Text gesetzt werden (vgl. Moyse, wie o. Anm. 309). Da ferner die Änderung von *post* zu *per* in 75,5 die Angabe zu den Märtyrer-Vigilien sozusagen nicht mehr aus dem Kontext reißt und ohne erkennbaren Grund auf das Halbjahr bezieht, von

---

**314** Zwar lässt sich *post* nach Beobachtungen von LÖFSTEDT, Some Changes, 352f., in der Spätantike bzw. auch im merowingisch-fränkischen Raum etwa in der Bedeutung von *apud* finden, jedoch dies eher in possessivem Sinn. Dass *post* seine temporale Bedeutung zu „während" oder Vergleichbarem wechselt, scheint nicht belegbar und schwer denkbar (wie würde es sich von *post* im Sinne von „nach" unterscheiden?).

dem zu diesem Zeitpunkt nicht die Rede ist, soll auch *per* vorgeschlagen werden. Damit ergibt sich eine inhaltlich logisch gegliederte Abfolge des Kapitels: 75,3–5 Angaben zum Winter; 75,6f. Angaben zum Anwachsen der Zahl, 75,8 leitet über vom Winter zum Schrumpfen der Zahl, das in 75,9f. beschrieben wird; 75,11–13 bezieht sich auf den Sommer.

Auch wenn all diese Überlegungen dafür sprechen, in 75,11 (wie auch Moyse vorgeschlagen hat) die Zahl „15" zu setzen, möchte ich dennoch festhalten, dass mir keine liturgische Tradition dieser Zeit bekannt ist, in der „15" Anwendung fand. Die für Columban bezeugten 12 *chorae* stehen durchaus in langer Tradition, die sich auch bei Cassian für das ägyptische Mönchtum nachweisen lässt.[315] Bedenkt man aber, dass sich Donat sprachlich in diesem Abschnitt doch auffällig von seinem Vorbild (Columban) gelöst hat, könnte dies freilich auch ein Hinweis dafür sein, dass er dies auch aus inhaltlichen Gründen tat.

**75,7 quod**: dieses Wort könnte an dieser Stelle kausal/modal zu verstehen sein.

**75,9 a fine** hiemis usque ad aequinoctium veris: überliefert ist *ad finem hiemis*, die Korrektur stammt von Clemens Weidmann und wurde von Michaela Zelzer befürwortet[316] (vgl. auch *ad* statt *a* oben 19,2, dort in *M* von später Hand korrigiert). *Ad finem hiemis* wäre unter Umständen verständlich als „am Ende des Winters".[317] Hernach folgt aber die Angabe *usque ad aequinoctium veris*, was bedeuten würde, dass *ad* unmittelbar hintereinander unterschiedliche Funktionen hätte („am Ende ... bis zum ...").

**75,11 quindecim** (XV): vgl. die Argumentation oben zu Don. 75,2–13.

**75,11 sanctarum** noctium: überliefert ist *sanctorum*, seit Holstenius zu *sanctarum* korrigiert. Donat hat das Wort *nox* sonst offenbar als Femininum behandelt[318] (vgl. 34,4 *nocte dominica*; 75,8 *duabus supradictis noctibus*), so dass die Form *sanctorum* aufgrund eines Irrtums in Zusammenhang mit der Genitiv-Plural-Endung erklärbar wäre. Da sich freilich bei den Formen von *sanctus* sehr häufig Kürzungen finden, kann allerdings auch nicht ausgeschlossen werden, dass ein Irrtum darin begründet ist; es könnte aber auch durch einen irrtümlichen Gedanken an die Feier ‚der Heiligen' beeinflusst sein (gemeint sind aber, wie hernach folgt, Samstag und Sonntag).

---

315 Vgl. dazu etwa DE VOGÜÉ, Les offices nocturnes, der allerdings nicht auf die mögliche Abweichung Donats eingeht.

316 Allerdings sprach sie sich für *ab fine* aus, vgl. K. und M. (†) ZELZER, Zu Überlieferung und Textgestaltung, 45: „der Fehler *ad finem* belegt eine alte *b/d*-Verwechslung, da man klar verständliches *a fine* kaum zu *ad finem* verlesen hätte", was kein zwingendes Argument darstellt (derartige und ähnliche Versehen passieren immer wieder, vgl. oben den Hinweis auf Don. 19,2) und wogegen sich einwenden lässt, dass für Donat in seiner Regel *ab* konsequent nur vor Vokalen überliefert ist.

317 Vgl. ThlL I,557, lin. 5–12 mit Beispielen wie Cic. epist. 3,7,2 *ad hiemem*.

318 Bei STOTZ, Handbuch 4, p. 148 (§ 74.3), findet sich der Hinweise, dass „etliche Imparisyllaba mit einsilbiger Nennform" (nämlich der 3. Deklination) maskulin statt feminin gebraucht wurden, jedoch dort kein Beleg für *nox* (Stotz verweist auf: *frons, hiems, nix, mens, pars, laus, vis, lis, sponte*).

**75,12/13:** gegenüber den bisherigen Editionen schlage ich eine Änderung der Interpunktion vor.[319] Die Information von 75,13 ergibt nämlich inhaltlich nichts wesentlich Neues (der Satz löst die Angabe der Zahl der *chorae* in eine Angabe der Zahl von Psalmen auf, wie sie auch bei Columban zu finden ist), und es hat den Anschein, als würde die Erläuterung am Ende von 75,12 (*id est per sex menses*) nicht in 75,12 enden, sondern 75,13 mit dem Vorhergehenden syntaktisch verbinden. Daher erscheint nicht angebracht, nach *menses* einen Punkt zu setzen (an dieser Stelle findet sich auch kein Interpunktionszeichen in *M*).

**75,14** in omni loco et opere silentii regula magnopere **custodire** censetur, ut ... mundemur vitio: für die Quelle (Col. coen. 15) ist zwar der passive Infinitiv überliefert (so auch Prischl und Michaela Zelzer für Donat), doch auch der aktive bezeugt, nämlich in der Handschrift Paris, BN Lat. 4333B (jedoch nicht in *M*; da es sich um eine Stelle aus der längeren Fassung von Col. coen. handelt, stehen die Handschriften der kürzeren Fassung für einen Vergleich nicht zur Verfügung). Beachtenswert erscheint, dass die Lesart *custodire* in *M* auch für das auf Col. coen. fußende Fragment der Nonnenregel (37; dort später korrigiert zu *custodiri*) überliefert ist. Das Fragment und Donat schöpfen aus einer ähnlich lautenden Vorlage, wie an einigen weiteren Stellen zu ersehen ist (vgl. dazu unten die Einleitung zum Fragment in vorliegendem Band). Der aktive Infinitiv kann gehalten werden und gibt dem Satz den Sinn, dass die *regula silentii* (als ‚tätiges' Subjekt dieses Satzes) ihrerseits Sorge dafür trage, dass man vom Übel frei bleibe. Es ist allerdings nicht möglich, mit Sicherheit auszuschließen, dass für Donat (und das Nonnenregel-Fragment) hier eine e/i-Vertauschung vorliegt (vgl. oben p. 64 und öfter); Don. 49,1 (Quelle ist Col. mon. 2) *silentii regula diligenter custodienda decernitur ...* ließe sich als Argument für *custodiri* werten.

**75,16 aedificationemque** (aedificationi|que *M*) potius proximorum sive proximarum, pro quibus salvator noster Iesus sanctum effudit sanguinem, **quam** (quem *M*) dilacerationem absentium in pectore **conceptam** et (concepta. Et *M*) quam otiosa passim verba ore promamus, de quibus iusto (iuxto *M*) sumus **retributori** (retributorem *M*) rationem redituri: in *M* finden sich zu diesem Satz auffällig viele Fehler bzw. Abweichungen gegenüber dem Text von Donats Vorlage (Col. coen. 15); war die Vorlage von *M* an dieser Stelle vielleicht schlecht lesbar oder beschädigt? Es hat den Anschein, als hätte auch der Schreiber von *M* den Text nicht (oder gänzlich anders?) verstanden.[320] Den Dativ *aedifiactionique* könnte man in *M* vielleicht als Dativus

---

319 Vgl. auch ZIMMERL-PANAGL, Elegi pauca e plurimis, 235.

320 Möglich, dass er den letzten Abschnitt *et quam otiosa ...* als klagenden Ausruf verstand: „und welch müßige/unnütze Worte bringen wir hervor, über die wir Rechenschaft ablegen müssen"; wie *retributorem* in diesem Zusammenhang syntaktisch einzupassen wäre, ist nicht klar. Interessant ist aber, dass auch in der mit dem Donat-Text oft enger verwandten Handschrift Paris, BN Lat. 4333B zum Quellentext, Col. coen. 15, der Akkusativ *tributorem* zu finden ist, allerdings verschoben in den nächsten Satz. Vielleicht ein Indiz, dass der Akkusativ auch in Donats Quelle stand?

finalis („zur Erbauung"?) verstehen, und *quem* erklärt sich aus einem irrtümlichen Bezug auf *sanguinem*. Rätselhaft ist jedoch, wie die folgenden Worte *dilacerationem absentium in pectore concepta* verständlich wären (dem vermeintlichen Relativ-Satz würde das Prädikat fehlen). Auch dann, wenn man *concepta* parallel zu *otiosa* auf *verba* beziehen würde, ließe sich *dilacerationem* kaum sinnvoll in den Text einpassen. Der Text in *M* präsentiert sich also unverständlich.

**76,tit.:** zur Zählung LXXV in *M(ac.)* vgl. oben pp. 78f. sowie ausführlicher Zimmerl-Panagl, Unbeachtete Quellen.

**76,6** a kalendis autem **Septembris:** in *M* (so auch in allen Editionen und in Michaela Zelzers Texterstellung) findet sich *februarii*. Stattdessen erscheint aus inhaltlichen Gründen *septembris* korrekt, was auch Hope Mayo überlegt, in ihrer Edition des Textes aber *februarii* belassen hat.[321] Donat gibt – beginnend mit Ostern – für den gesamten Jahresverlauf die Fastenregeln an. Die erste Hälfte des Kapitels (1–5) bezieht er aus Ben. 41,1–5 (Sommerhalbjahr von Ostern bis Pfingsten und von Pfingsten bis September [vgl. Ben. 41,6]), die zweite Hälfte aus Caes. 67 (Winterhalbjahr von September bis November, Advent- und Weihnachtszeit bis Quadragesima), um dann wieder zu Ben. 41,7f. zurückzukehren (Fastenzeit bis Quadragesima).[322] Nach dem für Donat handschriftlich überlieferten und bisher edierten Text hätte Donat allerdings diese chronologische Ordnung grundlos unterbrochen und auf Angaben von September bis November Angaben für F e b r u a r bis November folgen lassen; er hätte also die bei Benedikt und Caesarius vorgegebene Ordnung durchbrochen und eine inhaltliche Doppelung vorgenommen. Als Hauptkritikpunkt erscheint mir, dass er sich eigentlich selbst widersprechen würde: In 76,1–5 erläutert er die Vorschriften für das Sommerhalbjahr von Ostern an und vermerkt u. a., dass von Ostern bis Pfingsten t ä g l i c h gegessen werden darf (was aus der Angabe, dass die Schwestern in dieser Zeit zur sechsten Stunde und am Abend speisen sollen, zu schließen ist), von Pfingsten an den gesamten Sommer über jedoch am vierten und sechsten Wochentag bis zur neunten Stunde gefastet werden soll (vgl. 76,2). In 76,6 beginnt der überlieferte Text aber mit der Angabe, dass vom 1. Februar bis 1. November am zweiten, vierten und sechsten Tag gefastet werden müsse, was mit den zuvor gemachten Angaben zur Zeit nach Pfingsten und besonders mit den Angaben für die Osterzeit bis Pfingsten nicht in Einklang steht. Es könnte also sein, dass der Schreiber von *M* oder eine seiner Vorlagen die Monatsangabe September mit Februar verwechselt hat, was bei Vorliegen von Kürzungen und Verwechslung von „s" und „f" (*sept./*

---

**321** Auch wenn Mayo, Three Merovingian Rules 1, 164 schreibt: „To resolve the contradiction in the text, February must be emended to September", unterlässt sie die Korrektur in ihrer Edition. – De Vogüé macht in seiner Donat-Edition (311) in knappen Worten auf die Änderung Donats (Februar) gegenüber Caes. (September) aufmerksam und meint abschließend: „Peut-être le ms. est-il en faute", ändert aber den für Donat überlieferten Text nicht.
**322** Offenbar hat die genauere Einteilung für das Winterhalbjahr bei Caesarius den Ausschlag gegeben, für die zweite Hälfte des Kapitels Caes. gegenüber Ben. den Vorzug zu geben.

*feb.*) leicht möglich erscheint. Dieser Verdacht erhärtet sich durch folgende Beobachtung: Der Monatsname Februar ist in *M* im Kapitel zuvor mit *feb.* abgekürzt worden, in 76,5 allerdings mit *febs.*; das Schluss-s ist auffällig und stellt vielleicht ein Indiz dar, dass *Septembris* (also *sept.*?) zugrunde lag.

**76,8 epiphania**: vgl. oben 68.

**76,10 lumen** ... non indigeant: zu *indigeo* mit Akkusativ vgl. ThlL VII,1,1175. Das Wort *lumen* ist in *M* in Kürzung überliefert (*lum̄*), die prinzipiell auf den Akkusativ hinweist (dieser ist auch für die Quelle, Ben. 41,8, und zwar auch für die mit Don. verwandten Handschriften, überliefert). Denkt man jedoch beispielsweise an die Kürzung *nom̄*, die sowohl Akkusativ als auch Ablativ repräsentieren konnte,[323] ist fraglich, ob auch Donat bzw. seine Zeit die Kürzung *lum̄* als Ablativ auffassen hätte können. Siehe auch oben zu 10,6 *crim̄* (das offenbar für *crimine* steht) und 23,6 *confession̄* (das auf *confessione* weist). Anlass, für Donat den Ablativ *lumine* anzunehmen, besteht jedoch nicht.

**77,tit.**: zur Zählung LXXXI in *M(ac.)* vgl. oben pp. 78f. sowie ausführlicher Zimmerl-Panagl, Unbeachtete Quellen.

**77,1** nulla ex vobis carnali affectu aut pro natalibus aut pro facultatibus aut pro parentela **aliqua** minus efficacem fieri **velle**: gegenüber Caesarius (*aliquam* statt *aliqua* sowie *velit* statt *velle*) erscheint der Text verändert. Es lässt sich aber nicht mit letzter Sicherheit ausschließen, dass auch *aliqua* (bezogen auf *parentela*) bereits in Donats Vorlage gestanden sein könnte (in *M* ist dies nämlich auch die Lesart im Quellentext, Caes. 61,1; zu auffälligen Berührungspunkten zwischen Caes. und Don. in *M*, die nahelegen, dass Don. eine ähnliche Textform von Caes. vorgelegen sein könnte, wie sie sich für Caes. in *M* präsentiert, vgl. etwa Don. 53,1.8 oder 53,7) bzw. dass Donat es verlesen hat; da der Fehler aber auch in der Überlieferung leicht passiert sein kann, lässt sich wie an so vielen anderen Stellen letzte Sicherheit nicht mehr gewinnen. Michaela Zelzer hielt für angebracht, wie Holstenius und Prischl zu *aliquam* und *velit* zu korrigieren. Bezüglich des Infinitivs *velle* könnte de Vogüés Überlegung, es handle sich um einen Infinitivus prohibitivus,[324] das Richtige treffen.[325] Blickt man auf die Überlieferungssituation der Vorlage (Caes. 61,1), findet man *velit* dort in *C*, in *M* aber *vellit* (das zu *velit* korrigiert wurde), und *vellet* in *B*. Es kann also sein, dass Donat eine Form mit Doppel-l vorgefunden und *velle* geschrieben hat (zu *non ... velle* vgl. auch Don. 3,62 [= Ben. 4,62], dort allerdings in einem breiten Kontext von Infinitiven, die gedanklich abhängig sein können von *quae sunt instrumenta bonorum*, zwischen denen sich aber 3,9 bzw. 41–43 auch Konjunktiv-Formen des Gebotes finden). Vielleicht deutet die Form aber auch auf *vellet*/*velit* wie in den Caesarius-Handschrift hin?

---

323  Vgl. Lindsay, Notae Latinae, p. 138.
324  Vgl. etwa Hofmann – Szantyr, Lateinische Syntax, p. 366[3.4] (§ 200/b).
325  Vgl. de Vogüé, La règle de Donat, 312.

**77,4** cum **grande** fiducia: vgl. zu Don. 12,2.

**77,7** vel pro parentela seu pro **qualibet** condicione **subiectionis** vel familiaritatem **pontificis** huius civitatis habere voluerit: der für Donat überlieferte Text unterscheidet sich vom ediert vorliegenden Text seiner Quelle (Caes. 64,1): *quolibet* statt *qualibet*, *subiectionis* statt *subiectionem*, *pontificis* statt *pontifici*. Die Genitive *subiectionis* (Michaela Zelzer hielt für Don. die Korrektur zu *subiectionem* für angebracht) und *pontificis* bezeugt *M* auch für die Quelle (dort *subiectiones* früh – offenbar schon von der Schreiberhand – zu *-nis* korrigiert; es ist wenig wahrscheinlich, dass der Schreiber von *M* sowohl bei Caes. 64,1f. als auch bei Don. 77,7 den Satz beide Male grundlegend missverstanden hat; zu auffälligen Parallelen zwischen Caes. und Don. in *M* vgl. abermals etwa auch oben zu Don. 53,1.8; 53,7 und öfter, vgl. o. Anm. 285). *Qualibet* ist für Caes. in den heute bekannten Handschriften einheitlich überliefert. Dass *quolibet* aus Unachtsamkeit oder vielleicht lautlich durch vorhergehendes *pro* beeinflusst passiert ist und eigentlich *qualibet* geheißen hat, kann nicht ausgeschlossen werden; denkt man aber daran, dass im Spät- und Mittellatein maskuline Formen von *qui* statt femininer auftreten können (vgl. zu Don. 55,5, überliefert ist dort: *utilitatibus quos*) bzw. dass es Unschärfen der Synesis des Genus gab,[326] kann die Emendierung nicht ohne Unsicherheit erfolgen. – Gegenüber dem edierten Caesarius-Text ergeben sich inhaltliche Unterschiede: Caesarius meint, dass man nicht aufgrund von *parentela* oder irgendeinem anderen Umstand Unterwerfung oder ‚Vertrautheit'/Verbundenheit dem *pontifex* gegenüber anstreben solle; der für Donat überlieferte Text verschiebt die Nuancen und drückt aus, dass man nicht aufgrund von *parentela* oder irgendeiner anderen ‚Art' von Unterstelltsein sogar ‚Vertrautheit' mit dem *pontifex* anstreben soll (das zweite *vel* wäre somit steigernd; vgl. dazu oben Don. 37,9). Die in *M* auch für Caes. bezeugten Varianten zeigen, dass Donat den Satz in dieser Form – in seiner Aussage sicher keineswegs ‚besser' als der von Caesarius wohl anders verfasste Text – vorgefunden haben kann. Freilich darf nicht übersehen werden, dass sich auch zuvor immer wieder Wörter gefunden haben, bei denen (vielleicht auch aufgrund von e/i-Vertauschung?) Casus-Verwechslungen vorliegen (vgl. etwa 75,16 und öfter), so dass allerletzte Sicherheit auch in diesem Fall nicht mehr zu gewinnen ist (vgl. auch DE VOGÜÉ in seiner Edition, p. 313, ad locum: „texte et sens problématiques", wenn auch ohne nähere Bemerkungen).

**77,10 minae**: vgl. oben Anm. 156.

**77,11 neglegentia**: vgl. oben p. 64.

**Explicit-Vermerk**: vgl. oben p. 10f.

---

326 Vgl. STOTZ, Handbuch 4, pp. 361ff.

# 4 Zur vorliegenden Edition

## 4.1 Kennzeichnung der Quellen und Quellenapparat

In vorliegender Edition findet sich am Rand des Textes angegeben, nach welchem Quellenautor (CAES., COL. oder BEN.) Donat den betreffenden Textabschnitt gestaltet hat. Die exakte Stelle ist im Quellenapparat genannt.

Wörtlich übernommene Abschnitte bzw. Abschnitte, die nur geringe Modifizierungen aufweisen, sind durch kleine **Häkchen im Text** gekennzeichnet (⌐ ... ¬). Ist ein Kapitel aus mehreren Einzelstellen zusammengesetzt, kennzeichnen die Häkchen den Beginn und das Ende dieser Einzelstellen, auch wenn diese vom selben Autor stammen (am Rand von Kapitel 1 beispielsweise findet sich nur einmal die Autorenangabe BEN., obwohl mehrere durch Häkchen gekennzeichnete Einzelstellen aus der Benedikt-Regel verbunden wurden). An die Quellen inhaltlich lediglich vage angelehnte Stellen sind nicht durch Häkchen gekennzeichnet, jedoch wird im Quellenapparat auf die inhaltliche Parallele verwiesen. In einigen Fällen ist nicht klar zu entscheiden, ob eine inhaltliche Anlehnung oder eine modifizierte Übernahme einer Quellenstelle vorliegt, was die Kennzeichnung erschwert; die Kennzeichnungen sind als Orientierungshilfe zu verstehen.

**Einträge im Quellenapparat**: Der Quellenapparat gibt zuerst an, um welche Vorbild- oder Parallelstelle es sich handelt, und listet hernach gegebenenfalls die Unterschiede zum Donat-Text auf. Wenn Donat von seinem Quellentext abweicht, findet sich die Lesart der Quelle im Quellen-Apparat dokumentiert, z. B. Don. 1,4: instructam] doctum bedeutet, dass Donat *instructam* anstatt des für Benedikt an dieser Stelle überlieferten *doctum* gewählt hat.

Das Zeichen „+" im Quellenapparat bedeutet, dass im Quellentext ein Wort oder mehrere Wörter folgen, die Donat nicht übernommen hat, z. B. Don. 4,4: reddituras] + esse zeigt an, dass in Donats Quelle, Caesarius, an dieser Stelle *reddituras esse* zu finden ist.

Wenn sich Donats Lesarten zwar nicht im edierten Text seiner Quelle, aber als Überlieferungsvarianten zu seinen Quellentexten finden, werden diese Varianten durch *vl.* (*varia lectio*) gekennzeichnet in Klammer angegeben: z. B. Don. 1,7 cupit eradere. Eintrag im Quellenapparat: eradere cupit (cupit eradere *vl.: O V S M W H₁₋₃*) – das bedeutet, dass der erstellte Original-Text der Quelle, Benedikt, hier *eradere cupit* lautet, dass aber in Handschriften die Variante *cupit eradere* zu finden ist und Donat diese unter Umständen als den Text seiner Quelle kennengelernt hat. Wenn es sich dabei um für den Donat-Text ‚relevante' Vergleichshandschriften handelt, sind diese, wie im angeführten Beispiel, genannt. Dies bedeutet aber nicht, dass die Variante ausschließlich in den genannten Codices auffindbar ist, sondern sie kann auch noch in anderen Handschriften der Quelle zu finden sein.

Zu **BEN.** wurden folgende Handschriften berücksichtigt: *A OVSMW H₁₋₃* (vgl. den die Regula Benedicti betreffenden Abschnitt in dieser Einleitung oben pp. 23ff.); zu **COL.** coen.: *G L* (als Vertreter der kürzeren Fassung der Coenobial-Regel) sowie *C Par* (als Vertreter der erweiterten Fassung; vgl. Näheres oben pp. 20f.); für **CAES.** wurden die drei wesentlichen Handschriften (*B C M*) berücksichtigt, wurden diese drei berücksichtigt (vgl. oben, pp. 13f.). – Wenn der Fall eintrat, dass eine Lesart Donats nicht in den zum Vergleich heranzuziehenden Handschriften, jedoch in anderen zu finden ist, wurde dies (um den Apparat nicht mit weiteren Siglen zu überfrachten) allgemein mit *vl.* oder *nonnull.* gekennzeichnet.

Ziel des Quellenapparates ist kein lückenloser Vergleich der handschriftlichen Varianten des Quellentextes mit dem Donat-Text. Das heißt, dass Sonderfehler der mit Donat verwandten Handschriften, wenn diese nicht auch bei Donat zu finden sind, im Quellenapparat nicht angezeigt werden, weil sie offenbar eine von der Vorlage des Donat-Textes unabhängige Entwicklungsstufe des Quellentextes anzeigen. Für einen lückenlosen Vergleich mit allen Lesarten des Quellentextes ist somit auf die jeweiligen kritischen Editionen der Quellen zu verweisen.

Es sei vermerkt, dass die **Handschriften-Sigle *M*** für Don. und Caes. den Münchener Codex Regularum (Clm 28118) bezeichnet, dass aber WALKER für dieselbe Handschrift für die Columban-Regeln die Sigle *C* vergeben hat, weshalb diese auch im Quellenapparat für Col. übernommen wurde. Zu Ben. ist der Münchener Codex Regularum in vorliegendem Quellenapparat nicht dokumentiert (seine Textform entspricht weitgehend jener durch *A* repräsentierten Textklasse, die mit Donats Text nicht verwandt ist); betont sei, dass die zu Ben. zitierte Handschrift *M* einen anderen Codex bezeichnet, nämlich die Handschrift Trier, Stadtbibliothek 1245 (vgl. die Edition von HANSLIK, CSEL 75).

Maskuline Bezeichnungen, die Donat zu femininen Formen geändert hat (z. B. *abbatissa* statt *abbas*; *soror* statt *frater* oder feminine statt maskuliner Endungen von Adjektiven, Pronomina etc.), sind im Quellenapparat nicht gesondert ausgewiesen, weil sie logisch erschließbar sind.[327]

Vom Quellenapparat wurde mitunter mit einem **Pfeil (↓)** auf den textkritischen Apparat verwiesen bzw. vice versa (↑). Dies geschieht u. a. an Stellen, wo die handschriftliche Überlieferung (oder eine der Editionen, oft *h*) des Donat-Textes eine Variante bietet, die sich auch in der Überlieferung des Quellentextes findet (es soll damit aber nicht gesagt werden, dass manche dieser gemeinsamen Varianten nicht auch unabhängig voneinander passiert sein können, etwa bei Vertauschungen von e/i o. Ä., jedoch soll auch auf diese zumindest verwiesen sein).

---

327 Änderungen zur femininen Form sind dann allerdings angezeigt, wenn es sich um lexikalische Änderungen handelt, etwa in folgenden Fällen: Don. 1,16 alius (Ben.)] altera (Don.); 8,5 abbas (Ben.)] ipsa (Don.); 12,10 und 53,2 abbati (Ben.)] matri (Don.) bzw. 66,7; 72,1 und 73,2 abbas (Ben.)] mater (Don.); 13,5 sowie 66,1.2 abbas (Ben.)] senior (Don.).

## 4.2 Abkürzungen

CPPM        Clavis patristica pseudepigraphorum medii aevi, cura et studio I. Ma-
            chielsen, Turnhout 1990–1994 (CCSL)
Vulg.       Vulgata

### 4.2.1 Im textkritischen und quellenkritischen Apparat

*ac.*          ante correctionem
*add.*         addidit (addiderunt)
*approb.*      appbrobavit/approbante
*ar.*          ante rasuram
*cf.*          confer
*cod(d).*      codex/codices/codice/codicibus
*coniec.*      coniecit
*corr.*        correxit (correxerunt)
*distinx.*     distinxit (distinxerunt)
*fort.*        fortasse
*iter.*        iteravit (iteraverunt)
*mp.*          manu(s) posterior(e)
*om.*          omisit (omiserunt)
*pc.*          post correctionem
*praem.*       praemisit (praemiserunt)
*prop.*        proposuit (proposuerunt)
*suppl.*       supplevit (suppleverunt)
*tr.*          transposuit (transposuerunt)
*uv.*          ut videtur
*vl.*          varia(e) lectio(nes)

*              ein Asterisk im Text markiert eine Konjektur, ein Asterisk im Apparat
               eine möglicherweise korrekte varia lectio

*scripsi* und ähnliche Angaben in der ersten Person sowie *V.Z.-P.* beziehen sich auf
               die Herausgeberin,
*Zelzer* kennzeichnet von Michaela Zelzer vorgeschlagene Konjekturen oder von ihr
               bevorzugte Lesarten

## 4.2.2 Regeltexte

| | |
|---|---|
| Aurelian. reg. mon. | Aurelianus Arelatensis, Regula ad monachos (ed. A. SCHMIDT, Studia monastica 17 [1975]) |
| Aurelian. reg. virg. | Aurelianus Arelatensis, Regula ad virgines (PL 68, 399–406) |
| Ben. | Benedicti Regula (ed. R. HANSLIK, CSEL 75) |
| Caes. | Caesarius Arelatensis, Regula ad virgines (ed. A. DE VOGÜÉ, SC 345) |
| Col. coen. | Columbanus, Regula coenobialis (ed. G.S.M. WALKER) |
| Col. mon. | Columbanus, Regula monachorum (ed. G.S.M. WALKER) |
| Ps.-Col. = Frg. I | Pseudo-Columbanus, Regula monialium (ed. V. ZIMMERL-PANAGL im vorliegenden Band, pp. 235–238) |
| Frg. II | (Pseudo-Columbanus, Regula monialium) De accedendo ad deum … (ed. V. ZIMMERL-PANAGL in vorliegenden Band, pp. 239f.) |
| ConcR | Benedictus Anianensis, Concordia Regularum (ed. P. BONNERUE, CCCM 168A) |
| Fruct. reg. comm. | Fructuosus, Regula communis (PL 87, 1109–1127) |
| Fruct. reg. mon. | Fructuosus, Regula monachorum (PL 87, 1097–1109) |
| Reg. cuiusdam mon. | Regula cuiusdam patris ad monachos (ed. F. VILLEGAS, Revue d'Histoire de la Spiritualité 49 [1973]) |
| Reg. cuiusdam virg. | Regula cuiusdam ad virgines (PL 88, 1053–1070) |
| Reg. Ferriol. | Regula Ferrioli (ed. V. DESPREZ, Revue Mabillon 60 [1981]) |
| Reg. mag. | Regula magistri (ed. A. DE VOGÜE, SC 105/106) |
| Reg. orient. | Regula orientalis (ed. A. DE VOGÜE, SC 298) |
| 2 Reg. patr. | Regula patrum secunda (ed. A. DE VOGÜE, SC 297) |
| Reg. Paul. Steph. | Regula Pauli et Stephani (ed. Dom J. E. M. VILANOVA) |
| Reg. Tarnat. | Regula Tarnatensis (ed. F. VILLEGAS, RBen 84 [1974]) |

# Literaturverzeichnis

## Texteditionen und Übersetzungen:

BONNERUE, P. (ed.), Benedicti Anianensis Concordia regularum, Turnhout 1999 (CCCM 168/168A).

BOON, A. (ed.), Pachomiana Latina, Règle et Épitres de S. Pachome, Épitre de S. Théodore et «Liber» de S. Orsiesius, Texte latin de S. Jérôme. Appendice: La Règle de S. Pachome, Fragments coptes et Excerpta grecs, ed. par L. Th. LEFORT, Louvain 1932.

DESPREZ, V., La Regula Ferrioli, Revue Mabillon 60 (1981), 117–148.

DUPONT, V. – DE SEILHAC, L. (trad., comm.), Règle de Donat, in: Règles monastiques au féminin, trad. introd. et notes par L. DE SEILHAC, M. B. SAÏD, en collaboration avec M. BRAQUET, V. DUPONT, préface par A. DE VOGÜE, Abbaye de Bellefontaine 1996, 97–176.

HANSLIK, R. (ed.), Benedicti Regula, ed. altera emendata, Wien 1977 (CSEL 75).

HAUSCHILD, K. – DIEM, A., Donatus von Besançon, Nonnenregel, übertragen von K. H. und eingeführt von A. D., St. Ottilien o.J. [erschienen 2014].

LINDERBAUER, B. (ed., comm.), S. Benedicti Regula monachorum, hrsg. und philologisch erklärt von B. L., Metten 1922.

MAYO, H., Three Merovingian Rules for Nuns, Diss. Harvard, 2 Bde., Cambridge 1974.

MCNAMARA, J. A. – HALBORG, J. (trad., comm.), The Rule of Donatus of Besançon, transl. by J. A. MCNAMARA – J. HALBORG, Peregrina Translations Series 5, 31–73.

VANDERHOVEN, H. – MASAI, F., avec la collaboration de P. B. CORBETT, La Règle du Maître. Edition diplomatique des manuscrits Latins 12205 et 12634 de Paris, Bruxelles-Paris 1953.

VILLEGAS, F., La «Regula monasterii Tarnatensis». Texte, sources et datation, RBen 84 (1974), 7–65.

VILANOVA, Dom J. Evangelista M., Regula Pauli et Stephani, edició crítical i comentari, Abadia de Montserrat 1959.

DE VOGÜE, A. (ed., trad.), La Règle du Maître, 2 Bde., Paris 1964 (SC 105/106).

DE VOGÜE, A. (ed., comm.), La règle de Donat pour l'abbesse Gauthstrude, Benedictina 25 (1978), 219–313 (einige Errata korrigiert in: «Lectiones sanctas libenter audire». Silence, lecture et prière chez saint Benoit, Benedictina 27 [1980], 11–25, hier: 11 Anm. 1).

DE VOGÜE, A. (ed., trad.), Les Règles des saints Pères, 2 Bde., Paris 1982 (SC 297/298).

DE VOGÜE, A. – COURREAU, J. (ed., trad.), Césaire d'Arles, Œuvres monastiques, tom. 1, Œuvres pour les moniales, introd. texte crit., trad. et notes par A., Paris 1988 (SC 345).

DE VOGÜE, A., Saint Colomban. Règles et Pénitentiels monastiques, introd., trad. et notes par A. DE V., Abbaye de Bellefontaine 1989.

WALKER, G. S. M. (ed.), Sancti Columbani Opera, Dublin repr. 1970 (Scriptores Latini Hiberniae 2).

## Zur lateinischen Sprache:

### a Handbücher und Grammatiken:

HOFMANN, J. B. – SZANTYR, A., Lateinische Syntax und Stilistik, München 1965 (Handbuch der Altertumswissenschaft II.2.2).

KÜHNER, R. – HOLZWEISSIG, F., Ausführliche Grammatik der lateinischen Sprache, Erster Teil, unveränderter Nachdruck der 2. Auflage Hannover 1966.

KÜHNER, R. – STEGMANN, C., Ausführliche Grammatik der lateinischen Sprache, Satzlehre, Erster Teil, dritte Auflage durchgesehen von A. THIERFELDER, Leverkusen 1955.

LEUMANN, M., Lateinische Laut- und Formenlehre, München 1977 (Handbuch der Altertumswissenschaft, II.2.1).

STOTZ, P., Handbuch zur lateinischen Sprache des Mittelalters, 5 Bde., München 1996–2004 (Handbuch der Altertumswissenschaft, II.5.1–5).

#### b Sekundärlitertur zur lateinischen Sprache:

BAEHRENS, W. A., Sprachlicher Kommentar zur vulgärlateinischen Appendix Probi, Halle/Saale 1922.

BONNET, M., Le latin de Grégoire de Tours, Paris 1890.

CORBETT, P. B., The Latin of the Regula magistri with Particular Reference to ist Colloquial Aspects. A Guide to the Establishment of the Text, Louvain 1958.

HOPPE, H. Syntax und Stil des Tertullian, Leipzig 1903.

LÖFSTEDT, E., Philologischer Kommentar zur Peregrinatio Aetheriae. Untersuchungen zur Geschichte der lateinischen Sprache, Uppsala 1911.

LÖFSTEDT, E., Some Changes of Sense in Late and Medieval Latin, Eranos 44 (1946), 340–354.

LÖFSTEDT, E., Late Latin, Oslo 1959.

MANITIUS, M., Zur karolingischen Literatur, Neues Archiv der Gesellschaft für ältere deutsche Geschichtskunde 36 (1911), 43–75.

RÖNSCH, H., Itala und Vulgata. Das Sprachidiom der urchristlichen Itala und der katholischen Vulgata unter Berücksichtigung der römischen Volkssprache, Marburg 1875.

SVENNUNG, J., Untersuchungen zu Palladius und zur lateinischen Fach- und Volkssprache, Uppsala-Leipzig-Paris-Haag 1935.

#### Sonstige Sekundärliteratur:

BARDY, G., Art. Donat (saint), Dictionnaire de Spiritualité Ascétique et Mystique, Doctrine et Histoire 3 (1957), 1573–1577.

BISCHOFF, B., Paläographie des römischen Altertums und des abendländischen Mittelalters, Berlin 1979.

BISCHOFF, B., Katalog der festländischen Handschriften des neunten Jahrhunderts, 2: Laon–Paderborn, Wiesbaden 2004.

CAPPELLI, A., Lexicon abbreviaturarum. Wörterbuch lateinischer und italienischer Abkürzungen, wie sie in Urkunden und Handschriften besonders im Mittelalter gebräuchlich sind, Leipzig, 2. verb. Auflage 1928.

COSTARD, M., Spätmittelalterliche Frauenfrömmigkeit am Niederrhein, Tübingen 2011.

DIEM, A., Das monastische Experiment. Die Rolle der Keuschheit bei der Entstehung des westlichen Klosterwesens, Münster 2005 (Vita regularis, Ordnung und Deutungen religiosen Lebens im Mittelalter, Abhandlungen 24).

DIEM, A., New Ideas Expressed in Old Words: The *Regula Donati* on Female Monastic Life and Monastic Spirituality, Viator 43/1 (2012), 1–38.

DUCHESNE, L., Fastes épiscopaux de l'ancienne Gaule, tome 3 (Les provinces du Nord et de l'est), Paris 1915.

DUPONT – DE SEILHAC: siehe Texteditionen und Übersetzungen

ENGELBERT, P., Regeltext und Romverehrung. Zur Frage der Verbreitung der Regula Benedicti im Frühmittelalter, in: Montecassino dalla prima alla seconda distruzione. Momenti e aspetti di storia cassinese (secc. VI-IX). Atti del II convegno di studi sul medioevo meridionale (Cassino-Montecassino, 27–31 maggio 1984) cur. F. AVAGLIANO, Montecassino (Frosinone) 1987, 133–162.

FABRICIUS, J. A., Bibliotheca latina mediae et infimae latinitatis, cum supplemento Chr. Schoettgenii iam a P. J. D. Mansi ... denuo emendata et aucta ..., tom. 1, Florentiae 1858.

GINDELE, C., Die Satisfaktionsordnung von Caesarius und Benedikt bis Donatus, RBen 59 (1969), 216–236.

GRYSON, R., Répertoire général des auteurs ecclésiastiques latins de l'antiquité et du haut moyen âge, tom. 1, Freiburg 2007.

HANSLIK, R., Regula Donati, in: Studia Patristica 10, Papers presented to the Fifth International Conference on Patristic Studies held in Oxford 1967, ed. F. L. CROSS, Berlin 1970, 100–104.

HAUKE, H., Katalog der lateinischen Handschriften der Bayerischen Staatsbibliothek München: Clm 28111–28254, Wiesbaden 1986 (Catalogus codicum manu scriptorum Bibl. Monacensis 4,7).

HAUSCHILD – DIEM: siehe Text-Editionen und Übersetzungen

HEINZELMANN, M., Art. Donat, in: Lexikon des Mittelalters 3 (1986), 1237f.

HÖVELMANN, G., Art. Gaesdonck, in: Dictionnaire d'Histoire et de Géographie Ecclésiastique 19, Paris 1981.

HUYGENS, R. B. C., Ars edendi. A Practical Introduction to Editing Medieval Latin Texts, Turnhout 2000.

JENAL, G., Art. Donatus, Bf. v. Besançon, LThK 3 (2006), 334.

KRUSCH, B., Zur Mönchsregel Columbans, Neues Archiv 46 (1926), 148–157.

LAPIDGE, M., Donatus Vesuntinus episcopus, in: Compendium Auctorum Latinorum Medii Aevi 3,2, Tavarnuzze 2009, 143f.

LEYSER, C., Shoring Fragments against Ruin? Eugippius and the Sixth-Century Culture of the Florilegium, in: Eugippius und Severin, der Autor, der Text und der Heilige, ed. W. POHL, Wien 2001 (Forschungen zur Geschichte des Mittelalters 2), 65–75.

LINDSAY, W. M., Notae Latinae. An Account of Abbreviation in Latin Mss. of the Early Minuscule Period (c. 700–850), Hildesheim 1963.

LÖFFLER, C., Kölnische Bibliotheksgeschichte im Umriss. Mit einer Nachweisung kölnischer Handschriften und einem Beitrage von Goswin Frenken über den Katalog der Dombibliothek von 833, Köln 1923.

MAYO: siehe Texteditionen und Übersetzungen

MCNAMARA, J. A., The Ordeal of Community: Hagiography and Discipline in Merovingian Communities (Peregrina Translations Series 5, pp. 5–29).

MCNAMARA – HALBORG: siehe Texteditionen und Übersetzungen

MOYSE, G., Les origines du monachisme dans le diocèse de Besançon (Ve-Xe siècles), in: Bibliothèque de l'École des chartes 1973, tome 131, livraison 1, 21–104 und livraison 2, 369–485.

MUSCHIOL, G., «Psallere et legere». Zur Beteiligung der Nonnen an der Liturgie nach den frühen gallischen «Regulae ad Virgines», in: Liturgie und Frauenfrage. Ein Beitrag zur Frauenforschung aus liturgiewissenschaftlicher Sicht, cur. T. BERGER – A. GERHARDS, St. Ottilien 1990, 77–125.

MUSCHIOL, G., Famula Dei. Zur Liturgie in merowingischen Frauenklöstern, Münster 1994.

NEUFVILLE, J., Les éditeurs des «Regulae Patrum»: Saint Benoit d'Aniane et Lukas Holste, RBen 76 (1966), 327–343.

PLENKERS, H., Untersuchungen zur Überlieferungsgeschichte der ältesten lateinischen Mönchsregeln, München 1906 (Quellen und Untersuchungen zur lat. Philologie des Mittelalters 1,3).

PRINZ, F., Frühes Mönchtum im Frankenreich, München-Wien 1965.

RENNER, F., Die literarische Struktur der Demutsstufen in der Benediktus- und Donatusregel, in: Dritter Internationaler Regula Benedicti-Kongress. Third International Congress on the Rule of St. Benedict. Troisième Congrès International sur la Règle de S. Benoît, Kremsmünster 12.–18. Oktober 1980 (= Regula Benedicti Studia 8/9 [1978/1980 = 1982]), 13–33.

SCHOLTEN, R., Gaesdonck. Geschichte des Klosters der regulierten Chorherren, des Hülfspriesterseminars oder Priesterhauses und des Collegium Augustinianum bis 1873, Münster 1906.

SEEBASS, O., Über Columba von Luxeuils Klosterregel und Bussbuch, Inaugural-Dissertation, Dresden 1883.

Seebass, O., Über das Regelbuch Benedikts von Aniane, Zeitschrift für Kirchengeschichte 15 (1895), 244–260.

Seebass, O., Über die sogen. Regula coenobialis Columbani und die mit dem Pönitential Columbas verbundenen kleineren Zusätze, Zeitschrift für Kirchengeschichte 18 (1898), 58–76.

de Seilhac, L., L'utilisation de la Règle de Saint Benoît dans les monastères feminins, in: Atti del 7° congresso internazionale di studi sull'alto medioevo, Norcia, Subiaco, Cassino, Montecassino, 29 settembre–5 ottobre 1980, 2 voll., Spoleto (Perugia) 1982, vol. 2, 527–549.

Toucas, A., Art. Regula Donati, Dizionario degli istituti di perfezione 7 (1983), 1574f.

Traube, L., Textgeschichte der Regula S. Benedicti, Abh. der Königl. Bayer. Akad. d. Wiss. III. Cl., XXI. Bd., III. Abt., München 1898, 601–731 (= 1–133) + IV Abb.

Vennebusch, J., Die theologischen Handschriften des Stadtarchivs Köln: Teil 4. Handschriften der Sammlung Wallraf, Cologne-Vienna 1986.

de Vogüé, A. (ed. comm.), La règle de Donat pour l'abbesse Gauthstrude, Benedictina 25 (1978), 219–313.

de Vogüé, A., Art. Regula(e) Columbani, Dizionario degli istituti di perfezione 7 (1983), 1607–1615.

de Vogüé, A., Les offices nocturnes de saint Colomban et des «catholiques», in: Traditio et progressio. Studi liturgici in onore del Prof. A. Nocent, OSB, a cura di G. Farnedi, Roma 1988 (Studia Anselmiana 95, Analecta Liturgica 12), 621–641.

de Vogüé, Saint Colomban: siehe Texteditionen und Übersetzungen

de Vogüé, A., Bourgogne, Angleterre, Alémanie: sur trois étapes du cheminement de la règle, RBS 16 (1989), 123–135.

de Vogüé, A., Histoire littéraire du mouvement monastique dans l'antiquité. XI: La Gaule franque et l'Espagne wisigothique (VIᵉ–VIIᵉ siècle), Paris 2007 (zu Donat: pp. 11–21); XII: À l'aube du Moyen Âges (650–830), Paris 2008.

Zelzer, K., Zur Stellung des textus receptus und des interpolierten Textes in der Textgeschichte der Regula s. Benedicti, RBen 88 (1978), 205–246.

Zelzer, K., Regulae monachorum, in: La trasmissione dei testi latini nel medioevo (TE.TRA) 1, Firenze 2004, 364–389.

Zelzer, K. und M. (†), Zu Überlieferung und Textgestaltung der Regulae magistri und Donati im Umkreis der Regula Benedicti, RBen 124 (2014), 5–47.

Zelzer, M., Zur Überlieferung der Regula Benedicti im französischen Raum, in: Überlieferungsgeschichtliche Untersuchungen, in Zusammenarbeit mit J. Dummer, J. Irmscher und K. Treu hrsg. v. F. Paschke, Berlin 1981 (TU 125), 637–645.

Zelzer, M., Die Regula Donati, der älteste Textzeuge der Regula Benedicti, Regulae Benedicti Studia 16 (1987 [1990]), 23–36.

Zelzer, M., Die *Regula Donati* als frühestes Zeugnis des ‚monastischen Gebrauchstextes‘ der *Regula Benedicti*, in: Il monachesimo tra eredità e aperture: Atti del simposio „Testi e temi nella tradizione del monachesimo cristiano" per il 50° anniversario dell' Istituto Monastico di Sant' Anselmo, Roma, 28 maggio–1° giugno 2002, edd. M. Bielawski – D. Homberger, Roma 2004 (Studia Anselmiana 140), 753–763.

Zimmerl-Panagl, V., *Elegi pauca e plurimis…*. Editorische Fragestellungen zur Regula Donati, dem Fragment einer Nonnenregel (CPPM II 3637) und Columban, in: Edition und Erforschung lateinischer patristischer Texte. 150 Jahre CSEL, Festschrift für K. Smolak zum 70. Geburtstag, edd. V. Zimmerl-Panagl – L. J. Dorfbauer – C. Weidmann Berlin u. a. 2014, 225–252.

Zimmerl-Panagl, V., Zu unbeachteten Quellen und zur Kapitelzählung der Regula Donati (Ergänzendes zu CSEL 98), voraussichtlich: Wiener Studien (2015).

# Conspectus siglorum

### Codices Donati Regulam continentes

M     Monacensis, Clm 28118, s. IX, fol. 196rb–207ra (cf. supra pp. 42–44)

K     Coloniensis, Hist. Arch. W 231, s. XV, fol. 189ra–200vb (cf. supra pp. 44–47; non indicatur, nisi ubi a M vel, si M correctus est, a M (*pc.*) discordat)

B     Bruxellensis, Bibl. Roy. 8126-41 (3597), s. XVII, fol. 123r–154r (cf. supra pp. 47–49; ad textum constituendum non adhibui)

### Editiones

*edd*     *h p v* (de Holstenii coniecturis, saepe a *p* et *v* receptis, vide supra p. 52)

*h*     editiones L. Holstenii a. 1661, 1663 et 1759 (= *h₆₁ h₆₃ hbr*; cf. supra pp. 50–53), cum quibus concordat *m*

  *h¹*     *h₆₃ hbr m*

  *h²*     *hbr m*

   *h₆₁*     L. Holstenius, 1661, pars tertia, pp. 75–120 (cf. supra p. 52)

   *h₆₃*     L. Holstenius, ²1663, pars tertia, pp. 46–71 (cf. supra p. 52)

   *hbr*     L. Holstenius, M. Brockie, 1759, pp. 377–392 (cf. supra p. 52)

   *m*     PL 87, 273–298 (cf. supra p. 53)

*p*     I. PRISCHL, 1977, pp. 1–69 (cf. supra p. 55)

*v*     A. DE VOGÜE, 1978, pp. 237–313 (cf. supra pp. 55f.)

si a M vel M (*ac.*) discordat, indicavi

*mayo*     H. MAYO, Three Merovingian Rules for Nuns, 1974, vol. 2, pp. 69–141 (cf. supra p. 54)

*ConcR*     Ben. Anian. Concordia Regularum (ed. P. BONNERUE, CCCM 168A)

*Zelzer*     Michaela Zelzer (K.&M. Zelzer = Klaus et Michaela Zelzer)

### Codices selecti Ben. continentes (cf. ed. R. HANSLIK, CSEL 75)

A     Sangallensis 914, s. IX¹, fol. 1r–86v

O     Oxoniensis, Hatton 48, s. VIII¹, fol. 1r–76v

V     Veronensis, bibl. cap. LII, s. VIIIᵉˣ·, 100v–180v

S     Sangallensis 916, s. IX, pp. 2–157

M     Trevericus 1245, s. IX

W     Herbipolitanus, Mp. th. q. 22, VIII/IX

| | |
|---|---|
| $H_1$ | Escorialensis, a I 13, s. $X^1$, fol. 3r–33r |
| $H_2$ | Escorialensis, I III 13, s. IX/X, fol. 7v–57v |
| $H_3$ | Londiniensis, BL Add. 30055, s. X, fol. 194r–221v |

**Codices selecti Caes. continentes** (cf. ed. A. DE VOGÜE, SC 345)

| | |
|---|---|
| B | Bambergensis, Lit. 142, s. X, fol. 62r–83v |
| C | Berolinensis, Phillipps 1696, s. XIII, fol. 142r–149r |
| M | Monacensis, Clm 28118, s. IX, fol. 184vb–192ra |

**Codices selecti Col. coen. continentes** (cf. ed. G. S. M. WALKER)
versio brevior

| | |
|---|---|
| G | Sangallensis 915, s. X, pp. 170–184 |
| L | Lambacensis, Stiftsarchiv Cod. XXXI, s. IX, fol. 97r–103r (cf. supra pp. 20f.) |

versio aucta

| | |
|---|---|
| C | Monacensis, Clm 28118, s. IX, fol. 89rb–92vb |
| Par | Parisinus, BN Lat. 4333B, s. IX, fol. 37r–50v (cf. supra pp. 20f.) |

De siglis ˹ ... ˺ cf. supra p. 128.

Siglo # in apparatu critico posito ii loci significantur, de quibus in Prolegomenis pp. 72–127 agitur.

Siglo ↑ vel ↓ moneris, ut lectionem in altero apparatu sive supra sive infra posito quaeras.

De asterisco * cf. supra p. 130.

SANCTIS ET A ME PLURIMUM VENERANDIS CHRISTI VIRGINIBUS GAUTHSTRUDE OMNI-
QUE SUAE CONGREGATIONI IN COENOBIO A FAMULA DEI FLAVIA CONSTRUCTO Donatus
OMNIUM EXTREMUS FAMULORUM FAMULARUMQUE DEI SERVULUS SALUTEM

1 Quamquam vos iuxta normam regulae, vasa Christi pretiosissima, egregie
noverim cotidie vitam ducere, attamen qualiter magis excellere debeatis sagaci vultis
semper intentione perquirere. 2 Quam ob causam saepius mihi iniungitis, ut explo-
rata sancti Caesarii Arelatensis episcopi regula, quae specialius Christi virginibus
dedicata est, una cum beatissimorum Benedicti quoque et Columbani abbatum 3 ut-
puta quibusdam, ut ita dixerim, collectis in unum flosculis ad instar enchiridion
excerpere vobis vel coacervare deberem et quaeque specialius femineo sexui custodienda conpeterent promulgarem, 4 dicentes quod regulae praedictorum patrum
vobis minime convenirent, cum easdem viris potius et nequaquam feminis edidis-
sent, 5 et, licet sanctus Caesarius proprie Christi ut estis virginibus regulam dedicas-
set, vobis tamen ob inmutationem loci in nonnullis condicionibus minime conve-
niret.

6 Ad haec ego inplenda diu multumque renisus sum voluntati vestrae, non ut
pervicaciter durus, sed mea conscius impossibilitate retentus, 7 dum multorum in
hac re minus necessitatem rei atque oportunitatem loci intellegentium iudicium pertimesco, ne me temere reprehendant, cur de tantorum patrum institutis audeam
quippiam excerpere vel mutare; 8 at contra *devotione conpellor, dum inhianter

**tit.** *cf.* CAES. 1,1: sanctis et plurimum in Christo venerandis sororibus in monasterio quod deo inspirante et iuvante condidimus constitutis Caesarius episcopus   **3** quaeque…conpeterent] *cf.* CAES. 2,1
**6** diu…retentus] *cf.* Pomer. (vit. contempl.) prol. 1: diu multumque renisus sum voluntati tuae, mi
domine studiosissime pontificum Iuliane; non velut pertinaciter durus, sed propriae impossibilitatis
admonitus   **7** intellegentium iudicium pertimesco] *cf.* Hier. epist. 79,11: (illud in calce sermonis
quaeso, ut brevitatem libelli non de inopia eloquii vel de materiae sterilitate, sed de pudoris magni-
tudine aestimes accidisse, dum vereor ignotis me diu ingerere auribus et occultum) legentium iudicium pertimesco

**tit.** Incipit prologus regulae a Donato collectae *praem.* K h; Sancti Donati Vesontionensis Episcopi
Regula ad Virgines *praem.* m (Prologus *add.*) p; Regula a Donato collecta a tribus doctoribus *praem.*
*mayo*; *deest Incipit* M v   |   a¹ *om.* M (ac.)   |   Gauthstrude K; Gauthstrudae M edd, *sed cf.* Explicit (ad
Gauthstrude) | cęnobi M (cęnobio pc.) | constructo] constituto K h
**1** egregiae M (ar.) | quotidiae M (ac. m²); quotidie h¹ p (sim. saep.) ‖   **3** fluscolis M (ac.) | enchiridion
v; encheridion h; inchiridion M p #   |   quoacervare M (ac. m²)   |   quaeque] quae h; quaecumque *prop.*
Zelzer # ‖   **4** nequam quam M (ac.) ‖   **6** ergo M (ar.) | renissus M (ar.) | ut pervicaciter ↑ # | inpossi-
bilitate *uv. ac.* M ‖   **7** necessitate h² | quur M (ac. m²) ‖   **8** devotione Zelzer, *cf.* v *ad locum* (p. 238);
devotionem M edd # | hinianter M #

salutem vestrarum cupio animarum. 9 Sed taciturnitatem meam immo tacendi perseverantiam sedulae tandem vestrae rupere preces; 10 quibus quantum parvitatis meae ignavia valet, parere omni ambitione festino, 11 sed timeo ne non tam efficaciter quam libenter. 12 Et rursus in ancipiti ambiguitate constringor, dum me inparem ad indaganda praefatorum patrum monita fore censeo et cotidiano strepitu saecularium inquietor. 13 Germano tamen affectu, quia caritas omnia superat, 14 in quantum pro adsidua corporali infirmitate divina pietas possibilitatem dedit et sensus obtunsi *caligo permisit, 15 quod bonis vestris desideriis placuit cunctoque sancto [vel] vestro collegio intra septa istius monasterii adunata suggestio flagitavit, 16 ea quae vobis expediunt et loci oportunitas vel corporis possibilitas praestat et a norma recti dogmatis non discordat, elegi pauca e plurimis, 17 quemadmodum regulariter rectum Christi tramitem tam vos quam ceterae vobis succedentes ipso opitulante tenere valeatis.

18 Haec vero scedula, quae vobis flagitantibus breviter succincteque collecta est, omnes condiciones monasterii causasque regulae singillatim determinat ac dispensat 19 et ita per titulos luculentius deflorata est, ut quaelibet sit necessitas requirendi prius in capitulis cernatur et facile iuxta era designata in capitulo suo repperiatur. 20 Quae capitula vilitatis meae apologeticam subsequuntur.

---

**8** salutem...animarum] *cf.* 1 Petr. 1,9   **13** caritas omnia superat] *cf.* 1 Cor. 13,7

---

**8** salutem...animarum] *cf.* Leo M. serm. 1 (CCSL 138, p. 5,13–15): ... animarum vestrarum salutem pastorali sollicitudine cupienti ...   **9** *cf.* Hier. in Ezech. 12,praef.: trepidationem meam in explanatione templi Hiezechiel, immo tacendi perseverantiam, tuae, filia Eustochium, preces, et domini promissa superant ...   **10sq.** parere...libenter] *cf.* Oros. hist. 1,prol.,1: praeceptis tuis parui, beatissime pater Augustine; atque utinam tam efficaciter quam libenter   **12** rursus ... ambiguitate constringor: *cf.* Boeth. cons. 5,3,1: difficiliore rursus ambiguitate confundor   |   me inparem ... censeo: *cf.* Paul. Med. vita Ambr. 1,2: sed ego ut meritis tantorum virorum, qui muri ecclesiarum sunt et eloquentiae fontes, ita etiam sermone me inparem novi; Rufin. Orig. in num. 1,3: ego enim vere imparem me iudico ad enarranda mysteria, quae liber hic continet Numerorum   |   strepitu saecularium] *cf.* Aldh. virg. prosa 59   **14** quantum...dedit] *cf.* Caes. serm. 150,4: secundum possibilitatem quam deus dedit breviter demonstravimus ...   **15** bonis...placuit] *cf.* Greg. M. in Ezech. 2,praef.: ... bonis vestris desideriis placuit petere ...   **16** elegi...plurimis] *cf.* Caes. 2,1   **17** *cf.* Hier. epist. 52,1: petis, Nepotiane carissime, litteris transmarinis et crebro petis, ut tibi brevi volumine digeram praecepta vivendi et, qua ratione is, qui saeculi militia derelicta vel monachus coeperit esse vel clericus, rectum Christi tramitem teneat ...   **18** scedula] *cf.* Caes. 49,1

---

**9** imo *h²* ‖   **12** an**cipiti (-te *ac.*) *M*; ancipite *p* | ambiguitate *om. h²* | strepitus *v* (*sed cf. de Vogüé, Benedictina 27, 1980, p. 11*: strepitu) ‖   **14** piaetas *M* | obtusi *h* | caligo *edd* (*sed cf. de Vogüé, Benedictina 27, 1980, p. 11*: caliginis); caliginis *M* # ‖   **15** vel *delevit Zelzer, "probablement fautif"* v *ad loc.* (*errore per dittographiam orto; cf. infra 6,1*) # | saepta *prop. Zelzer* (*sed cf. infra 31,4*) | adunato *prop. Zelzer* # ‖   **16** ea ... expediunt *post* praestat *tr. prop.* K.&M.Zelzer (*cf.* Zelzer, *Zu Überlieferung und Textgestaltung, 41sq.*) # | discordant *h, approb. Zelzer* # ‖   **17** ipso] Christo *h* ‖   **18** schedula *h* v | succincteque *M* (*ac.*) | ac] et *K h p* ‖   **19** aera *prop. Zelzer*; ea *h v* (*sed cf. de Vogüé, Césaire d´ Arles, Œuvres monastiques, I, Sources Chrétiennes 345, 148, n. 4 et Benedictina 27, 1980, p. 11*: era) *mayo* #

21 Qua de re vos sanctas animas mentesque deo deditas coram omnipotenti deo spiritali affectu obsecrare conpellor, 22 ut haec eadem vestrae petitioni statuta absque ulla dumtaxat refragatione et indesinenti studio menteque sagaci tempore perpetuo conservare studeatis 23 et iuniores vel etiam neglegentes iuxta tenorem ipsius regulae coerceatis 24 et eam saepius coram omni congregatione legatis, ut nulla se de ignorantia excusare possit.

25 Iuniores corrigite, anus obsecrate, 26 praepositae vestrae in omnibus oboedite, neglegentias vestras indesinenter eis aperite, 27 *altera alterius onera portate*, 28 invicem vos omnes puro et casto amore diligite, 29 ut veniente sponso vestro domino Iesu Christo plenis oleo ac relucenti⟨bu⟩s lampadibus occurratis 30 tripudiantesque dicatis singulae: *Inveni quem quaesivit anima mea.*

31 Hoc ergo ego omnium ultimus specialius almitati vestrae humili et subnixa prece deposco, 32 ut pro me, qui petitioni vestrae obtemperans haec per cola vel commata temperavi, tam in diurnis quam in nocturnis officiis, dum in hoc luteo corpusculo degeo, creberrimas preces fundatis 33 et, postquam domino iubente migravero, sacras pro me hostias offerri domino faciatis, 34 quatenus cum vobis in choro sanctarum ac sapientium virginum virginitatis palma beatitudoque tribuetur, saltim mihi cunctis *onerato peccatis delictorum venia tribuatur.

---

**25** *cf.* 1 Tim. 5,1sq.  **27** Gal. 6,2  **28** invicem...diligite] *cf.* Io. 13,34  **29** *cf.* Mt. 25,1–4.7  **30** Cant. 3,4

---

**21** qua...conpellor] *cf.* CAES. 1,4: et ideo vos sacras virgines et deo deditas animas rogo ...  **22** absque...studeatis] *cf.* CAES. 49,9sq.: studeatis ... absque ulla diminutione | indesinenti studio] *cf. infra* 23,2  **24** *cf.* BEN. 66,8: hanc autem regulam saepius volumus in congregatione legi, ne qui fratrum se de ignorantia excuset  **26** praepositae...oboedite] *cf.* CAES. 18,1: matri post deum omnes oboediant; 35,4sq. | neglegentias...aperite] *cf. infra* 23,2 | eis] *sc.* praepositae (*cf.* 4,1) et matri spiritali (*cf.* 23,2sq.)  **28** invicem...diligite] *cf.* BEN. 4,70sq.; casto amore] *cf.* BEN. 72,8sq.: caritatem fraternitatis casto impendant amore (*ita inter al. in codd.* O H$_{1.3}$)  **29** domino...occurratis] *cf.* CAES. 1,4: incensis lampadibus ... domini praestolatis adventum  **30** inveni...mea] *cf.* CAES. 1,3  **31sq.** prece...fundatis] *cf.* CAES. 72,1sq.  **32** per...commata] *cf.* Hier. Vulg. prol. Ezech. (p. 1266 Weber): legite igitur et hunc iuxta translationem nostram quia, per cola scriptus et commata, manifestiorem sensum legentibus tribuit (*cf.* Vulg. prol. Is. p. 1096 Weber; Cassiod. inst. 15,12)  **33sq.** *cf.* CAES. 1,5sq.

---

**21** qua de re] qua dare *M* (*ac.*) | spirituali *h* (*sim. semper*) | obsecrate *h$_{63}$h$_{br}$* ‖  **22** petitioni # | mentique *Mp* # ‖  **23** negligentes *M* (*pc. m²*) *h* (*sim. saepe*) # | coherceatis *v* ‖  **26** neglegentias # **28** puro] vero *p* ‖  **29** relucentis *Mp* # ‖  **32** petioni *M* | dego *h* # | praeces *M* | fundatis preces *tr. h* **33** pro *sl. M* (*m¹*); per *h¹* | ostias *M* (*ac.*) ‖  **34** sacrarum *h v mayo* | saltem *h v* | onerato *edd*; oneratum *M* # | tribuatur] explicit prologus. Incipit regula *add. K h*

*⟨CAPITULA

| I | ˹Qualis debeat esse abbatissa˺ |
|---|---|
| II | ˹De adhibendis ad consilium sororibus˺ |
| III | ˹Quae sunt instrumenta bonorum operum˺ |
| IIII | ˹Qualis debeat esse abbatissa˺ |
| V | ˹De praeposita monasterii˺ |
| VI | Ut quae ad conversionem venerit non statim recipiatur |
| VII | De his quae relictis maritis ad monasterium veniunt qualiter recipiantur |
| VIII | Ut nulli liceat rem propriam possidere |
| VIIII | Ut nemo peculiare opus sine iussione faciat abbatissae |
| X | Ut nulla dispiciat sororem suam |
| XI | Ut nulli liceat semotam habere mansionem |
| XII | Qualiter senes vel infirmae gubernandae sint |
| XIII | Qualiter ad officium divinum curratur |
| XIIII | ˹De his quae ad opus dei vel ad mensam tarde occurrerint˺ |
| XV | ˹De significanda hora operis dei˺ |
| XVI | ˹De oratorio monasterii˺ |
| XVII | ˹De disciplina psallendi˺ in oratorio |
| XVIII | ˹De reverentia orationis˺ |
| XVIIII | Qualiter silentium studere debeant sorores |
| XX | Quando vacent lectioni |
| XXI | ˹Si omnes aequaliter debent necessaria accipere˺ |
| XXII | ˹Qualis debeat esse ancilla dei dum castigatur˺ |
| XXIII | Qualiter ad confessionem omnibus diebus veniant |
| XXIIII | De his quae ad lectum suum aliquid occultare praesumpserint |
| XXV | De his quae non custodierint benedictionem ad mensam et cetera similia |
| XXVI | De his quae in coquina aliquid effuderint |
| XXVII | De his quae sine oratione egrediuntur domo |

---

**I** *Ben.* 2 tit. | abbas esse (esse abbas *vl.*: *OSMWH₁.₃*) **II** *Ben.* 3 tit. **III** *Ben.* 4 tit. **IIII** *cf.* I **V** *Ben.* 65 tit. **VI** *cf. Caes.* 58,1; 4,1 **VIII** *cf. Ben.* 33 tit.: si quid debeant monachi proprium habere **XIIII** *Ben.* 43 tit. | occurrunt (occurrerint *vl.*: *H₁*) **XV** *Ben.* 47 tit. **XVI** *Ben.* 52 tit. **XVII** *Ben.* 19 tit. **XVIII** *Ben.* 20 tit. **XXI** *Ben.* 34 tit. | debeant (debent *vl.*: *OMW*) **XXII** *Caes.* 11 tit.

---

*Indicem capitulorum restituit Zelzer (cf. supra, i.e. Donati epist. 19sq.: ... prius in capitulis cernatur et facile iuxta aera designata in capitulo suo repperiatur. Quae capitula vilitatis meae apologeticam subsequuntur), om. M edd #*

**IIII** ↑ # | esse debeat *tr. h* | essa *M* ‖ **VII** recipiuntur *h* ‖ **VIIII** abbatissae *om. h* ‖ **X** dispiciat *M(ac.)p*; despiciat *M(pc.)h v, approb. Zelzer* # ‖ **XII** vel] aut *h* ‖ **XVIII** silentio *h* ‖ **XXVI** quoquina *M(sed non K)p* ‖ **XXVII** qui *M(ac.)*

XXVIII      Quae profert fabulas otiosas ad aliam et quae se excusaverit et dicit consilium contra consilium

XXVIIII      De his quae reprehendunt aliarum opera et cetera similia

XXX      De his quae cum praeposita sua superbe contendunt

XXXI      De his quae non postulant veniam correctae et cetera similia

XXXII      Ut nulla alterius teneat manum nec iuvenculae se invicem appellent

XXXIII      Ut sedentes ad mensam taceant

XXXIIII      Qualiter aut quibus temporibus genua flectantur

XXXV      Ut iurare omnino non liceat

XXXVI      ⌜De quadragesimae observatione⌝

a XXXVII usque XLVIII Quot sunt gradus humilitatis

XLVIIII      ⌜De taciturnitate⌝

L      ⌜De custodia oculorum⌝

LI      ⌜Ut peccatum alterius non celetur⌝

LII      Ut inter se litigare vel convicia dicere non debeant

LIII      Ut nulla a parentibus suis sine iussione aliquid accipiat

LIIII      Ut nulla cuiuslibet filiam alterius in baptismo excipiat

LV      ⌜Qualiter provisores monasterii⌝ vel reliqui viri ⌜intra monasterium debeant introire⌝

LVI      Ut neque matronae saeculares ingredi permittantur vel puellae

LVII      ⌜Qualiter abbatissa in salutatorium ad salutandum exeat⌝ vel ⌜qualiter ancillae domini suos parentes debeant salutare⌝

LVIII      ⌜Ut convivium nulli praeparetur⌝

LVIIII

LX      Quales ad posticium eligi debeant

LXI      ⌜De cellararia monasterii qualis esse debeat⌝

LXII      ⌜De ferramentis aut aliis rebus monasterii⌝ vel vestibus

LXIII      Ut ornamenta vel vario opere in monasterio non fiant

LXIIII      Ut capita qua mensura ligentur

LXV      ⌜Quomodo dormire debent⌝

LXVI      ⌜De ordine congregationis⌝

---

**XXXVI** *BEN.* 49 tit.    **a XXXVII usque XLVIII** *cf. BEN.* 7 tit.: de humilitate    **XLVIIII** *BEN.* 6 tit.; *cf. COL.* mon. 2 tit.    **L** *CAES.* 21 tit.    **LI** *CAES.* 22 tit.    **LV** *CAES.* 33 tit.    **LVII** qualiter[1]...exeat] *CAES.* 35 tit.: qualiter abbatissa in salutatorium procedere debeat | qualiter[2]...salutare] *CAES.* 37 tit. | domini] dei    **LVIII** *cf. CAES.* 36 tit.    **LX** *cf. CAES.* 30,1    **LXI** *BEN.* 31 tit. | qualis sit (*sed cf. Capitula Ben.*)    **LXII** *BEN.* 32 tit. | aut aliis] vel    **LXV** *cf. BEN.* 22 tit.: quomodo dormiant monachi    **LXVI** *BEN.* 63 tit.

---

**XXXII** appellant *M* (*ac.*) ‖    **XXXIIII** genuflectantur *M* (*ac.*) *p* ‖    **a XXXVII usque XLVIII** # ‖    **LIII** a *M* (*sl. m¹*) ‖    **LIIII** alterius filiam *tr. h* ‖    **LVIIII** ne abbatissa extra congregationem reficiat *suppl. h p* (ut ... non reficiat *suppl. Zelzer*); *dubito, utrum titulus desit an caput LVIIII cum LVIII coniunctum sit* #    **LXI** qualiter *h* ‖    **LXIII–LXXV** LXII ... LXXIIII *M* (*ac. m²*) # ‖    **LXIII** varia opera *h p, approb. Zelzer* # ‖    **LXIIII** ut *del. p, approb. Zelzer* #

| | |
|---|---|
| LXVII | ⌐De septimanariis coquinae¬ |
| LXVIII | ⌐Si sorori inpossibilia iniungantur¬ |
| LXVIIII | ⌐Qualis debet esse modus excommunicationis¬ |
| LXX | ⌐De gravioribus culpis¬ |
| LXXI | ⌐De his quae sine iussione iunguntur excommunicatis¬ |
| LXXII | ⌐Qualis debet esse sollicitudo circa excommunicatas¬ |
| LXXIII | ⌐De his quae saepius correptae [sunt] non emendaverint¬ |
| LXXIIII | ⌐Ut non praesumat altera aliam defendere¬ |
| LXXV | De ordine quod psallere debeant |
| LXXVI | ⌐Quibus horis reficiant sorores¬ |
| LXXVII | De electione abbatissae) |

---

**LXVII** *Ben.* 35 tit.   **LXVIII** *Ben.* 68 tit.   **LXVIIII** *Ben.* 24 tit.   **LXX** *Ben.* 25 tit.   **LXXI** *Ben.* 26 tit. iuniungunt se (iniunguntur *vl.*: $O V S M H_{1-3}$)   **LXXII** *cf. Ben.* 27 tit.: qualiter debeat abbas sollicitus esse circa excommunicatos   **LXXIII** *Ben.* 28 tit.  |  emendare noluerint (non emendaverint *vl.*: $W H_2$)   **LXXIIII** *Ben.* 69 tit.: ut in monasterio non praesumat alter alterum (alius alium *vl.*: $H_3$) defendere   **LXXVI** *Ben.* 41 tit.: quibus horis oportet reficere fratres

---

**LXVII** quoquinae *M* (*sed non K*) *p* ‖   **LXXI** iunguntur sine iussione *tr. h* ‖   **LXXIII** correctae *M* (*ac.* $m^1$) *h*  |  sunt *M*; *del. h p*; sunt et *v* ‖   **LXXV** quo *K h p*, *approb. Zelzer* # ‖   **LXXVI–LXXVII** LXXX ... LXXXI *M* (*ac.* $m^2$) #

## I ⌜Qualis debeat esse abbatissa⌝

1 Mater monasterii quae praeesse digna fuerit congregationi⌝ 2 ⌜cogitet semper quale onus suscepit et cui redditura est rationem vilicationis suae 3 sciatque sibi oportere prodesse magis quam praeesse. 4 Oportet ergo eam esse instructam lege divina, ut sciat unde proferat nova et vetera, castam sobriam misericordem, 5 et semper superexaltet misericordiam iudicio, ut idem ipsa consequatur. 6 Odio habeat vitia, diligat sorores. 7 In ipsa autem correctione prudenter agat et ne quid nimis, ne dum cupit eradere eruginem frangatur vas, 8 suamque fragilitatem semper suspecta sit memineritque calamum quassatum non conterendum. 9 In quibus non dicimus, ut permittat nutrire vitia, sed prudenter et cum caritate ea amputet, ut viderit cuique expedire, sicut iam diximus, 10 et studeat plus amari quam timeri. 11 Non sit turbulenta et anxia, non sit nimia et obstinata, non sit zelotipa et nimis suspiciosa, quia numquam requiescit. 12 In ipsis imperiis suis sit provida et considerata et – sive secundum deum sive secundum saeculum sit – opera quae iniungit discernat et temperet.⌝

13 ⌜Omnia vero quae docuerit esse contraria, in suis factis indicet non agenda, ne alias praedicans ipsa reproba inveniatur, 14 ne quando illi dicat deus peccanti: *Quare tu enarras iustitias meas et adsumis testamentum meum per os tuum, tu vero odisti disciplinam et proiecisti sermones meos post te?⌝* 15 ⌜Non ab ea persona discernatur in monasterio. 16 Non una plus ametur quam altera, nisi quam in bonis actibus aut oboedientia invenerit meliorem. 17 Non praeponatur ingenua ex servitio convertenti, nisi alia rationabilis causa existat,⌝ 18 ⌜quia⌝ iuxta apostoli dictum ⌜*sive*

---

**I,2** redditura...suae] *cf.* Lc. 16,2 **4** oportet...sobriam] *cf.* 1 Tim. 3,2 | proferat...vetera] *cf.* Mt. 13,52 **5** superexaltet...iudicio] *cf.* Iac. 2,13 **8** calamum...conterendum] *cf.* Is. 42,3 **9** diximus] *fortasse supra* I,3.7 (*cf.* Ben. 2,26sq., *sed desunt haec verba apud Don.*) **11** turbulenta] *cf.* Is. 42,4 **13** ne... inveniatur] *cf.* 1 Cor. 9,27 **14** Ps. 49,16sq. **18** sive[1]...liber] Eph. 6,8; *cf.* 1 Cor. 12,13

---

**I,tit** Ben. 2,tit./1 | abbas esse (esse abbas *vl.*: $OSMWH_{1-3}$, *cf. Ben. capitula*) **1** mater monasterii] abbas | fuerit congregationi] est monasterio
**2–12** Ben. 64,7–17 **4** instructam (*cf. Reg. mag.* 35,15: oportet abbatem multum esse de lege instructum)] doctum | sciat] + et sit (*om.* $WH_3$) **5** misericordia (misericordiam *vl.*: $A(pc.)OS(pc.)W$ $H_{1.2}$) **6** odio habeat] oderit (*exc.* $H_1$: odiat) **7** correptione (correctione *vl.*) | dum] + nimis (*om.* W) eradere cupit (cupit eradere *vl.*: $OVSMWH_{1-3}$) **9** nutriri (nutrire *vl.*: $O(ac.)S(ac.)MWH_1$) **12** suis providus (suis sit providus *vl.*: $OVS(ac.)MH_{1.3}$) | quam (quae *vl.*: M) ↓
**13sq.** Ben. 2,13sq. **13** quae] + discipulis | aliis ↓
**15–17** Ben. 2,16–18 **15** in monasterio discernatur **16** altera] alius **17** non convertenti ex servitio praeponatur ingenuus (non praeponatur (proponatur $SW$) ingenuus ex servitio convertenti (convertendi $M(ac.)H_{1.2}$) *vl.*: $OVSMWH_{1-3}$)
**18** Ben. 2,20

---

**I,2** honus $M(sed\ non\ K)p$, *cf.* Ben. *vl.* (*ac.* O) | est redditura *tr.* h ‖ **3** *prode esse $M(ac.)v$ # ‖ **5** semper] saepius h ‖ **7** frangat h ‖ **9** *nutriri h v, *approb.* Zelzer ↑ # ‖ **11** requiescet h ‖ **12** *quam *prop.* Zelzer ↑ # ‖ **13** ne] ea $h_{br}$ | alias $M(ac.)v$; *aliis $M(pc.\ m^2)hp$, *approb.* Zelzer ↑ # ‖ **14** et[2] *om.* h[2]

*servus sive liber omnes in Christo unum sumus* et sub uno domino aequalem servitutis militiam baiulamus et *non est apud deum personarum acceptio.*⸼ 19 ⸢Sic autem omnia secundum deum temperet⸣ ac discernat, 20 qualiter in die iudicii de credito talento mercedem accipiat, 21 ⸢et ut praesentem regulam in omnibus conservet, 22 ut dum bene ministraverit, audiat a domino quod servus bonus⸣ audire meruit: *Euge, serve bone et fidelis, intra in gaudium domini tui.*

**Ben.**                         II ⸢De adhibendis ad consilium sororibus

1 Quotiens aliqua praecipua agenda sunt in monasterio, convocet abbatissa omnem congregationem et dicat ipsa unde agitur 2 et audiens consilium sororum tractet apud se et quod utilius iudicaverit faciat. 3 Ideo autem omnes ad consilium vocari diximus, quia saepe iuniori dominus revelat quod melius est. 4 Sic autem dent sorores consilium cum omni humilitatis subiectione et non praesumant procaciter defendere quod eis visum fuerit, 5 sed magis in abbatissae pendeat arbitrio, ut quod salubrius esse iudicaverit, ei cunctae oboediant.⸣ 6 ⸢In omnibus igitur omnes magistram sequantur regulam neque ab ea temere declinetur a quaquam. 7 Nulla in monasterio *proprii sequatur cordis voluntatem. 8 Non praesumat quaequam cum abbatissa sua proterve contendere. 9 Quod si praesumpserit, regulari disciplinae **(Cæs.)|Ben.**   subiaceat⸣ 10 id est in cella retrudatur donec paenitendo humilietur. 11 ⸢Ipsa tamen abbatissa cum timore dei et observatione regulae omnia faciat sciens se procul dubio de omnibus iudiciis suis aequissimo iudici deo rationem reddituram. 12 Si qua vero

---

**I,18** omnes…sumus] *cf.* Gal. 3,28 | non…acceptio] Rom. 2,11; *cf.* Col. 3,25   **20** credito talento] *cf.* Mt. 25,14–30   **22** dum…ministraverit] *cf.* 1 Tim. 3,13 | servus…tui] (*cf.*) Mt. 25,21/23
**II,3** iuniori…revelat] *cf.* Mt. 11,25; Lc. 10,21

---

**I,18** et²] quia
**19** sic…temperet] *cf.* Ben. 64,19: sic omnia temperet | temperet ac discernat] *cf.* supra I,12 (Ben. 64,17: discernat et temperet; 41,5: sic omnia temperet atque disponat, qualiter …)   **20** in…mercedem] *cf.* Caes. 72,4
**21sq.** et…bonus] Ben. 64,20sq.   **21** et] + praecipue
**II,tit–5** Ben. 3,tit.–5   **5** et magis (sed/set magis *vl.*: *O M H₁₋₃*) | pendat (pendeat *vl.*: *O (pc.) W*)
**6–9** Ben. 3,7–10   **8** non] neque | proterve] + aut foris monasterium
**10** *cf.* Caes. 65,2: et tamdiu in cella salutatorii sit remota, quamdiu dignam paenitentiam agens humiliter veniam petat; 34,1: … remota a congregatione in loco quo abbatissa iusserit … resideat, quousque humiliter paenitendo indulgentiam accipiat
**11–13** Ben. 3,11–13

---

**I,19** sic] si *M (ac.)*
**II,1** quoties *h (sim. semper)* ‖  **7** proprii *edd,* *cf.* Ben.; propriis *M,* *cf.* Ben. *vl.* (*e.g. ac. M H₃*) | voluntatem (*sic!*) *M* ‖  **9** regulare *K* ‖  **10** pęnitendo *M*; poenitendo *h p (sim. semper)* ‖  **11** se *M (sl. m¹)*

minora sunt agenda in monasterio utilitatibus, seniorum tantum utatur consilio, 13 sicut scriptum est: *Omnia fac cum consilio et post factum non paeniteberis.*⌐

III ⌐QUAE SUNT INSTRUMENTA BONORUM OPERUM BEN.

1 Inprimis dominum deum diligere ex toto corde, tota anima, tota virtute, 2 deinde proximum tamquam seipsum. 3 Deinde non occidere, 4 non adulterare, 5 non facere furtum, 6 non concupiscere, 7 non falsum testimonium dicere, 8 honorare omnes homines, 9 et quod sibi quisque facere non vult, alio non faciat.

10 Abnegare semetipsum sibi, ut sequatur Christum. 11 Corpus castigare, 12 delicias non amplecti, 13 ieiunium amare. 14 Pauperes recreare, 15 nudos vestire, 16 infirmos visitare, 17 mortuum sepelire, 18 in tribulatione subvenire, 19 dolentem consolari. 20 A saeculi actibus se facere alienum, 21 nihil amori Christi praeponere. 22 Iram non perficere, 23 iracundiae tempus non reservare, 24 dolum in corde non tenere, 25 pacem falsam non dare, 26 caritatem non derelinquere. 27 Non iurare, ne forte periuret, 28 veritatem ex corde et ore proferre.

29 Malum pro malo non reddere, 30 iniuriam non facere, sed et factas patienter sufferre. 31 Inimicos diligere, 32 maledicentes sibi non remaledicere, sed magis benedicere, 33 persecutionem pro iustitia sustinere. 34 Non esse superbum, 35 non vinolentum, 36 non multum edacem, 37 non somnulentum, 38 non pigrum, 39 non murmuriosum, 40 non detractorem.

41 Spem suam deo committat. 42 Bonum aliquid in se cum viderit, deo adplicet non sibi, 43 malum vero semper a se factum sciat et sibi reputet. 44 Diem iudicii timere, 45 gehennam expavescere, 46 vitam aeternam omni concupiscentia spiritali

---

**II,13** Sir. 32,24
**III,1–2** *cf.* Mc. 12,30sq.; Lc. 10,27; Mt. 19,19; 22,39 **3–7** *cf.* Mt. 19,18; Mc. 10,19; Lc. 18,20; Ex. 20,13–17; Deut. 5,17–21; Rom. 13,9 **8** *cf.* 1 Petr. 2,17 **9** *cf.* Mt. 7,12; Tob. 4,16 **10** *cf.* Mt. 16,24; Lc. 9,23 **11** *cf.* 1 Cor. 9,27 **14** *cf.* Is. 58,7 **14–17** *cf.* Tob. 1,20 **15–16** *cf.* Mt. 25,36 **17** *cf.* Tob. 2, 7–9 **18** *cf.* Is. 1,17 **19** *cf.* Is. 61,2; 1 Thess. 5,14; 2 Cor. 1,4 **20** *cf.* Iac. 1,27 **22** *cf.* Mt. 5,22; 1 Io. 3,15 **24** *cf.* Prov. 12,20 **25** *cf.* Ier. 9,8; Ps. 27,3 **26** *cf.* 1 Petr. 4,8 **27** *cf.* Mt. 5,33sq. **28** *cf.* Ps. 14, 3 **29** *cf.* Rom. 12,17; 1 Petr. 3,9; 1 Thess. 5,15 **31** *cf.* Mt. 5,44; Lc. 6,27 **32** *cf.* 1 Petr. 3,9; 1 Cor. 4, 12; Lc. 6,28; Mt. 5,44 **33** *cf.* Mt. 5,10; 1 Cor. 4,12 **34–35** *cf.* Tit. 1,7; 1 Tim. 3,3 **36** *cf.* Sir. 37, 32sq. **37** *cf.* Prov. 20,13 **38** *cf.* Rom. 12,11 **39** *cf.* Sap. 1,11 **41** *cf.* Ps. 72,28; 77,7

---

**II,12** agenda sunt (sunt agenda *vl.*) | monasterii (monasterio *vl.*: $S(ac.)M(ac.)H_3$) ↓
**III,tit–77** BEN. 4 **4** adulterari (adulterare *vl.*: $A(ac.)OVSMWH_{1-3}$) **9** quis ↓ | facere] fieri | ne faciat (non faciat *vl.*: $SH_{1.2.3}(ac.)$) **15** nudum (nudos *vl.*: $H_{1-3}$) **16** infirmum (infirmos *vl.*: $H_{1-3}$) **20** saeculi (a saeculi *vl.*: *pc.* $OSM$; $H_{1-3}$) **32** sibi] se **41** committere

---

**II,12** *monasterii *prop.* Zelzer ↑ #
**III,1** deum] tuum *add.* $hp$ (*cf. Vulg.*) | dilige $h$ ‖ **2** teipsum $h$ ‖ **9** et *om.* $h^2$ | *quis $M(ac.)$, *approb.* Zelzer (*et Mayo*) ↑ # | alii $h$ ‖ **19** *consolare $M(ac.)p$, *cf.* BEN. *vl.* (e.g. $OVM(ac.)WH_{1-3}$) # **21** *amore $M(ac.)p$, *cf.* BEN. *vl.* (e.g. $VS(ac.)M(ac.)WH_1$) # ‖ **37** somnolentum $Kh$, *approb.* Zelzer **39** murmurosum $h$ ‖ **43** deputet $h$

desiderare. 47 Mortem cotidie ante oculos suspectam habere. 48 Actus vitae suae omni hora custodire, 49 in omni loco deum se respicere pro certo scire. 50 Cogitationes malas cordi suo advenientes mox ad Christum allidere et seniori spiritali satisfacere. 51 Os suum a malo vel pravo eloquio custodire, 52 multum loqui non amare, 53 verba vana aut risui apta non loqui, 54 risum multum aut excussum non amare.

55 Lectiones sanctas libenter audire, 56 orationi frequenter incumbere, 57 mala sua praeterita cum lacrimis vel gemitu cotidie in oratione deo confiteri, 58 de ipsis malis de cetero emendare. 59 Desideria carnis non perficere, 60 voluntatem propriam odire, 61 praeceptis abbatissae in omnibus oboedire, etiam si ipsa aliter – quod absit – agat, memor illud dominicum praeceptum: *Quae dicunt facite, quae autem faciunt facere nolite.* 62 Non velle dici sanctum antequam sit, sed prius esse quod verius dicatur. 63 Praecepta dei factis cotidie adimplere, 64 castitatem amare, 65 nullum odire, 66 zelum et invidiam non habere, 67 contentionem non amare, 68 elationem fugere. 69 Et seniores venerari, 70 iuniores diligere. 71 In Christi amore pro inimicis orare; 72 cum discordante ante solis occasum in pacem redire 73 et de dei misericordia numquam disperare.

74 Ecce haec sunt instrumenta artis spiritalis. 75 Quae cum fuerint a nobis die noctuque incessabiliter adimpleta et in die iudicii reconsignata, illa merces nobis a domino reconpensabitur quam ipse promisit: 76 *Quod oculus non vidit nec auris audivit nec in cor hominis ascendit, quae praeparavit his qui diligunt eum.* 77 Officina vero ubi haec omnia diligenter operemur, claustra sunt monasterii et stabilitas in congregatione.⌐

*BEN.*

*CÆS.*

IIII ⌐QUALIS DEBEAT ESSE ABBATISSA⌐

1 ⌐Quanta benivolentia diligatis matrem quae omnium vestrum curam gerit, et praepositae sine murmuratione oboediatur, 2 ne in illis caritas contristetur. 3 Ipsae

---

III,49 *cf.* Prov. 15,3; Ps. 13,2   **50** *cf.* Ps. 136,9   **51** *cf.* Ps. 33,14; Prov. 4,24   **56** *cf.* Lc. 18,1; 1 Thess. 5,17   **57** *cf.* Mt. 6,12   **59** *cf.* Gal. 5,16   **60** *cf.* Sir. 18,30   **61** Mt. 23,3   **63** *cf.* Sir. 6,37   **64** *cf.* Iudith 15,11   **65** *cf.* Lev. 19,17   **66** *cf.* Iac. 3,14   **67** *cf.* Iac. 3,16   **71** *cf.* Mt. 5,44; Lc. 6,27   **72** *cf.* Eph. 4,26 **76** 1 Cor. 2,9

---

**III,50** patefacere ↓ (satisfacere *vl.*: $H_2$)   **59** efficere (perficere *vl.*: $VMWH_1$ (*pc.*)$._{.2.3}$; *cf. Vulg. et Reg. mag. 3,65*)   **61** memores (memor *vl.*: $S$(*ac.*); memor esse *vl.*: $W$)   **66** zelum non habere invidiam non exercere (zelum et invidiam non habere *vl.*: $OVSMWH_{1\text{-}3}$)   **69** venerare (venerari *vl.*: *pc.* $AOH_3$) **73** desperare (disperare *vl.*: *pc.* $OH_3$; $SMWH_{1.2}$)   **76** audivit quae (audivit nec in cor hominis ascendit quae *vl.*: $OVSMWH_{1\text{-}3}$) | praeparavit] + deus | illum (eum *vl.*: $OVSMWH_{1\text{-}3}$) **IIII,tit** BEN. 2,tit. (*cf. supra* I,tit.) **1–3** CAES. 35,3 – 5   **1** diligatis matrem] diligatis. Matri

---

**III,50** satisfacere] patefacere $h$ ↑ # ‖   **60** odisse $h$ ‖   **61** illius dominici praecepti $h^2$ ‖   **69** venerari ↑ # ‖   **70sq.** iuniores diligere in Christi amore, pro inimicis orare *distinx.* $Kh$, *cf.* BEN. *vl.* ‖   **73** disperare $M$(*ac.*)$pv$; desperare $M$(*pc.* $m^2$)$h$, *approb. Zelzer* ↑ # ‖   **75** fuerit $M$(*ac.*) **IIII,tit** essa $M$(*sed non* $K$); esse debeat *tr.* $h$ ‖   **1** benevolentia $h$

vero quae vobis praesunt cum caritate et vera pietate discretionem et regulam stude-
ant custodire.⌉ 4 ⌈Corripiant inquietas, consolentur pusillanimes, sustineant infir-
mas, semper cogitantes deo se pro vobis reddituras rationem. 5 Unde et vos magis
sancte oboediendo non solum *vestri, sed etiam ipsarum miseremini, 6 quae inter
vos quantum in ordinatione superiores videntur, tantum in periculo maiore versan-
tur. 7 Pro qua re non solum matri, sed etiam praepositae, primiciriae vel formariae
cum reverentia humiliter oboedite.⌉

## V ⌈DE PRAEPOSITA MONASTERII⌉ BEN.

1 ⌈Praeposita monasterii eligatur a matre spiritali de congregatione⌉ ⌈cum consilio seniorum⌉ *suarum sancta, ⌈sapiens⌉, ⌈timens deum⌉ ⌈humilitatemque super
omnia habens⌉ 2 et in religionis amore devota et de regulae observatione sit cognita.
3 ⌈Quae praeposita ea agat cum reverentia quae etiam a matre spiritali ei iniuncta
fuerint, nihil contra ipsius voluntatem aut ordinationem faciat, 4 quia quantum
praelata est ceteris sororibus, tanto magis eam oportet sollicite observare in omnibus

---

**IIII,4** corripiant...infirmas] *cf.* 1 Thess. 5,14 | cogitantes...rationem] *cf.* Hebr. 13,17

---

**4–7** CAES. 35,7–10 **4** reddituras] + esse **6** quantum...tantum] quanto ... tanto | maiori (maiore *vl.*:
*B*)
**V,tit** BEN. 65,tit.
**1–9** *cf. cod. Escorialens. a I 13, s. X (= H₁) ante regulae Benedicti cap.* LXV (fol. 30r; *cf.* CSEL 75, p.
XLIX): praepositus monasterii eligatur a patre spiritale de congregatione cum consilio fratrum sapiens sanctus timens deum humilitatemque super omnia habens et religionis amore devotus et regulae observatione sit cognitus. Que praepositus ea agat cum consilio quae etiam a patre spiritale
iniunctum [*sic*] fuerint. Nihil contra ipsius voluntatem aut hordinationem faciat. Que quamtum
prelatus est ceteris fratribus locis tamtum magis oportet eum sollicite obserbare in omnibus precepta
regule. Que praepositus si in aliquo deprensus fuerit vitio deceptus superbia ↓ aut contemptus sancte regule conprobatus admoneatur verbis usque ter. Si non emendaberit adibeatur ei correptio discipline regularis. Quod si nec correxerit tunc deiciatur de hordinem prepositi et alius qui dignus est in
loco eius subrogetur. Quod si et post haec non correxerit et in congregatione quietus et oboediens
non fuerit etiam de monasterio expellatur aut in cellam ubi penitentiam agat retrudatur
**1** praeposita...deum] *cf.* BEN. 31,1: cellararius monasterii eligatur de congregatione sapiens; BEN.
31,2: timens deum; BEN. 65,15: quemcumque elegerit abbas cum consilio fratrum timentium
deum | humilitatemque...habens] BEN. 31,13: humilitatem ante omnia habeat
**3–8** *cf.* BEN. 65,16–21 **3** qui tamen praepositus (tamen *om. aliquot codd.*: H₁) | ea] illa | quae
etiam a matre spiritali] quae ab abbate suo | ipsius] abbatis | faciat] faciens **4** ceteris sororibus
tanto magis] ceteris ita (ceteris tanto *vl.*: *M*) | sollicitius (sollicite *vl.*: O V S (ac.) M W H₁₋₃) | observare
in omnibus praecepta] observare praecepta

---

**IIII,3** vobis quae *tr.* K (ac.) h ‖ **4** pusillanimes consolentur *tr.* h ‖ **5** sanctae M (*sed non* K), *cf.* CAES.
*vl.* (B M) | solum *om.* h p | vestri p v, *cf.* CAES.; vestris M (ac.); vestrum M (pc. m²) h ‖ **6** quantum ...
tantum # | maiori h² # ‖ **7** primiciriae M p; primiceriae K h v, *approb. Zelzer* #
**V,1** suorum M # | sancta *om.* p ‖ **2** de *om.* h v ‖ **3** ei *om.* h

praecepta regulae. 5 Quae praeposita si in aliquo reperta fuerit vitio aut *elatione fuerit decepta superbiae aut contemptrix sanctae regulae conprobata, admoneatur
verbis usque ter. 6 Si non emendaverit, adhibeatur ei correctio disciplinae regularis.
7 Quod si neque sic correxerit, tunc deiciatur de ordine praepositurae et alia quae
digna est in loco eius subrogetur. 8 Quod si et post haec in congregatione quieta et
(Cæs.) oboediens non fuerit, etiam de monasterio expellatur⌐ 9 aut in cella ob paenitentiam
condignam retrudatur.

(Cæs.)          VI Ut quae ad conversionem venerit non statim recipiatur

1 Haec igitur inprimis vestro sancto coenobio conservanda est norma, 2 ut
Cæs. ⌐quaecumque deo inspirante converti voluerit, non ei liceat statim habitum religionis
assumere, nisi antea in multis experimentis fuerit voluntas illius adprobata⌐, 3 ⌐sicut
Ben. ait apostolus: *Probate spiritus si ex deo sunt*⌐ 4 et alibi: *Omnia probate, quod bonum
est tenete.* 5 ⌐Ergo si perseveraverit pulsans et inlatas sibi iniurias et difficultates visa
fuerit patienter portare et persistere petitioni suae, 6 annuatur ei ingressus 7 et sit in
cella, ubi meditetur et manducet et dormiat. 8 Et senior ei talis deputetur, quae ei
regulam saepius legat et curiose intendat. 9 Et sollicita sit, si revera deum quaerit, si
prompta est ad opus dei, ad oboedientiam, ad obprobria sustinenda. 10 Praedicen-
tur ei omnia dura et aspera, per quae itur ad deum. 11 Et si promiserit de stabilitate

---

**VI,3** 1 Io. 4,1   **4** 1 Thess. 5,21   **5** perseveraverit pulsans] *cf.* Mt. 7,7sq.; Lc. 11,9sq.; Act. 12,16

---

**V,5** in...conprobata] repertus fuerit vitiosus aut elatione deceptus supervire (superbiae *vl.*: *A (pc.)* *O V*
*S (ac.) M W H₂,₃* aut contemptor sanctae regulae fuerit conprobatus | ter] quater   **6** correptio (correc-
tio *vl.*: *O M H₂*)   **8** post haec] postea | pellatur (expellatur *vl.*: *S (ac.) M H₁,₃*)
**9** *cf.* Caes. 65,2: et tamdiu in cella salutatorii sit remota, quamdiu dignam paenitentiam agens humiliter veniam petat
**VI,tit** quae...venerit] *cf.* Caes. 58,1 | non statim] *cf.* Caes. 4,1
**1** *cf.* Caes. 2,2: haec sanctis animabus vestris prima conveniunt
**2** Caes. 4,1 | quaecumque...liceat] ei ergo quae deo inspirante convertitur non licebit
**3** Ben. 58,2
**5–11** Ben. 58,3–9   **5** si] + veniens | difficultatem (difficultates *vl.* W); + ingressus post quattuor aut
quinque dies   **7** cella] + hospitum paucis diebus. Postea autem sit in cella novitiorum | meditent
(meditet *vl.*: *O (ac.) V S (ac.) W H₁₋₃ (ac.)*; meditetur *vl.*: *O (pc.) S (pc.) M H₃ (pc.)*) | manducent et dor-
miant (manducet et dormiat *vl.*: *A (pc.) O V S M W H₁₋₃*)   **8** ei¹] eis (ei *vl.*: *O (pc.) V W H₁.₂.₃ (ac.)*) | quae
ei regulam saepius legat et] qui aptus sit ad lucrandas animas qui super eos omnino (*sed cf.* Ben. 66,
8: regulam saepius volumus in congregatione legi; Caes. 58,1: ... ei regula frequentius relegatur)
**9** sollicitudo (sollicitus *vl.*: *A (pc.) O V S M W H₁₋₃*) | prompta] sollicitus | oboedientia (oboedientiam
*vl.*: *O V S M W H₁₋₃*) | ad obprobria sustinenda] ad obprobria   **11** et si] si (et si *vl.*: *M H₃ (pc.)*)

---

**V,5** alico *M (sed non K)* | elatione *h v*, *cf.* Ben.; elationis *M p* # | superbia *p*; *cf.* Ben. cod. *H₁ ante cap.*
65 ↑ # | ter ↑ # ‖   **7** quod] quae *h*
**VI,5–11** # ‖   **5** petitione *p* ‖   **8** quae] qua *M (ac.)*

sua perseverantiam,˺ tunc demum post anni circulum in coenobium ingrediatur
12 et oboedientia ac stabilitate promissa in congregatione societur.

13 ˹Et si potest fieri, aut numquam aut difficile in monasterio infantula parvula  *CÆS.*
nisi ab annis sex aut septem, quae iam et litteras discere et oboedientiae obtemperare possit, suscipiatur.˺

### VII DE HIS QUAE RELICTIS MARITIS AD MONASTERIUM VENIUNT
#### QUALITER RECIPIANTUR

1 ˹Quae autem viduae aut maritis relictis aut mutatis vestibus ad monasterium  *CÆS.*
veniunt, non excipiantur, nisi antea de facultaticula sua cui voluerint cartas aut do-
nationes aut venditiones faciant, 2 ita ut nihil suae potestati, quod peculiariter aut
ordinare aut possidere videantur, reservent 3 propter illud domini praeceptum: *Si vis*
*perfectus esse, vade vende omnia quae habes,* 4 et: *Si quis non reliquerit omnia et*
*secutus me fuerit, non potest meus esse discipulus.*˺

5 ˹Illae vero, quae adhuc vivis parentibus substantiam suam in potestate habere
non possunt aut adhuc minoris aetatis sunt, 6 cartas tunc facere conpellantur, quando res parentum in potestate habere potuerint aut ad legitimam aetatem pervenerint.
7 Ideo hoc sanctis animabus vestris praecipimus timentes exemplum Ananiae et
Saffyrae, qui, cum totum se dixissent apostolis obtulisse, partem obtulerunt, partem
sibi infideliter reservaverunt, 8 quod fieri nec decet nec licet nec expedit.˺

9 ˹Ancillam propriam nulli nec abbatissae liceat in servitio suo habere, 10 sed si
opus habuerit, abbatissa iubente de iunioribus in solacio suo accipiat.˺

---

**VII,3** Mt. 19,21   **4** Lc. 14, 26sq. 33   **7** exemplum...Saffyrae] *cf.* Act. 5,1–11

---

**VI,11** perseverantia (perseverantiam *vl.*: *VMH₂,₃*)
**11sq.** tunc...societur] *cf. BEN.* 58,9–14   **12** oboedientia...promissa] *cf. BEN.* 58,17: promittat de
stavilitate sua et conversatione morum suorum et oboedientiam | in...societur] *cf. BEN.* 61,8
**13** *CAES.* 7,3 | aut difficile aut numquam | possit obtemperare
**VII,1–4** *CAES.* 5,1–4   **1** de facultaticula] de omni facultaticula   **3** illud domini praeceptum] illud
domini | habes (*cf. Vulg.*)] possides
**5–8** *CAES.* 6   **7** exemplum...Saffyrae] *cf. BEN.* 57,5
**9sq.** *CAES.* 7,1sq.   **10** habuerit abbatissa iubente de] habuerit de

---

**VI,11** ingrediantur *mayo* ‖   **13** nusquam *h*
**VII,tit** ad maritis *tr.* *h_{br}* | recipiuntur *h* ‖   **1** facultatiola *h* | voluerit *M* (*ac.*) | chartas *h* (*sim. semper*)
**5** possint *h₆₁* ‖   **7** Saffyrae *M* (saffyre); Safirae *p, approb. Zelzer*; saphire *K*; Saphirae *h v* # ‖   **8** fieri]
scilicet *h* ‖   **9** suo servitio *tr. h*

## VIII Ut nulli liceat rem propriam possidere

**Ben.** 1 ⌜Hoc praecipue vitium radicitus amputandum est de monasterio, 2 ut nulla praesumat aliquid proprium habere 3 nec quicquam dare aut accipere vel tenere sine iussione matris, nullam omnino rem, neque tabulas neque grafium, sed nihil omnino, 4 quippe quibus nec corpora sua nec voluntates licet habere in propria voluntate; 5 omnia vero necessaria a matre monasterii sperare, nec quicquam liceat habere, quod ipsa non dederit aut permiserit. 6 Omniaque omnibus sint communia, ut scriptum est: *Et erant illis omnia communia nec quaequam suum aliquid esse dicat* aut vindicare praesumat. 7 Quod si qua huic nequissimo vitio deprehensa fuerit,⌝
**Col.** 8 ⌜tribus superpositionibus paeniteat.⌝

## VIIII Ut nemo peculiare opus sine iussione faciat abbatissae

**Cæs.** 1 ⌜Nemo sane cuiuslibet operis vel artificii pro suo libito quicquam sine iussione eligat faciendum,⌝ 2 ⌜sed quod faciunt in commune faciant tam sancto studio et tam fervente alacritate, quomodo si sibi ipsis fecerint.⌝ 3 Et quod faciunt matri praesen-
**(Col.)** tent ⌜et illa cui opus fuerit dispenset.⌝ 4 Quae autem contumax extiterit, hoc quod
**Cæs.** fecit privetur et centum percussionibus paeniteat. 5 ⌜Quae aliquid habebant in saeculo, quando ingrediuntur monasterium, humiliter illud offerant matri communibus

---

**VIII,6** Act. 4,32

---

**VIII,tit** *cf.* Ben. 33,tit. (si quid debeant monachi proprium habere)
**1–7** Ben. 33,1–7 **1** praecipue hoc **2** ut nulla] ne quis **2sq.** aliquid…matris] aliquid dare aut accipere sine iussionem (iussione *vl.*: O V S M W H₁.₃) abbatis neque (nec H₃) aliquid habere proprium **3** rem] + neque codicem **5** sperare monasterii (monasterii sperare *vl.*: W) | ipsa] abbas **6** omnium (omnibus *vl.*: O V S M W H₁.₃) | est nec (est erant illis omnia communia nec *vl.*: S(*ac.*)) | aliquid dicat (aliquid esse dicat *vl.*) | aut vindicare praesumat] vel (aut *vl.*: H₁.₃(*ac.*)) praesumat **7** qua] quisquam | fuerit] + delectari ↓
**8** Col. coen. 6 (p. 150,24. 25. 27); 7 (p. 152,1. 11) *al.*
**VIIII,1** Caes. 8,1 | sane cuiuslibet] sibi aliquid | libitu (libito *vl.*: M(*ac.*)) | quicquam…faciendum] eligat faciendum; + sed in arbitrio senioris erit quod utile prospexerit imperandum
**2** Caes. 29,2 | sed…faciant] sed omnia opera vestra in commune fiant | ferventi | sibi ipsis fecerint] vobis propria faceretis
**3** *cf.* Caes. 27,3: (per quarum industriam ita fideliter cum zelo et amore dei vestimenta quaecumque sunt necessaria praeparentur, ut quotienscumque sanctis sororibus opus fuerit, praeposita offerat,) et mater monasterii quibus necesse fuerit cum sancta discretione dispenset
**4** *cf.* Col. coen. 15 (p. 164,18–20): operis peculiaris praesumptio C plagis, possessio alicuius rei quam non necessitas generaliter fratribus concessit, amissione eiusdem et C plagis coerceatur
**5sq.** Caes. 21,1sq.

---

**VIII,3** graphium *h* ‖ **6** quaeque *h* ‖ **7** quae huic *h₆₁*; quae hoc *h¹* | fuerit] delectari *add. h p* ↑
**8** suppositionibus *h* (*sim. semper*)
**VIIII,tit** abbatissae *om. h* ‖ **1** libito # ‖ **2** fervente ↑ # | quomodo si] quasi *h*

usibus profuturum. 6 Quae autem non habuerunt, non ea quaerant in monasterio, quae nec foris habere potuerunt.⸃

## X Ut nulla dispiciat sororem suam

1 ⸢Illae vero, quae aliquid habere videbantur in saeculo, non fastidiant⸣ neque   CÆS.
dispiciant ⸢sorores suas, quae ad illam sanctam societatem ex paupertate venerunt,
2 nec sic de suis divitiis superbiant quae eas monasterio obtulerunt, quomodo si eis
in saeculo fruerentur. 3 Quid prodest dispergere et dando pauperibus pauperem fieri,
si misera anima diabolica infletur superbia? 4 Omnes ergo unianimiter et concorditer
vivite 5 et honorate in vobis invicem deum, cuius templum esse meruistis.⸣ 6 Quae
autem in hoc iactantiae crimine quod superius diximus inventa fuerit, ⸢superpositio-
nem cum silentio⸣ faciat.                                                         (COL.)

## XI Ut nulli liceat semotam habere mansionem

1 ⸢Nulli liceat semotam eligere mansionem nec habebit cubiculum aut armario-   CÆS.
lum aut aliquid huiusmodi, quod peculiarius cum clavi claudi possit, 2 sed omnes
divisis lectulis in una maneant domo.⸣ 3 Quae vero aliter agere aut habere prae-   (COL.)
sumpserit, superpositionem sustineat. 4 ⸢Quae autem senes sunt et infirmae, ita illis   CÆS.
convenit obtemperare vel ordinare, ut non singulae singulas cellas habeant, sed in
una recipiantur omnes, ubi et maneant⸣ et studium habeant. 5 ⸢Numquam⸣ ibi sicut
et in reliqua congregatione ⸢altiore voce loquantur,⸣ ut extra modum a foris audian-
tur. 6 Quod si fecerint, ⸢superpositionem silentii aut quinquaginta percussiones acci-   COL.
piant.⸣

---

**X,3** dispergere ... pauperibus] *cf.* Ps. 111,9; Mt. 19,21
**6** superius] *i.e.* 10,2

---

**X,1–5** CAES. 21,3–6   **1** videbantur habere   **5** templa
**6** superpositionem cum silentio] *cf.* COL. coen. 4 (p. 148,26); 5 (p. 150,4); 6 (p. 150,21): superpositione silentii
**XI,1–2** CAES. 9,1   **1** aut¹] vel | peculiarius cum clavi claudi] peculiarius claudi   **2** domo] cellula
**3** superpositionem] *cf.* COL. coen. *passim*
**4sq.** CAES. 9,2sq.   **4** autem] vero | obtemperari (obtemperare *vl.*: B) vel ordinari   **5** altiori
**6** superpositionem ... accipiant] *cf.* COL. coen. 5 (p. 150,4); 6 (p. 150,21sq.): superpositione silentii
aut L percussionibus

---

**X,tit** dispiciat *M(ac.)p*; despiciat *M(pc. m²)hv*, *approb. Zelzer* # ‖   **1** *fastidient *M(ac. m²)v* # | di-
spiciant *M(ac.)p*; despiciant *M(pc. m²)hv*, *approb. Zelzer* # ‖   **2** sic *om.* h¹ | quae] quod h | quomodo
si] quasi *h₆₁*; quod h¹ ‖   **3** qui *h₆₃* ‖   **4** unanimiter *Kh* ‖   **5** templum ↑ # ‖   **6** crim̄ *M*(-e *sl. m²*);
crimen *mayo* # | superius *om.* h | suppositionem h
**XI,1** aut¹ *om.* h¹   **3** superpositione *uv. M(ac.)*; suppositionem h ‖   **4** obtemperare ... ordinare #
vel] et h ‖   **5** altiore ↑ # ‖   **6** suppositionem h

## XII QUALITER SENES VEL INFIRMAE GUBERNANDAE SINT

CÆS.  1 ⌐Illud ante omnia te, sancta mater, et venerabilis quaecumque fueris praeposita, etiam cuicumque cura committenda est infirmarum, primitiariam etiam vel formariam ammoneo et contestor, 2 ut vigilantissime consideretis, et si sunt aliquae de sororibus, quae pro eo quod aut *delicatius nutritae sunt aut defectiones forsitan stomachi frequentius patiuntur et sicut reliquae abstinere non possunt, aut certe cum grande labore ieiunant, 3 si illae propter verecundiam petere non praesumunt, vos eis iubeatis a cellarariis dare et ipsis, ut accipiant, ordinetis. 4 Et certissime confidant, quod quicquid dispensante aut iubente seniore qualibet hora perceperint, in illa repausatione Christum accipiant.⌐ 5 Et sicut iam superius diximus ⌐infirmarum

BEN.  cura ante omnia et super omnia adhibenda est, ut sicut revera Christo ita eis serviatur, 6 quia ipse dixit: *Infirmus fui et visitastis me,* 7 et: *Quod fecistis uni de his minimis fratribus meis mihi fecistis.* 8 Sed ipsae infirmae sorores considerent in timore dei sibi servire, et non superfluitate sua contristent sorores suas servientes sibi. 9 Quae tamen patienter portandae sunt, quia de talibus copiosior merces adquiritur. 10 Ergo cura maxima sit matri, ne aliqua neglegentia patiantur. 11 Quibus infirmis sit cella per se deputata, et quae eis obsequium inpendat timens deum ac sollicita sit. 12 Balnearum usus infirmis, quotiens expedit, offeratur, sanis autem et maxime iuvenibus

CÆS.  tardius concedatur.⌐ 13 ⌐Carnes vero a nulla umquam in cibo manducentur. 14 Si forte aliqua in disperata infirmitate fuerit, iubente et providente abbatissa accipiat.⌐ 15 ⌐Cum vero vires pristinas reparaverit, ad feliciorem redeat abstinentiae consuetudinem.⌐ 16 ⌐Et si hoc necessitas infirmarum exigerit et matri monasterii iustum visum fuerit, cellariolum et coquinam suam infirmae in commune habeant.⌐

---

**XII,5** superius] *i.e.* 12,1  **6** Mt. 25,36  **7** Mt. 25,40

---

**XII,1–4** CAES. 42,1–4  **1** primiceriam↓  **2** aut delicatius] delicatius(↓) | grandi↓  **3** dari↓
**5–12** BEN. 36,1–8  **7** minimis fratribus meis] minimis (minimis meis *vl.*: O V S(*ac.*)M W H₃)  **8** sed et
(*om. aliquot codd., e.g.*: S) ipsi infirmi considerent | timore] honorem  **9** mercis (merces *vl.*: H₁.₃)
**10** matri] abbati | aliquam neglegentiam (aliqua neglegentia *vl.*: V(*ac.*)S W)↓  **11** quibus] + fratribus | super se↓ | quae…inpendat] servitor | ac sollicita sit] et diligens ac sollicitus (sit *add.* H₃)
**13sq.** CAES. 71,8sq.  **13** umquam] + penitus | manducentur] sumantur  **14** desperata (disperata *vl.*:
M)↓
**15** CAES. 22,4 | cum vero] sed cum | reparaverint redeant ad feliciorem
**16** CAES. 32,3 | exegerit (exigerit *vl.*: M)↓ | fuerit] + etiam

---

**XII,tit** vel] aut *h* ‖  **1** te *om. h* | fuerit *h* | primitiariam M *p* (*sed cf. supra* IIII,7); primiciariam *K*; *primiceriam *h v*, *approb. Zelzer*↑ # ‖  **2** delicatius (*fortasse* dilicatius) V.Z.-P.↑; diligantius M(*ac.*)*v*; diligentius M(*pc. m²*)*h p*, *approb. Zelzer* # | grandi M(*pc. m²*)*h*, *approb. Zelzer*↑ # ‖  **3** cellerariis *h*(cellariis *m*) | *dari *h v*, *approb. Zelzer*↑ # ‖  **4** perciperint M(*ac.*)*p* # ‖  **8** *serviri *h*, *approb. Zelzer, cf.* BEN. *vl.* (*e.g.* O H₂) # ‖  **9** merces ↑ # ‖  **10** *aliquam neglegentiam *prop. Zelzer*↑ #
**11** per] super *prop. Zelzer*↑ # ‖  **14** disperata M(*ac.*)*h₆₁p*; desperata M(*pc. m²*)*h¹v*; despera|tata
(*sic!*) *K*↑ # ‖  **16** exegerit *K h v*, *approb. Zelzer*↑ #

### XIII Qualiter ad officium divinum curratur

1 ⌜Ad horam divini officii mox ut auditum fuerit signum relictis omnibus, quae- BEN.
libet fuerint in manibus, summa cum festinatione curratur, 2 cum gravitate tamen,
ut non scurrilitas inveniat fomitem. 3 Nihil tamen operi dei praeponatur. 4 Quae vero
nocturnis vigiliis ad gloriam primi psalmi non occurrerit, non stet in ordine suo in
choro, 5 sed ultima omnium stet aut in loco, quem talibus neglegentibus seorsum
constituerit senior, ut videatur ab ipsa vel ab omnibus, 6 usque dum conpleto opere
dei publica satisfactione paeniteat.⌝ 7 Ea vero, quam superius diximus, diurnis horis
observatio conservetur.

### XIIII ⌜De his quae ad opus dei vel ad mensam tarde occurrerint⌝     BEN.

1 ⌜Quae signo tacto tardius ad opus dei vel ad opera venerit, increpationi, ut CÆS.
dignum est, subiacebit. 2 Quod si secundo aut tertio admonita emendare noluerit,⌝
⌜regulari subiaceat disciplinae.⌝ 3 Similiter quae ad mensam ad primum capitulum BEN.
orationis non fuerit 4 et occupata in aliquo per iussionem non fuerit 5 ⌜non permittatur ad mensam communis participationis sedere, 6 sed sequestrata a consortio omnium reficiat sola, sublata ei portione sua de vino. 7 Eadem vero patiatur quae non
fuerit praesens ad illum versum, qui post cibum dicitur.⌝

### XV ⌜De significanda hora operis dei     BEN.

1 Nuntianda hora operis dei die noctuque sit cura abbatissae: aut ipsa nuntiare
debet aut alicui sollicitae sorori iniungat hanc curam, ut omnia horis conpetentibus

---

**XIII,1–6** BEN. 43,1–6   **1** mox auditus fuerit signus (mox ut [ut *om. H₁.₂; ac. H₃*] auditum fuerit signum *vl.:* OSMWH₁.₃)   **3** nihil tamen] ergo nihil   **4** quae vero nocturnis] quod si quis in/ex noctur-
nis | ad…occurrerit] post gloriam psalmi nonagesimi quarti quem propter hoc omnino subtrahendo
et morose volumus dici occurrerit   **5** senior] abbas | videantur (videatur *vl.:* S (*pc.*) WH₁.₃)
**XIII,tit** BEN. 43,tit. | occurrunt (occurrerint *vl.: H₁*)
**1sq.** quae…noluerit] CÆS. 12,1sq.
**2** regulari subiaceat disciplinae] *cf.* BEN. 3,10; 32,5 *et al.*
**3sq.** *cf.* BEN. 43,13–15: ad mensam autem qui ante versum non occurrerit, ut simul omnes dicant
versu et orent et sub uno omnes accedant ad mensam, qui per neglegentiam suam aut vitio non
occurrerit, usque secunda vice pro hoc corripiatur. Si denuo non emendaverit
**5–7** BEN. 43,15–17   **5** ad…sedere] ad mensae communis participationem (ad mensam communis
participationis *vl.: H₁.₂.₃ (ac.)*)   **6** vinum (de vino *vl.:* S (*pc.*) MH₁.₃); + usque ad satisfactionem et
emendationem   **7** eadem vero] similiter autem | quae…versum] qui et (et *om. nonnulli:* OVS (*ac.*) M
WH₁.₃) ad illum versum non fuerit praesens (qui non ad illum versum fuerit praesens *vl.: H₁.₃*)
**XV,tit–4** BEN. 47   **1** dies noctisque (die noctuque *vl.:* OVSMWH₁.₃) | nuntiare debet aut alicui]
nuntiare aut tali

---

**XIII,2** scurrilitas # ‖     **3** operis M (*ac.*), *cf.* BEN. *vl.* (*H₁*) ‖     **4** non occurrerit psalmi *tr.* K (*ac.*) h
**5** quem] quae M (*ac. m¹*) | neglegentibus # | ab ipsa vel *om.* h² ‖     **7** horis diurnis *tr.* h v
**XIIII,2** quod] quae h ‖     **6** reficiatur h

conpleantur. 2 Psalmos vel antiphonas post abbatissam ordine suo quibus iussum fuerit inponant. 3 Cantare autem et legere non praesumat nisi quae potest ipsum officium implere, ut aedificentur audientes; 4 quod cum humilitate et gravitate et tremore faciat, et cui iusserit abbatissa.⌐

BEN.                          XVI ⌐DE ORATORIO MONASTERII

1 Oratorium hoc sit quod dicitur, nec ibi quicquam aliud geratur aut condatur excepto opere dei. 2 Omnes cum summo silentio exeant, et agatur reverentia dei, 3 ut soror quae forte sibi peculiariter vult orare non praepediatur alterius inprobitate. 4 Sed et si aliter vult sibi forte secretius orare, simpliciter intret et oret, non in clamosa voce, sed in lacrimis et intentione cordis. 5 Ergo quae simile opus non facit, non permittatur expleto opere dei remanere, sicut dictum est, ne alia inpedimentum patiatur.⌐

BEN.                          XVII ⌐DE DISCIPLINA PSALLENDI⌐ IN ORATORIO

1 ⌐Ubique credimus divinam esse praesentiam et *oculos domini contemplantes bonos et malos,* 2 maxime tamen hoc sine aliqua dubitatione credimus, cum ad opus divinum adsistimus. 3 Ideo semper memores simus, quod ait propheta: *Servite domino in timore,* 4 et iterum: *Psallite sapienter,* 5 et: *In conspectu angelorum psallam tibi.* 6 Ergo consideremus, qualiter oporteat in conspectu divinitatis et angelorum eius esse, 7 et sic stemus ad psallendum, ut mens nostra concordet voci nostrae.⌐ 8 ⌐Dum

CÆS.    in oratorio psallitur, fabulare omnino non liceat.⌐ 9 ⌐Cum vero psalmis et hymnis
COL.    vacatis deo, id versetur in corde quod profertur in voce.⌐ 10 ⌐Et quae subriserit in cursu orationum sex percussionibus; 11 si in sonum eruperit risus, superpositionem.⌐

---

**XVII,1** Prov. 15,3   **3** Ps. 2,11   **4** Ps. 46,8   **5** Ps. 137,1

---

**XV,2** autem vel (autem *om. nonnulli:* $H_{2,3}$)   **3** ipsud (ipsum *vl.:* $OVSMWH_{1-3}$)   **4** fiat (faciat *vl.:* $O(pc.)WH_{1,3}(ac.)$)
**XVI,tit–5** BEN. 52   **1** expleto (ex(c)epto *vl.:* $H_{1-3}$)   **2** habeatur (agatur *vl.:* $OVSMWH_1$ (agantur)$_{2,3}$) deo ↓   **3** praepediatur] inpediatur   **5** explicito (expleto *vl.:* $VS(ac.)MWH_{1,2,3}(ac.)$) | remorari (remanere *vl.* W); + in oratorio (in oratorio *om. aliquot codd.:* $OVS(ac.)MWH_{1,2,3}(ac.)$)
**XVII,tit–7** BEN. 19   **1** contemplantes (*cf. Vulg.:* contemplantur)] in omni loco (in omni loco *om. aliquot codd.:* $OVSMWH_{1,2,3}(ac.)$) speculari   **2** credamus
**8** *cf.* CAES. 10: similiter, dum psallitur, fabulari (fabulare *vl.:* M) omnino vel operari non liceat
**9** CAES. 22,1 | vacatis deo] oratis deum
**10sq.** COL. coen. 4 (p. 148,13–15)   **10** subriserit] subridens in sinaxi id est   **11** risus eruperit superpositione (superpositionem *vl. nonnulli brevioris versionis et versio aucta*) ↓

---

**XV,2** antyphonas M(*sed non* K) # ‖   **4** tremore] timore h | et³ *om.* h²
**XVI,1** quicquid h¹ ‖   **2** *deo prop. Zelzer ↑ # ‖   **3** inprovitate M(*ac. m²*)p ‖   **4** aliter] altera h
**XVII,2** credimus ↑ # ‖   **8** fabulare ↑ # ‖   **9** praefertur h *mayo* ‖   **11** *superpositione *prop. Zelzer ↑; suppositionem h #

## XVIII ⌜DE REVERENTIA ORATIONIS

1 Si cum hominibus potentibus volumus aliqua suggerere, non praesumimus nisi cum humilitate et reverentia, 2 quanto magis domino deo universorum cum omni humilitate et puritatis devotione supplicandum est? 3 Et non in multiloquio, sed in puritate cordis et conpunctione lacrimarum nos exaudiri credamus. 4 Et ideo brevis debet esse et pura oratio, nisi forte ex affectu inspirationis divinae gratiae protendatur. 5 In conventu tamen omnino brevietur oratio, et facto signo a priore omnes pariter surgant.⌝

## XVIIII QUALITER SILENTIUM STUDERE DEBEANT SORORES

1 ⌜Omni tempore omnique loco silentium studere debent ancillae Christi, maxime tamen nocturnis horis. 2 Et ideo⌝ ⌜exeuntes a conpletoriis nulla sit licentia denuo
loqui cuiquam aliquid⌝ usque ⌜mane post secundam celebratam in conventu. 3 Quo
in loco veniam petentes ac singulae confessionem dantes pro cogitationibus carnalibus atque turpibus vel nocturnis visionibus, 4 demum pariter orantes dicant: *Fiat,
domine, misericordia tua super nos, quemadmodum speravimus in te.* 5 Sic quoque
vicissim dicant ad seniorem: 'Da commeatum vestimentum mutare et quod opus fuerit fieri.'⌝

---

**XVIII,3** non in multiloquio] *cf.* Mt. 6,7
**XVIIII,4** Ps. 32,22

---

**XVIII,tit–5** *BEN.* 20   **3** credamus] sciamus
**XVIIII,1–2** omni ... et ideo] *BEN.* 42,1sq.   **1** omni...Christi] omni tempore silentium debent studere
monachi
**2** et...aliquid] *BEN.* 42,8   |   et ideo exeuntes] et exeuntes; *sed cf. BEN.* 42,2: et ideo ...   |   cuiquam
loqui
**2–5** mane ... fieri] *cf.* Ps.-Col. 33–36: ... mane post secundam celebratam ad collectionem coenobii
venientes. Quo in loco veniam petentes et se accusantes pro cogitationibus carnalibus ac turpibus
vel nocturnis visionibus tunc postremum pariter orantes dicant: Fiat, domine, misericordia tua
super nos, quemadmodum speravimus in te. ... Sic quoque vicissim dicant ad seniorem: Da commeatum mutandi vestimentum et quod necesse est in exparatione nostra facere (*cf. textus editionem, Frg.
I, infra in hoc volumine et Zimmerl-Panagl, Elegi pauca e plurimis, 244–252*)

---

**XVIII,3** exaudiri *M*(*pc.*)*h*; *exaudire *M*(*ac.*)*p v*; *cf.* Ben. *vl.* (*e.g. V S H₃*(*ac.*)) #
**XVIIII,tit** silentio *h* ‖   **1** silentio *h, cf. BEN. vl.* (*e.g. O*) | maximae *M*(*sed non K*) ‖   **2** a] ad *M*(*ac.*)
**3** quod *h¹* ‖   **5** comeatum *M*

## XX QUANDO VACENT LECTIONI

CÆS.　1 ⌐A secunda hora usque ad tertiam,⌐ si aliqua necessitas ut operentur non fuerit, ⌐vacent lectioni.⌐ 2 ⌐Reliquo vero spatio diei faciant opera sua et non se fabulis occupent 3 propter illud apostoli: *Cum silentio operantes,* 4 et illud: *In multiloquio non effugies peccatum.* 5 Et ideo hoc vobis omnino loquendum est, quod ad aedificationem vel utilitatem animae pertinet. 6 Cum autem necessitas operis exegerit, tunc loquantur. 7 Reliquis vero in unum operantibus una de senioribus legat, 8 de reliquo meditatio verbi dei de corde non cesset.⌐ 9 Si autem, ut diximus, aliqua compellit necessitas, ut infra hunc terminum operari debeant, in arbitrio sit matris, qualiter absque murmurio fiant omnia. 10 ⌐Quaecumque opera facitis, quando lectio non legitur, de divinis scripturis semper aliquid ruminate.⌐ 11 ⌐Nemo cum murmuratione aliquid faciat, ne simili iudicio murmuratorum pereat 12 secundum illud apostoli: *Omnia facite sine murmurationibus.*⌐ 13 ⌐Humiles semper in invicem sitis, non solum senioribus, sed etiam coaequalibus et iunioribus, 14 ne deus superbis resistat, ne inflatae per viam angustam transire non possint. 15 Quicquid vobis a senioribus fuerit imperatum, sic accipite tamquam si de caelo sit ore dei prolatum. 16 Nihil reprehendas, nihil dispitias, in nullo penitus murmurare praesumas, 17 quia in monasterio servire venisti, non imperare, oboedire potius quam iubere. 18 Totum sanctum, totum iustum, totum utile iudica quicquid aut tibi aut aliis videris imperare.⌐

---

**XX,3** 2 Thess. 3,12　**4** Prov. 10,19　**9** ut diximus] *i.e.* 20,1　**11** *cf.* 1 Cor. 10,10　**12** Phil. 2,14
**13–14** humiles...resistat] *cf.* 1 Petr. 5,5　**14** viam angustam] *cf.* Mt. 7,13sq.

---

**XX,1** *cf.* CAES. 19,1: omni tempore duabus horis, hoc est a mane usque ad horam secundam lectioni vacent; *cf.* BEN. 48,4: ab hora autem quarta usque hora qua sexta agent lectioni vacent | si...fuerit] *cf.* 2 Reg. patr. 24: si tamen nulla causa extiterit qua necesse sit etiam praetermisso medite aliquid fieri in commune
**2–8** CAES. 19,2–20,3　**2** diei spatio　**7** senioribus] sororibus; + usque ad tertiam　**8** dei] + et oratio
**10** CAES. 22,2 | quodcumque operis feceritis
**11sq.** CAES. 17,2sq.
**13–18** CAES. serm. 233,6　**13** semper...sitis] ergo simus fratres dilectissimi　**13sq.** senioribus nostris sed etiam coaequalibus ne deus (senioribus sed etiam coaequalibus et iunioribus nostris ne deus *vl.*)
**14** resistat] + ne se exaltantes humiliet　**16** discutias (dispicias *vl.*) ↓　**18** imperari (imperare *vl.*) ↓

---

**XX,1** fuerint *mayo* ‖　**9** debeat *h v* | murmure *h¹* ‖　**9sq.** fiant omnia. Quaecumque *distinxi*; fiant. Omnia quaecumque *M p v*; fiat. Omnia quaecumque *h, approb. Zelzer* # ‖　**11** murmuratorum iudicio *tr. h* ‖　**13** in *om. K h p*; *del. Zelzer* # | etiam] et *h* ‖　**14** ne¹] et *h²* ‖　**16** dispitias *M (ac.);* dispicias *p*; despicias *M (pc. m²) h v, approb. Zelzer; fortasse* *discutias V.Z.-P.* ↑ # |　penitus] non *add. h¹*
**18** *imperari h, approb. Zelzer* ↑ #

### XXI ⌈Sɪ ᴏᴍɴᴇs ᴀᴇǫᴜᴀʟɪᴛᴇʀ ᴅᴇʙᴇɴᴛ ɴᴇᴄᴇssᴀʀɪᴀ ᴀᴄᴄɪᴘᴇʀᴇ

*BEN.*

1 Scriptum est: *Dividebatur singulis prout cuique opus erat.* 2 Ubi non dicimus, ut personarum – quod absit – acceptio sit, sed infirmarum consideratio, 3 ut quae minus indiget, agat deo gratias et non contristetur; 4 quae vero plus indiget humilietur pro infirmitate, non extollatur pro misericordia. 5 Et ita omnia membra erunt in pace. 6 Ante omnia, ne murmurationis malum pro qualicumque causa in aliquo qualicumque verbo vel significatione appareat; 7 quod si deprehensa quae fuerit, districtiori disciplinae subdatur.⌉

### XXII ⌈Qᴜᴀʟɪs ᴅᴇʙᴇᴀᴛ ᴇssᴇ ᴀɴᴄɪʟʟᴀ ᴅᴇɪ ᴅᴜᴍ ᴄᴀsᴛɪɢᴀᴛᴜʀ

*CÆS.*

1 Quae pro qualibet culpa ammonetur, castigatur, corripitur, arguenti respondere non praesumat.⌉ 2 Quod si fecerit, regulari subiaceat disciplinae. 3 ⌈Quae aliquid ex his quae iubentur implere noluerit, a communione orationis vel a mensa secundum qualitatem culpae sequestrabitur.⌉

*(BEN.)|CÆS.*

### XXIII Qᴜᴀʟɪᴛᴇʀ ᴀᴅ ᴄᴏɴғᴇssɪᴏɴᴇᴍ ᴏᴍɴɪʙᴜs ᴅɪᴇʙᴜs ᴠᴇɴɪᴀɴᴛ

*NCR*
*5,10*

1 Inter ceteras regulae observantias hoc magis super omnia tam iuniores quam etiam seniores monemus sorores, 2 ut assidue et indesinenti studio tam de cogitatu quam etiam de verbo inutili vel opere seu aliqua commotione animi confessio omnibus diebus, omnibus horis omnibusque momentis semper donetur 3 et matri spiritali nihil occultetur, 4 quia ⌈statutum est hoc a sanctis patribus, ut detur confessio ante mensam sive ante lectulorum introitum aut quandocumque fuerit facile, 5 quia con-

*COL.*

---

**XXI,1** Act. 4,35   **2** personarum...acceptio] *cf.* Rom. 2,11; Act. 10,34   **5** omnia...pace] *cf.* 1 Cor. 12, 26

---

**XXI,tit–7** *BEN.* 34   **tit** debeant (debent *vl.:* *O M W*)   **1** scriptum] sicut scriptum   **2** infirmarum] infirmitatum   **3** ubi (ut *vl.:* *S H₁.₃*)
**XXII,tit** *CAES.* 11,tit.
**1** *CAES.* 13,1 | respondere] + penitus
**2** *cf. BEN.* 3,10; 32,5 *al.*
**3** *CAES.* 13,2
**XXIII,2** indesinenti studio] *cf. supra Don. epist.* 22
confessio...donetur] *cf. CAES.* serm. 10,3 (confessionem donet)
**4–7** *COL.* coen. 1 (p. 144,29–146,1)   **4** statutum est hoc] statutum est fratres carissimi (fratres carissimi statutum est *versio aucta*) | detur confessio] demus confessionem (*sed cf. versionem auctam post* defluit) | lectulorum] lectorum (*sed cf. versionem auctam post* defluit)

---

**XXII,tit** debet *h¹*
**XXIII,2** donetur] detur *prop. C. Weidmann* (*cf.* **4**)

fessio paenitentiae de morte liberat. 6 Ergo nec ipsa parva a confessione sunt neglegenda cogitata, 7 quia scriptum est: *Qui parva neglegit paulatim defluit.*⸍

### XXIIII De his quae ad lectum suum aliquid occultare praesumpserint

*C·ÆS.*     1 Quae soror ⸢ad lectum suum quae ad manducandum vel ad bibendum pertinent praesumpserit occultare,⸍ publice coram omnibus arguatur. 2 Et tunc demum palam cunctis praesentibus obiurgata superpositionem sustinere cogatur.

### XXV De his quae non custodierint benedictionem ad mensam et cetera similia

*COL.*     1 ⸢Si comederit⸍ vel biberit non petens ⸢benedictionem et non responderit 'Amen', sex percussionibus,⸍ 2 ⸢et quae non signaverit coclear, quo lambit, sex,⸍ 3 ⸢et quae locuta fuerit comedens non in necessitate alterius sororis, sex,⸍ 4 ⸢vel pertunderit coltello mensam, sex,⸍ 5 et ⸢si dixerit suum proprium aliquid, sex percussionibus emendetur.⸍

---

**XXIII,7** Sir. 19,1
**XXIIII,1** publice…arguatur] *cf.* 1 Tim. 5,20

---

**XXIII,5** paenitentiae] et paenitentia | liberant (liberat *vl.*: *L et versio aucta*)    **6** cogitata] peccata
**7** quia] + ut
**XXIIII,1–2** *cf. C·AES.* 30,2sq.: et ideo quicquid ad manducandum vel ad bibendum pertinet, nulla de sororibus praesumat circa lectum suum reponere aut habere. Quaecumque autem hoc fecerit, gravissimam districtionem sustineat
**2** superpositionem] *cf. COL.* coen. *passim*
**XXV,1** *cf. COL.* coen. 3 (p. 148,2sq.): et qui comederit sine benedictione, XII percussionibus; *cf. COL.* coen. 1 (p. 146,3sq.): ergo qui non custodierit ad mensam benedictionem et non responderit Amen, sex percussionibus emendare statuitur
**2** *COL.* coen. 1 (p. 146,6sq.) | lambit sex] lambit (+ sex percussionibus *versio aucta*)
**3** *COL.* coen. 1 (p. 146,4sq.) | et quae locuta] simili modo (simili modo *om. versio aucta*) qui (si *versio aucta*) locutus (*sed cf.* p. 146,7: et qui locutus fuerit … ) | non in necessitate] non necessitate ↓ | sex emendare statuitur (sex percussionibus *versio aucta*)
**4** *COL.* coen. 2 (p. 146,12) | vel] qui | cultello | sex] X + percussionibus emendetur
**5** *COL.* coen. 2 (p. 146,11) | percussionibus emendetur] percussionibus

---

**XXIII,6** ne *M* (*ac. m¹ u.v.*) | confessioñ *M* (confessione *K*) | neglegenda # ‖    **7** neglegit #
**XXIIII,1** lectulum *h* | omnibus] vel *add. M* (*ar.*) ‖    **2** suppositionem *h*
**XXV,1** respondens *h* ‖    **3** et … sex *om. M* (*ac.*; in *sl.* ↑, ex *ac.*) ‖    **4** pertuderit *h* # | cultello *K edd*, *approb. Zelzer* ↑ # | sex ↑ # ‖    **5** emendet *h*

## XXVI De his quae in coquina aliquid effuderint

NCR
6,4

1 ⌜Quaecumque de sororibus, cui sollicitudo coquinandi vel ministrandi com- ⌜COL.⌝
missa est, quantulum quid effuderit, 2 oratione in ecclesia post expletum cursum,
ita ut sorores pro ea orent, emendare statuitur. 3 Similiter paeniteat quae humiliationem in sinaxi, id est in cursu, oblita fuerit, haec est humiliatio in ecclesia post
finem uniuscuiusque psalmi, 4 simili modo quae perdiderit micas oratione in ecclesia emendari cogatur. 5 Ita tamen haec parva paenitentia iudicetur, si parvum quid
effuderit. 6 Quod si ex neglegentia vel oblivione seu transgressione securitatis tam in
liquidis quam in aridis amplius solito perdiderit, 7 longa venia in ecclesia, dum duodecim psalmos ad duodecimam canunt, prostrata nullum membrum movens paeniteatur,⌝ 8 ⌜et quae non custodierit ordinem ad sacrificium sex percussionibus⌝ emendetur.

## XXVII De his quae sine oratione egrediuntur domo

1 ⌜Quae egrediens domum ad orationem poscendam non se humiliaverit et post ⌜COL.⌝
acceptam non se signaverit, crucem non adierit, duodecim percussionibus, 2 et quae
orationem ante opus aut post oblita fuerit, duodecim percussionibus,⌝ 3 ⌜aut quae
*regrediens domum orationem petens non se curvaverit intra domum, duodecim
percussionibus emendetur,⌝ 4 vel quae facit ⌜cursus non necessarios, duodecim per-
cussionibus⌝ emendetur.

---

**XXVI,1–7** COL. coen. 2/3 (p. 146,14–24)   **3** similiter paeniteat quae humiliationem ... psalmi] qui
humiliationem ... psalmi similiter paeniteat   |   uniuscuiusque] cuiuscumque (cuiusque *vl.: Par*)
**4** emendari cogatur] emendetur   **5** paenitentia] + ei   |   parum (parvum *vl. et versio aucta*)   **7** paeni-
teat ↓
**8** COL. coen. 4 (p. 148,10sq.): ordinem ad sacrificium qui non custodierit VI percussionibus
**XXVII,1–2** COL. coen. 3 (p. 146,30–148,2)   **1** acceptam] + benedictionem ↓   |   percussionibus] +
emendare statuitur   **2** et] similiter   |   post] + opus (*non omnes*)
**3** COL. coen. 3 (p. 148,3–5)   |   aut] et
**4** *cf.* COL. coen. 8 (p. 152,24sq.; *versio aucta*): cursus non necessarios aut saltus XII plagis

---

**XXVI,tit** quoquina M (*sim saepe, sed non K*) p ‖   **3** humiliatione M (*ac. fort. m²*), *cf. ConcR 36,4,3*
(*excepto cod. P*) # | synaxi h v | curso M (*ac. m¹*) p ‖   **4** emendari cogatur # ‖   **6** neglegentia # | seu]
vel h² ‖   **7** paeniteatur M v, *cf. ConcR 36,4,7* (*non omnes codd.*); *paeniteat h p, approb. Zelzer* ↑ #
**XXVII,tit** quae] qui M (*ac. m²*) | domo # ‖   **1** acceptam] *benedictionem suppl. p* ↑, *approb. Zelzer* #
signaverit] et *add.* K (*ac.*) h ‖   **3** regrediens *edd, cf.* COL.; egrediens M #

## XXVIII QUAE PROFERT FABULAS OTIOSAS AD ALIAM ET QUAE SE EXCUSAVERIT ET DICIT CONSILIUM CONTRA CONSILIUM

*COL.*    1 ⌈⟨Quae⟩ fabulas otiosas profert ad alteram et statim semetipsam reprehendit, venia tantum sufficit. 2 Si autem non se reprehenderint tractantes eas, superpositione silentii aut quinquaginta percussionibus paeniteant. 3 Excusationem proferens cum simplicitate quando in aliquo discutitur et non dicit statim veniam petens: 'Mea culpa, paenitet me', 4 consilium contra consilium cum simplicitate promens, quinquaginta percussionibus paeniteat.⌉

## XXVIIII DE HIS QUAE REPREHENDUNT ALIARUM OPERA ET CETERA SIMILIA

*COL.*    1 ⌈Reprehendens aliarum sororum opera aut detractans, proferens correctionem contra correctionem, hoc est castigans castigantem se, tribus superpositionibus paeniteat.⌉ 2 ⌈Quae soror abscondit aliquod crimen in sorore sua usque dum corrigatur de alio vitio vel de ipso et tunc prius profert illud adversum sororem suam, tribus superpositionibus,⌉ 3 vel ⌈quae detrahit alicui sorori aut audit detrahentem non corrigens eam, tribus superpositionibus, 4 et quae aliquid cum contradictione aut tristitia promit, simili modo tribus superpositionibus paeniteat. 5 Quae aliquid [cum] reprehendens praepositae non vult indicare, usque dum matri seniori indicet, similiter paeniteat.⌉ 6 ⌈Quae soror vituperat alicui sorori obsequium dandum,⌉ 7 ⌈murmurat et dicit: 'Non faciam, nisi dicat senior aut secunda', similiter tribus superpositio-

---

XXVIII,1–4 *COL.* coen. 4 (p. 148,24–150,2)    **1sq.** fabulas otiosas proferens ↓ ad alterum statim semetipsum reprehendens ↓ venia tantum. Si autem se non reprehenderit (sed tractaverit [detractaverit *C*] qualiter eas excusare debeat *add. versio aucta*) superpositione silentii aut L percussionibus **3** dicat (dicit *versio aucta*) | me] + L percussionibus   **4** percussionibus paeniteat] percussionibus
XXVIIII,1 *COL.* coen. 6 (p. 150,24–27) | detractans] + tribus superpositionibus paeniteat | correptionem contra correptionem (correctionem contra correctionem *versio aucta*) | se] + similiter (*om. versio aucta*)
**2** *COL.* coen. 6 (p. 150,22–24) | quae soror] et qui | crimen] + videns | tunc prius profert] tunc profert | adversus | sororem suam tribus] fratrem tribus
**3–5** *COL.* coen. 7 (p. 150,28–152,1)   **4** et quae aliquid cum contradictione aut tristitia] qui aliquam contemptionem cum tristitia (qui aliquid cum contentione et cum tristitia *Par*)   **5** praepositae] praeposito suo | similiter paeniteat] tribus superpositionibus
**6** *COL.* coen. 7 (p. 152,8) | quae soror vituperat] qui vituperat | dandum (danti *G*; dantem *plerique*) + similiter paeniteat
**7** *COL.* coen. 8 (p. 152,23sq.; *versio aucta*) | murmurat et dicit] qui murmurat qui dicit | senior...superpositionibus] abbas vel secundus tribus superpositionibus

---

XXVIII,1 quae *suppl. Zelzer*; si *p* # | profert ... reprehendit] proferens ... reprehendens *h* ↑ # ‖    **2** reprehenderit *h* ↑ | suppositione *h* ‖    **3** excusationem] XXVIII *praem. mg. M* (*pc. uv., sed non K*)
XXVIIII,1 suppositionibus *h* ‖    **2** quae] XXX *praem. mg. M* (*pc. uv.; sed non K*) | suppositionibus *h*
**3** suppositionibus *h* ‖    **4** suppositionibus *h* ‖    **5** quae] XXXI *praem. mg. M* (*pc. uv.; sed non K*) | cum reprehendens *M* (*cf. supra* **4**); cum *del. edd, iuxta COL.*; *fortasse* con *supra* reprehendens *V.Z.-P.* #
**7** suppositionibus *h*

nibus.⌐ 8 ⌐Quae consanguineam suam docet aliquam discentem artem et ei aliud, quodlibet a seniore fuerit inpositum, dixerit melius, ut lectionem discat, tribus superpositionibus paeniteat.⌐

### XXX DE HIS QUAE CUM PRAEPOSITA SUA SUPERBE CONTENDUNT

1 ⌐Quae ad praepositam suam audet dicere: 'Non tu iudicabis causam meam, sed     COL. nostra senior aut ceterae sorores', quadraginta diebus paeniteat, nisi ipsa humiliter dicat: 'Paenitet me quod dixi.'⌐

### XXXI DE HIS QUAE NON POSTULANT VENIAM CORRECTAE ET CETERA SIMILIA

1 ⌐Quae non postulat veniam correcta, superpositione. 2 Quae visitaverit alias in     COL. cellis earum sine interrogatione, simili modo paeniteat, 3 aut in coquinam post nonam ierit, superpositione, 4 aut extra vallum, id est extra septa monasterii, sine interrogatione ierit, superpositione⌐ paeniteat.

### XXXII UT NULLA ALTERIUS TENEAT MANUM NEC IUVENCULAE SE INVICEM APPELLENT

1 ⌐Prohibetur, ne pro dilectione aliqua nulla alterius teneat manum⌐ sive steterit     COL. sive ambulaverit sive sederit. 2 Quod si fecerit, ⌐duodecim percussionibus emende-tur.⌐ 3 ⌐Iuvenculae quibus inponitur terminus, ut non se appellent invicem, si transgressae fuerint, quadraginta percussionibus paeniteant.⌐

---

**XXVIIII,8** *COL.* coen. 8 (p. 152,9–11)  |  consanguineam suam docet] consanguineum docet  |  et ei aliud] aut  |  a seniore ... paeniteat] a senioribus impositum, ut melius lectionem discat, tribus superpositionibus

**XXX,1** *COL.* coen. 8 (p. 152,12–15)  |  praepositam suam audet] praepositum audet  |  sorores] + sive ad patrem monasterii ibimus omnes  |  paeniteat] castigari oportet in paenitentia  |  ipsa humiliter dicat] ipse dicat (+ prostratus coram fratribus *versio aucta*)

**XXXI,1–4** *COL.* coen. 8 (p. 154,1–5)  **1** correptus (correctus *vl.*: *L et versio aucta*)  |  superpositione] + paeniteat (*om. codd. praeter G*)  **2** alias] alios fratres  |  cellulis (cella *versio aucta*)  **4** sepem

**XXXII,1** *COL.* coen. 8 (p. 152,25sq.; *versio aucta*): prohibetur ne quis alterius teneat manum; *HIER.* reg. *PACHOM.* 95: manum alterius nemo teneat; sed sive steterit sive ambulaverit sive sederit, uno cubito distet ab altero

**2** duodecim...emendetur] *cf. COL.* coen. 3 (p. 148,4sq.) *et saepius*

**3** *COL.* coen. 8 (p. 154,5–7)  |  iuvenculae] vincula/in vincula *codd. vers. brev.*; iuvenibus *versio aucta*  |  quadraginta percussionibus paeniteant] tribus superpositionibus (paeniteant *add. nonnulli*)

---

**XXVIIII,8** decentem *h*  |  *om. h*  |  quodlibet] quam *add. p*  |  ut *om. h²*  |  suppositionibus *h*

**XXXI,1** supposition̄ *M*; suppositione *h* ‖     **3** supp̄ *M* (superpositione *K*); suppositione *h* ‖     **4** suppositione *h*

**XXXII,tit** appellant *M (ac.)* (*cf. Col. vl.: L*) # ‖     **1** nulla] ulla *h* ‖     **3** appellent #  |  quadraginta ↑ # poeniteat *h²*

## XXXIII Ut sedentes ad mensam taceant

CÆS.  1 ⸢Sedentes ad mensam taceant et animo lectioni intendant. 2 Cum autem lectio cessaverit, meditatio sancta de corde non cesset. 3 Si vero aliquid opus fuerit, quae mensae praeest sollicitudinem gerat 4 et quod est necessarium nutu magis quam voce petat. 5 Nec solae vobis fauces sumant cibum, sed et aures audiant dei verbum.⸣ 6 Nam quae loqui praesumpserit, vel viginti vel triginta percussiones accipiat.

COL.  7 ⸢Paenitentias vero minutas iuxta mensam si scierit, praeposita mensae inponat, 8 amplius quam viginti quinque percussiones simul non dentur.⸣

## XXXIIII Qualiter aut quibus temporibus genua flectantur

COL.  1 ⸢Paenitentes sorores et indigentes paenitentia psalmorum – 2 hoc est quibus necesse est, ut psalmos adhuc pro visione nocturna decantent, quia pro inlusione diabolica ac pro modo visionis 3 viginti sex psalmos in ordine, aliae quindecim, aliae duodecim indigentes paenitentia psalmos decantare debent –, 4 quamvis ergo in nocte dominica et tempore quinquagesimi, genuflectant. 5 In commune autem omnes sorores omnibus diebus ac noctibus tempore orationum in fine omnium psalmorum genua ad orationem, 6 si non infirmitas corporis offecerit, flectere aequo moderamine debent 7 sub silentio dicentes: *Deus in adiutorium meum intende, domine ad adiuvandum me festina.* 8 Quem versiculum postquam in oratione tacite decantaverint, aequaliter a flexu orationis surgant, 9 excepto diebus dominicis et a prima

---

**XXXIII,2** meditatio…corde] *cf.* Ps. 18,15
**XXXIIII,4** *de genuflexione tempore quinquagesimae omissa cf.* Cassian. inst. 2,18; conl. 21,11sq.; Beda in Luc. 6,24 (CCSL 120, lin. 1949sqq.) **7** Ps. 69,2

---

**XXXIII,1–5** CAES. 18,2–6 **1** animum (animo *vl.*: *M*)
**6** *cf.* COL. coen. 1 (p. 146,4sq.)
**7sq.** COL. coen. 9 (p. 154,23–25); *cf.* Ps.-Col. 2sq. **7** paenitentias vero minutas] paenitentias minutas | inponat] + et (*sed om. etiam Ps.-Col.*) **8** simul *deest in vers. brev.*
**XXXIIII,1–4** COL. coen. 9 (p. 154,26–156,2); *cf.* Ps.-Col. 4–7 **2** quibus necesse est … decantent] cui necesse fuerit … decantet (decantent *vl.*) | aut pro (ac pro *vl.*: *L et versio aucta*) **3** viginti sex] alii xxx (alii xxx *om. L et versio aucta*) alii xxiiii | psalmos²] psalmorum (psalmos *C*) **4** qui (quamvis *versio aucta*; *cf. Ps.-Col. 7*) | quinquagesimae (quinquagesimi *versio aucta*; *cf. Ps.-Col. 7*)↓ | genuflectant] paenitentes genua flectunt (paenitentes genua flectant *versio aucta*; *cf. Ps.-Col. 7*)
**5–10** COL. coen. 9 (p. 158,13–20); *cf.* Ps.-Col 8–12 **5** cum omnibus fratribus (autem omnes fratres *versio aucta*; *cf. Ps.-Col. 8*) | ad orationem] in oratione (*sed cf. Ps.-Col. 8*) **6** hoc fecerit *codd. vers. brev.*, offecerit (obficerit↓ *Par*) *versio aucta* | moderamine] animo (*sed cf. Ps.-Col. 8*) **8** postquam] + ter (*cf. Ps.-Col. 10*) | flexu] flexione **9** et…sancti] etiam et/etiam prima die sancti *codd. vers. brev.* (et a die primo sancti [primum sanctum *Par*] *versio aucta*; et a primo die sancto *Ps.-Col. 11*)

---

**XXXIII,1** animo ↑ # ‖ **5** cybum *M* (*sim. interdum; sed non K*) ‖ **7** scierit] fecerit *h*
**XXXIIII,tit** genuflectantur *M*(*ac.*)*p* ‖ **3** viginti sex ↑ # ‖ **4** *quinquagesimae *h*, approb.* Zelzer↑ # ‖ **5** in¹] XXXV *praem. mg. M* (*pc. uv.; sed non K*) | ac] et *h p mayo* ‖ **6** offecerit *h v*; *offi*cerit *M p* ↑ # ‖ **8** postquam in ↑ # ‖ **9** excepta *h_{br}*; exceptis *m* | prima #

die *sancti paschae usque ad quinquagesimum diem, 10 in quo moderate tempore psalmodii humiliantes, genua non flectentes, ⌐ 11 ⌐et quando ad communionem altaris accedunt, ter se humilient. ⌐

## XXXV Ut iurare omnino non liceat

1 ⌐Iuramentum vel maledictum velut venenum diaboli fugere et vitare contendat. ⌐ 2 Quod si fecerit, duabus silentii superpositionibus et centum percussionibus paeniteat.

*Cæs.*

*(Col.)*

## XXXVI ⌐De quadragesimae observatione

*Ben.*

1 Licet omni tempore vita monachae quadragesimae debet observationem habere, 2 tamen quia paucorum est ista virtus, ideo suademus istis diebus quadragesimae omni puritate vitam suam custodire, 3 omnes pariter sordes et neglegentias aliorum temporum his diebus sanctis diluere. 4 Quod tunc digne fit, si ab omnibus vitiis temperamus oratione cum fletibus, lectione et compunctione cordis atque abstinentiae operam damus. 5 Ergo his diebus augeamus nobis aliquid solito penso servitutis nostrae, orationes peculiares, ciborum et potus abstinentiam, 6 ut unaquaeque super mensuram sibi indictam aliquid propria voluntate *cum gaudio sancti spiritus* offerat deo, 7 id est subtrahat corpori suo de cibo, de potu, de somno, de loquacitate, de scurrilitate et cum spiritali desiderio gaudium sanctum paschae exspectet. 8 Hoc ipsud tamen, quod unaquaeque offert, abbatissae suae suggerat et

---

**XXXVI,6** 1 Thess. 1,6

---

**9** quinquagesimam (*sed* quinquagesimum *codd. uv.*) **10** quo] quibus | moderate tempore] moderate se ↓ in tempore | psalmodiae (*sed cf. Ps.-Col. 12*: psalmodii)
**11** *Col.* coen. 9 (p. 158,3sq.; *versio aucta*): aut qui ad altare inchoaverit accedere sacrificium accepturus ter se humiliet (*cf. Ps.-Col. 24*)
**XXXV,1** *Caes.* 3 | vel] et | contendant (contendat *vl.*: C)
**2** duabus…paeniteat] *cf. Col.* coen. 4 (p. 148,26); 5 (p. 150,6sq.): superpositione silentii aut L percussionibus
**XXXVI,tit–9** *Ben.* 49,tit.–9   **3** pariter et (pariter sordes et *vl.*: A (*pc.*) S)   **4** orationi (oratione *vl.*: S (*ac.*)) ↓ | lectioni (lectione *vl.*: V (*ac.*)) ↓ | conpunctioni (conpunctione *vl.*: *ac.* O V S H₃) ↓   **5** pensu (penso *vl.*: O V S M (*ac.*) W H₁₋₃)   **7** spiritalis desiderii (spiritali desiderio *vl.*) | gaudio (gaudium *vl.*: H₁) | pascha (paschae *vl.*: V M (*ac.*) W H₁₋₃)   **8** offerit (offert *vl.*: M)

---

**9** sancti *h p, cf. Col.*; sanctum *M* ↑; sancto *v* (*cf. Col. vl.*: L; *cf. Ps.-Col. 11*: primo die sancto paschae) # ‖   **10** *psalmodiae *h*, *approb. Zelzer* ↑ # | humiliantes] *fortasse se addendum V.Z.-P.* ↑ # flectent *h*
**XXXV,1** diaboli # ‖   **2** duobus *v* | suppositionibus *h*
**XXXVI,3** neglegentias # ‖   **4** *orationi … lectioni … compunctioni *h v*, *approb. Zelzer* ↑ # | atque] aut *h¹* ‖   **8** ipsum *h*

cum eius faciat oratione et voluntate. 9 Quicquid sine matris spiritalis permissione fit, praesumptioni deputabitur et vanae gloriae, non mercedi.⌝

## XXXVII Quot sunt gradus humilitatis

BEN.  1 ⌜Primus humilitatis gradus est oboedientia sine mora. 2 Haec convenit his, quae nihil sibi a Christo carius aliquid existimant, 3 propter servitium sanctum, quod professae sunt, seu propter metum gehennae vel gloriam vitae aeternae; 4 mox ut aliquid imperatum a maiore fuerit, ac si divinitus imperetur, moram pati nesciant in faciendo. 5 De quibus dominus dicit: *Obauditu auris obaudivit mihi,* 6 et idem dicit doctoribus: *Qui vos audit me audit.* 7 Ergo tales relinquentes statim quae sua sunt et voluntatem propriam deserentes, 8 mox exoccupatis manibus et quod agebant inperfectum relinquentes, vicino oboedientes pede iubentis vocem factis sequuntur; 9 vel uno momento praedictae senioris iussione⌝ ⌜etiam contraria sustinere debere 10 dicit ex persona sufferentium: *Propter te mortificamur tota die, aestimatae sumus ut \*oves occisionis.* 11 Et securae de spe retributionis divinae subsequuntur gaudentes et dicentes: *Sed haec omnia superamus propter eum, qui dilexit nos.* 12 Et eadem alio loco scriptura dicit: *Probasti nos, deus, igne nos examinasti, sicut examinatur argentum,* et *induxisti nos in laqueum; posuisti tribulationes in dorso nostro.* 13 Et ut ostendat sub priore debere nos esse, subsequitur dicens: *Inposuisti homines super capita nostra.*⌝ 14 ⌜Ideo angustam viam arripiunt – unde dominus dicit: *Angusta via est, quae ducit ad vitam,* 15 ut non suo arbitrio viventes vel desideriis suis et voluptatibus oboedientes, sed ambulantes alieno iudicio et imperio in coenobio degentes

---

XXXVII,5 Ps. 17,45  **6** Lc. 10,16  **10** Ps. 43,22; Rom. 8,36  **11** Rom. 8,37  **12** Ps. 65,10sq.  **13** Ps. 65,12  **14** Mt. 7,14

---

**XXXVI,8** faciat] fiat | orationem et voluntatem (oratione et (et] vel *O*) voluntate *vl.*: $OSMWH_{1-3}$) **9** quicquid] quia quod | sine permissionem (permissione *vl.*) patris spiritalis fit (sine patris spiritalis voluntate fit *vl.*: *O*)
**XXXVII,tit** cf. BEN. 7,tit. (De humilitate)
**1–9** primus...iussione] BEN. 5,1–9  **4** mox aliquid (mox ut aliquid *vl.*: *A* (*pc.*) *O V S M W H*$_{1.3}$ (*pc.*)) **5** oboedivit (obaudivit *vl.*: $H_{1.3}$ (*ac.*))  **6** item (idem *O*) ↓  **7** ergo hii tales (ergo tales *vl.*: $H_{2.3}$)  **8** oboedientes] oboedientiae  **9** vel] et veluti | praedicta (praedicti *vl.*) magistri iussio (praedicata magistri iussione *vl.*: $H_2$)
**9–13** etiam...nostra] BEN. 7,38–41  **10** mortificamur (*cf. Vulg.*)] morte adficimur | obes (oves *vl.*: *O* $H_3$; ovis *pauci codd.* ↓)  **11** haec omnia] in his omnibus  **12** eadem] item | scriptura probasti (scriptura dicit probasti *vl.*: $OS$ (*ac.*) $WH_{1-3}$) | sicut igne examinatur argentum. Induxisti (sicut examinatur argentum et induxisti *vl.*: $H_{1-3}$) | laqueo (laqueum *vl.*: $OSMWH_3$ (*pc.*))
**14–18** BEN. 5,11–15  **15** coenobiis

---

**XXXVI,8** cum] cura $h^1$
**XXXVII,2** exhistimant *M* (*ac.*); existimantes *h v* ‖  **4** nesciunt *h* ‖  **5** obedivit $h^2$ ‖  **6** idem] item *v* ↑ # ‖  **9–13** etiam ... nostra] *post* 40,3 *transponendum prop.* Zelzer (*cf. K.&M.* ZELZER, *Zu Überlieferung und Textgestaltung, 45*) # ‖  **9** sustinere # ‖  **10** oves *h*; \*ovis *M p v* ↑ # ‖  **11** subsequantur *M* (*ac. m²*) *p v*, *cf.* BEN. *vl.* #

seniorem sibi praeesse desiderant. 16 Sine dubio hae tales illam domini imitantur sententiam, qua dicit: *Non veni facere voluntatem meam, sed eius, qui misit me.* 17 Sed haec ipsa oboedientia tunc acceptabilis erit deo et dulcis hominibus, si quod iubetur non trepide, non tarde aut cum murmurio vel cum responsione nolentis efficiatur, 18 quia oboedientia, quae maioribus praebetur, deo exhibetur; ipse enim dixit: *Qui vos audit me audit.*⌐ 19 ⌐Nam si talis non fuerit oboedientia, non erit accep-  Col.
tabilis deo, qui ait: *Et qui non accipit crucem suam et sequitur me non est me dignus.* 20 Et ideo dicit de digno discipulo, ut *ubi ego sum, ibi et minister meus mecum erit.*⌐

## XXXVIII

1 ⌐Secundus humilitatis gradus est: propriam quaeque non amare voluntatem et  Ben.
desideria sua non debet implere, 2 sed vocem illam domini factis imitetur dicentis: *Non veni facere voluntatem meam, sed eius, qui me misit.* 3 Item dicit scriptura: Voluntas habet poenam et necessitas parit coronam.⌐

## XXXVIIII

1 ⌐Tertius humilitatis gradus est, ut quaeque pro dei amore omni oboedientia se  Ben.
subdat maiori imitans dominum, de quo dicit apostolus: *Factus oboediens usque ad mortem.*⌐

## XL

1 ⌐Quartus humilitatis gradus est, si in ipsa oboedientia duris et contrariis rebus  Ben.
vel etiam quibuslibet inrogatis iniuriis tacite conscientiam amplectatur, 2 ut susti-

---

**XXXVII,16** Io. 6,38   **18** Lc. 10,16   **19** Mt. 10,38   **20** Io. 12,26   **XXXVIII,2** Io. 6,38   **3** voluntas...
coronam] Act. Agapes, Chioniae et Irenes (Act. Sanct. Apr. 1,250B); Optat. 7,1 (CSEL 26, p. 160,5)
**XXXVIIII,1** Phil. 2,8

---

**XXXVII,15** seniorem] abbatem   **17** tarde] + non tepide (*om.* $H_2$)  |  responso (responsione *vl.*: V $H_{1.2.3}$ (*ac.*))
**19sq.** Col. mon. 1 (p. 124,12–15)   **19** nam si] quia si  |  domino (deo *vl.*)   **20** mecum erit] mecum (erit mecum *vl.*)
**XXXVIII,1–3** Ben. 7,31–33   **1** est si propriam (est propriam $H_2$)  |  quaeque] quis  |  amans  |  voluntatem desideria (voluntatem et desideria *vl.*: W)  |  debet] delectetur   **3** voluptas (voluntas *vl.*: O V S M W $H_{2.3}$)
**XXXVIIII,1** Ben. 7,34  |  quaeque] quis
**XL,1–3** Ben. 7,35–37   **1** conscientia patientiam ↓ amplectatur (conscientiam amplectatur *vl.*: O V S (*ac.*) $H_1$)   **2** ut] et

---

**XXXVII,16** quae h ‖   **17** tardae M (*sed non* K)  |  murmuratione $h^2$ ‖   **18** exibetur M (*ac.* $m^2$)
**19** sequatur M (*ac.* $m^2$) p v
**XL,1** tacitẹ M (*sed non* K); tacita h | conscientiam] conscientia poenitentiam h ↑

nens non lassescat vel discedat, dicente sancta scriptura: *Qui perseveraverit usque in finem, hic salvus erit,* 3 et item: *Confortetur cor tuum et sustine dominum.*⌐

## XLI

BEN.     1 ⌐Quintus humilitatis gradus est, si omnes cogitationes malas cordi suo advenientes vel mala a se absconse commissa per humilem confessionem seniori suae non celaverit, 2 hortans nos de hac re scriptura dicens: *Revela domino viam tuam et spera in eum.* 3 Et item dicit: *Confitemini domino quoniam bonus, quoniam in saeculum misericordia eius.* 4 Et item propheta: *Delictum meum cognitum tibi feci et iniustitias meas non abscondi.* 5 *Dixi: Pronuntiabo adversus me iniustitias meas domino, et tu remisisti impietatem cordis mei.*⌐

## XLII

BEN.     1 ⌐Sextus humilitatis gradus est, si omni vilitate vel extremitate contenta sit monacha et ad omnia, quae sibi iniunguntur, velut operariam malam se iudicet et indignam 2 dicens sibi cum propheta: *Ad nihilum redacta sum et nescivi, ut iumentum facta sum apud te et ego semper tecum.*⌐

## XLIII

BEN.     1 ⌐Septimus humilitatis gradus est, si omnibus se inferiorem et viliorem non solum sua lingua pronuntiet, sed ex intimo cordis credat affectu, 2 humilians se et dicit cum propheta: *Ego autem sum vermis et non homo, obprobrium hominum et abiectio plebis.* 3 *Exaltata sum et humiliata et confusa.* 4 Et item: *Bonum mihi quia humiliasti me, ut discam mandata tua.*⌐

---

**XL,2** Mt. 10,22  **3** Ps. 26,14  **XLI,2** Ps. 36,5  **3** Ps. 105,1; 117,1  **4–5** Ps. 31,5  **XLII,1** operariam malam] *cf.* Lc. 17,10  **2** Ps. 72,22sq.  **XLIII,2** Ps. 21,7  **3** Ps. 87,16  **4** Ps. 118,71.73

---

**XL,2** dicente sancta scriptura] dicente scriptura  **3** item (et item *vl.*)
**XLI,1–5** *BEN.* 7,44–48  **1** seniori...celaverit] abbatem non celaverit suum (abbati non celaverit suo *vl.*: $OS(ac.)MW(ac.)$); abbati suo non celaverit *vl.*: $H_{1.3}$)  **2** ad dominum (domino *vl.*: $A(pc.)VSM$ $H_3(pc.)$; *cf. Vulg.*)  **4** operui (abscondi *vl.*: $V$; *cf. Vulg.*)  **5** adversum (adversus *vl.*: $A(ac.)M$; *cf. Vulg.*)
**XLII,1–2** *BEN.* 7,49sq.  **1** se malum (malum se *vl.*: $OVS(ac.)MWH_{1.3}$)
**XLIII,1–4** *BEN.* 7,51–54  **1** sed etiam intimo (sed etiam ab intimo *vl.*: $H_{1.3}$)  **2** dicens (dicit *vl.*: $H_{1.2}$ (dicat *pc.*))  **4** quod (quia *vl.*: $S(ac.)$; *cf. Vulg.*)

---

**XLI,1** absconsae $M(ac.)$ ‖    **2** ortans $M(ac. m^2)$ | dicit $M(pc. m^2)h$ | viam] vitam $h^1p$ ‖    **3** iterum $h$  **4** idem $h_{61}$ ‖    **5** cordis] peccati $h$ (*cf. Vulg.*)
**XLII,1** utilitate $h^1$ | contempta $M$ (*sed non K*) | operarium $h_{63}$
**XLIII,1** ex] et $h^1$ ‖    **2** dicat $h$

## XLIIII

1 ⌐Octavus humilitatis gradus est, si nihil agat monacha, nisi quod communis   BEN.
monasterii regula vel maiorum cohortantur exempla.⌐

## XLV

1 ⌐Nonus humilitatis gradus est, ut linguam ad loquendum prohibeat monacha   BEN.
et taciturnitatem habens usque ad interrogationem non loquatur, 2 dicente scriptura
quia *in multiloquio non effugietur peccatum,* 3 et quia *vir linguosus non dirigetur super
terram.*⌐

## XLVI

1 ⌐Decimus humilitatis gradus est, si non sit facilis ac prompta in risu, quia   BEN.
scriptum est: *Stultus in risu exaltat vocem suam.*⌐

## XLVII

1 ⌐Undecimus humilitatis gradus est, si, cum loquitur monacha, leniter et sine   BEN.
risu, humiliter et cum gravitate vel pauca verba et rationabilia loquatur et non sit
clamosa in voce, 2 sicut scriptum est: Sapiens verbis innotescit paucis.⌐

## XLVIII

1 ⌐Duodecimus humilitatis gradus est, si non solum corpore, sed etiam corde   BEN.
monacha humilitatem videntibus se semper indicet, 2 id est in opere, in oratorio, in
monasterio, in horto, in via vel ubicumque sedens, ambulans vel stans, inclinato sit
semper capite, defixis in terra aspectibus, 3 ream se omni hora de peccatis suis
existimans iam se tremendo iudicio dei repraesentare existimet, 4 dicens sibi in

---

**XLV,2** Prov. 10,19  **3** Ps. 139,12  **XLVI,1** Sir. 21,23  **XLVII,2** sapiens… paucis] Rufin. sent. Sext. 145

---

**XLIIII,1** *BEN.* 7,55
**XLV,1–3** *BEN.* 7,56–58   **1** est si (est ut *vl.*: $H_{1.2.3}$(*ac.*))   **2** monstrante (dicente *vl.*: S(*ac.*)$H_{1-3}$)
effugitur (effugietur *vl.*: S(*pc.*)$H_{1.3}$)  **3** dirigitur (dirigetur *vl.*: W$H_{1-3}$; *cf. Vulg*)
**XLVI,1** *BEN.* 7,59
**XLVII,1–2** *BEN.* 7,60sq.  **1** humiliter cum (humiliter et cum *vl.*: $H_{1-3}$)
**XLVIII,1–9** *BEN.* 7,62–70   **1** corpore… monacha] corde monachus sed etiam ipso corpore ↓ (cor-
pore sed (*om.* $H_2$) et (*om.* $H_1$) corde monachus *vl.*: $H_{1.2}$)   **2** opere] + dei (*om. nonnulli:* O V S(*ac.*)M W
$H_{1-3}$)  |  via] + in agro  |  terram (terra *vl.*: $H_{1.3}$(*ac.*))   **3** aestimans (existimans *vl.*: O W$H_3$)  |  iudicio
repraesentari ↓ (iudicio dei praesentari *vl.*: M$H_{1-3}$)  |  aestimet (existimet *vl.*: $H_{1.3}$)

---

**XLVI,1** prumpta M(*ac. m²*)
**XLVIII,1** corde sed etiam corpore *tr.* h↑ #  |  humilitatem] humiliata M(*ac. m¹*) ‖   **2** orto M(*ac. m²*)
**3** exhistimans M(*ac.*)  |  *repraesentari h, approb. Zelzer* ↑ #  |  exhistimet M

corde semper illud, quod publicanus ille evangelicus fixis in terra oculis dixit: Domine, non sum dignus ego peccator levare oculos meos ad caelum. 5 Et item cum propheta: *Incurvatus et humiliatus sum usquequaque.*

6 Ergo his omnibus humilitatis gradibus ascensis monacha ad caritatem dei perveniat illam, quae *perfecta foras mittit timorem*, 7 per quam universa, quae prius non sine formidine observabat, absque ullo labore velut naturaliter ex consuetudine incipiet custodire, 8 non iam timore gehennae, sed amore Christi et consuetudine ipsa bona et dilectione virtutum, 9 quam dominus iam in operarium suum mundum a vitiis et peccatis spiritu sancto dignatus est demonstrare.⌐

*COL./BEN.*                XLVIIII ⌐DE TACITURNITATE⌐

*COL.*     1 ⌐Silentii regula diligenter custodienda decernitur, quia scriptum est: *Cultus*     *COM*
*autem iustitiae silentium et pax,* 2 et ideo, ne reatus de verbositate conquiratur, ex-     9,1⌐
ceptis utilitatibus ac necessariis opus est, ut taceatur, quia iuxta scripturam *in multi-*
*BEN.*     *loquio non deerit peccatum*⌐ 3 et alibi ait: ⌐*Posui ori meo custodiam. Obmutui et humi-*
*liatus sum et silui a bonis.* 4 Hic ostendit propheta, si a bonis eloquiis interdum propter taciturnitatem debet tacere, quanto magis a malis verbis propter poenam debet cessare.⌐

*COL.*     5 ⌐Tacendum igitur est et cum cautela et ratione loquendum, ne aut detractiones aut tumidae contradictiones in loquacitatem vitiosam ac superfluam prorumpant.⌐

*BEN.*     6 ⌐Ergo quamvis de bonis et sanctis aedificationum eloquiis perfectis Christi sororibus propter taciturnitatis gravitatem rara loquendi concedatur licentia, 7 quia

---

**XLVIII,4** domine...dignus] *cf.* Mt. 8,8 | ego...caelum] *cf.* Lc. 18,13   **5** Ps. 37,7.9; 118,107   **6** 1 Io. 4, 18
**XLVIIII,1** Is. 32,17   **2** Prov. 10,19   **3** Ps. 38,2sq.

---

**XLVIIII,4** terram ↓ (terra *vl.*: *V*(*ac.*)*H₁.₂.₃*(*ac.*)) | caelos (caelum *vl.*: *SMH₁.₃*)   **5** incurvatus sum et (incurvatus et *vl.*: *H₁.₃*)   **6** monachus mox ad (monachus ad *vl.*: *H₁.₃*) | perveniet (perveniat *W*) foris (foras *vl.*: *O*(*pc.*)*VSMWH₃*(*pc.*); *cf.* Vulg.)   **7** formidinem (formidine *vl.*: *A*(*pc.*)*OVSMWH₁.₃*)
**8** dilectatione (dilectione *vl.*: *WH₁.₃*)   **9** quam] quae | dignatus est] dignabitur
**XLVIIII,tit** *COL.* mon. 2,tit.; *BEN.* 6,tit.
**1sq.** *COL.* mon. 2 (p. 124,17−20)
**3sq.** *BEN.* 6,1sq.   **4** debere⟨t⟩ tacere (debet tacere *vl.*: *O*(*ac.*)*VWH₁.₂.₃*(*ac.*)) | poenam] + peccati (*cf. aliquot codd.* ConcR 9,10,4) | cessari (cessare *vl.*: *H₁.₂.₃*(*ac.*))
**5** *COL.* mon. 2 (p. 124,25−27) | est] + de his et talibus | loquendum] + est | loquacitate vitiosa (loquacitatem vitiosam *vl.*) prorumpant
**6−8** *BEN.* 6,3−5   **6** sanctis et aedificationum (sanctis aedificationum *vl.*: *OWH₁.₃*) | Christi sororibus] discipulis

---

**XLVIII,4** terram *h*↑ ‖   **6** mittat *h* ‖   **7sq.** incipiet ... consuetudine *om. M*(*ac. m²*) ‖   **8** ipsam (ipsa *pc. m²*) bonam et dilectionem *M*
**XLVIIII,4** cessare] cessari *codd. nonnull.* ConcR 9,10,4 (*cf.* debet taceri *codd. nonnull.*) ↑ # ‖   **5** tumidae *edd*; tumide *M*

ut superius diximus: *In multiloquio non effugies peccatum,* 8 et alibi: *Mors et vita in manibus linguae.*⌐

9 ⌐Quod si altiori voce praesumpserit,⌐ duabus ⌐silentii superpositionibus paeni- (*Cæs.*)|*Col.*
teat aut quinquaginta percussionibus paeniteat.⌐ 10 Et si iterare praesumpserit, centum.

11 ⌐Scurrilitates vero vel verba otiosa et risum moventia aeterna clausura in *Ben.* omnibus locis damnamus et ad tale eloquium famulae Christi aperire os non permittimus.⌐

## L ⌐DE CUSTODIA OCULORUM⌐ *Cæs.*

1 Nulla in vobis concupiscentia oculorum cuiuscumque viri diabolo instigante consurgat, 2 nec dicatis vos animos habere pudicos, si oculos inpudicos habeatis, quia inpudicus oculus inpudici cordis est nuntius. 3 Nec putare debet quae in virum non simpliciter convertit aspectum ab aliis se non videri, cum haec facit. Videtur omnino a quibus videri se non arbitratur. 4 Sed etsi lateat, ut a nemine hominum videatur, quid faciet de illo superinspectore, cui latere omnino non potest? 5 Timeat ergo displicere deo; cogitet, ne male placeat viro. 6 Quando ergo simul statis, si aut provisor monasterii aut aliquis cum eo virorum supervenerit, invicem vestram pudicitiam custodite. 7 Deus enim, qui habitat in vobis, etiam isto vos \*modo custodit.⌐
8 ⌐Non sit notabilis habitus vester nec affectetis vestibus placere, sed moribus, quod vestrum decet propositum.⌐

**XLVIIII,7** superius] *i.e.* 49,2 | Prov. 10,19   **8** Prov. 18,21
**L,1** concupiscentia oculorum] *cf.* 1 Io. 2,16

**XLVIIII,7** ut superius diximus] scriptum est
**9** quod...praesumpserit] *cf. Caes.* 9,3: numquam altiori voce loquantur
duabus...paeniteat²] *cf. Col.* coen. 4 (*p. 148,26*); 5 (*p. 150,6sq.*): superpositione silentii aut L percussionibus
**11** *Ben.* 6,8 | clusura (clausura *vl.*: *S M W H₁₋₃*) | talia eloquia (tale eloquium *vl.*: *M H₁.₃*) | famulae Christi] discipulum (discipulis *vl.*: *pc. H₃*)
**L,tit** *Caes.* 21,tit.
**1–7** *Caes.* 23   **3** quibus videri se] quibus se videri   **4** facit   **7** modo vos (vos modo *vl.*) ↓
**8** *Caes.* 22,5

**XLVIIII,9** quod si] et si *h* | altiori # | duobus *v* | suppositionibus *h* | paeniteat¹ *om. hp* # | paeniteat²]
pet̃ *M* (paeniteat *K*) #
**L,1** diabolo *hv, approb. Zelzer* # ‖   **2** nec] ne *h* ‖   **3** quae] qui *h²* ‖   **4** ut] aut *h²*; vel *mayo*
**7** modo *edd, cf. Caes.*; mundo *M* # ‖   **8** prepositum *M* (*ac. m²*)

CÆS.

## LI ⌐UT PECCATUM ALTERIUS NON CELETUR

1 Si quam vero liberius quam decet agere videritis, matri in notitiam ponite.
2 Nec vos iudicetis esse malivolas, quando hoc sancto animo indicatis; 3 magis enim
innocentes non estis et peccato ipsius participes vos facitis, si sororem vestram,
quam castigando corrigere potuistis, tacendo perire permittatis. 4 Si enim vulnus
haberet in corpore aut esset a serpente percussa et vellet hoc occultare, dum timet
secari, nonne crudeliter hoc taceretur et misericorditer proderetur? 5 Quanto magis
ergo consilia diaboli et insidias illius manifestare debuistis, 6 ne in deterius vulnus
peccati augeatur in corde 7 et concupiscentiae malum diutius nutriatur in pectore?
8 Et hoc facite cum dilectione sororum et odio vitiorum.⌐

## LII UT INTER SE LITIGARE VEL CONVICIA DICERE NON DEBEANT

CÆS.

1 ⌐Et quamvis non solum cogitare, sed omnino nec credi debeat, quod sanctae
virgines duris sermonibus per convicia mordeant se, 2 tamen si forte, ut se habet
humana fragilitas, in tantum nefas aliquae de sororibus ausae fuerint diabulo instigante prorumpere, ut aut furtum faciant aut in se invicem manus mittant, 3 iustum
est, ut legitimam disciplinam accipiant a quibus regulae instituta violantur. 4 Necesse est enim, ut in eis impleatur illud, quod de indisciplinatis filiis per Salomonem
praedixit spiritus sanctus: *Qui diligit filium suum adsiduat illi flagellum.* 5 Et iterum:
*Tu virga eum caedis, animam illius de inferno liberabis.* 6 Disciplinam tamen piam in
praesentia congregationis accipiant 7 pro illo apostoli: *Peccantes coram omnibus
corripite.*⌐

PS.-SULP.

8 ⌐Lites nullas habeatis 9 secundum illud apostoli: *Servum domini non oportet
litigare.*⌐ 10 ⌐Si servum domini litigare non convenit, quanto magis ancillam dei non
expedit? 11 Cuius quo verecundior est sexus, tanto animus debet esse modestior.⌐

---

**LII,1** mordeant se] *cf.* Gal. 5,15   **3** *cf.* Deut. 25,2sq.; 2 Cor. 11,24   **4** Sir. 30,1   **5** Prov. 23,14
**7** 1 Tim. 5,20   **9** 2 Tim. 2,24

---

**LI,tit** CAES. 22,tit.
**1–8** CAES. 24   **1** videritis] + secretius corripite ut sororem. Si audire neglexerit   **5** debuistis] debetis
**7** et] ne
**LII,1–7** CAES. 26   **1** cogitari (cogitare *vl.*: M B; *cf. etiam* ConcR [CAES. 26] *32,7,1*: cogitare) | sermo-
nibus...se] se sermonibus vel conviciis mordeant   **5** illius] eius   **6** piam] ipsam ↓   **7** pro illo] secun-
dum illud | corripe ↓
**8sq.** CAES. 33,1   **9** domini (*cf. Vulg.*)] dei
**10sq.** *cf.* PS.-SULP. SEV. epist. 2,17 (CSEL 1, p. 247,10–13) (= Ps.-Hier. epist. 13; Pelag. epist. ad
Claudiam de virginitate; CPL 741; CPPM II 862)   **10** si] + iuxta apostoli doctrinam | convenit] opor-
tet   **10sq.** quanto magis dei ancillam, cuius (quanto magis ancillam domini non expedit, cuius *vl.*)
**11** sexus tanto animus] sexus animus

---

**LI,2** malevolas *h* ‖   **3** peccatis *h₆₁*; peccati *h¹* ‖   **4** hoc crudeliter *tr. h*
**LII,1** *cogitari *h v*, *approb. Zelzer* ↑ # ‖   **2** diabolo *h v*, *approb. Zelzer* # ‖   **6** piam] ipsam *h*, *approb.*
*Zelzer* ↑ # ‖   **7** corripe *h, cf.* CAES. ↑

12 ⌐Aut si fuerint, quam celerius finiantur, ne ira crescat in odium et festuca conver- CÆS.
tatur in trabem et efficiatur anima homicida. 13 Sic enim legistis: *Qui odit fratrem*
*suum homicida est.* 14 Et: *Levantes sanctas manus suas sine ira et disceptatione.*
15 Quaecumque convicio vel maledicto vel etiam crimine obiecto laeserit sororem
suam, meminerit culpam satisfactione purgari. 16 Quod vitium si iterare praesumpserit, districtione severissima feriatur, usquequo per satisfactionem recipi mereatur. 17 Iuniores praecipue senioribus deferant.⌐ 18 ⌐Si autem, ut fieri solet, stimulante diabulo invicem se laeserint, invicem sibi veniam petere et debita relaxare
debebunt propter orationes, 19 quas utique quantum crebriores tantum puriores
habere debent. 20 Quod si illa, cui veniam petierit, indulgere sorori suae noluerit, a
communione separetur 21 et timeat illud: *Quia si non dimiserit, non dimittetur ei.*
22 Quae autem numquam vult petere veniam aut ex animo non petit aut cui petitur si
non dimittit, sine causa in monasterio esse videtur.⌐ 23 Attamen usquequo satisfa-
ciat paenitendo et sorori suae relaxet, numquam in congregatione societur. 24 ⌐Pro-
inde vobis a verbis durioribus parcite; 25 quae si emissa fuerint, non pigeat ex ipso
ore proferri medicamentum, unde facta sunt vulnera.⌐ 26 ⌐Quando autem vos, quae
praepositae estis, necessitas disciplinae pro malis moribus cohercendis dicere verba
dura conpellit, 27 si etiam in ipsis modum vos excessisse fortasse sentitis, non a
vobis exigitur, ut veniam postuletis, 28 nec apud eas, quas oportet esse subiectas,
dum nimium servatur humilitas, regendi frangatur auctoritas. 29 Sed tamen petenda
venia est ab omnium deo, qui novit etiam quam plus iuste corripitis.⌐

### LIII UT NULLA A PARENTIBUS SUIS SINE IUSSIONE ALIQUID ACCIPIAT

⸜CR   1 ⌐Nullatenus liceat sorori a parentibus suis neque a quoquam hominum nec sibi  BEN.
⸝14  invicem litteras, elogias vel quaelibet munuscula accipere aut dare sine praecepto
abbatissae. 2 Quod si etiam a parentibus suis ei quicquam directum fuerit, non prae-

---

**LII,12** festuca...trabem] *cf.* Mt. 7,3–5   **13** 1 Io. 3,15   **14** 1 Tim. 2,8   **21** Mt. 6,15; Mc. 11,26

---

**12–17** CAES. 33,2–7   **13** legistis ↓   **14** manus sine (manus suas sine *vl.*: *B*)   **15** purgare ↓
**18–22** CAES. 34,2–4   **19** quanto ... tanto   **20** cui venia (quae veniam *vl.*: *B*) petitur | separetur]
removeatur   **22** non ex animo
**23** *cf.* CAES. 33,6
**24sq.** CAES. 34,5sq.   **25** admissa (emissa *vl.*: *M*) | proferre ↓ | medicamenta
**26–29** CAES. 35,1–3   **28** ne ↓   **29** domino | quam] quas | corripitis] + quanta benivolentia dili-
gatis (*cf. supra* Don. IIII,1)
**LIII,1–3** BEN. 54,1–3   **1** sorori] monacho neque | eulogias (eologias *vl.*: *A H₁.₂*) ↓

---

**LII,12** intra v̄e *M* (in trabem *K*) ‖   **13** legistis *Mv*; *legitis *K h p*, *cf.* CAES. # ‖   **14** suas *om. h²*
**15** purgare *h* ↑ # ‖   **17** defferant *M* (*sed non K*) ‖   **18** diabolo *h v*, *approb. Zelzer* # ‖   **20** cui] (*veni-*
*am*) *petere cum Dativo cf. ThlL X 1,2, col. 1976,49–61* ‖   **21** quod *h* ‖   **22** admittat *h* ‖   **25** *profer-
re *h*, *approb. Zelzer* ↑ # | medicamentum ↑ # ‖   **28** *ne *h*, *approb. Zelzer* ↑ # ‖   **29** corripitis] quan-
ta benevolentia diligatis *add. h ex* CAES.
**LIII,tit** *a sl. M* ‖   **1** eulogias *edd* ↑, *cf. ConcR 61,14,1, approb. Zelzer* # | vel *iter. M* (*ac.*)

sumat suscipere illud, nisi prius indicatum fuerit matri. 3 Quod si iusserit suscipi, in ipsius sit potestate⌝ aut ei, si necesse est, aut ⌜cui illud iubeat dare.⌝ 4 ⌜Quaecumque

CÆS.   autem, quod deus non patiatur, in tantum progressa fuerit, ut occulte litteras ab aliquo aut quaelibet mandata aut munuscula accipiat, 5 si hoc ultro confessa fuerit, indulgentiam mereatur et oretur pro ea. 6 Si autem celans proditur vel convincitur, secundum instituta monasterii regulae gravius emendetur. 7 Simili etiam districtioni subiaceat, si vel ipsa cuicumque litteras aut munuscula transmittere sacrilego usu praesumpserit. 8 Pro affectu tamen parentum aut cuiusque notitia, si aliqua transmittere voluerit litteras aut elogias panis, matri suggerat, 9 et si ipsa permiserit, per posticiarias det et ipsae de nomine illius transmittant, cui voluerit ipsa. 10 Sine praeposita aut posticiaria per se nulla praesumat nec dare nec accipere a quoquam.⌝

COL.   11 Quod si praesumpserit, ⌜tribus superpositionibus paeniteat.⌝

### LIIII Ut nulla cuiuslibet filiam alterius in baptismo excipiat

CÆS.       1 ⌜Nulla cuiuslibet filiam in baptismo neque divitis neque pauperis praesumat excipere.⌝ 2 ⌜Neque ad nutriendum neque ad docendum nobilium vel pauperum filiae recipiantur,⌝ 3 nisi quae in monasterio sub habitu religionis sicut et reliquae perseverent.

CÆS.       ### LV ⌜Qualiter provisores monasterii⌝ vel reliqui viri ⌜intra monasterium debeant introire⌝

1 Ante omnia propter custodiendam famam vestram nullus virorum in secretam partem monasterii aut in oratorium introeat, 2 excepto episcopo, provisore et presbytero et diacone et uno vel duobus lectoribus, quos et aetas et vita conmendat, qui ali-

---

**LIII,2** matri] abbati   **3** ipsius] abbatis | ei…est] *cf.* CAES. 43,5 | dari (dare *vl.*: O H₁.₂.₃ (*ac.*))
**4–10** CAES. 25   **4** fuerit] + malum ↓ | ab aliquo litteras   **6** instituta monasterii regulae] statuta monasterii   **7** ausu (usu *vl.*: M) ↓   **8** cuiuscumque ↓ | voluerit litteras aut elogias] voluerit eulogiam (elogiam *vl.*: M)   **9** ipsae de nomine] ipsae nomine   **10** a quoquam] quicquam
**11** tribus superpositionibus paeniteat] *cf.* COL. coen. 6 (*p. 150,27*); *cf.* 6 (*p. 150,24.25*); 7 (*p. 152,1*); 8 (*p. 152,11*) *al.*
**LIIII,1** CAES. 11
**2** *cf.* CAES. 7,4: nobilium filiae sive ignobilium ad nutriendum aut ad docendum penitus non accipiantur
**LV,tit** CAES. 33,tit.
**1–6** CAES. 36   **1** in secreta parte in monasterio (in m.] monasterii *vl.*: M) et in oratoriis   **2** exceptis episcopis | presbytero et diacone et uno] presbytero diacono ↓ subdiacono et uno

---

**LIII,3** sit *om.* M (*ac. m¹*) | dare ↑ # ‖     **4** fuerit] malum *add.* K h p ↑ # ‖     **7** usu M, ConcR 61,14,7; ausu *edd, approb.* Zelzer ↑ # ‖     **8** cuiuscumque ConcR 61,14,8 ↑ # | aliquas h | eulogias *edd, cf.* ConcR 61,14,8, *approb.* Zelzer # ‖     **9** ipsae] ipse M ‖     **9sq.** voluerit, ipsa sine *distinx.* p ‖     **11** suppositionibus h
**LIIII,tit** filiam alterius] alterius filiam *tr.* h ‖   **2** enutriendum h
**LV,2** diacono h, *cf.* CAES. | aliquoties h

quotiens missas facere debeant. 3 Cum vero aut tecta retractanda sunt aut ostia vel
fenestrae sunt conponendae aut aliquid huiusmodi reparandum, artifices tantum et
servi ad operandum, si aliqua necessitas extiterit, cum provisore introeant, 4 sed nec
ipsi sine scientia aut permisso matris. 5 Ipse vero provisor in interiorem partem monasterii nisi pro his utilitatibus, *quas superius diximus, numquam introeat 6 et aut
numquam aut difficile sine abbatissa aut alio honestissimo teste, ut sanctae secre-
tum suum, sicut decet et expedit, habeant.⌐

LVI Ut neque matronae saeculares ingredi permittantur vel puellae

1 ⌐Matronae etiam seu puellae saeculares⌐ sive viri nobiles atque ignobiles ⌐in       *Cæs.*
saeculari habitu⌐ constituti, qui vel ob visitationes parentum vel orandi seu invisendi
*gratia ad monasterium veniunt, intus aliter introire non permittantur 2 nisi hi, qui
religiosi et deum timentes esse videntur et quos mater monasterii ob vitae meritum
dignos iudicaverit. 3 Cumque partes, quas ipsa voluerit, circumierint, protinus aut in
salutatorium aut ad portam redeant, 4 ubi deinceps, si abbatissae visum fuerit, illa si
voluerit praesente vel reliquis elogias accipiant aut reliquum, quod offerre decre-
verint. 5 Hae vero, quae ministrant, et omnes non alibi nisi in refectorio, ubi decre-
tum est, aliquid accipere praesumant.

LVII ⌐Qualiter abbatissa in salutatorium ad salutandum exeat⌐ vel       *Cæs.*
⌐qualiter ancillae domini suos parentes debeant salutare⌐

1 ⌐Observandum est etiam, ne abbatissa ad salutandum in salutatorium sine
digno honore suo, hoc est sine duabus aut tribus sororibus senioribus, procedat.⌐
2 Similiter et reliquae sorores ad salutandum parentes vel quoslibet religiosos sine
duabus aut tribus testibus, quas abbatissa iusserit, non procedant. 3 ⌐Nec sola cum

---

**LV,5** superius] *i.e.* 55,2sq.

---

**LV,3** si aliqua necessitas extiterit] aliquid si necessitas exegerit   **5** diximus] conprehendimus
**LVI,1** *cf. Caes.* 37: matronae etiam saeculares vel puellae seu reliquae mulieres aut viri adhuc in
habitu laico similiter introire prohibeantur; 38,2: episcopi abbates vel reliqui religiosi quos magna
vita commendat si petierint debent ad orationem in oratorium introire; *cf.* Aurelian. reg. mon. 14:
nullus laicus, sive nobilis sive ignobilis, in basilicam sive monasterium introire permittatur. Si quis
pro devotione aut parentela occurrere voluerit, in salutatorium monasterii occurrat   **2** nisi…iudi-
caverit] *cf. Caes.* 39,3/40,1
**LVII,tit** qualiter[1]…exeat] *Caes.* 35,tit. (qualiter abbatissa in salutatorium procedere debeat) | quali-
ter[2]…salutare] *Caes.* 37,tit. | dei
**1** *Caes.* 38,1 | ad salutantes | sororibus senioribus procedat] sororibus procedat
**3sq.** *Caes.* 51,3sq.

---

**LV,3** hostia *M* (*sed non K*) | vel] aut *h* ‖   **4** permissu *h* ‖   **5** quos *M* # ‖   **6** sanctae *edd*; sancte *M*
**LVI,1** gratia *edd*; gratiam *M* # ‖   **2** his *M* (*ac.*) ‖   **4** eulogias *edd, approb. Zelzer* #

solo loqui vel sub momento temporis permittatur; 4 nec vestimenta eorum ad lavandum vel tingendum aut custodiendum vel ad consuendum accipiant.⸢ 5 ⸢Si qua tamen de alia civitate ad requirendam filiam suam aut ad visitandum monasterium venerit, si religiosa est et abbatissae visum fuerit, debet ad convivium vocari, reliquae vero penitus numquam, 6 quia sanctae virgines et devotae magis Christo vacantes pro universo populo orare debent quam corporalia convivia praeparare. 7 Si quis vero germanam suam aut filiam vel quamlibet parentem aut sibi cognatam videre voluerit, praesente praeposita vel qualibet seniore ei conloquium non negetur.⸢ 8 ⸢Episcopi, abbates vel reliqui religiosi, quos magna vita conmendat, si petierint, debent causa orationis introire. 9 Observandum est etiam, ut ianua monasterii oportunis horis salutantibus pateat.⸢

(CÆS.)              LVIII ⸢Ut convivium nulli praeparetur

CÆS.     1 Convivium etiam his personis, hoc est episcopis, abbatibus, monachis, clericis, saecularibus viris, mulieribus in habitu saecularium nec abbatissae parentibus nec alicuius sanctaemonialis, numquam nec in monasterio nec extra monasterium praeparetis. 2 Nec episcopo huius civitatis nec provisori quidem ipsius monasterii convivium faciatis.⸢ 3 Neque abbatissa aut quaelibet ulla ex sororibus convivium episcopi aut parentis vel cuiuslibet personae nullo umquam tempore interius sive exterius monasterii adire praesumat. 4 Sed si aliquis tam de parentibus propinquis vel quicumque eis voluerit inpendere aliquid quantum decreverit, per portarias in monasterium transmittat 5 et ipsae secundum sanctam consuetudinem sibi, ut expedit, *praeparent.

LVIIII

CÆS.     1 ⸢Abbatissa nisi inaequalitate aliqua aut infirmitate vel occupatione conpellente extra congregationem suam penitus non reficiat.⸢

---

**LVII,4** vel consuendum (vel ad consuendum *vl.: M*)
**5–7** CAES. 40   **5** reliquae vero penitus] reliquae penitus   **6** et] + deo ↓ | debent orare   **7** aut filiam vel] vel filiam aut | praeposita] formaria
**8sq.** CAES. 38,2sq.   **8** causa orationis] ad orationem in oratorium
**LVIII,tit** *cf.* CAES. 36,tit. (ut convivium in monasterio nulli fiat ... )
**1sq.** CAES. 39,1sq.   **1** saeculari (saecularium *vl.: B*) | nec extra] vel extra   **2** nec¹] sed nec | faciatis] fiat
**LVIIII,1** CAES. 41 | congregationem suam penitus] congregationem penitus

---

**LVII,3** sub *om. h* ‖   **5** qua] quae *h* | requirendum *mayo* | filiam] familiam *M (ac.)* | monasterium visitandum *tr. h* | abbatissa *mayo* ‖   **6** devotae ↑ # ‖   **7** aut filiam suam *tr. h*
**LVIII,1** sanctaemonialis *M*; sanctemonialis *Kp*; sanctimonialis *h v, approb. Zelzer* # ‖   **5** ipsae] per se *add. h*; ipse *M* | praeparent *h v*; praeparentur *M p*
**LVIIII,tit** LVIIII Ne abbatissa extra congregationem reficiat (ut ... non *prop. Zelzer) hp, approb. Zelzer* #

## LX Quales ad posticium eligi debeant

1 ⌐Ad portam monasterii ponatur soror senex et sapiens, quae sciat accipere BEN.
responsum aut reddere, cuius maturitas eam non sinat vacare. 2 Quae portaria cellam debet habere iuxta portam,¬ aut duas aut tres iuniores in suo solacio, ⌐ut venientes semper praesentem inveniant, a quo responsum accipiant.¬

3 ⌐Pro qua re omnibus, quae posticium observaverint, contestor coram deo et CÆS.
angelis eius, ut nihil de monasterio permittant dare vel a foris in monasterium intus
adquiescant excipi extra conscientiam vel consilium abbatissae. 4 Tamen ut adsolet
abbatissa cum a salutatoribus occupata fuerit, posticiariae praepositae ostendant
quodcumque exhibitum fuerit. 5 Quam rem si implere neglexerint, et illae posticiariae et illae quae excipiunt propter transgressionem sanctae regulae districtionem
monasterii gravissimam sustinebunt.¬

## LXI ⌐De cellararia monasterii qualis esse debeat BEN.

1 Cellararia monasterii eligatur de congregatione sapiens, maturis moribus,
sobria, non multum edax, non elata, non iniuriosa, non tarda, non prodiga, 2 sed
timens deum, quae omni congregationi sit ut mater, 3 curam gerat de omnibus,
4 sine iussione abbatissae nihil faciat, 5 quae iubentur custodiat, 6 sorores non
contristet. 7 Si qua soror forte aliqua inrationabilia postulat, non spernendo eam
contristet, sed rationabiliter cum humilitate male petenti deneget. 8 Animam suam
custodiat, memor semper illud apostolicum quia *qui bene ministrat gradum sibi*

---

**LXI,1** *cf.* 1 Tim. 3,2; Is. 42,4 **8** 1 Tim. 3,13

---

**LX,tit** *cf.* CAES. 30,1
**1sq.** BEN. 66,1sq. **1** soror senex et sapiens quae sciat] senes (senex *vl.*: OVSMWH₃) sapiens qui
sciat | responsum et reddere et cuius (responsum et reddere cuius *vl.*: OVS(*ac.*)MWH₁₋₃) | vacari
(vacare *vl.*: S(*ac.*); vagare *vl.*: O; vagari *vl.*: H₁₋₃) **2** debebit (debet *vl.*: OVS(*ac.*)MWH₁₋₃) | aut¹...
solacio] *cf.* BEN. 66,5
**3–5** CAES. 43,2–4 **3** quae] + ad | dari↓ (dare *vl.*: M) | monasterio (monasterium *vl.*: M) **4** ut
adsolet abbatissa] si abbatissa ut assolet | cum a salutatoribus] cum salutatoribus **5** posticiariae] +
quae permittunt↓ | propter...sustinebunt] non solum districtionem monasterii gravissimam susti-
nebunt, sed propter transgressionem sanctae regulae causam se mecum ante deum noverint esse
dicturas
**LXI,tit–19** BEN. 31 **tit** esse debeat] sit (esse debeat/debeat esse *vl.*; *cf. etiam Capitula Ben.*) **1** elata]
elatus + non turbulentus **2** sit sicut↓ (sicut *vl.*: H₁₋₃) **4** iussionem (iussione *vl.*: A(*pc.*)OVSMW
H₂₋₃) **7** soror forte] frater ab eo forte | inrationabiliter (inrationabilia *vl.*: V) **8** ministraverit
bonum sibi (sibi bonum *vl.*; *cf. Vulg.*)

---

**LX,1** senes *mayo* | vagari *h* ‖ **2** quo] *qua *hp*, *approb. Zelzer* # ‖ **3** omnibus] omnes *h* | *dari *h*, *cf.*
CAES. # | monasterium # ‖ **4** ut ... salutatoribus # ‖ **5** illae¹] ille *M* | posticiariae] *quae permittunt
*add. Zelzer ex* CAES. ↑ #
**LXI,tit** cellararia *h¹* (cellaria *m*; *sim. semper*) | qualiter *h* ‖ **2** sit ut ↑ # ‖ **7** malę *M* (*sed non* K)
**8** illius apostolici *h²*

*bonum adquirit.* 9 Infirmarum, infantum cum omni sollicitudine curam gerat, sciens sine dubio, quia pro his omnibus in die iudicii rationem redditura est. 10 Omnia vasa monasterii cunctamque substantiam ac si altaris vasa sacrata conspiciat. 11 Nihil ducat neglegendum. 12 Neque avaritia⟨e⟩ studeat neque prodiga sit vel stirpatrix substantiae monasterii, sed omnia mensurate faciat et secundum iussionem abbatissae. 13 Humilitatem ante omnia habeat, et cui substantia non est quod tribuatur, sermo responsionis porrigatur bonus, 14 ut scriptum est: *Sermo bonus super datum optimum.* 15 Omnia quae ei iniunxerit abbatissa, ipsa habeat sub cura sua; a quibus eam prohibuerit, non praesumat. 16 Sororibus constitutam annonam sine aliquo tipo vel mora offerat, ut non scandalizentur, memor divini eloquii, quid mereatur *qui scandalizaverit unum de pusillis.* 17 Si congregatio maior fuerit, solacia ei dentur, a quibus adiuta et ipsa aequo animo impleat officium sibi commissum. 18 Horis conpetentibus et dentur quae danda sunt et petantur quae petenda sunt, 19 ut nemo conturbetur neque contristetur in domo dei.⸃

BEN.  LXII ⸢DE FERRAMENTIS AUT ALIIS REBUS MONASTERII⸣ VEL VESTIBUS

1 ⸢Substantia monasterii in ferramentis vel vestibus seu quibuslibet rebus praevideat abbatissa sorores, de quarum vitae moribus secura sit, 2 et eis singula, ut utile iudicaverit, consignet constituenda atque recolligenda. 3 Ex quibus abbatissa brevem teneat, et dum sibi in ipsa adsignata sorores vicibus succedunt, sciat, quid dat aut quid recipit.⸃

CÆS.  4 ⸢Quae cellario sive canevae sive vestibus vel codicibus aut posticio vel lanipendio praeponuntur, 5 super evangelio claves accipiant et 6 sine murmurio serviant reliquis. 7 Si quae vero vestimenta, calciamenta, utensilia neglegenter expendenda vel custodienda putaverint, tamquam interversor rerum monasterii severius corrigantur.⸃ 8 ⸢Indumenta vero, cum ipsa nova accipiunt, si vetera necessaria non

---

**LXI,9** pro...est] *cf.* Mt. 12,36   **14** Sir. 18,17   **16** Mt. 18,6
**LXII,3** *cf.* Sir. 42,7

---

**LXI,9** infantum] + hospitum pauperumque | diem (die *vl.*: *A* (*pc.*) *O S M W*)   **12** sit et (sit vel *vl.*; sit aut $H_3$(*pc.*))   **16** tyfo (typo *vl.*: *O S* (*ac.*) *W*; tipo *vl.*: *V M H_{2,3}*)   **19** perturbetur
**LXII,tit–3** *BEN.* 32,tit.–3   **tit** aut aliis] vel   **1** vita et moribus (vitae moribus *vl.*: *O* (*ac.*)*VSW*)   **2** iudicaverit utile (utile(m) iudicaverit *vl.*: *O VSMWH_{1.2.3}* (*pc. uv.*)) | custodienda ↓ (constituenda *vl.*: *O VS W*)   **3** et] ut | vicissim (vicibus *vl.*: *O VS* (*ac.*)*MW*)
**4–7** *CAES.* 32,4sq.   **4** canavae (canevae *vl.*: *M*)   **5** evangelium   **6** murmuratione   **7** monasterialium
**8** *CAES.* 43,7 | cum ipsa nova] ipsa cum nova

---

**LXI,9** infantium $h^1$ ‖   **11** neglegendum # ‖   **12** avaritiae *h p*, *cf.* BEN.; avaritia *M v*, *cf.* BEN. *vl.* (*e.g.* *S* (*pc.*)*M*) # | exstirpatrix *h* ‖   **14** uti *h* ‖   **16** typo *v* ↑; typho *h* # | vel] aut *h* ‖   **17** solatia *h* (*sim. semper*)
**LXII,1** substantiae *h* # | provideat *h* ‖   **2** ei *h* (*exc. m*) | custodienda *h* ↑ ‖   **4** canavae *h* ‖   **5** evangelio # ‖   **6** murmuratione $h^2$ ‖   **7** neglegenter # | putaverit *h* | *interversores *prop.* Zelzer, *cf.* Caes. *vl.* (*C*) # | corrigatur *h*

habuerint, abbatissae refundant pauperibus aut incipientibus iunioribus dispen-
sanda.⌐

### LXIII Uᴛ ornamenta vel vario opere in monasterio non fiant

1 ⌐Moneo specialius, ut vestimenta lucida vel cum purpura vel bebrina num-   *Cæs.*
quam in usu habeatis nisi tantum laia et lactena.⌐ 2 ⌐Plumaria, ornatura et omne
polemitum numquam in monasterio fiant,⌐ 3 ⌐nec ulla tinctura⌐ nisi nigra tantum si
necessitas fuerit 4 ⌐propter illud apostoli: *Nemo militans deo inplicat se negotiis sae-*
*cularibus, ut ei placeat cui se probavit.*⌐ 5 ⌐Lectuaria vero ipsa simplicia sint. Nam
satis indecorum est, si in lectu religiosae stragula saecularia aut tapetia picta re-
splendeant. 6 Argentum in usu vestro non habeatis absque ministerio oratorii.⌐

### LXIIII Uᴛ capita qua mensura ligentur

1 ⌐Capita numquam altiora ligent nisi quomodo in hoc loco mensuram de incato   *Cæs.*
fecimus.⌐

### LXV ⌐Quomodo dormire debent                            *Ben.*

1 Singulae per singula lecta dormiant. 2 Lectisternia pro modo conversationis
secundum dispensationem matris accipiant. 3 Si potest fieri, omnes in uno loco
dormiant; si autem multitudo non sinit, denae aut vicenae cum senioribus, quae
super eas sollicitae sint, pausent. 4 Luminaria iugiter in eadem cella ardeant usque

---

**LXIII,4** 2 Tim. 2,4

---

**LXII,8** incipientibus] + vel (*om. M*)
**LXIII,1** *Caes.* 55 | ut] + sicut iam diximus | lucida] + vel nigra | habeantur | lactina (lactena *vl.*: *M*)
**2** *Caes.* 60,1 | plumaria ornatura] plumaria et ornaturas vestimenta purpurea | polimitum (polemi-
tum *vl.*: *M*) ↓
**3** nec…tinctura] *cf. Caes.* 44,3: tinctura in monasterio nulla alia fiat, nisi … laia et lactina
**4** *Caes.* 60,2
**5sq.** *Caes.* 44,4sq. **5** lecto ↓
**LXIIII,1** *Caes.* 56 | nisi quomodo] quam | incausto (incato *vl.*: *M*) ↓
**LXV,tit–8** *Ben.* 22   **tit** dormire debent] dormiant monachi   **2** matris] abbae sui   **3** sin autem (si
autem *vl.*: *O V S M H₁.₃*)   **4** luminaria…ardeant] candela … ardeat

---

**LXII,8** abuerint *M* (*ac.*)
**LXIII,tit** LXIII] LXII *M* (*ac. m²*) # | varia opera *hp*, *approb. Zelzer* # ‖     **1** bebrina # | lactina *h¹* #
**2** ornatura] ornamenta *h* | polimitum *M* (*pc. m²*), *approb. Zelzer* ↑; polymitum *h* # ‖     **4** inplicans
*M* (*ac. m²*) ‖   **5** lectualia *h* | sint] sunt *M* (*ac.*) | *lecto *h*, *approb. Zelzer* ↑ # | stracula *M* | tapecia *M p*
**LXIIII,tit** LXIIII] LXIII *M* (*ac. m²*) | ut *del. p*, *approb. Zelzer* # ‖   **1** ligentur *h* | mensuram … fecimus #
*incausto *h*, *approb. Zelzer* ↑; encausto *p* # | fecimus] lineam (*ca. 3,25 cm*) *mg. add. M*
**LXV,tit** LXV] LXIIII *M* (*ac. m²*)

mane. 5 Vestitae dormiant et cinctae cingellis,⌐ 6 ⌐ut paratae sint ad opus divinum semper et facto signo absque mora surgentes festinent invicem se praevenire ad opus dei, cum omni tamen gravitate et modestia. 7 Adulescentes sorores iuxta se non habeant lectos, sed permixtae cum senioribus. 8 Surgentes vero ad opus dei invicem se moderate *cohortentur propter somnulentorum excusationes.⌐

*Ben.*                         LXVI ⌐DE ORDINE CONGREGATIONIS

1 Ordines suos in monasterio ita conservent ut conversionis tempus ut vitae meritum discernit utque senior constituerit. 2 Quae senior non conturbet gregem sibi commissum nec quasi libera utens potestatem iniuste disponat aliquid, 3 sed cogitet semper quia de omnibus iudiciis et operibus suis redditura est deo rationem. 4 Ergo secundum ordines, quos constituerit vel habuerint ipsae sorores, sic accedant ad pacem, ad communionem, ad psalmum inponendum, in choro standum; 5 et in omnibus omnino locis aetas non discernatur in ordine neque praeiudicet, 6 quia Samuhel et Danihel pueri presbyteros iudicaverunt. 7 Ergo extra has, quas, ut diximus, altiori consilio mater praetulerit vel degradaverit certis ex causis, reliquae omnes ut convertuntur ita sint, 8 ut verbi gratia quae secunda hora diei venerit in monasterium iuniorem se noverit esse illius, quae prima hora venerit diei, cuiuslibet aetatis aut dignitatis sit. 9 Iuvenculae per omnia ab omnibus disciplina teneantur. 10 Iuniores igitur priores suas honorent, priores iuniores suas diligant. 11 In ipsa appellatione nominum nulli liceat aliam puro nomine appellare, 12 sed priores

---

**LXVI,6** Samuhel et Danihel] *cf.* 1 Reg. 3–11; Dan. 13,45sqq.

---

**LXV,5** cingulis (cingellis *vl.*: *O*); + aut funibus ut cultellos suos ad latus suum non habeant dum dormiunt ne forte per somnum vulnerent dormientem et     **6** sint ad opus divinum semper] sint monachi semper    **7** adulescentiores
**LXVI,tit–12** *Ben.* 63,tit.–12 (4 pacem ... 12 reverentia *deest H₂*)   **1** conversationis (conversionis *vl.*: *VSMW*) | senior] abbas   **2** senior] abbas | potestate (potestatem *vl.*: *V(ac.)S(ac.)WH₁,₃*) ↓   **4** vel] + quos   **5** discernat ordines (discernatur in ordine *vl.*: *MW*; discernatur in ordines *H₃*) | neque] nec   **7** extra has] excepto hos | mater] abbas   **8** monasterio (monasterium *vl.*) | illius esse ↓ | venit (venerit *vl.*: *OW*)   **9** iuvenculae] pueris | disciplina conservata (disciplina teneatur *vl.*: *MWH₃*)   **10** iuniores²] minores (iuniores *vl.*: *S(pc.)WH₁*)   **11** appellare nomine (nomine appellare (appellari *ac. VM*) *vl.*: *OVSMW*)

---

**LXV,6** paratae] praeparatae *h* ‖   **8** cohortentur *hp*, *cf. Ben.*; *cohortent *Mv* # | somnulentorum *M*(somnolentorum *pc. m²*)*v*; sompnolentorum *K*; somnolentarum *h*; *somnulentarum *p*, *approb. Zelzer* # | excussationes *M*(*sed non K*)
**LXVI,tit** LXVI] LXV *M*(*ac. m²*) ‖   **1** conversionis ↑ # | utquae *M*(utque *K*); atque *h* ‖   **1sq.** senior ... quae *om. h* ‖   **2** nec quasi] neque *h* | *potestate *hv*, *approb. Zelzer* ↑ # | iniustae *M*(iniuste *K*)   **4** habuerit *h*, *cf. Ben. vl.* (*H₁,₃*) | communionem] unionem *h* | componendum *h* ‖   **5** neque] nec *h*   **6** Samuel et Daniel *h* ‖   **7** altiori # | degravaverit *M*(*ac. m²*) ‖   **8** monasterium # | illius *M*(illis *ac.*) *v* ↑; illa *M*(*sl. m²*)*hp* | cuiuslibet] cuiusque *h* ‖   **10** honorent *om. h²* | priores iuniores suas] *om. h²* *mayo* | diligant *om. mayo* ‖   **11** nominum] nominatim *h*

iuniores suas 'sorores' nominent, iuniores priores suas 'nonnas' vocent, quod intel-
legitur 'materna reverentia'.⌐ 13 ⌐Ubicumque autem sibi obviant sorores, iunior a
priore benedictionem petat. 14 Transeunte maiore minor surgat et det ei locum se-
dendi, nec praesumat iunior consedere, nisi ei praecipiat senior, 15 ut fiat quod
scriptum est: *Honore invicem praevenientes*.⌐

LXVII ⌐DE SEPTIMANARIIS COQUINAE      BEN.

1 Sorores sibi invicem serviant.⌐ 2 ⌐In omni ministerio corporali tam in coquina   CÆS.
vel quicquid cotidianus exegerit usus, vicibus sibi excepto matre vel praeposita suc-
cedere debent.⌐ 3 ⌐Nulla excusetur a coquinae officio, nisi aut aegritudo aut in causa   BEN.
gravis utilitatis aliqua occupata fuerit, 4 quia exinde maior merces conquiritur. 5 In-
becillibus autem procurentur solacia, ut non cum tristitia hoc faciant, 6 sed habeant
omnes solacia secundum modum congregationis aut positionem loci.⌐ 7 ⌐Egressura
de coquina⌐ ⌐vasa ministerii munda et sana cellarariae consignet; 8 quae cellararia
iterum intranti consignet, ut sciat quod dat aut quod recipit. 9 Septimanariae autem
ante unam horam refectionis accipiant singulos biberes et panem, 10 ut hora refectionis sine murmuratione et gravi labore serviant sororibus suis. 11 In diebus autem
sollemnibus usque ad missas sustineant.⌐

---

**LXVI,14** transeunte...surgat] *cf.* Lev. 19,32   **15** Rom. 12,10

---

**LXVI,12** sorores nominent] fratrum nomine (fratres nominent *vl.*: $MH_3(pc.)$) | iuniores² ] + autem
(*om. nonnulli:* $MW$)
**13–15** BEN. 63,15–17 ($H_2$ *deest*)   **13** iunior priorem (iunior a priore *vl.*: $OVS(ac.)MWH_3(pc.)$)
**14** senior] + suus
**LXVII,tit–1** BEN. 35,tit./1
**2** CAES. 14,2 | exigit | excepta↓
**3–6** BEN. 35,1–4   **3** aliqua] quis   **4** merces et caritas (et caritas *om. aliquot codd.*: $O(ac.)M$) adquiritur
**7** egressura de coquina] BEN. 35,7: egressurus de septimana
**7–11** vasa...sustineant] BEN. 35,10–14   **7** ministerii] + sui (*om.* $H_1$) | reconsignet (consignet *vl.*: $A$
$S(pc.)MH_2$)   **8** item (iterum *vl.*: $OVS(ac.)W$)   **9** accipiant] + super statutam annonam | singulas
(singulos *vl.*: $A(pc.)VS(ac.)MW(mg.)$; singulus $O$)↓   **11** tamen (autem *vl.*)

---

**LXVI,13** sibi] si $M(ac.\,m^1)$ ‖   **15** honorem $M(corr.\,m^2\,u.v.)p$, *cf.* BEN. *vl.* (*e.g.* $VH_1$) #
**LXVII,tit** LXVII] LXVI $M(ac.\,m^2)$ | quoquinae $Mp$ (*sim. saepe; sed non* $K$) ‖   **2** excepta $h$, *cf.* CAES.
vel²] seu $h$ ‖   **3** aegritudine $h$, *cf.* BEN. *vl.* (*e.g.* $O(pc.)S(pc.)M$) ‖   **4** mercis $M(ac.\,m^1)$ ‖   **5** inbicilli-
bus $M(ac.\,m^1)$ ‖   **9** singulos ↑ #

*Ben.*

## LXVIII ⌜Si sorori inpossibilia iniungantur

1 Si sorori aliqua forte gravia aut inpossibilia iniunguntur, suscipiat quidem iubentis imperium cum omni mansuetudine et oboedientia. 2 Et si omnino virium suarum viderit pondus oneris excedere, inpossibilitatis causas ei quae sibi praeest patienter et oportune suggerat, 3 non superbiendo aut resistendo vel contradicendo. 4 Quod si post suggestionem suam in sua sententia prioris imperium perduraverit, sciat iunior ista sibi expedire, 5 et ex caritate confidens de adiutorio dei oboediat.⌝

*Ben.*

## LXVIIII ⌜Qualis debet esse modus excommunicationis

1 Secundum modum culpae et excommunicationis vel disciplinae debet extendi mensura; 2 qui culparum modus in abbatissae pendat iudicio. 3 Si qua tamen soror in levioribus culpis invenitur, a mensae participatione privetur. 4 Privata⟨e⟩ autem a mensae consortio ista erit ratio, ut in oratorio psalmum aut antiphonam non inponat neque lectionem recitet usque ad satisfactionem. 5 Refectionem autem cibi post sororum refectionem sola accipiat, 6 ut, si verbi gratia sorores reficiunt sexta hora, illa nona, si vero sorores nona, illa vespera, 7 usque dum satisfactione *congrua veniam consequatur.⌝

*Ben.*

## LXX ⌜De gravioribus culpis

1 Si qua autem soror gravioris culpae noxa tenetur, suspendatur a mensa, simul et ab oratorio, 2 et nulla ei soror in ullo iungatur consortio neque in conloquio. 3 Sola sit ad opus sibi iniunctum, persistens in paenitentiae luctu, sciens illam terribilem apostoli sententiam dicentis: 4 *Traditum huiusmodi hominem satanae in*

---

**LXX,4** 1 Cor. 5,5

---

**LXVIII,tit–5** *Ben.* 68 (*deest H₂*)  **1** sorori] cui fratri  **2** et si] quod si (aut si *vl.*: *OVS*(*ac.*); ut si *vl.*: *W*(si *ac.*)*H₁.₃*(*ac.*))  |  suarum] + mensuram (*om. nonnulli*: *MWH₃*(*ac.*))↓  |  impossibilitatis suae causas (impossibilitatis causas *vl.*: *OVS*(*ac.*)*WH₁.₃*(*ac.*))  **4** ista] ita ↓
**LXVIIII,tit–7** *Ben.* 24  **1** mensura debet extendi (debet extendi mensura/mensuram *vl.*: *OVSMW H₁₋₃*)  **2** pendet (pendat *vl.*: *OH₂.₃*(*ac.*))  **4** pribati/privati  **6** ille frater nona (ille nona *vl.*: *OVSMW*) si vero sorores] si fratres (*sed cf. H₃*: si enim fratres)
**LXX,tit–6** *Ben.* 25  **1** si…gravioris] is autem frater qui gravioris (si autem frater qui gravioribus *vl.*: *WH₂.₃*(gravioris *pc.*))  |  simul ab (simul et ab *vl.*: *O*(*pc.*)*SMWH₁.₃*)  **2** et nulla] nullus (nullusque *H₃*)  |  soror] fratrum (frater *vl.*: *VSH₁*)  |  in nullo (in ullo *vl.*: *O*)  |  nec (neque *vl.*: *OVSMWH₁₋₃*)  **3** luctum (luctu *vl.*: *OMW*)  **4** eiusmodi (huiusmodi *vl.*: *VWH₁₋₃*; *cf. Vulg.*)  |  hominem in (hominem satanae in *vl.*: *O*(*pc.*)*MWH₁.₂.₃*)

---

**LXVIII,tit** LXVIII] LXVII *M* (*ac. m²*) ‖  **2** suarum] *mensuram *suppl. h p, approb.* Zelzer ↑ # ‖  **4** ista] ita *p* ↑
**LXVIIII,tit** LXVIIII] LXVIII *M* (*ac. m²*) ‖  **1** et # ‖  **2** pendeat *h* ‖  **3** inveniatur *h²* ‖  **4** privatae *edd*; privata *M* # | mensa *M* (*ac.*) | antyphonam *M* # ‖  **7** congruam *M* #
**LXX,tit** LXX] LXVIIII *M* (*ac. m²*) ‖  **2** coniungatur *h v*

*interitum carnis, ut spiritus salvus sit in diem domini.* 5 Cibi autem perceptionem sola percipiat mensura vel hora, qua praedixerit abbatissa ei conpetere; 6 neque a quaquam benedicatur transeunte nec cibus quod ei datur.⌐

### LXXI ⌐DE HIS QUAE SINE IUSSIONE IUNGUNTUR EXCOMMUNICATIS *BEN.*

1 Si qua soror praesumpserit sine iussione abbatissae sorori excommunicatae quolibet modo se iungere aut loqui cum ea vel mandatum ei dirigere, 2 similem sortiatur excommunicationis vindictam.⌐

### LXXII ⌐QUALIS DEBET ESSE SOLLICITUDO CIRCA EXCOMMUNICATAS *BEN.*

1 Omnem sollicitudinem et curam gerat mater circa delinquentes sorores, quia *non est opus sanis medicus, sed male habentibus.* 2 Et ideo uti debet omni modo ut sapiens medicus, inmittere quasi occultas consolatrices, id est seniores et sapientiores sorores, 3 quae quasi secrete consolentur sororem fluctuantem et provocent illam ad humilitatem et satisfactionem et consolentur eam, *ne abundantiore tristitia absorbeatur,* 4 sed, sicut ait apostolus, *confirmetur in ea caritas* et oretur pro ea ab omnibus.⌐

### LXXIII ⌐DE HIS QUAE SAEPIUS CORREPTAE [SUNT] NON EMENDAVERINT *BEN.*

1 Si qua soror pro qualibet culpa frequenter correpta, si etiam excommunicata non emendaverit, acrior ei accedat correctio, id est ut verberum in eam vindicta

---

LXXII,1 Mt. 9,12  **3** 2 Cor. 2,7  **4** 2 Cor. 2,8

---

**LXX,5** refectionem (perceptione(m) *vl.:* $OVSMH_{1.2.3}$ (*ac.*)) | praedixerit] praeviderit  **6** nec a (neque a *vl.:* $OW$) | cibum quod ↓ (cibus quod *vl.: ac.* $O$; cibus qui *vl.: pc.* $OMH_3$)
**LXXI,tit–2** *BEN.* 26  **tit** iungunt se (iunguntur *vl.:* $OVSMH_{1-3}$)  **1** iussionem (iussione *vl.:* $OSMW$ $H_{1-3}$)
**LXXII,tit–4** *BEN.* 27,tit.–4  **tit** qualiter debeat abbas sollicitus esse  **1** omni sollicitudine curam (omnem sollicitudinem curae *vl.:* $H_{1.2}$) | mater] abbas  **2** inmittere...consolatrices] inmittere senpectas (inmittere quasi occultos consolatores senpectas *vl.:* $OSMH_{1.3}$) | seniores et sapientiores] seniores sapientes  **3** provocent...satisfactionem] provocent ad humilitatis satisfactionem | abundantiori (abundantiore *vl.: pc.* $OM$; $VS$)  **4** ait item apostolus (ait apostolus *vl.:* $SM$)
**LXXIII,tit–8** *BEN.* 28  **tit** emendare noluerint (non emendaverint *vl.:* $WH_2$)  **1** pro...correpta] frequenter correptus pro qualibet culpa | correptio (correctio *vl.:* $SMH_{2.3}$) | vindicta in eum

---

**LXX,6** aqua quam $M(ac.\ m^2)$ | *cibum $p$ ↑ # | quod $M(ac.)p\,v$ ↑; qui $M(pc.m^2)h$, *approb. Zelzer* #
**LXXI,tit** LXXI] LXX $M(ac.\ m^2)$ | iunguntur sine iussione *tr.* $h$ ‖  **2** sotiatur $M(ac.\ m^2)$
**LXXII,tit** LXXII] LXXI $M(ac.\ m^2)$ ‖  **3** secretae $M$ (*sed non* $K$) | tristiti|tia $M$ (*sed non* $K$) ‖  **4** confirmetur] consummetur $h$
**LXXIII,tit** LXXIII] LXXII $M(ac.\ m^2)$ | correctae $M(ac.\ m^1)h$ | sunt $M$; *del.* $hp$; sunt et $v$

procedat. 2 Quod si nec ita correxerit aut forte – quod absit – in superbia elata etiam defendere voluerit opera sua, tunc mater faciens ut sapiens medicus: 3 si exhibuit fomenta, si unguenta adhortationum, si medicamenta scripturarum divinarum, si ad ultimum ultionem excommunicationis vel plagas virgarum, 4 et iam si viderit nihil suam praevalere industriam, adhibeat etiam – quod maius est – suam et omnium sororum orationem pro ea, 5 ut dominus, qui omnia potens est, operetur salutem circa infirmam sororem. 6 Quod si nec isto modo sanata fuerit, tunc iam utatur ferro abscisionis, ut ait apostolus: *Auferte malum ex vobis ipsis,* 7 et iterum: *Infidelis si dis-*
CÆS. *cedit, discedat,* 8 ut ne una ovis morbida totum gregem contaminet.⌐ 9 ⌐Aut tamdiu
COL. in cella retrudatur,⌐ ⌐quousque bona voluntas illius cognoscatur.⌐

BEN.                    LXXIIII ⌐UT NON PRAESUMAT ALTERA ALIAM DEFENDERE

1 Caveatur omnino, ne qualibet occasione praesumat altera aliam defendere sororem in monasterio aut quasi tueri, 2 etiam si qualibet consanguinitatis propinquitate iungantur. 3 Nec quolibet modo id a sororibus praesumatur, quia exinde gravissima occasio scandalorum oriri potest. 4 Quod si qua haec transgressa fuerit,⌐
COL. ⌐tribus superpositionibus paeniteat.⌐

---

**LXXIII,2** in superbia elata] *cf.* 1 Tim. 3,6   **5** dominus...est] *cf.* Mt. 19,26   **6** 1 Cor. 5,13   **7** 1 Cor. 7,15

---

**LXXIII,1** procedant (procedat *vl.*: *MH₁.₃*)   **2** mater faciens ut] abbas faciat quod   **3** medicamina (medicamenta *W*) | ustionem (ultionem *vl.*: *OS(ac.)MWH₂.₃*) | plagarum virgae (plagas virgarum *vl.*: *MH₃(pc.)*) **4** pro eo orationem   **5** potest (potens est *vl.*: *M(ac.)H₁.₂.₃(ac.)*)   **6** utatur ferro] utatur abbas ferro (abbas utatur ferro *vl.*: *OMH₂.₃*) | vobis ipsis (*cf. Vulg.*)] vobis   **8** ut ne] ne | totum] omnem (totum *sl. a.m. H₃*) | contagiet (contaminet *vl.*: *MH₁.₃*)
**9** aut...retrudatur] *CAES.* 65,2: et tamdiu in cella salutatorii sit remota (quamdiu dignam paenitentiam agens humiliter veniam petat) | quousque...cognoscatur] *COL.* coen. 6 (p. 150,17sq.): (in cellula ob paenitentiam agendam separetur) usque dum bona eius voluntas cognoscatur
**LXXIIII,tit–4** *BEN.* 69 (*usque* 2 propinquitate *deest H₂*)   **tit** ut] + in monasterio (*om. W*) | alterum (alium *vl.*: *VS(ac.)H₃*)   **1** caveatur...qualibet] praecavendum est ne quavis (qualibet *vl.*: *H₁*) | sororem] monachum   **2** qualivis (qualibet *vl.*: *V*)   **3** sororibus] monachis   **4** fuerit] + acrius coherceatur tribus superpositionibus paeniteat] *COL.* coen. 6 (*p. 150,27*); *cf.* 6 (*p. 150,24.25*); 7 (*p. 152,1*); 8 (*p. 152,11*) *al.*

---

**LXXIII,2** quod¹] quae *h* | superbiam *h, cf. BEN. vl.* (*OVSMWH₂*) # ‖   **3** adortationum *M(ac. m²)*; adortationem *mayo* | plagas *ir. M*(plas *ac. m¹*) ‖   **6** quod] quae *h* | abscissionis *h* ‖   **7** discedat] discedit *M(ac. m¹)*
**LXXIIII,tit** LXXIIII] LXXIII *M(ac. m²)* ‖   **2** iungatur *h²* ‖   **4** suppositionibus *h*

## LXXV DE ORDINE QUOD PSALLERE DEBEANT

1 ⌜De *sinaxi id est de cursu psalmorum et orationum modo canonico iuxta COL. normam regulae nostrae quaedam in breve sunt distinguenda:⌝ 2 Ab octavo kalendas Octobris crescit cursus usque ad summum eius viginti quinque choris, 3 quas tota hieme, quae a kalendis Novembris incipit et finit in kalendis Februarii, cantandas in nocturnis vigiliis per noctem sabbati et dominicae patres nostri sanxerunt. 4 Duodecim vero chorae in hieme omni nocte cantandae sunt usque ad VIII kalendas Aprilis 5 et *per hiemem quindecim chorae in sanctis martyrum vigiliis. 6 Et sicut crescit ita etiam decrescit quinque choris, 7 quod in primo sabbato quinque chorae augendae sunt, ut sint viginti; per alium autem sabbatum una chora augenda est usque kalendas Novembris, usque totus cursus conpleatur, id est viginti quinque chorae psalmorum. 8 Qui per tres menses hiemis numerus conplendus est in duabus supradictis noctibus et post hos decrescit per sabbatum: 9 primo sabbato quinque chorae et *singulae per alterna sabbata, quia longius spatium est *a fine hiemis usque ad aequinoctium veris in cursu decrescendo quam crescendo, 10 ideo per alterna sabbata singulae decidant chorae usque VIII kalendas Aprilis. 11 *Quindecim namque chorae tempore aestatis in *sanctarum noctium cursu, id est sabbati et dominicae, cantandae sunt. 12 Octo vero semper reliquis noctibus de aequinoctio in aequinoctium cantandae sunt, id est per sex menses 13 de aequinoctio veris in aequinoctium autumni viginti quattuor psalmi canendi sunt.

---

LXXV,1 COL. mon. 7 (p. 128,22sq.) | sinaxi] + vero | modo…distinguenda] modo canonico quaedam sunt distinguenda
2–13 cf. COL. mon. 7 (p. 128,27–130,12; *Donatus Col. secutus est, sed nonnulla mutavit*)

---

LXXV,tit LXXV] LXXIIII M(ac. m²) | quo Khp, approb. Zelzer # | 1 sinaxi (synaxi) edd; sinaxin M 2 Kalend. h₆₁h₆₃; Kalendis h² | octb. M(simili modo etiam cetera mensium nomina abbreviata sunt: novb., feb., apl.; non abbrev. K) | cursus … choris] cursus ⟨quinque choris⟩ usque ad summum eius viginti quinque chorarum prop. M.&K. ZELZER, Zu Überlieferung und Textgestaltung, 45 # | 4 octavo h | 5 per coniec. C. Weidmann; post Medd, approb. Zelzer # | chorae] hore M(ac.) | sacris hmayo 6 horis M(sed non K) | 7 quod M(ac.)v; *quae M(uv. sl. m²)hp, approb. Zelzer # | viginti¹] XXti M(sed non K) | usque¹] ad add. h | quinque²] quoque h¹ | 9 singulae corr. Zelzer; singula Medd | a fine coniec. C. Weidmann (propositum eius secuti ab fine prop. M.&K. ZELZER, Zu Überlieferung und Textgestaltung, 45); ad finem Medd # | aequinoxium v | 10 chorae] horae M(ac.) | viii] octavo h 11 quindecim scripsi (cf. MOYSE, Les origines, 407sq.; ZIMMERL-PANAGL, Elegi pauca e plurimis, 228–235); duodecim Medd, approb. Zelzer # | chorae] hore M(ac.) | sanctarum edd; sanctorum M# 12 aequinoctio] veris add. h¹ | 12sq. id est per sex menses. De aequinoctio distinx. edd, approb. Zelzer #

14 ⸢In omni loco et opere silentii regula magnopere custodire censetur, 15 ut omne quantum valuerit humana fragilitas, quod ad vitia praecipitare solet cursu oris, mundemur vitio 16 *aedificationemque potius proximorum sive proximarum, pro quibus salvator noster Iesus sanctum effudit sanguinem, quam dilacerationem absentium in pectore *conceptam et quam otiosa passim verba ore promamus, de quibus *iusto sumus *retributori rationem reddituri.⸣

*Ben.*                    LXXVI ⸢QUIBUS HORIS REFICIANT SORORES

1 A sancto pascha usque ad pentecosten ad sextam reficiant sorores et ad seram cenent. 2 A pentecoste autem tota aestate, si labores manuum graves non fuerint aut nimius fervor aestatis non perturbat, quarta et sexta feria ieiunent usque ad horam nonam, 3 reliquis diebus ad sextam prandeant; 4 quae mensura prandii in abbatissae sit providentia atque arbitrio. 5 Et sic omnia temperet atque disponat, qualiter et animae salventur et quod faciunt sorores absque ulla murmuratione faciant.⸣

---

**LXXV,16** otiosa...reddituri] *cf.* Mt. 12,36

---

**14–16** *Col.* coen. 15 (p. 168,4–10; *versio aucta*): in omni loco et opere silentii regula magnopere custodiri (custodire *Par.*) ↓ censetur, ut (et *codd.*) omne quantum valuerit humana fragilitas, quae ↓ prono (prona *codd.*) ad vitia (unde *add. C*) praecipitari (praecipitare *ac. C*) solet cursu oris (cursu oris *om. C*) mundemur (mundemus *codd.*) vitio, aedificationemque potius proximorum, pro quibus (quo *C*; quos *Par.*) salvator noster Iesus sanctum effudit sanguinem, quam delacerationem absentium in pectore conceptam ↓ et otiosa passim verba, de quibus iusto ↓ sumus rationem reddituri retributori (tributorem ↓ *Par., sed tr. post verba sequentia* haec superum volentibus), ore promamus; *cf.* Ps.-Col. 37–39: in omni loco et opere silentii regula magnopere custodire censetur, ut omne quantum valuerit humana fragilitas, quae ↓ prono ad vitia praecipitari solet cursu oris mundemur vitio, aedificationemque potius proximorum sive proximarum, pro quibus salvator noster Iesus suum sacrum effudit sanguinem, quam dilacerationem absentio in pectore conceptam et quae otiosa passim verba ore promamus, de quibus iusto sumus retributori rationem reddituri
**LXXVI,tit–5** *Ben.* 41,tit.–5 **tit** oportet reficere **1** usque pentecosten (usque ad pentecosten *vl.*: *OV SMWH₁₋₃*) | sera (ad seram *vl.*: *OS(pc.)M(pc.)H₂,₃*) **2** pentecosten (pentecoste *vl.*: *S(pc.)*) | manuum...fervor] agrorum non habent monachi aut nimietas | ad horam nonam] ad nonam **4** quae...arbitrio] quam prandii sextam si operis in agris habuerint aut aestatis fervor nimius fuerit continuanda erit et in abbatis sit providentia **5** iustam murmurationem (ulla murmuratione *vl.*: *VMWH₃*(sine murmuratione *ac.*))

---

**LXXV,14** custodiri *p, approb. Zelzer* ↑ # ‖ **15** omni *h* | quod] quae *edd, approb. Zelzer* ↑ | oris] horis *M(sed non K)* ‖ **16** aedificationemque *edd, cf. Col.*; edificationique *M#* | Iesus] Christus *add. h* quam¹] quem *M*(quam *sl. m²*) # | conceptam *edd* ↑; concepta *M#* | iusto *edd* ↑; iuxto *M(ac.)*; iuxta *M(pc. m²)* # | retributori *edd, cf. Col.*; retributorem *M#*
**LXXVI,tit** LXXVI] LXXX *M(ac. m²)* # ‖ **1** pentēc *M*(pentecosten *K*) ‖ **2** pentēc *M*(pentecoste *K*); pentecosten *v* ‖ **4** quae] qua *h* | atque] et *h* ‖ **5** et² *om. hv*

6 ⌜A kalendis autem \*Septembris usque ad kalendas Novembris secunda, quarta,   CÆS.
sexta ieiunandum est. 7 A kalendis autem Novembris usque ad natalem domini
exceptis festivitatibus omnibus diebus ieiunare oportet.⌝ 8 ⌜A sancta vero epiphania
usque ad caput quadragesimae quarta et sexta feria ieiunandum est.⌝

9 ⌜A quadragesima vero usque in sanctum pascha ad vesperum reficiant. 10 Ipsa   BEN.
autem vespera sic agatur, ut lumen lucernae non indigeant reficientes, sed luce adhuc diei omnia consummentur.⌝

## LXXVII DE ELECTIONE ABBATISSAE

1 ⌜Quotiens sancta abbatissa ad deum migraverit, nulla ex vobis carnali affectu   CÆS.
aut pro natalibus aut pro facultatibus aut pro parentela aliqua minus efficacem fieri
velle, 2 sed omnes inspirante deo unianimiter sanctam ac spiritalem eligite, 3 quae
et regulam monasterii possit efficaciter custodire et supervenientibus responsum
cum aedificatione et conpunctione et cum sancto affectu sapienter valeat reddere,
4 ut omnes homines, qui vos cum grande fiducia pro sua aedificatione expetunt,
deum uberius benedicant et de vestra electione et de illius quam elegistis conversa-
tione spiritaliter gratulentur.⌝

5 ⌜Illud etiam quod non credo nec deus pro sua misericordia fieri patiatur, 6 si
quocumque tempore quaelibet abbatissa de huius regulae institutione aliquid inmu-
tare aut relaxare temptaverit, 7 vel pro parentela seu pro \*qualibet condicione subiectionis vel familiaritatem pontificis huius civitatis habere voluerit, 8 deo vobis
inspirante ex nostro permisso in hac parte cum reverentia et gravitate resistite et hoc
fieri nulla ratione permittite.⌝

---

**6sq.** *CAES.* 67,2sq.  **6** kalendis septembris | sexta] + feria  **7** autem] vero | festivitatibus] + vel sab-
bato

**8** *CAES.* 67,5: ab epiphania vero usque ad anteriorem hebdomadam quadragesimae secunda quarta
(et *add. M*) sexta feria ieiunandum est

**9sq.** *BEN.* 41,7sq.  **9** in quadragesima (a quadragesima *vl.:* $OS(ac.)WH_{2,3}$) | in sanctum pascha] in
pascha | vesperam (vesperum *vl.:* $OVMWH_1$)  **10** tamen (autem *vl.:* $OVS(ac.)MWH_{1,2,3}(ac.)$)

**LXXVII,1–4** *CAES.* 61  **1** aliquam (aliqua *vl.: M*) ↓ | velit (vellet *vl.: B*; vellit *vl.: ac. M*) ↓  **2** inspiran-
te deo] Christo inspirante  **4** grandi (grande *vl.: M*) ↓ | fiducia pro sua] fide et reverentia pro sui (sua
*vl.: M*) | eligitis (elegistis *vl.: M*)

**5–8** *CAES.* 64,1sq.  **7** subiectionem (subiectionis *vl.: M*) | pontifici (pontificis *vl.: M*)

---

**LXXVI,6** Septembris *scripsi, cf.* MAYO, *Three Merovingian Rules for Nuns, 164, sed* februarii *in textu
eius;* februarii $M(fe\bar{b}s)$ *edd, approb.* Zelzer # | novembres *v* ‖  **7** novembribus *v* ‖  **8** epyphania *M* #
**10** ut] et $h_{63}h_{br}$ | lumen *Kv*; lum̄ *M*; \*lumine *h p* # | consum̄tur *M(ac.)*

**LXXVII,tit** LXXVII] LXXXI $M(ac. m^2)$ # ‖  **1** \*aliquam *h p, approb.* Zelzer ↑ # | \*velit *h p, approb.*
Zelzer ↑ # ‖  **2** unianimiter $M(ac.)pv$; unanimiter $M(pc. m^2)h$, *approb.* Zelzer, *sed cf. X,4* | sanctam]
sacram *h* ‖  **4** grandi $M(pc. m^2)h$, *approb.* Zelzer ↑ # ‖  **5** per $M(ac. m^2)$  **6** tentaverit *h* ‖  **7** seu]
vel *h* | quolibet $M(ac. m^2)v$ # | subiectionem *h, approb.* Zelzer ↑ # | pontificis ↑ # ‖  **8** resistere $h^2$

9 ⌜Te vero sanctam ac venerabilem monasterii matrem et te praepositam sanctae congregationis coram deo et angelis eius admonemus et contestamur, 10 ut nullius umquam vel *minae vel oblocutiones vel blandimenta molliant animum vestrum, ut aliquid de sanctae ac spiritalis regulae institutione minuatis. 11 Credo tamen de dei misericordia, quod non pro aliqua neglegentia reatum incurrere, sed pro sancta et dei placita oboedientia ad aeternam beatitudinem possitis feliciter pervenire.⌝ Amen.

---

**9–11** *CAES.* 47   **9** ammoneo et contestor   **11** dei[2]] deo

---

**LXXVII,9** sanctae] sacrae *h* ‖   **10** minae *edd*, *cf. CAES.*; minas *M* # | vel[3]] et *h* | animam *h* | vestrum *M* (*pc. m*[2]) *v*; nostrum *M* (*ac.*) *p*; vestram *h* | ut[2]] et *h*[1] ‖   **11** neglegentia # | dei[2]] deo *h*
Amen] explicit regula Donati ad Gauthstrudę (Gauthstrude *pv*) *add. M pv*; explicit regula a Donato collecta (ad Gauthstrude *add. K*) *K h* #

**Pseudo-Columbani Regula monialium (frg.)**

# Einleitung

## 1 Überlieferung (*M K B*) und Editionsgeschichte (*s m*)

Der Text ist in denselben Handschriften wie die Donat-Regel überliefert: dem Münchener Codex Regularum, Clm 28118, s. IX, fol. 215ra–216vb (= *M*), dessen direkter Abschrift, Köln, Hist. Archiv W 231, s. XV, fol. 210ra–211ra (= *K*) sowie in Bruxelles, Bibl. roy. 8126-41, s. XVII, fol. 178r–181v (= *B*; die Handschrift fußt auf *M* und einem Kölner Codex, mit großer Wahrscheinlichkeit *K*). Zu diesen Handschriften und den mit ihnen verbundenen Fragestellungen bzw. zu ihrer Bewertung in textkritischer Hinsicht vgl. die Angaben in der Einleitung zur Donat-Regel in vorliegendem Band (besonders pp. 42–49). In die 1661 erstmals erschienene Edition des Lucas Holstenius hat der Text nicht Eingang gefunden (auch nicht in deren Nachdrucke).

Als Otto Seebass Ende des 19. Jahrhunderts im Zuge seiner Arbeiten zu Columban nach dem für Köln bezeugten Codex Regularum suchte, stieß er auf die Handschrift *K*, auf deren letzten Blättern der Text enthalten ist. Seebass edierte ihn 1896 in der Zeitschrift für Kirchengeschichte als „Fragment einer Nonnenregel" allein auf der Basis von *K* (s. XV). Die Handschrift *M* (s. IX) war damals noch nicht verfügbar (auch *B* war Seebass nicht bekannt). Seebass' Edition wiederum wurde in PLS 4 (= *m*) übernommen.

Seebass' Text (und damit PLS 4) hat das Incipit ... *decim dies* und das Explicit (Orthographie nach Seebass) *salus mundi eterna Christus Jesus, qui cum patre et spiritu sancto viuit et regnat in secula seculorum. amen.* Der Text trägt in CPPM II B die Nummer 3637, und GRYSON, Répertoire général, verweist auf ihn als PS-COL vg [Clavis 1109°].[1]

Wenige Jahre nach Seebass' Erstedition (nämlich im Jahr 1902) erwarb die Bayerische Staatsbibliothek in München die Handschrift Clm 28118, s. IX (= *M*), wodurch der Text dieser alten Handschrift (Vorlage für *K*) der Forschung wieder zugänglich wurde.[2] Bruno Krusch machte im Jahr 1926 in einem Aufsatz darauf aufmerksam, dass für das Fragment die Lesarten des Münchener Codex untersucht werden sollten und meinte, dass „mittelst der Trierer Hs. [damit bezeichnete Krusch bezugnehmend auf deren Besitz-Geschichte die Handschrift *M*] eine Anzahl Fehler gebessert

---

1 Nicht korrekt ist die Angabe bei GRYSON, p. 418, dass nur der erste Teil in PLS 4, 1603–1606 abgedruckt sei.

2 Zu den hier genannten Jahreszahlen und zur Geschichte der Handschriften *M* bzw. *K* vgl. PLENKERS, Untersuchungen, 5, und HAUKE, Katalog, 7, sowie die Angaben zu den Handschriften *M* und *K* in der Einleitung zur Donat-Regel in vorliegendem Band.

werden"[3] könnten. Eine Neuedition des Textes unter Berücksichtigung von *M* ist bis heute jedoch ausgeblieben[4] und soll in diesem Band vorgelegt werden.

Vorweg sei festgehalten, dass es sich bei dem, was Seebass 1896 als einen Text edierte, um zwei unterschiedliche Stücke handelt (siehe dazu im Folgenden), die in der Überlieferung aufeinander folgen. In vorliegender Edition werden sie als Fragment I/Frg. I (Pseudo-Columbani Regula monialium [finis]) und Fragment II/Frg. II (*De accedendo ad deum* ...) bezeichnet und separat ediert.[5] Da der erste Teil Passagen aus Columbans Regula coenobialis rezipiert und damit ein indirekter Zeuge dieser Regel ist, ist dieser auch für die Erforschung des Columban-Textes von Bedeutung. Bevor die Teile besprochen werden, sind beide Teile betreffende Angaben zur Überlieferung bzw. Forschungsgeschichte anzubringen:

## 1.1 Die Handschriften *M* und *K* – Arbeitsweise von Albertus Losen

Da nun ein Vergleich der Lesarten der frühneuzeitlichen Handschrift *K* mit jenen von seiner karolingischen Vorlage *M* vorgenommen werden kann, stellt sich heraus, dass *K* an einigen Stellen von seiner Vorlage abgewichen ist. Viele dieser Lesarten hat Seebass (ohne Kenntnis von *M* verständlicherweise) in seinen Text gesetzt; betrachtet man Frg. I, sind dies etwa folgende Stellen:

> 6 XV] duodecim *K* (was möglicherweise auf eine optische Verwechslung zurückzuführen ist, weil XV in *M* mit einem aus zwei einzelnen Strichen bestehenden „V" geschrieben wurde); 8 ac] et *K*; 10 decantaverint] decantaverunt *K*; 16 festinet] festinat *K*; 21 signum] singuli *K*; invitantem] imitantem *K*; 22 dextera] dextere *K* (möglicherweise aufgrund der Tatsache, dass in *M* das -a wie ein griechisches α geschrieben erscheint und mit der „ae"-Ligatur optisch verwechselt werden kann); 37 custodire] custodiri *K*; außerdem 40, vgl. dazu unten ad locum.

---

3 Vgl. KRUSCH, Zur Mönchsregel Columbans, 156f., Zitat: 157 (auf dieser Seite vermerkte er auch einige der besseren Lesarten des Münchener Codex Regularum, jedoch nicht alle). Krusch reagiert in diesem Aufsatz – in stellenweise unangenehmer Polemik – auf SEEBASS, Ein Beitrag, in dem dieser wiederum auf Kruschs Hinweise zum Columban-Text Bezug genommen hatte.

4 PLS 4, 1603–1606 (= *m*) aus dem Jahr 1966 legt den Text der Edition von Seebass zugrunde. Auch Walker hat in seiner Edition der Regulae Columbani das Fragment nicht kritisch neu ediert (ein Umstand, der ihm von MUNDÓ, L'edition, 292, leise Kritik eingebracht hat), auch wenn er das Fragment für seine Texterstellung berücksichtigte. Auf Seite 168 druckt Walker einen Abschnitt daraus in seinem textkritischen Apparat ab, gibt allerdings nicht alles korrekt wieder, sondern schreibt zu Frg. I 35 *orationes* statt *orantes*.

5 Albrecht Diem schlägt vor, Frg. II als einen Teil der Regula cuiusdam ad virgines anzusehen, und möchte nähere Ausführungen dazu (voraussichtlich in seiner Edition der Regula cuiusdam) geben. Für diese Information sei ihm herzlich gedankt!

In Frg. II sind es deutlich weniger und (abgesehen vom in *K* fehlenden Titel *De accedendo ...*) zumeist lautliche bzw. orthographische Abweichungen, nämlich:

> 5 possimus] possumus *K* (*ac.*); 8 grande] grandi *K*; 15 eaquę] eaque *K*; 19 opere *conieci*] ope *M*, ore *K*; 25 exaudire] exaudiri *K*[6]

Der Versuch einer Textverbesserung ist in 19 ope *M*] ore *K* zu vermuten (zu dieser Stelle vgl. jedoch unten pp. 227f.).

Eine deutliche Veränderung in der Bewertung des Textes liefern jedoch einerseits die in *M* überlieferte Überschrift zu Frg. II (*De accedendo ...*), aber auch der physische Befund, dass der zweite Teil des Fragments in *M* auf einem neuen Blatt beginnt, was abseits der inhaltlichen Unterschiede der beiden Teile die Frage nach der Zusammengehörigkeit dessen, was von Seebass als ein Text ediert wurde, deutlich hervortreten lässt. Vgl. dazu im Folgenden bei der Besprechung des Aufbaus des Fragments.

⋆ ⋆ ⋆

Der Schreiber von *K*, Albertus Losen,[7] hat *M* abgeschrieben und – wie in der Einleitung zur Donat-Regel (pp. 44–47) bereits vermerkt – Korrekturen in *M* vorgenommen (oder vornehmen lassen), die sich in *M* über der Zeile in sehr feinen, zarten Buchstaben finden. Zur Donat-Regel ließ sich feststellen, dass bis auf eine sehr kleine Zahl an Stellen nahezu alle Lesarten von *K* in *M* zumindest *post correctionem* anzutreffen sind. Wo *K* von *M* bzw. *M* (*pc.*) abweicht, ist die Frage zu stellen, ob *K* einer anderen Texttradition gefolgt sein könnte,[8] oder ob der Schreiber selbst korrigiert hat.

Anders als für vollständig erhaltene Regel-Texte lässt sich für den fragmentarischen Text freilich nicht annehmen, dass bei der Abfassung von *K* und somit zur Korrektur von *M* eine weitere Texthandschrift herangezogen wurde. Wäre dies der Fall, hätte dieser Text doch mit einiger Wahrscheinlichkeit auch den fehlenden Anfangsteil enthalten, der dann in *K* bestimmt übernommen worden wäre.

Es fällt auf, dass in *M* zu Frg. I und II – obwohl *K* öfter abweicht – nur wenige Korrekturen zu erkennen sind (anders als etwa bei der Donat-Regel). Als aussagekräftigstes Beispiel ist etwa Frg. I 39 aedificationem *M*] aedificationemque potius *M* (*pc. m²*) *K* zu nennen; das Fragment greift an dieser Stelle auf eine Passage aus Kapitel 15 der Regula coenobialis des Columban zurück, und die Korrektur in *M* bzw. die Lesart in *K* entspricht der Lesart von Col. coen. 15 (denselben Wortlaut

---

6 Da die Tinte auf dem letzten Blatt der Handschrift *M* teilweise sehr blass ist, sind einige Wörter auf diesem Blatt nicht mehr klar lesbar, und es lässt sich auch nicht mehr mit letzter Sicherheit sagen, ob zum Wort *exaudire* in *M* eine Korrektur angebracht wurde oder nicht.

7 Albertus Losen betreffend vgl. die Angaben und weiterführenden Hinweise in der Einleitung zur Donat-Regel in vorliegendem Band pp. 44f.

8 Vgl. dazu die Ergebnisse von NEUFVILLE, Les editeurs; zu dieser Frage in Zusammenhang mit der Regula Donati vgl. den Abschnitt zu *K* in der Einleitung zur Donat-Edition in vorliegendem Band.

rezipiert auch Don. 75,16). Nicht korrigiert wurde in *M* aber beispielsweise gleich darauf (40) *rudere qui eumi*, das in *K* zu *rudere qui enim eum* wurde. Auch hier fußt das Fragment auf Col. coen. 15, aber der Wortlaut dieser Passage erscheint auch für die Quelle nicht klar gesichert bzw. schwierig verständlich; die Lesart von *K* scheint dort also eine Konjektur zu sein (wohl des Albertus Losen).

Es kann also sein, dass der Text des Fragments mit seiner Quelle (Col. coen.; auf Columban verweist die Kopfzeile in *M*, vgl. unten p. 195, was zumindest einen Hinweis gibt, wo zu suchen ist) an unklaren Stellen verglichen und dass dort, wo sich eine Textänderung mit Col. coen. stützen ließ, diese auch in *M* angezeigt wurde. Es stellt sich die Frage, ob die generelle Zurückhaltung bei der Korrektur von *M* in Frag. I und II ein Zeichen dafür ist, dass *K* kaum Textvergleich betrieben, sondern zu diesem Text eher eigenständig konjiziert hat, und daher nicht alle seine Abweichungen in *M* eingetragen hat. Ob dies Rückschlüsse auf die Arbeitsweise auch bei anderen Regel-Texten in *M* zulässt, ist fraglich und wäre anhand eines Vergleichs des Textes von *M post correctionem* und *K* zu überprüfen. Möglicherweise ist aber die Korrektur des Textes in *M* auch deswegen nicht mehr durchgehend erfolgt, weil es sich nur um Fragmente handelte, die auch in *K* erst separat angefügt wurden (der Text ist nicht wie die restliche Handschrift auf Pergament, sondern auf Papier geschrieben[9] und wohl in einem eigenen Arbeitsschritt angefügt worden; möglicherweise hat Losen gehofft, den Beginn von Frg. I bzw. das in *M* ebenso fehlende Ende der Regula cuiusdam ad virgines anderswo zu finden, und aus diesem Grund den fragmentarisch beginnenden Text nicht auf das fragmentarische Ende des vorhergehenden Textes folgen lassen; eine Anfügung des Fragments unmittelbar nach den vorhergehenden Seiten im Codex hätte verhindert, eine eventuell noch aufzufindende Ergänzung an der korrekten Stelle einzuarbeiten).

## 1.2 Handschrift *B*

Im Brüsseler Codex (Bibl. roy. 8126-41, s. XVII; vgl. die näheren Angaben dazu oben in der Einleitung zur Regula Donati), dessen Text weitgehend auf *M* und dem Kölner Codex fußt, findet sich der Text von *K* wiedergegeben, was beispielsweise auch durch Randvermerke wie zu Frg. I 3 *simul* (in *K* liest man *sil'*, was graphisch am Rand von *B* wiedergegeben ist; in *B* lautete das Wort vor der Korrektur: *similiter*) oder zu 6 verdeutlicht wird (in *B* ist im Text zweimal *duodecim* zu finden, und am Rand ist vermerkt, dass in der Vorlage zweimal das Zahlzeichen XII steht, lediglich beim zweiten Mal allerdings mit klar nicht verbundenem „II", was ebenfalls den Befund von *K* wiedergibt). Außerdem verbinden folgende Lesarten *B* mit *K*: Frg. I 8 ac] et *K B*; 10 decantaverint] decantaverunt *K B*; 21 signum] singuli *K B*; 37 custodire]

---

9 Vgl. auch VENNEBUSCH, Handschriften, 116.

custodiri *K B*; Frg. II 19 ope] ore *K B*. Andererseits jedoch liest *B* nicht wie *K*, sondern wie *M*: Frg. I 16 festinet] festinat *K* oder 21 invitantem] imitantem *K*; in Frg. II 16 voluntatis *M K*] voluptatis *B*.

Zur schwierigen Passage in Frg. I 40 versucht *B*: *rudere. Qui etiam* (korrigiert zu: *eum*) *cum flagitiis* und vermerkt am Rand *sensus*. Zu Frg. II 14 (*quandoque cum*) schreibt *B* zuerst *quicumque cum*, korrigiert dies dann zu *quandocumque*, bevor diese Lesart wieder zu *quandoque cum* ausgebessert wird.

# 2 Allgemeines zum Text

## 2.1 Autor und Datierung

Der von Seebass 1896 edierte Text wird vielfach als Pseudo-Columban bezeichnet,[10] weil der erste Abschnitt (Frg. I) nahezu lückenlos aus der Regula coenobialis des Columban gewonnen wurde (Frg. II hat keine Bezüge zu Col. coen.). Die Kopfzeile in *M* weist den Text (Frg. I und II) als *Regula sancti Columbani* aus[11] (für Frg. II, wie gesagt, inhaltlich zu Unrecht; siehe dazu im Folgenden).[12] Explicit- und (was aufgrund des fragmentarischen Beginns erklärlich ist) Incipit-Angabe fehlen in allen Handschriften. Dass die Kopfzeile den Hinweis auf Columban enthält, legt den Schluss nahe, dass ursprünglich ein Incipit oder eine Überschrift vorhanden war, in dem/der (in welcher Form auch immer) auf Columban verwiesen wurde. Der Autor ist unbekannt[13] (vielleicht ist Frg. I in einem der Columban-Frauenklöster entstanden?).[14]

Entstanden sind Frg. I und Frg. II jedenfalls vor dem 9. Jh. (als einziger derzeit sicher anzunehmender terminus ante quem ist die Abfassung von *M* anzusehen) und – zumindest Frg. I – nach dem Tod Columbans (er verstarb um 614/616), denn Frg. I kennt textliche Erweiterungen von Col. coen., die nicht von Columban selbst stammen. Damit ist offenbar eine Zwischenstufe zwischen dem, was heute als kürzere Fassung von Col. coen. vorliegt, und der erweiterten Fassung von Col. coen.

---

**10** Vgl. auch die Angaben in CPPM II 3637; CPL 1109; Gryson, Répertoire, 272 (dort: PsCol vg).

**11** Linke Seite: *Regula*, rechte Seite: *sancti Columbani*.

**12** Vgl. dazu auch die Kontroverse Krusch, Zur Mönchsregel Columbans, 154f., und Seebass, Ein Beitrag, 137.

**13** Mundó, L'edition, 292, vermutet als Verfasser einen Schüler Columbans. – Bezüglich der Autorschaft der Textgrundlage (Col. coen.) vermutete Seebass, Über die sogen. Regula coenobialis, 59ff. (besonders: 61), dass der gesamte Text aus dem von Col. selbst verfassten Teil der Coenobial-Regel stammt; dagegen Krusch, Zur Mönchsregel Columbans.

**14** Eine Nennung von Frauenklöstern mit Columban-Regel etwa bei Muschiol, Famula Dei, 74 (Andenne, Bourges, Charenton, Faremoutiers, Nivelles, Remiremont).

repräsentiert (die Textstufe von Frg. I steht zeitlich klar vor der Entwicklungsstufe von Col. coen., wie sie in *M* überliefert ist; siehe dazu unten, pp. 201ff.).

Seit der Erstedition des Textes durch Seebass wird angenommen, dass der Text (wie die Regula Donati) aus dem 7. Jahrhundert stammt. Wenn die Anordnung in *M* als letzter für Nonnen abgefasster Text korrekt ist,[15] hat Benedikt von Aniane (der Kompilator des Codex Regularum; vgl. oben p. 41f. in der Einleitung zu Don.) den Text (zumindest Frg. I) offenbar für jünger als die Donat-Regel und jünger als die Regula cuiusdam ad virgines gehalten. Für Frg. II kann lediglich das 9. Jh. als terminus ante quem genannt werden; ob aber die Datierung ins 7. Jh. auch für Frg. II angenommen werden darf, ist unklar (vielleicht ist der Text erst später entstanden?).

## 2.2 Scheidung von Frg. I und II

Was von Seebass als e i n Text ediert wurde, besteht, wie mehrfach erwähnt, aus zwei Teilen. Der erste Teil ist der Schluss einer für Nonnen adaptierten Fassung von Col. coen., und der zweite Teil unter der Überschrift *De accedendo ad deum prompto corde orandum* wurde vielfach als eine Art Sermo bezeichnet;[16] wörtliche Zitate aus Columban sind in Frg. II nicht zu finden, jedoch wird darin die Benedikt-Regel aufgegriffen. In der von Seebass erstellten Edition bilden beide Abschnitte ein Ganzes, und Seebass vermerkte zum zweiten Teil:[17] „... dass aber für Benedikt von Aniane dieser Sermon doch als Bestandteil einer Regel gegolten hat, geht ... daraus hervor, dass er auch in seinem Liber regularum[18] ... denselben mit dem ersten Abschnitt, der doch unfraglich einer Nonnenregel angehört, zu einem Ganzen zusammengefasst überliefert." Die Zusammengehörigkeit ist allerdings nicht gegeben:[19]

---

15 *M* reiht die Nonnenregeln offenbar chronologisch: Caes. reg. virg. (gefolgt von Hormisda, epist. ad Caesarium und orationes); Aurelian. reg. virg.; Johannes Arel. epist. ad virg.; Don.; Reg. cuiusdam virg.; Frg. I und II.

16 So etwa KRUSCH, Zur Mönchsregel Columbans, 155, oder DE VOGÜÉ, Histoire, 28 („Un sermon bénédictin sur la prière"). Hugo Menard (Concordia Regularum edita autore H. MENARDO, Paris 1638, 409 bzw. PL 103, 932) meinte, dass es sich eher um ein Exzerpt aus einer Predigt als um einen Regel-Text handle (*potius ex cuiusdam patris concione sumpta quam ex aliqua patrum regula*), jedoch scheint Benedikt von Aniane den Abschnitt für die Concordia Regularum (dort: 26,5) aus einer Regel bezogen zu haben; hätte er sonst als Überschrift *Ex Regula ...* geschrieben?

17 SEEBASS, Fragment einer Nonnenregel, 469f.

18 Damit meint Seebass den Codex Regularum als Sammlung der für Benedikt von Aniane greifbaren Regeltexte.

19 Vgl. dazu auch u. a. DE VOGÜÉ, Art. Regula Columbani ad virgines; SEILHAC – SAÏD, 276: „sans *explicit* on passe à un texte très différent".

### 2.2.1 Indizien aus *M*

Seebass kannte – wie erwähnt – allein die Handschrift *K*, und seine Einschätzung hätte sich möglicherweise relativiert, wenn er die unmittelbare Vorlage, nämlich *M*, für seine Edition heranziehen hätte können. In *K* sind beide Teile des Textes auf fol. 210r–211r unmittelbar aufeinanderfolgend zu finden, und Frg. II beginnt mitten auf der Seite, mitten in der linken Kolumne auf fol. 210v. Wenn die beiden Teile auch durch einen kleinen Abstand optisch voneinander getrennt sind (zweifelte schon *K* an der Zusammengehörigkeit?), so präsentieren sie sich in *K* doch als ein auf den beiden Schlussseiten angefügtes Stück.

In *M* stellt sich die Überlieferungslage jedoch anders dar: Mit dem zweiten Teil, der sich auch inhaltlich vom Vorhergehenden stark unterscheidet, beginnt nämlich ein neues Blatt.[20] Das auf Col. coen. fußende Nonnenregel-Fragment (Frg. I) beginnt in *M* (mitten im Wort) auf fol. 215ra,[21] und endet kurz vor dem Seiten-Ende von fol. 215vb. Das gesamte Blatt 215 umfasst also recto/verso Frg. I. Auf einem neuen Blatt (fol. 216ra) nimmt dann Frg. II (*De accedendo* ...) seinen Anfang.[22] Der Schreiber hat nicht unmittelbar nach den Schlussworten von Frg. I den Text fortgesetzt, wofür ihm noch drei Zeilen zur Verfügung gestanden wären, was seiner sonst zu beobachtenden Gewohnheit entspricht, wenn er ein und denselben Text weiterschrieb.[23] Dass er dies hier nicht tat, könnte darauf hindeuten, dass der folgende Abschnitt nicht unmittelbar zum vorhergehenden Text gehört – oder ursprünglich vielleicht gar nicht an dieser Stelle vorhanden war.

Erwähnenswert ist nämlich ferner, worauf schon Adalbert de Vogüé – ohne aber näher darauf einzugehen – aufmerksam gemacht hat,[24] dass am Ende des Blattes 215vb, somit nach dem Ende von Frg. I, der Besitzvermerk *Codex sancti Maximi* (aus dem 10. Jh.)[25] angebracht ist. Dieser nachträglich hinzugefügte Besitzvermerk

---

**20** Darauf hat auch der Schreiber der Handschrift *B* aufmerksam gemacht, vgl. unten Anm. 22.

**21** Davor ist ein Blattverlust anzunehmen; auch die Regula cuiusdam ad virgines (das Werk vor dem Fragment) ist davon betroffen und endet fragmentarisch. Eine neue Edition dieser Regula bereitet Albrecht Diem vor.

**22** Auch in *B* wurde, offensichtlich als der Schreiber den aus dem Kölner Codex abgeschriebenen Text mit jenem aus *M* verglich und dort auch die Überschrift De accedendo ... vorfand, auf fol. 180 diese Auffälligkeit notiert mit den Worten: *hoc sequebatur immediate in novo folio nescio an intermediate aliquid folium excisum desit.* Ich danke Dr. Michiel Verweij, Bruxelles (Bibl. royale), für die Hilfe bei der Transkription dieser Worte.

**23** Dass der Schreiber von *M* bei ähnlichem zur Verfügung stehenden Platz weitergeschrieben hat, auch wenn eine neue Zwischenüberschrift folgte, zeigen unter anderem fol. 204v oder 205r (beides Blätter der Regula Donati).

**24** DE VOGÜÉ, Art. Regula Columbani ad virgines, 1567, vermerkt: „La differente presentazione dei due fogli e l'esistenza di un colofone del sec. XI in calce al primo (*Codex sancti Maximi* ecc.) possono anche far dubitare della originaria presenza del secondo foglio dopo il primo."

**25** So die Datierung bei HAUKE, Katalog, 12, dort zitiert als *Codex sancti Maximini*.

findet sich also auf der vorletzten Seite der 216 Folien umfassenden Handschrift eingefügt.[26] Besitzvermerke müssen zwar nicht immer auf der allerletzten Seite einer Handschrift stehen,[27] jedoch ist in diesem Fall auffällig, dass der Vermerk auf der vorletzten Seite auf relativ knappem Platz angebracht wurde, während auf der folgenden letzten Seite (fol. 216v) sehr großzügig Raum dafür gewesen wäre: der Text des Fragments nimmt dort nämlich lediglich die ersten 11 Zeilen der linken Kolumne ein. Der Rest des Blattes war ursprünglich leer. Es ist nicht klar, welchen Grund der Schreiber hatte, den Besitzvermerk auf fol. 215v auf sehr engem Raum anzubringen, wenn fol. 216v dafür weitaus mehr Platz geboten hätte – ob dies bedeutet, dass fol. 216 zu diesem Zeitpunkt womöglich nicht oder nicht als letztes Blatt dieser Handschrift vorhanden war, ist unklar.

Fraglich erscheint somit, ob fol. 216, also jenes Blatt, das Frg. II enthält, Teil der letzten (heute unvollständigen) Lage der Handschrift ist, oder ob es ein Einzelblatt darstellt, das ursprünglich vielleicht nicht an dieser Stelle der Handschrift eingebunden gewesen sein muss. Die Beantwortung dieser Frage scheint heute nicht mehr eindeutig möglich, weil sich – nach freundlicher Auskunft der Bayerischen Staatsbibliothek München – nicht mehr sagen lässt, ob es sich um ein Einzelblatt gehandelt hat oder nicht.[28] Sollte es tatsächlich ein Einzelblatt sein, k ö n n t e dies bedeuten, dass es später (wenn die Datierung des Besitzvermerkes korrekt ist, vielleicht sogar erst nach dem 10. Jh.?) beim Binden hierher gelangt und nur zufällig mit dem vorhergehenden aus Columban schöpfenden Fragment verbunden ist. Die Abschnitte unterscheiden sich also nicht nur inhaltlich, sondern sie k ö n n t e n vielleicht auch ‚physisch‘ getrennt voneinander abgeschrieben worden sein (eine Antwort kann allerdings nur eine Untersuchung der Handschrift durch Kodikologen ergeben, die allerdings durch die unten Anm. 28 genannten Probleme erschwert ist).

---

**26** Ein weiterer Besitzvermerk findet sich auf fol. 1r nachträglich am Seitenbeginn oberhalb des Incipit hinzugefügt, dort: *Codex sancti Maximini.*

**27** Ich danke Martin Wagendorfer (München/Innsbruck/Wien) für seine Informationen in diesem Zusammenhang.

**28** Laut dankenswerter Auskunft von Frau Dr. Rachel Bacher, Bayerische Staatsbibliothek München, wurde bei der Restaurierung der Handschrift in den 50er-Jahren des 20. Jahrhunderts die Klebung der Seiten verstärkt, so dass man nicht mehr klar erkennen kann, ob fol. 216 mit den anderen Seiten ursprünglich in Verbindung gestanden ist oder nicht. Es hat aber, so Dr. Bacher, den Anschein, als wäre dies nicht der Fall gewesen. Dies wirft freilich wiederum die Frage auf, ob das Blatt vielleicht bloß aus der ursprünglichen Lage mit der Zeit ‚herausgebrochen‘ ist, jedoch trotzdem ursprünglich Bestandteil der letzten Lage war. Wenn es sich tatsächlich um ein an dieser Stelle angefügtes Einzelblatt handelt, wäre zu klären, woher es stammt. Auffällig ist freilich, dass der Text in der linken Spalte fol. 216v, wie gesagt, nach 11 Zeilen endet (die Handschrift ist zweispaltig angelegt, und die Spalten umfassen etwa 36 Zeilen; vgl. Hauke, Katalog, 7), und der restliche Platz später mit einem großen querliegenden Kreuz sowie mehreren Federproben versehen wurde. Es hat sich bei diesem Blatt wohl um das Ende eines Codex oder um das Ende eines Abschnittes gehandelt. Zur Frage nach den Lagen vgl. auch die Handschriftenbeschreibung von Hauke.

Andererseits gibt es Anzeichen für eine mögliche Zusammengehörigkeit der Blätter: Laut kodikologischen Befunden scheint die Schreiberhand nicht zu wechseln, was für eine Art der Verbindung spricht. Ferner steht in *M* in der Kopfzeile für beide Abschnitte angegeben, es handle sich um die *Regula Columbani* (was ebenfalls zur Annahme verleitet hat, dass es sich um einen zusammenhängenden Text handelt), und laut kodikologischen Angaben, sollen die Titel der Kopfzeile ebenfalls von der Schreiberhand stammen.[29] Trifft dies zu, muss das letzte Blatt – sollte es bloß irrtümlich an diese Stelle geraten sein – jedenfalls sehr bald angefügt worden sein, und die Einfügung der Titel in den Kopfzeilen müsste danach erfolgt sein (dann wäre dies aber wohl vor der Anbringung des Besitzvermerkes auf fol. 215v geschehen). Der Schreiber hat wohl auf der letzten Seite mangels Nennung eines neuen Autoren-Namens ‚mechanisch' den Kopfzeilen-Titel weitergeschrieben. Es ist freilich interessant, dass zu Frg. I die Angabe *sancti Columbani* eindeutig möglich gewesen sein muss, was darauf hindeutet, dass wahrscheinlich der Beginn (das Incipit?) dieses Regel-Textes diese Zuweisung erkennen hat lassen.

### 2.2.2 Indizien aus der Concordia Regularum des Benedikt von Aniane

Was die Zuschreibung von Frg. II an einen Autor betrifft, gab bereits Bruno Krusch zu bedenken,[30] dass Benedikt von Aniane in seiner Concordia Regularum (26,5) den zweiten Abschnitt des Fragments (also den nicht mehr auf Columban fußenden Text mit der Überschrift *De accedendo ...*) nicht als Regel-Text des Columban zitiert, sondern unter dem Titel *Ex Regula Patrum*. Textabschnitte aus Columbans Regeln werden von Benedikt von Aniane in seiner Concordia Regularum sonst tatsächlich ausschließlich unter Nennung Columbans zitiert.[31] Somit darf man aus den Angaben

---

**29** So HAUKE, Katalog, 7. – Die Erwähnung Columbans in der Kopfzeile wertet SEEBASS, Ein Beitrag, 137, als klaren Beweis für die Richtigkeit der Zuschreibung des gesamten Fragments an Columban.
**30** Vgl. die Überlegungen von KRUSCH, Zur Mönchsregel Columbans, 155.
**31** Es soll an dieser Stelle auf ein Parallel-Problem aufmerksam gemacht werden: In Benedikt von Anianes Concordia Regularum 74,10 ist ein Abschnitt aus der Regula cuiusdam ad virgines (nämlich aus deren Kapitel 23) als *Ex Regula sancti Columbani cap. XXXIII* [sic] bezeichnet (nicht wie sonst *Ex Regula cuiusdam*). Dieser Abschnitt findet sich im Münchener Codex Regularum just genau vor dem Einsetzen des anonymen Nonnenregel-Fragments auf fol. 214v abgeschrieben, also auf einer linken Seite, die allein die Angabe *Regula* in der Kopfzeile trägt; die unmittelbar gegenüberliegende Seite bietet (in der heute vorliegenden Form von *M*) die Information *sancti Columbani*. Es wäre zu verlockend, den Irrtum, dass in der Concordia Regularum der Abschnitt nicht der Regula cuiusdam ad virgines zugeschrieben wird, sondern Columban, mit dem Problem innerhalb des Münchener Codex Regularum (und dem Nonnenregel-Fragment) in Verbindung zu bringen, jedoch führen weitere Überlegungen mehr und mehr in den Bereich der Spekulation. Die Regula cuiusdam ad virgines umfasste (laut Capitula-Index) 24 Kapitel, und der Text bricht im Codex Regularum wenige Zeilen nach Beginn des 24. Kapitels ab. Vielleicht fand sich schon in einem anderen, die Regula cuiusdam

der Concordia wohl schließen, dass der Text darin nicht als (Pseudo-)Columban rezipiert wurde. Dass der Text aber Teil der Regula quattuor Patrum gewesen wäre, was aus der Zuschreibung in der Concordia Regularum vermutet werden könnte, ist nicht anzunehmen (nicht zuletzt deshalb, weil Passagen aus der Benedikt-Regel aufgegriffen werden, und der Text somit erst nach Benedikt entstanden sein kann).

### 2.2.3 Indizien aus dem Text

Inhaltlich und in ihrer Bezugnahme auf Vorbildstellen unterscheiden sich die Texte grundlegend, vgl. dazu unten in der Einleitung von Frg. I bzw. Frg. II. Weiters sei darauf hingewiesen, dass Frg. I klar erkennbar für *sorores* geschrieben wurde und daher feminine Endungen aufweist, wohingegen in Frg. II (*De accedendo ...*) eindeutige Hinweise, dass der Text für Frauen konzipiert wäre, fehlen. So kennzeichnete ihn bereits Adalbert de Vogüé als „... un sermone sulla preghiera, redatto al maschile, che non ha nulla in comune con il precedente adattamento femminile della Regola colombaniana."[32] Pronomina oder Adjektive sind in maskuliner Form anzutreffen, allerdings könnte dies damit zu begründen sein, dass es sich um eher sehr allgemeine Aussagen handelt, in die sich der Autor bisweilen auch selbst einbezieht (etwa gleich zu Beginn durch die erste Person Plural zum Ausdruck gebracht: 2 *didicimus*, 5 *si accedimus et inluminamur ... possimus* und daher vielleicht auch in 6 allgemein und nicht nur auf die Nonnen bezogen gedacht: ... *exauditur, qui ...*).

Auch inhaltlich unterscheiden sich die beiden Teile, indem Frg. I an Columbans Strafbestimmungen orientiert ist, Frg. II aber breit über die rechte innere Haltung beim Beten handelt. Wenn man ferner bedenkt, dass am Ende von Frg. I der unmittelbare Schluss von Col. coen. übernommen wurde und die Worte deutlich das Ende eines Textes markieren, ist zudem fraglich, ob ein Kompilator unmittelbar daran noch etwas anderes direkt anschließen wollte.

★ ★ ★

Die vorgestellten Probleme machen jedenfalls deutlich, dass sich nicht ohne Weiteres behaupten lässt, es handle sich bei dem unter CPPM II 3637 klassifizierten Text tatsächlich um ein zusammengehörendes Werk. Die beiden Teile werden daher in vorliegender Edition als Frg. I (Pseudo-Columbani Regula monialium [finis]) bzw. Frg. II (*De accedendo ...*) präsentiert.

---

ad virgines vollständig überliefernden Codex Kapitel 23 dieser Regula auf einer linken Seite, auf die rechts das ‚Columban'-Nonnenregel-Fragment mit einer betreffenden Kopfzeile folgte? Dann könnte der Irrtum in der Concordia damit begründbar sein. Daraus ließe sich indirekt ableiten, dass in *M* zwischen Reg. cuiusdam virg. und Frg. I kein weiterer Text ausgefallen ist.

**32** DE VOGÜÉ, Art. Regula Columbani ad virgines, 1567; darauf bezugnehmend auch die französische Übersetzung SEILHAC – SAÏD, 276: „un sermon au masculin".

# 3 Fragment I (Pseudo-Columbani Regula monialium [fin.])

## 3.1 Quelle und Inhalt

Der Textabschnitt beginnt fragmentarisch mitten im Wort: *decim dies* (aufgegriffen wird Col. coen. 9 *quintadecima die*;[33] vielleicht lauteten die Worte, wenn *dies* nicht irrtümlich statt *diebus* steht – siehe unten Anm. 33 – in einem syntaktisch veränderten Satz *quindecim/duodecim dies*). Frg. I speist sich aus Abschnitten der Regula coenobialis des Columban (Abschnitte aus Kapitel 9 und 15 sowie einer Passage, die sich sonst nur in Donats Regel findet; dazu näher im Folgenden), die der Autor des Fragments für Nonnen adaptierte. Überliefert ist offenbar das Ende des Textes.

Wie in Zusammenhang mit der Regula Donati bereits erläutert (vgl. oben pp. 16–21, wurde Col. coen. nach Columbans Ableben erweitert und liegt heute in zwei unterschiedlichen Fassungen vor: einer vor allem in Kapitel 9 und Kapitel 15 erweiterten (in der kritischen Text-Edition von WALKER allein durch $M$[34] und dessen unmittelbare Abschrift $K$ sowie Fragmente repräsentiert) und einer (handschriftlich häufiger dokumentierten) Fassung, der die in $M$ zu findenden Erweiterungen fehlen. Dass Walker die Handschrift Paris, BN Lat. 4333B, s. IX (im Folgenden: *Par*), in der ebenfalls die erweiterte Fassung anzutreffen ist, nicht berücksichtigt hat,[35] ist bedauerlich, denn auch in Zusammenhang mit dem Nonnenregel-Fragment bietet diese Handschrift einen Text, der näher mit dem Text des Fragments verwandt scheint als Col. coen. in $M$ (vgl. dazu im Folgenden).

Inhaltlich lässt sich Frg. I in folgende Bereiche strukturieren:[36]

1–12: Vorschriften für Büßerinnen, die in Zusammenhang mit der *genuflexio* ab 8 zu Vorschriften über die *genuflexio* zu liturgischen Gebetszeiten – nicht nur Büßerinnen betreffend – überleiten.

13–17: Vorschriften beim Verlassen des Hauses (*oratio*, *signum crucis* und *humiliatio* betreffend).

---

**33** So lautet die Konjektur von Walker zu Col. coen. 9 p. 154,20f.; in den Handschriften sind folgende Varianten überliefert (vgl. die Angaben im textkritischen Apparat in der Edition von Walker): *quindecim diebus*; *duodecim diebus*; *quinto decimo die* (Letzteres in den Handschriften der erweiterten Fassung).

**34** In Walkers Edition trägt der Codex die Sigle *C*. Um die Zusammenhänge in vorliegender Einleitung aber nicht komplizierter darzustellen, wird die Handschrift München, Clm 28118 auch in Zusammenhang mit Col. coen. als *M* zitiert.

**35** Vgl. zur Bedeutung dieser Handschrift auch die Einleitung zur Donat-Regel, speziell pp. 20f. (Columban als Quelle für Donat).

**36** Eine leicht abweichende Gliederung ist in der französischen Übersetzung SEILHAC – SAÏD, 275f., vorgeschlagen worden.

18–28: Vorschriften, die im weitesten Sinn mit Liturgischem in Zusammenhang stehen; zuerst die Erlaubnis, auch an Samstagen das sonntägliche Messopfer zu feiern (18), hernach Vorschriften nach einem *somnium inmundum* sowie Vorschriften für jene, die bei den Büßern stehen müssen, danach Vorschriften das Betreten der Kirche, die *genuflexio*, Hymnen und den Kommunion-Empfang betreffend (19–28).

29/30: ‚Rangordnung' beim Erteilen/Befolgen von Vorschriften innerhalb des Klosters.

31–36: Wechsel des Gewandes und Beichte am Morgen.

37–39: Mahnung zum *silentium*, um nicht durch böse Worte Unrecht zu tun.

41/42: Schlussworte.

Diese hier grob skizzierten Abschnitte können freilich in weitere Unterabschnitte eingeteilt werden. Erwähnenswert ist, dass kleinere Abschnitte aus der Erweiterung von Col. coen. (genannt unten Anm. 40–42) nicht im Fragment zu finden sind; ob dies damit zu begründen ist, dass diese inhaltlich für Nonnen nicht passend erschienen (vielleicht Col. coen. 9, p. 156,19–22 *consummato lavacro commutare sacerdotes si facile fuerit, diacones autem aut ante praeceptum aut post praeceptum ministerium oportunum perficiant*), oder dass diese dem Kompilator der Nonnenregel vielleicht noch nicht vorlagen oder aufgrund von möglicherweise aufgetretenen Defekten in der Überlieferung ausgefallen sind (die Auslassungen sind an möglichen ‚Bruchstellen' zwischen B¹ und B² zu finden, siehe dazu unten p. 205), ist unklar.[37]

## 3.2 Aufbau – aus Col. coen. übernommene Passagen

Das Fragment lässt sich strukturell im Wesentlichen in folgende Abschnitte gliedern, in denen es Passagen aus der Col. coen. aneinanderreiht, die teilweise auch von Donat aufgegriffen wurden (Seiten- und Zeilenangaben zur Regula coenobialis nach Walkers Edition, die Abschnittsgliederung ist von mir eingeführt und verweist nicht auf eine gängige Gliederung; die Abschnitte B und D sind für Columban nur in der erweiterten Fassung seiner Regel überliefert):

---

37 SEEBASS, Über die sogen. Regula coenobialis, 61, mutmaßt, dass Angaben wie etwa jene zu ‚Wanderungen' (Col. coen. 9 p. 156,3–5) für Nonnen „unbrauchbar" wären und aus diesem Grund im Nonnenregel-Fragment fehlten.

| | **Frg. I** | **Col. coen.** | **Don.** |
|---|---|---|---|
| A | 1–3 | 9 p. 154,21f. und 23–25[38] | 33,7f.[39] |
| | 4–7 | 9 p. 154,26–156,2 | 34,1–4 |
| | 8–12 | 9 p. 158,13–20 | 34,5–10 |
| B[1] | 13–17 | 9 p. 156,11–18 | -- |
| | 18 | 9 p. 156,19[40] | -- |
| | 19–28 | 9 p. 156,23–158,9[41] | -- |
| B[2] | 29 | 9 p. 156,5–7[42] | -- |
| | 30 | 9 p. 156,8(f.) | -- |
| | 31/32 | 9 p. 156,10f. | -- |
| C | 33–36 | -- | 19,2–5 |
| D | 37–39 | 15 p.168,4–10 | 75,14–16 |
| | 40/41 | 15 p. 168,11–14 | -- |

Die Abschnitts-Bezeichnungen A–D strukturieren das Fragment hinsichtlich der Quellenbenutzung und markieren folgende Sachverhalte: **Abschnitt A** besteht aus Text-Material, das sich in der erweiterten ebenso wie in der kürzeren Fassung von Col. coen. findet; auch Donat übernahm diese Textpassagen (mit Ausnahme von Col. coen. 9 p. 154,21f. = Frg. I 1) in seine Regula. Der gesamte Abschnitt A bildete in der Regula coenobialis, wie sie uns in der kürzeren Fassung vorliegt, eine Einheit, wurde aber in der längeren Fassung durch die Erweiterungen (Abschnitt B) zerteilt (vgl. Col. coen. 9, wie das Kapitel in *M/K* und *Par* überliefert ist).

    **Abschnitt B** ist bei Columban ausschließlich in der erweiterten Fassung der Regula coenobialis anzutreffen, dort allerdings in anderer Anordnung: 29–32 des Nonnenregel-Fragments (hier zur Verdeutlichung als B[2] bezeichnet), steht in den Handschriften, die den erweiterten Text von Columbans Regula coenobialis aufweisen, v o r Abschnitt B[1], also dem, was im Nonnenregel-Fragment 13–28 umfasst (siehe dazu weiter unten).

    **Abschnitt C** wiederum ist nicht in den Handschriften der Regula coenobialis zu finden, sondern nur mit einem Abschnitt aus Don. zu parallelisieren; es ist jedoch anzunehmen, dass sowohl der Verfasser der Nonnenregel als auch Donat diese Worte wohl in Zusammenhang mit Col. coen. kennengelernt haben. Diese Überlegung stellte zuerst Otto Seebass an, der die Worte als verlorenen 'echten' Columban betrachtete, dies aber nach Kritik durch Bruno Krusch etwas vorsichtiger formulierte. Krusch und nach ihm u. a. Walker, Mayo, Prischl oder Muschiol, aber auch noch

---

38 Der kleine Abschnitt p. 154,22/23 der Regula coenobialis ist erst in der erweiterten Textform von Col. coen. zu finden und wurde vom Autor des Nonnenregel-Fragments nicht übernommen.
39 Donats Text setzt in 33,7 erst mit der Zitierung von Col. coen. 9 p. 154,23–25 ein.
40 Col. coen. 9 p. 156,19–22 fehlt im Nonnenregel-Fragment.
41 Col. coen. 9 p. 158,9–12 fehlt im Nonnenregel-Fragment.
42 Col. coen. 9 p. 156,3–5 fehlt im Nonnenregel-Fragment; vgl. dazu oben Anm. 37.

die französischen Übersetzer des Nonnenregel-Fragments sprachen sich vielmehr dafür aus, dass die Worte von Donat stammten und von dort in das Nonnenregel-Fragment übernommen wurden.[43] De Vogüé wiederum meinte, dass beide Sichtweisen (Seebass bzw. Krusch) wenig überzeugend seien,[44] und vermerkt später, dass Donat nicht Quelle des Fragments sein könne bzw. dass beide Texte (in columbanischem Umfeld) unabhängig voneinander auf eine ähnliche Vorlage zurückgehen könnten.[45] Aufgrund des Textvergleiches halte ich für plausibel, dass weder das Fragment noch Donat einander direkt kennen, sondern dass tatsächlich beide, ähnlich wie Seebass vermutete, unabhängig voneinander auf Col. coen. fußen und in diesem Zusammenhang auch Abschnitt C kennengelernt haben; auch wenn beide Texte die Passage in Zusammenhang mit Col. coen. rezipiert haben dürften, sind die Worte allerdings wohl nicht ,echter' Columban, sondern stammen eher aus den späteren Erweiterungen zu Col. coen.[46] Das Nonnenregel-Fragment schöpft davor und danach nachweislich aus Col. coen., und zwar in einer Textfassung, die sich an manchen Stellen von der für Columban überlieferten unterscheidet, aber oft klare Berührungspunkte mit der von Donat benutzten Textfassung aufweist (siehe dazu ausführlicher unten p. 206 sowie den Anm. 46 genannten Aufsatz).

Der letzte **Abschnitt D** wiederum findet sich in den Textzeugen der erweiterten Fassung der Regula coenobialis, und zumindest der erste Teil davon auch bei Donat.

* * *

Das Fragment repräsentiert eine Stufe der Entwicklung von Col. coen.,[47] die zwischen der uns bekannten kürzeren Fassung und jener erweiterten Fassung steht, die in *M* und *K* (aber auch in *Par*) heute greifbar ist. Da das Fragment nämlich zuerst auf Col. coen. 9 in seiner u n e r w e i t e r t e n Form fußt (Abschnitt A) und erst im An-

---

**43** Zu dieser Diskussion vgl. etwa Seebass, Ein Beitrag; dagegen Krusch, Zur Mönchsregel Columbans; Walker verweist in seiner Edition der Columban-Regel auf die Ergebnisse von Krusch, wenn er das Fragment damit als „later than Donatus" datiert (LI), und auch in der französischen Übersetzung des Fragments (Seilhac – Saïd, 275) heißt es, dass diese Passage „un passage propre à la *Règle de Donat*" aufgreife (vgl. ebenda p. 109, dort zur Regula Donati die Angabe, die Passage 19,2b–5 sei „propre", sc. von Donat verfasst). Auch Mayo, Three Merovingian Rules, 53, spricht sich für diese Art von Abhängigkeitsverhältnis aus; Muschiol, Psallere et legere, 106 (= Muschiol, Famula Dei, 231): „es handelt sich um Eigengut des Donatus ergänzt um einen Psalmvers".

**44** De Vogüé, Art. Regula Columbani ad virgines, 1568.

**45** De Vogüé, Histoire, 25 bzw. 30.

**46** Vgl. Zimmerl-Panagl, Elegi pauca e plurimis, 236–252.

**47** Zur Textentwicklung von Col. coen. vgl. Seebass, Über Columba, besonders 44ff.; De Vogüé, Saint Colomban, besonders 100–115; Walker, Einleitung zu seiner Edition der Werke Columbans, L–LII, besonders LI: „... the text of Donatus indicates a period of transition from the shorter to the longer recension", eine Einschätzung, die auch für das Nonnenregel-Fragment gelten darf. Vgl. dazu oben im Folgenden, aber auch Zimmerl-Panagl, Elegi pauca e plurimis, 236–252.

schluss daran die späteren Erweiterungen folgen lässt (B¹ und B²),[48] die in der erweiterten Fassung der Regula coenobialis aber i n n e r h a l b von Kapitel 9 überliefert sind, darf man wohl annehmen, dass die Vorlage des Nonnenregel-Fragments Columbans neuntes Kapitel in seiner ursprünglichen Form noch als Einheit präsentierte. Die inhaltlich mit Col. coen. 9 nicht klar in Zusammenhang stehenden Erweiterungen zerteilen das Kapitel, wie dies die Platzierung der Erweiterung in *M/K* und *Par* zu Col. coen. anzeigt, an wenig passender Stelle und trennen dort inhaltlich logische Gedanken. Die Platzierung von Abschnitt B innerhalb von Col. coen. 9 scheint also ein späterer Schritt in der Text-Entwicklung von Col. coen. zu sein, und das Zeugnis des Nonnenregel-Fragments lässt sogar vermuten, dass die Erweiterungen ursprünglich nicht innerhalb von Col. coen. 9 standen.

Auch die Regula Donati, die u. a. ebenfalls Col. coen. 9 aufgreift, übernimmt diesen Text in seiner unerweiterten Form (vgl. Don. 33 und 34). Ein Textvergleich zeigt, dass Don. und das Fragment voneinander unabhängige Zeugen für eine Entwicklungsstufe von Col. coen. sind; zu dieser Beobachtung vgl. unten p. 206.[49] Aus diesem Grund ist auch Don. beim Textvergleich für das Fragment relevant.

Abgesehen von der Abfolge der Teile A und B aber ist auch die Abfolge von B¹ und B² im Fragment anders als in den Columban-Handschriften, und an den ‚Bruchstellen' (Ende/Anfang der Passagen B¹ und B²) fehlen jeweils Teile:

| | Frg. I | Col. coen. |
|---|---|---|
| B¹ | 13–17 | 9 p. 156,11–18 |
| | 18 | 9 p. 156,19 |
| | – – | 9 p. 156,19–22 |
| | 19–28 | 9 p. 156,23–158,9 |
| | – – | **9 p. 158,9–12** |
| B² | – – | **9 p. 156,3–5** |
| | 29 | 9 p. 156,5–7 |
| | 30 | 9 p. 156,8(f.) |
| | **31/32** | **9 p. 156,10f.** |
| C | **33–36** | – – |

| | Col. coen. | Frg. I |
|---|---|---|
| B² | **9 p. 156,3–5** | – – |
| | 9 p. 156,5–7 | 29 |
| | 9 p. 156,8(f.) | 30 |
| | **9 p. 156,10f.** | **31/32** |
| B¹ | 9 p. 156,11–18 | 13–17 |
| | 9 p. 156,19 | 18 |
| | 9 p. 156,19–22 | – – |
| | 9 p. 156,23–158,9 | 19–28 |
| | **9 p. 158,9–12** | – – |
| C | – – | **33–36** |

Das lässt Rückschlüsse auf die Vorlage des Fragments, also die unbekannte Zwischenstufe in der Text-Entwicklung von Col. coen., zu: Die Erweiterungen in Col. coen. 9 waren wohl zuerst nicht nur am Ende dieses Kapitels angefügt worden, son-

---

**48** Auch Col. coen. 9 p. 154,22f. (*declinato de via sine interrogatione aut benedictione VI percussionibus*), das in den Handschriften der erweiterten Fassung von Col. coen. nach Frg. I 1 (*in lavando utatur*) steht, findet sich nicht in Frg. I. – Es ist dennoch anzunehmen, dass der Verfasser des Nonnenregel-Fragments diese Abschnitte als Teile der Regula Columbani kennengelernt hat; ob ihm/ihr dabei bewusst war, dass es sich um nachträgliche Erweiterungen handelt, ist schwer zu sagen.
**49** Vgl. auch Zimmerl-Panagl, Elegi pauca e plurimis, 236–252.

dern auch die Struktur der Erweiterung dürfte nicht klar gewesen sein bzw. vielleicht nicht eindeutig mit jener übereingestimmt haben, wie sie uns in den Handschriften *M/K* und *Par* vorliegt, was offenbar dazu führte, dass das Nonnenregel-Fragment die Teile B[1] und B[2] in anderer Abfolge als die Columban-Handschriften übernahm: Teil C, der offenbar auf B[2] gefolgt ist, scheint wiederum in den Columban-Handschriften verlorengegangen zu sein. Vielleicht stand aber bereits die Vorlage für das Nonnenregel-Fragment und für Donat mit einer für ein Columban-Frauenkloster angefertigtes Exemplar der Columban-Regel in Verbindung (Frg. I 39 bzw. Don. 75,16 könnten darauf hinweisen, weil beide Texte unabhängig voneinander die Worte *sive proximarum* eingefügt haben; vgl. dazu den Anm. 46 genannten Aufsatz, besonders 243f. und 248), so dass möglicherweise die Erweiterung C ebenfalls in Zusammenhang mit Frauenklöstern entstanden ist und möglicherweise aus diesem Grund nicht in die Handschriften zu Col. coen. (für Männerklöster) Eingang gefunden hat.

## 3.3 Das Verhältnis zum Donat- und Columban-Text

### 3.3.1 Textliche Verwandtschaft mit der/Unterschiede zur Donat-Regel – Rückschluss auf die Form des Columban-Textes im 7. Jh.

Wie erwähnt, lassen sich aufgrund sprachlicher Beobachtungen Berührungspunkte der Textform des Nonnenregel-Fragments mit der Donat-Regel feststellen. Beide gehen auf Col. coen. zurück, und anhand eines Textvergleiches lässt sich die gemeinsame/ähnliche Vorlage der beiden Texte indirekt erschließen:[50] Beide Texte lassen zu Ende von Abschnitt A gegenüber Col. coen. die Worte *sed sedule dominum orent* aus und sind durch weitere Gemeinsamkeiten gegenüber Col. coen. 9 bzw. 15 miteinander verbunden, etwa:

> Col. coen. 9 paenitentes *om. Don. 34,4, Frg. I 7*; animo] moderamine *Don. 34,6, Frg. I 8*; in oratione] ad orationem *Don. 34,5, Frg. I 8*;
> Col. coen. 15 proximorum] sive proximarum *add. Don. 75,16, Frg. I 39*; otiosa] quae *praem. Frg. I 39 (ac.)*, quam *praem. Don. 75,16, Frg. I 39 (pc.)*; verba de quibus ... ore promamus] verba ore promamus de quibus ... *tr. Don. 75,16, Frg. I 39*.

Somit stellt die Vorlage des Fragments nicht nur hinsichtlich ihrer Struktur (Platzierung von Abschnitt B nach Abschnitt A bzw. Abfolge der Abschnitte B[1] und B[2]), sondern auch sprachlich eine Stufe der Textentwicklung zwischen kürzerer und erweiterter Columban-Regel dar. Einige Fehler, die für Columban in der erweiterten Textfassung überliefert sind, finden sich noch nicht im Fragment oder bei Donat. So fehlen beispielsweise in der längeren Fassung der Columban-Regel coen. 9 p. 158,13

---

50 Vgl. zum Folgenden ZIMMERL-PANAGL, Elegia pauca e plurimis, 238–243.

die Worte *diebus ac*, die Frg. I 8 und Don. 34,5 in ihrer Vorlage noch gefunden haben. Umgekehrt scheinen aber Lesarten wie *quamvis* (Col. coen. 9 p. 156,1, erweiterte Fassung; Don. 34,4; Frg. I 7) statt *qui* (Col. coen. 9, kürzere Fassung) oder *autem omnes fratres* (Col. coen. 9 p. 158,13; *autem omnes sorores* Don. 34,5; Frg. I 8) statt *cum omnibus fratribus* (Col. coen. 9, kürzere Fassung) die Vorlage des Fragments sowie Donats näher an die Textform der erweiterten Fassung zu rücken.[51]

Sehr vereinfacht dargestellt, lässt sich das Nonnenregel-Fragment in etwa folgendermaßen in die Textgeschichte der Columban-Regel einordnen:

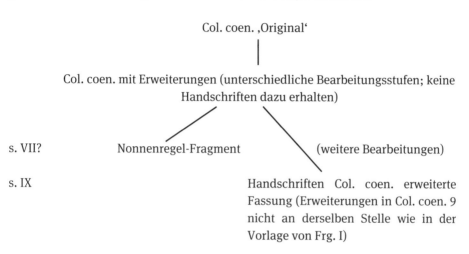

Col. coen. ‚Original‘

Col. coen. mit Erweiterungen (unterschiedliche Bearbeitungsstufen; keine Handschriften dazu erhalten)

s. VII?      Nonnenregel-Fragment      (weitere Bearbeitungen)

s. IX      Handschriften Col. coen. erweiterte Fassung (Erweiterungen in Col. coen. 9 nicht an derselben Stelle wie in der Vorlage von Frg. I)

Donat könnte Zeuge einer früheren Erweiterungsstufe als das Fragment sein, weil er relativ wenige Erweiterungen zitiert, allerdings kann nicht mit letzter Sicherheit gesagt werden, ob Donat (als Schüler Columbans) nicht sogar bewusst ausgewählt hat, was er selbst als ‚echten‘ Columban kennengelernt hatte, dass er also spätere Erweiterungen nur spärlich übernehmen wollte. Jedoch bleibt dies Spekulation.

Weder Donat noch das Nonnenregel-Fragment haben Text voneinander bezogen.[52] Wie allerdings die gemeinsame Vorlage für den zu Col. coen. nicht erhaltenen Abschnitt C gelautet hat bzw. wie die Regel-Texte den Text gegenüber der Vorlage

---

**51** Sofern nicht *quamvis* und *autem omnes fratres* die ‚ursprünglichen‘ Lesarten Columbans waren, die womöglich nur in jenem Strang, von dem die erweiterte Fassung abhängt, erhalten blieben (Walker edierte für Columban zwar *autem omnes fratres*, zuvor aber *qui*).
**52** Vgl. dazu abermals ZIMMERL-PANAGL, Elegi pauca e plurimis, 238–243. Indizien dafür, dass das Fragment nicht aus Don., sondern Col. geschöpft hat, sind: Frg. I 5 *cui ... decantet* (= Col.; Don. 34,2 *quibus decantent*); 10 *ter* (= Col.; fehlt Don. 34,8); 12 *se in* (= Col.; fehlt Don. 34,10, zur Problematik dieser Stelle vgl. aber oben in der Einleitung zu Don. p. 102); 38 *prono* (= Col.; fehlt bei Don. 75,15). – Dass Donat nicht den Text des Fragments rezipiert hat, zeigt sich an: Don. 34,2 *adhuc* (= Col.; fehlt in Frg. I 5); 34,3 *indigentes paenitentia ... decantare* (= Col.; Frg. I 6 [wiedergegeben nach der Textform von M]: *indigent paene psalmorum quos cum silentio psallere debent*); 34,6 *offecerit* (= Col.; Frg. I 8: *nocuerit*); 75,16 *potius* (= Col.; fehlt in Frg. I 39); *sanctum* (= Col.; *suum sacrum* Frg. I 39).

verändert haben, lässt sich nicht klären. Die wesentlichen Abweichungen der beiden Text voneinander sind in diesem Abschnitt: Frg. I 33 ad collectionem coenobii venientes] in conventu *Don. 19,2*; 34 et se accusantes] ac singulae confessionem dantes *Don. 19,3*; 35 tunc postremum] demum *Don. 19,4*; exaudi nos ... longe *om. Don. 19,4*; 36 mutandi vestimentum] vestimentum mutare *Don. 19,5*; necesse est in exparatione nostra facere] opus fuerit fieri *Don. 19,5*.

### 3.3.2 Textvergleich von Frg. I und Col. coen.

Die Abweichungen des Fragments gegenüber Col. coen. sind in vorliegender Edition im Quellenapparat dokumentiert; Auslassungen von Textpassagen, die bei Columban zu finden sind, wurden im Apparat mit dem Zeichen „+" gekennzeichnet. Abgesehen von kleinen Änderungen in der Wortstellung[53] oder bezüglich Konjunktionen lassen sich als wesentlichste Änderungen gegenüber Col. coen. für **Abschnitt A** folgende Passagen nennen (abgesehen von den Auslassungen 5 *adhuc* bzw. *aut* oder *ac* nach *diabolica*):

6   *indigent* und *quos cum silentio psallere debent*: syntaktische Änderung gegenüber Col. *indigentes* und *decantare debent*.
8   *nocuerit* statt *offecerit*
10  *curvatione* statt *flexione* (bzw. *flexu*, Don. 34,8)
12  *tantum* statt *in quibus* (bzw. *in quo*, Don. 34,10)
    Weitere Abweichungen vom überlieferten Columban-Text in diesem ersten Abschnitt lassen sich mit Donats Text parallelisieren, was auf eine gemeinsame, von der überlieferten Columban-Textform abweichende Vorlage schließen lässt (so etwa 8 *aequo moderamine* statt *aequo animo* Col. oder die Auslassung am Ende von 12 von *sed sedule dominum orent*).

**Abschnitt B** betreffend sind größere Abweichungen zu verzeichnen; da sich diese Passage nicht bei Donat findet, kann nicht erschlossen werden, was davon auf die unbekannte Textform der Vorlage der Fragments zurückzuführen ist (und wie daher vielleicht die frühere Textstufe in der Entwicklung von Col. coen. ausgesehen haben könnte), und was Änderungen durch den Autor des Fragments sind. Größere Abweichungen sind:

13  *vel necessitatem aliquam sororum adimplens fuerit* statt *aut in alio solemni* (*alia solemnia* codd.)

---

53 Wie schon oben (p. 61) in der Einleitung zur Donat-Regel erwähnt, lässt sich bei Änderungen der Wortstellung gegenüber der Vorlage nicht entscheiden, ob diese vom Autor stammen oder in der Überlieferung passiert sind. Änderungen in der Wortstellung sind im Fragment anzutreffen in 1 und 8; die Umstellung der Worte *ore promamus* in 39 deckt sich mit jener in Don. 75,16.

**14f.** *indiget* statt *indiget quamvis ambulans signet se*; dazu und zu weiteren Umformungen der Vorlage in Frg. I 13–17 vgl. die Bemerkungen unten ad locum.

**18** *licitum est, ut praeparetur oblatio dominicae diei in die sabbati* statt *si quis voluerit in die sabbati praeparet oblationem dominicae* sowie Weglassung weiterer Vorschriften, die möglicherweise eher für Männerklöster erheblich waren (zitiert oben p. 202).

**19** Hinzufügung von *et quando praedicetur* (vgl. aber später bei Col.: *quando detur praeceptum*); Hinzufügung von *naturaliter* vor *coinquinatae*;[54] *una cum paenitentibus stare praecipiuntur* statt *aut penitens quando detur praeceptum stare praecipitur*.

**20** *sedere ... praecipiuntur*: Änderung der Wortstellung, Weglassung von *in cottidiano* (sc. *praecepto*), Ersetzung von *iubentur* durch *praecipiuntur*.

**21** *signum* statt *sonum* (zu offensichtlich zugrundeliegendem maskulinem *signus* vgl. unten ad locum); Hinzufügung der Erläuterung *id est ad cursum* zu *sinaxin*; Hinzufügung von *dominicae ... mysteria* (fehlt dies bei Columban?); *ordine, quo in ecclesia introeunt* statt *primarius ut primus psallat statuetur et secundus et.*[55]

**22** *atque* statt *ordinesque* (Walker konjizierte für Col.: *ordines qui*); Weglassung von *praeter offerentem eidemque adherentem* am Ende.

**23** *die natalis domini et inchoanda pascha* statt *die inchoante pascha*; danach Hinzufügung der Erläuterung *id est cena domini.*

**24** *accedere* (das Walker auch für Col. konjizierte) statt *iter/inter.*

**25** *noviciae ac* statt *novique/novi quae* (Walker konjizierte: *novi quia*); *sacrificium* statt *oblatio.*

**26** Hinzufügung von *praecipua* nach *sollemnitate.*

**26f.** *oret et ipsa in ministerio quo ob necessitatem sororum detenta est* statt *oret ipse aliqua necessitate cogente.*

**28** längere Auslassung nach *discurratur* und vor **29** *si quid*, diese jedoch abermals an einer möglichen Bruchstelle von B¹ und B² (vgl. oben p. 205).

**29** *praeceperit cuiquam praeposita maior sive senior mater* statt *praeceperit abbas vel economus maior; iunior praeposita iteraverit ordinare* statt *humilior iteraverit economus*; Hinzufügung am Ende von: *et si transgrediatur iussa senioris, ipsa quae iussit paeniteat.*

**30** *nulla aliae sorori ordine praecellenti imperet* statt *infra monasterium vero nullus tamen alio imperio praecellente imperet nisi qui praeest.*

**31** *commutatio vestimenti non sit, et altera in nocte, altera in die* statt *commutatio vestimenti et altera in nocte.*

---

54 Zum Inhalt vgl. etwa Muschiol, Famula Dei, 196.

55 Inhaltlich vermerkt Muschiol, Psallere et legere, 99 (= Famula Dei, 195f.), zu Frg. I 21, dass die Übernahme der Vorschrift, sich vor dem Kommunion-Empfang die Hände zu waschen, für Frauen auffällig sei, weil diese zum Empfang der Kommunion die Hände mit einem Tuch bedecken mussten (wofür Muschiol auf das Konzil von Auxerre 561–605, 36 [CCSL 148A, p. 269] *non licet mulieri nudam manum eucharistiam accipere* verweist).

**32f.** Hinzufügung von *id est vespere, quando in lectulis suis debent, antequam pacem celebrent et*, abermals eine mögliche Bruchstelle (B und C betreffend, vgl. oben p. 205).

**33–36 Abschnitt C** ist nicht für Columban überliefert, vgl. die zuvor (p. 208) aufgelisteten Unterschiede zum Text der Donat-Regel. Es kann aber nicht entschieden werden, wo das Fragment von der Vorlage abweicht, und wo Donat dies tat.

**37–39** Zu diesem **Abschnitt D** kann indirekt über den Donat-Text abermals der Wortlaut der Quelle erschlossen werden. Überall dort, wo sich der Text des Fragments vom überlieferten Columban-Text unterscheidet, geht das Fragment mit Donat konform. Änderungen (Fehler) sind lediglich festzuhalten in **39**: *aedificationem* statt *aedificationemque potius* (*-que potius* im Fragment erst nach später Korrektur vgl. dazu im Folgenden ad locum und oben p. 193), und statt *sanctum* steht *suum sacrum*.

**40f.** Für den Schlussteil (in Donats Regel findet sich dieser Abschnitt nicht, weshalb Don. für einen Textvergleich nicht zur Verfügung steht) sind ebenfalls nur minimale Änderungen (Versehen) gegenüber Col. festzuhalten: in **40** *supernum* statt *superum*; *summi* statt *summa* (dies vielleicht für das Fragment zu konjizieren, vgl. unten ad locum) und in **41** zu Beginn die Hinzufügung von *quae*.

Dass also besonders zu Abschnitt B sehr viele Abweichungen vom uns überlieferten Text der Vorlage (Col. coen.) zu verzeichnen sind, ist auffällig. Fraglich ist, ob dieser Befund als Zeichen dafür zu werten ist, dass sich der Text dieses Abschnittes (der ja offenbar sogar in seiner Abfolge und in seinem Umfang Veränderungen unterlag) zur Zeit, als das Fragment verfasst wurde, noch von jener Fassung unterschied, die im 9. Jh. für Col. coen. abgeschrieben wurde. Vielleicht zeigt dies aber auch, dass die Erweiterungen des Columban-Textes gewissermaßen weniger klar strukturiert (vielleicht nur als Randnotizen oder auf Beiblättern?) in die Überlieferung kamen bzw. vielleicht weniger streng exakt im Wortlaut rezipiert wurden. Wusste man vielleicht auch, dass diese nicht direkt auf die Autorität Columbans zurückgingen?

## 3.4 Bemerkungen zu sprachlichen Auffälligkeiten und zur Texterstellung

Zur Handschrift *M* sowie zur Bewertung ihrer Lesarten im Vergleich mit jenen der Quelle von Frg. I vgl. das oben pp. 57–63 zur Texterstellung der Donat-Regel Dargelegte.

### 3.4.1 *quinquagesimi, psalmodii*; Geschlecht von *dies*

Wie Donats Regel-Text weist auch der Text des Nonnenregel-Fragments in *M* die wohl auf Neutrum-Formen weisenden Genitive *quinquagesimi* (7) und *psalmodii* (12) auf (vgl. dazu die betreffenden Passagen in der Einleitung zur Donat-Regel in vorliegendem Band).[56]

Zudem ist erwähnenswert, dass das Geschlecht von *dies* innerhalb des Nonnenregel-Fragments (zumindest in seiner in *M* überlieferten Form) schwankt, nämlich zwischen maskulin: 11 (*a primo die sancto paschae usque ad quinquagesimum diem*) sowie 26 (*in omni die dominico*) und feminin: 13 (*die dominica*), 18 und 21 (*diei dominicae*). Da nicht eindeutig entschieden werden kann, ob zu vereinheitlichen ist, und falls ja, ob zu maskulinem oder femininem Genus, wurden die abweichenden Formen im Text belassen (wenn schon nicht für eines der beiden Geschlechter eine Entscheidung getroffen werden kann, wäre möglicherweise zwischen der Wendung *dies dominica* und allgemeiner gebrauchtem *dies* zu scheiden und daher in 26 zum Femininum zu korrigieren?).

### 3.4.2 Col. coen. in der Handschrift Paris, BN Lat. 4333B und Frg. I

Die Handschrift Paris, BN Lat. 4333B ist ein wichtiger Zeuge der erweiterten Fassung von Col. coen. und stellt offenbar eine frühere Textstufe dieser Fassung dar als *M*[57] (die Handschrift wurde von Walker für seine Columban-Edition nicht herangezogen; um sie aber für den Textvergleich nutzbar zu machen, habe ich sie wie für Don. auch für das Fragment kollationiert und unter der Sigle *Par* berücksichtigt). Das Nonnenregel-Fragment weicht, wie gezeigt, besonders in den nur durch die erweiterte Textfassung von Col. coen. bezeugten Abschnitten (13–32) an ein paar Stellen klar von der Textform ab, wie sie von Walker ediert wurde. Es ist jedoch notwendig, an einigen Stellen besonders die Lesarten der Handschrift *Par* zu berücksichtigen.[58] Der Wortlaut dieser Handschrift ist nämlich an einigen Stellen dem Wortlaut des

---

56 Da sowohl das Fragment als auch die Donat-Regel auf eine ähnliche Vorlage zurückgehen, scheint die Übereinstimmung der Formen darauf hinzudeuten, dass neutrale Formen in der Vorlage gestanden sein dürften (so auch teilweise für die längere Fassung von Col. coen. überliefert). Sie scheinen jedenfalls, wie bereits zu Donat vermerkt, nicht als charakteristisch für die Orthographie in *M* zu sein.

57 Vgl. auch DE VOGÜÉ, Art. Regula(e) Columbani, 1611: „... Parigi 4333 B, che ne presenta uno stato piú antico." – Die Pariser Handschrift enthält außer den Regulae Columbani u. a. auch die drei Regulae Patrum (Regula patr. I, II und III), ediert von DE VOGÜÉ in SC 297/298, vgl. auch die dort in den Einleitungen getroffenen Klassifizierungen dieser Handschrift. Vgl. aber auch die Edition der Regula Pauli et Stephani VILANOVA und dessen Angaben.

58 Auf diese Handschrift und das Versäumnis Walkers, diese für seine Edition heranzuziehen, hat bereits MUNDÓ, L'edition, 291, aufmerksam gemacht.

Nonnenregel-Fragments ähnlicher als jener von *M* zu Col. coen.: *Par* liest zu Col. coen. 15 *quae prono ad vitia praecipitare* (korrigiert zu *-ri*) *solet cursu oris* (so ist der Text auch für Fragment 38 überliefert); in *M* lautet der Text zu Col. jedoch: *quae prona ad vitia unde praecipitari solet*, was eine andere Stufe der Textentwicklung anzeigt. Für die Beurteilung der Überlieferungslage des Nonnenregel-Fragments (umgekehrt wohl aber auch für die Textform bei Columban) liefern solche Gemeinsamkeiten wichtige Anhaltspunkte.

An folgenden Stellen kann dank der Textform von *Par* der dem Fragment vorgelegte Wortlaut erschlossen und der an diesen Stellen unklare Text des Fragments wohl sogar korrigiert werden (vgl. zu diesen Stellen unten ad locum): Frg. I 25 legatur quae *M*] legat usque *Col. coen. Par*; cogatur coactus *Col. coen. M*; Frg. I 40 rudere qui eumi *M*] rudireque humi *Col. coen. Par*;[59] rudique humi *Col. coen. M*.

### 3.4.3 Orthographica

In vorliegender Edition ist wie bei der Edition der Donat-Regel die Schreibung von ae/e bzw. oe/e vereinheitlicht worden (vgl. oben p. 69). Beispielsweise das Wort *cena* findet sich im Fragment bisweilen als *caena* (auch in Frg. II), in 26 etwa auch *praeces*, das dort zu *preces* korrigiert wurde.

Die Lesart *absentio* in 39 statt *absentium* deutet wohl auf eine Verwechslung der Endungen -um/-o hin.

Wie bereits für Don. festgehalten, finden sich in *M* kaum Assimilationen; die Schreibung orientiert sich auch in vorliegender Edition diesbezüglich an jener in *M*.

### 3.4.4 Konjekturen und Textänderungen in vorliegender Edition gegenüber der Edition von Seebass (*s*)

Konjiziert habe ich in vorliegender Edition an folgenden Stellen (zur Argumentation vgl. unten jeweils ad locum):

> 6 paenitentia (statt *paene*); 25 legat usque (statt *legatur quae*); 40 rudereque humi (statt *rudere qui eumi*)

Der edierte Text weicht (teilweise aufgrund der nunmehr bekannten Lesarten von *M*) an folgenden Stellen von der Edition durch Seebass (*s*) ab (abgesehen von rein Orthographischem; beispielsweise für Seebass' Setzungen von *-ti-* statt *-ci-* gibt es aus *M* keine Notwendigkeit):

---

[59] Die Handschrift ist online einsehbar, jedoch sind aufgrund der Bindung nicht alle Worte klar lesbar. Ich danke Delphine Mercuzot (BNF, Paris) für ihre Auskunft, dass *rudireque* an dieser Stelle in *Par* zu lesen ist.

1 propter] propter propter *s*; 6 aliae quindecim *om. s*; 8 ac] et *s*; 10 decantaverint] decantaverunt *s*; 16 festinet] festinat *s*; 19 viderint … coinquinatae fuerint] viderit … coinquinata fuerit *s*; praecipiuntur] praecipitur *s*; 21 signum] singuli *s*; invitantem] imitantem *s*; dominicae] properent *add. s*; 22 tantum *om. s*; dextera] dextere *s*; 25 ac] et *s*; 27 sororum *om. s*; 30 praecellenti] praecellente *s*; 37 custodire] custodiri *s*; aedificationem] aedificationemque potius *s*; 40 ac] hac *s* (vgl. dazu unten ad locum).

### 3.4.5 Diskussion inhaltlich auffälliger Passagen und textkritischer Probleme

Über die Umstände der Entstehung des Nonnenregel-Fragments sind wir nicht unterrichtet, und wir wissen nicht, über wie viele Bearbeitungsstufen (die nicht immer eine Text-Verbesserung bedeuten müssen) es in die Überlieferung gelangt ist. Hinter Abweichungen des Nonnenregel-Fragments von seiner Vorlage (Col. coen.) kann selbstverständlich Intention des Verfassers vermutet werden, jedoch ist an manchen Stellen der Sinn gegenüber dem Original etwas verdunkelt, was die Frage aufwirft, ob und welche Text-Korruptelen vorliegen (vgl. die Überlegungen zur Donat-Regel oben pp. 60–63). Es ist nicht immer leicht zu entscheiden, ob ein Überlieferungsfehler vorliegt, oder ob Frg. I von seiner Vorlage abweicht, und der Text, auch wenn er schwerer als seine Vorlage zu verstehen ist, trotzdem als korrekt anzusehen ist. Einige die Texterstellung begleitende Probleme bzw. Fragen sollen im Folgenden diskutiert werden, die zugleich auch die Frage, wo der Autor intentional den Text seiner Vorlage verändert haben könnte, berühren:

6 indigent **paenitentia** psalmorum: in 4–7 gibt der Text der Nonnenregel Vorschriften bezüglich Bußpsalmen. Bereits in Col. coen. 9 präsentiert sich der Abschnitt nicht ganz einfach formuliert; es soll im Folgenden der Wortlaut der Regula coenobialis (linke Spalte, nach der Edition von Walker) dem Wortlaut des Nonnenregel-Fragments (rechte Spalte) gegenübergestellt werden; Abweichungen sind im Druckbild hervorgehoben:

| Col. coen. 9 p. 154,26–p.156,2 | Frg. I 4–7 |
| --- | --- |
| *Paenitentes fratres et indigentes paenitentia psalmorum – hoc est, cui necesse* **fuerit** *ut psalmos* **adhuc** *pro visione nocturna decantet, quia pro inlusione diabolica,* **aut** *pro modo visionis –* **alii XXX,** *alii XXIIII psalmos in ordine, alii XV, alii XII* **indigentes paenitentia** *psalmorum,* **decantare** *debent;* **qui** *ergo in nocte dominica et tempore quinquagesim*__ae paenitentes__ *genu__a__ flectant.* | *4 Paenitentes* **sorores** *et indigentes paenitentia psalmorum 5 hoc est cui necesse* **est** *ut psalmos pro visione nocturna decantet quia pro inlusione diabolica pro modo visionis 6 aliae* **sorores** *XXIIII psalmos in ordine aliae XV aliae XII* **indigent paene** *psalmorum* **quos cum silentio psallere** *debent 7* **quamvis** *ergo in nocte dominica et tempore quinquagesim*__i__ *genuflectant.* |

Im Nonnenregel-Fragment ist dieser Abschnitt speziell im zweiten Teil leicht modifiziert; das Fragment hat den aufgrund seiner Parenthese etwas verschachtelt konstruierten Satz neu strukturiert, und die auffälligsten Änderungen gegenüber Col. stellen in 6 die Worte *indigent* anstatt *indigentes* sowie *quos cum silentio psallere debent* gegenüber *decantare debent* dar.[60] Indem das Fragment *quos* hinzufügt, werden die beiden Prädikate (*indigent* und *debent*) im neuen Satzzusammenhang syntaktisch neu eingepasst: während bei Columban *psalmos ... decantare debent* eine Sinneinheit darstellte, regiert *debent* im Nonnenregel-Fragment einen eigenen Relativsatz (*quos cum silentio psallere debent*). Fraglich ist nun, wie sich das neue Prädikat *indigent*[61] sowie das überlieferte *paene* syntaktisch und inhaltlich eingliedern:[62] *indigent* auf *psalmos* zu beziehen, wäre prinzipiell möglich,[63] jedoch ergibt sich das Problem, dass hernach *paene psalmorum* steht, und mit *indigeo* gleichzeitig zwei in unterschiedlichen Fällen stehende Wörter verbunden wären. Ein Lösungsvorschlag, wie der Satz in seiner überlieferten Form verstanden werden könnte, ergibt sich aus dem inhaltlichen Zusammenhang. Die Hauptaussage scheint das Gebot zu sein: *Paenitentes sorores et indigentes paenitentia psalmorum ... genu flectant*[64] (und zwar *quamvis ... in nocte dominica et tempore quinquagesimi*, das wohl im Sinn von: „auch in der Sonntagnacht und zur Zeit der Quinquagesima" eingeschoben ist. Die zuvor genannte Gruppe der *paenitentes* und *indigentes paenitentia psalmorum* soll die Knie auch zu jenen Zeiten beugen, zu denen es sonst nicht üblich ist; Walker verweist in seiner Columban-Edition zu dieser Stelle auf Cassian. inst. 2,18, wozu sich etwa conl. 21,11f. ergänzen lässt). Ein Einschub (5) erklärt, wer mit *indigentes paenitentia* gemeint ist: *hoc est cui necesse est, ut psalmos pro visione nocturna decantet, quia pro inlusione diabolica ... indigent paene psalmorum* (also: diejenigen, die aufgrund einer *visio nocturna* Psalmen singen müssen, weil sie wegen

---

**60** Eine weitere vermeintliche Änderung, nämlich *quamvis* statt *qui* (Col. coen.), ist auch in den die erweiterte Version der Columban-Regel enthaltenden Handschriften zu finden. Man darf also annehmen, dass der Verfasser des Nonnenregel-Fragments *quamvis* von dort bezog. – Für einen genaueren Textvergleich dieser Passage zwischen Col. coen., Fragment und Don. vgl. ZIMMERL-PANAGL, Elegi pauca e plurimis, 239–241. Donat und das Fragment lesen in 5 *est* statt *fuerit* und lassen in 6 *alii XXX* aus; diese Abweichungen gegenüber Col. gehen also wohl auf die Vorlage des Fragments zurück.

**61** Auch wenige Zeilen später wurde aus einem Partizip, nämlich *flectentes*, im Nonnenregel-Fragment ein Prädikat, nämlich *flectant*.

**62** Einige der Überlegungen im Folgenden stammen aus einer Diskussion, die ich mit meinem Kollegen Clemens Weidmann geführt habe, dem ich für seine Anregungen danke.

**63** *Indigeo* konstruiert nicht nur mit dem Ablativ, sondern (in der Spätantike) auch mit Akkusativ und bisweilen mit Genitiv, vgl. ThlL VII,1,1175,32–58 sowie HOFMANN – SZANTYR, Lateinische Syntax, p. 83[1].

**64** Der gesamte Abschnitt 4–12 hat Vorschriften zur *genuflexio/curvatio* zum Inhalt; Donat, der diese Passagen ebenfalls in seine Nonnenregel übernommen hat (Kapitel 34), bezeugt, dass auch er diesen Abschnitt als von der *genuflexio* handelnd empfunden hat, indem er ihm folgende Überschrift gegeben hat: *Qualiter aut quibus temporibus genua flectantur.*

einer *inlusio diabolica* der Psalmen bedürfen;[65] der Wechsel zwischen Singular und Plural ist auffällig, aber schon bei Col. ... *indigentes paenitentia ..., hoc est cui necesse fuerit, ut ... decantet, ... decantare debent* grundgelegt). Offenbar je nach Schwere des ‚Vergehens‘ wird unterschiedlich ‚starke‘ Buße vorgeschrieben:[66] *pro modo visionis aliae sorores XXIIII psalmos in ordine, aliae XV, aliae XII* (gedanklich zu ergänzen wäre wohl aus dem Vorhergehenden *decantent*). Die Interpunktion des Satzes in vorliegender Edition versucht diese syntaktischen Zusammenhänge darzustellen. Konjekturale Eingriffe, die die Satzstruktur betreffen, scheinen also, auch wenn das Fragment von Col. coen. abweicht, nicht zwingend notwendig.

Es bleibt allein die Frage, wie *paene* zu verstehen ist. Dass es auf *paenitentia* der Vorlage verweist, steht außer Frage, und es könnte leicht sein, dass das Wort gekürzt und in *M* irrtümlich falsch abgeschrieben wurde. Dass *poena* dahinter zu vermuten wäre, ist eher unwahrscheinlich, denn die Psalmen werden nicht im eigentlichen Sinne als „Strafe" verstanden, sondern als Buße (vgl. auch *psalmi paenitentiales*). Deutet *paene* mit seiner Endung aber vielleicht auf einen Genitiv? Wenn im Fragment zuerst *indigentes paenitentia* stand, lässt sich kein eindeutiger Grund finden, warum hier der Genitiv gesetzt worden sein sollte (vgl. auch im Folgenden *indigeo* mit Ablativ: 14 *signo crucis indiget*), und wenn man bedenkt, dass vielleicht eine Kürzung (*paenit* o. Ä.) in der Vorlage stand bzw. wie leicht *paenetentia* statt *paenitentia* passieren kann, scheint auch das -e nicht zwingend auf eine vermeintliche Genitiv-Endung zu verweisen. Daher wird in vorliegender Edition die Emendation *paenitentia* vorgeschlagen.

**7 quinquagesimi**: vgl. oben p. 211.

**12 psalmodii**: vgl. oben p. 211.

**13–16:** Das Nonnenregel-Fragment gibt eine leicht veränderte Form der Erweiterungen von Col. coen. wieder. Der Abschnitt handelt von Vorschriften beim Verlassen des Hauses, den allerdings Frg. I gegenüber seiner Quelle ein wenig anders ponderiert (oder anders ponderiert vorgefunden hat?): Vor dem Verlassen und bei der Rückkehr soll man um eine *oratio* bitten (13), geht man allerdings nicht weit weg, genügt ein Kreuzzeichen (14), und es ist nicht notwendig, sich nach Osten zu verneigen; geht man außer Haus oder kehrt dorthin zurück und ist in Eile, genügt ebenfalls ein

---

65 KRUSCH, Zur Mönchsregel Columbans, 156, meint zu dieser Stelle, dass das Fragment die Beichte als Strafe auffasse.

66 Bei Columban wie auch bei Donat sind die Angaben *pro inlusione diabolica, pro modo visionis* syntaktisch offensichtlich auf gleicher Ebene zu verstehen, weil sie durch ein *ac* bzw. *aut* verbunden sind. Im Nonnenregel-Fragment fehlt genau diese ‚gleichschaltende‘ Konjunktion, was anzeigen kann, dass das Fragment die beiden Angaben in ein wenig unterschiedlicher Gewichtung versteht, nämlich *pro inlusione diabolica* als Begründung, warum die *sorores* Psalmen zur Buße/Strafe beten sollen, *pro modo visionis* dagegen als ‚messende‘ Angabe, dass die einen je nach ‚Schwere des Vergehens‘ 24 Psalmen, andere aber – weil die *visio* gewissermaßen nicht so schlimm war – weniger beten müssen.

Kreuzzeichen (15), mit dem man jeden, der einem auf dem Weg begegnet, ebenso bedenken soll (16). Ist man aber nicht in Eile, soll man um eine *oratio* bitten und sich verneigen. Hier ein Vergleich der Textformen von Col. coen. und Frg. I:

| Col. coen. 9 p. 156, 11–17 | Frg. I 13–16 |
|---|---|
| *Qui **ministrat in** die dominico **aut in alio solemni** ad lavacrum aut **ad** quamcumque necessitatem, unam orationem ante exitum et introitum eget. Interroget tamen. Si non procul exeat, signo crucis indiget. **Quamvis ambulans signet se,** non est **autem** necesse ad orientem se vertere. Exiens extra domum **quilibet** festinans **et** se **signans, non eget ad orientem conversionem.** Ita et in ambulando conveniens quemquam **faciat,** si festinet, postulans orationem et se humilians. ...* | 13 *Et quae **ministrans** die dominica **vel necessitatem aliquam sororum adimplens fuerit** ad lavacrum aut quamcumque necessitatem, una oratione*[67] *ante exitum et introitum eget. Interroget tamen.* 14 *Si non procul exeat, signo crucis indiget;* 15 *non est necesse ad orientem se vertere. Exiens extra domum **vel infra domum regrediens sed** festinans, **signet** se **tantum,** * 16 *ita et in ambulando conveniens quemquam; si **non** festinet, postulet orationem et se humiliet. ...* |

Es fällt auf, dass im Fragment zwei Sätzen zu einem verbunden wurden, indem der Nebensatz *quamvis ambulans signet se* weggelassen wurde und die Angabe, dass ein sich nach Osten Neigen in bestimmten Situationen nicht notwendig ist, nicht wie bei Columban zweimal, sondern nur einmal gesetzt wurde. Analog zu Columban scheint vor *exiens* zu interpungieren zu sein. Die syntaktischen Änderungen, nämlich die Auslassung von *non eget ad orationem conversionem*, die Umformung von *signans* (einem die eigentliche Aussage sozusagen begleitenden Nebenumstand) zum Hauptverb des Satzes und damit zur Hauptaussage sowie vor allem auch die Hinzufügung von *non* bei *si non festinet*, legen folgende Schwerpunkte: Jeder, der weggeht oder zurückkehrt, soll, wenn er in Eile ist (15: *festinans*), sich lediglich mit dem Kreuz bezeichnen müssen; wenn er aber n i c h t in Eile ist (16: *si non festinet*), soll er um eine *oratio* bitten und sich verneigen.

Der anonyme Gutachter dieser Edition macht darauf aufmerksam, dass in 15 analog zu 16 *si* gelesen werden könnte (*si festinans* statt *sed festinans*). *Sed* erschien mir als Einschränkung im Sinn von „allerdings/jedoch in Eile" gesetzt, es kann freilich nicht ausgeschlossen werden, dass ein Überlieferungsfehler vorliegt.

**16 festinet:** der in *M* überlieferte Konjunktiv kann parallel zu 14 *exeat* gesehen werden.

**17 tegurium** (*... in quo congrua genuflexio non fiat*): Das Nonnenregel-Fragment ersetzt das Wort *domus* durch *tegurium* (= *tugurium*).[68] Ob der Begriff nur eine lexikalische

---

**67** Es ist nicht auszuschließen, dass *unam orationem* wie in der Vorlage korrekt wäre, jedoch besteht kein zwingender Grund textkritisch einzugreifen.

**68** Zur Form *tegurium* für *tugurium* vgl. STOTZ, Handbuch 3, p. 350 (§ 302.10).

(auf besondere örtliche Gegebenheiten oder lokal-zeitliche ‚Sprachvorlieben‘ hinweisende?) Variante oder auch eine inhaltliche Gewichtung darstellt (eine bescheidene Behausung?), ist fraglich.

21 **signum ... invitantem**: für Columban ist *sonum* statt *signum* überliefert; die Beibehaltung des Partizips *invitantem* im Fragment könnte entweder darauf hinweisen, dass *signum* nicht als Neutrum, sondern maskulin gebraucht ist (vgl. so auch Ben. 43,1 *mox ut auditus fuerit signus*; Regula magistri 33,2 *... signus fiat surgendi*), oder dass das maskuline Partizip das neutrale vertritt (vgl. HOFMANN – SZANTYR, Lateinische Syntax, 440[4] [§ 233, IIb]). *K* hat das Wort zu *singuli* verlesen; dies ist wohl deshalb passiert, weil es in *M* als *signū* gekürzt ist, wobei das „u" an dieser Stelle bei raschem Hinsehen wie „li" wirkt. – Seebass fand in *K* die Lesart *imitantem* vor und vermerkte zum edierten Text (466): „ich vermute *incipientem*".

25 nulla **legat usque** dum ...: das überlieferte *legatur quae* ist schwierig, und es scheint eine Korruptel vorzuliegen. Im Folgenden ein Vergleich des überlieferten Textes mit seiner Vorbildstelle (Erweiterung von Col. coen. 9), wie der Text in *Par* zu Col. coen. vorliegt:

| Col. coen. 9 (Paris, BN Lat. 4333B)[69] | Frg. I 25/26 |
|---|---|
| *et quando offeratur* **oblatio** *nullus* **legat usque** *dum inchoetur accipi sacrificium praeter                          necessitatis in omni*que *dominica die et solemnitate                              qui non fuerit in coetu fratrum ad dominum fundentium praeces oret ipse* **aliqua necessitate cogente** | *et quando offertur* **sacrificium** *nulla* **legatur quae** *dum inchoetur accipi sacrificium praeter* **certas** *necessitates in omni             die dominico et sollemnitate* **praecipua** *quae non fuerit in coetu sororum ad dominum fundentium preces oret* **et ipsa in ministerio quo ob necessitatem sororum detenta est** |

Bei Columban lautet die Kernaussage offenbar, dass, während das Opfer dargebracht wird, zu Beginn (des Kommunion-Empfanges) niemand lesen solle (außer, es wäre aus irgendeinem Grund notwendig). Ein weiterer Gedanke schließt sich an, nämlich dass an Sonn- und Feiertagen diejenigen, die nicht bei den Brüdern sein können, während sie ihre Bitten an Gott richten, selbst (also allein) beten sollen. Beachtenswert ist, dass der Text in *M* zu Col. coen. anders lautet, weil statt *legat usque* ... zu lesen ist: *cogatur coactus accipere*, womit sich die Aussage des Satzes grundlegend verändert: Niemand soll gegen seinen Willen zum Empfang der Kommunion gezwungen werden. Diese Textform ist jedoch dem Nonnenregel-Fragment mit Sicherheit fremd,[70] denn dieses liest an fraglicher Stelle: *legatur quae* ..., das

---

**69** Einige Buchstaben der online zugänglichen Handschrift sind nicht lesbar, weil sie im Falz stehen. Ich danke Charlotte Denoël, BNF Paris (Département des manuscrits), herzlich für die Bestätigung, dass der hier wiedergegebene Wortlaut korrekt ist.
**70** KRUSCH, Zur Mönchsregel Columbans, 156, scheint (ohne Kenntnis von Paris, BN Lat. 4333B) davon auszugehen, dass *legatur* eine Folge von *cogatur* wäre: „Es [*sc.* das Nonnenregel-Fragment]

zwar nur schwer verständlich ist, aber mit Sicherheit auf eine Textform wie in *Par* verweist.[71] *Legatur quae* (Frg. I *M*) und *legat usque* (Col. coen. *Par*) sind einander optisch sehr ähnlich – fraglich ist allerdings, ob erst im Zuge der Überlieferung des Fragments ein Fehler passiert ist, oder ob *legatur quae* korrekt überliefert und der Originalwortlaut des Fragments ist:

Der im Fragment überlieferte Satz ergibt eine andere Bedeutung und ist nicht restlos klar. *Dum* würde einen Temporalsatz einleiten, und das Prädikat des mit *quae* beginnenden Relativsatzes wäre *non fuerit* (*in coetu*). Gegenüber den offenbar getrennten Aussagen bei Col. ergäbe dies eine Vermischung der zwei Gedankengänge, was für sich genommen jedoch nicht gegen die Beibehaltung der überlieferten Version spricht. Auffällig ist freilich, dass der Wegfall der Kopula *-que* nach *omni* eine syntaktische Eingliederung von *in omni die dominico* in den *quae*-Satz möglich macht. Zu nennen ist auch die Hinzufügung des betonenden *praecipua*. Auffällig ist außerdem die Umformung gegen Ende zu *in ministerio quo ob necessitatem sororum detenta est* (gegenüber *aliqua necessitate cogente*); fraglich ist, ob hier *praeter certas necessitates* aus dem vorhergehenden Satz aufgegriffen wird. Schwierigkeiten bereitet jedoch in jedem Fall das Verständnis von *legatur*, möglicherweise im Sinn von *eligatur* (,auswählen‘, eventuell: für den Kommunion-Empfang?). Wenn sich auch der Satz grammatikalisch mit einiger Mühe verstehen lassen würde (das zweite *quae* würde das erste aufgreifen/wiederholen, was für das Spät-/Mittellatein nicht auszuschließen ist), so ist der Sinn der Aussage insgesamt schwer nachvollziehbar: Abgesehen von der Frage, ob sich *legatur* im Kontext tatsächlich sinnvoll verständlich machen lässt, ist auch zu bemerken, dass *dum inchoetur accipi sacrificium* und die ,Zeitangabe‘ „während die Schwestern ihre Gebete zum Herrn richteten“ einander eigentlich widersprechen bzw. nicht logisch in dem Satz verknüpfbar erscheinen (*dum inchoetur* ... ist wohl nicht als Doppelung der Angabe *quando offertur* ... zu verstehen, sondern schiene in den *quae*-Satz eingeschoben als Erklärung, wer nicht ,ausgewählt‘ werden dürfe), außer man müsste annehmen, dass die *preces* direkt zu Beginn der Kommunion, also *dum inchoetur accipi sacrificium*, vorgetragen würden. Wäre das der Fall, so sollte die bei den Bitten (und zu Beginn des Kommunion-

---

liest ... ganz unsinnig '*legatur*' statt '*cogatur*' ... und hat dann den folgenden Satzbau so zerrüttet, dass sich SEEBASS 'aller Verbesserungsversuche' enthielt.“ – MUSCHIOL, Psallere et legere, 99 (= Famula Dei, 197), die für Col. coen. ebenfalls nur die Variante *cogatur* kannte, vermerkt zum Fragment, dass dies (nämlich dass keine lesen solle; Muschiol versteht *legatur* offenbar nicht passiv) eine schwer deutbare Bestimmung sei, und fragt, ob ein Lese- oder Übertragungsfehler oder eine besondere Sitte im Kloster dahinter stehe. Da nun jedoch evident ist, dass die Lesart bereits in der Pariser Handschrift für Col. coen. vorliegt, erscheint klar, dass das Fragment die Lesart aus einer ähnlichen Quelle bezieht; wenn also tatsächlich ein Lese- oder Übertragungsfehler (eine Form von *legere* statt *cogatur* wie in *M*) dahinter zu vermuten wäre, müsste dieser in der Vorlage von Paris, BN Lat. 4333B und Frg. I passiert sein, nicht aber erst im Fragment. Das Gebot scheint also bei der Abfassung des Nonnenregel-Fragments nicht als abwegig empfunden worden zu sein.
**71** Offensichtlich im Sinne von *legat* findet sich diese Passage übersetzt in SEILHAC – SAÏD, 278f.

Empfanges) nicht anwesende Schwester diese Bitten allein vor Gott bringen, wie der nächste Satz besagt, was ja wiederum ausschließt, dass sie zur selben Zeit beim Kommunion-Empfang gemeinsam mit den anderen zugegen sein könnte.

Insgesamt erscheint also fraglich, ob der Verfasser des Fragments eine inhaltlich nicht durchsichtige Passage wie diese nicht eher ein wenig umformuliert hätte (vgl. etwa auch die offenbar ,verdeutlichende' Umformulierung von *aliqua necessitate cogente* zu *in ministerio quo ob necessitatem sororum detenta est*), als diese in seinen Text zu setzen, weshalb ich eher vermute, dass ein Schreiber *legat usque* zu *legatur quae* verlesen hat, und daher die Verbesserung hin zu jener Lesart aus *Par* vorschlagen möchte. Mit *in omni die dominico* beginnt offenbar wie in der Quelle ein zweiter Gedanke.

**29**: es ist interessant, dass der Text des Nonnenregel-Fragments gegenüber der Vorlage hier einen Bruch aufweist. Einerseits fehlt nach *discurratur* (28) ein kurzer Abschnitt, andererseits setzt das Fragment mit einem Abschnitt fort, der in der Vorlage etwas früher zu finden war (siehe oben die Tabelle, p. 203), und auch diesem Abschnitt fehlen eingangs einige Worte, die in der erweiterten Fassung von Col. coen. zu finden sind. Ob hier das Ende bzw. der Anfang der Erweiterung des Columban-Textes oder eher ein zusammenhängender Abschnitt fehlt (was wohl bedeuten würde, dass die Erweiterungen ursprünglich in jener Reihenfolge vorlagen, wie das Fragment diese wiedergibt), lässt sich nicht klären.

**31**: die Aussage dieses Satzes ist nicht gänzlich klar. Bei Columban lautet sie: *ab initio diei usque ad* (*ad* fehlt in *M*) *noctem commutatio vestimenti et altera in nocte*, im Fragment: *ab initio diei usque ad noctem commutatio vestimenti non sit, et altera in nocte, altera in die*. Inhaltlich muss es wohl bedeuten, dass den gesamten Tag dasselbe Gewand zu tragen ist, in der Nacht ein anderes. Bei *altera* ist wohl *vestis* mitzuhören;[72] dass zu *altera* etwa *commutatio* zu ergänzen wäre, ist möglich, aber inhaltlich weniger wahrscheinlich. Anlass textkritisch einzugreifen, ist vorderhand nicht gegeben. Bemerkenswert ist jedenfalls, dass nach den folgenden Worten *interrogentur separatim* eine der Bruchstellen im Aufbau von Abschnitt B (im Vergleich Fragment/Columban-Text) zu verzeichnen ist; liegt also vielleicht irgendeine Art von Textverderbnis in Zusammenhang mit einer möglichen Bruchstelle vor (in Col. coen. oder Frg. I?)?

**37 custodire**: wie Don. 75,14 (vgl. in der Einleitung zur Donat-Edition p. 124) steht auch im Nonnenregel-Fragment in *M* (*ac.*) der aktive Infinitiv; wie bereits in Zusammenhang mit Donat besprochen, lässt sich bei Vertauschungen von -e/-i schwer entscheiden, ob ein Überlieferungs-Fehler vorliegt, oder ob vielleicht der Autor bereits nicht mehr exakt zwischen aktivem und passivem Infinitiv geschieden hat (oder beides sehr ähnlich ausgesprochen wurde), an dieser Stelle aber auch, ob nicht der

---

72 Vgl. etwa auch die Übersetzung SEILHAC – SAÏD, 279: „Du commencement du jour jusqu'à la nuit qu'il n'y ait pas de changement de vêtement, mais un pour la nuit et l'autre pour le jour."

aktive Infinitiv auch inhaltlich korrekt ist (*regula custodire censetur* könnte als Nominativus cum Infinitivo verstanden werden; *custodire* im Sinne von „Sorge tragen"/„achten auf"). Ähnliches gilt für **38** *praecipitari*, das aber an dieser Stelle auch mediopassiv verwendet sein kann, und daher in vorliegender Edition im Text belassen wird.

**39 aedificationem** ... quam dilacerationem absentium[73] in pectore conceptam et **quae** otiosa passim verba ore promamus: der Text in *M* wurde von später Hand korrigiert: *aedificationem* zu *aedificationemque potius* bzw. *quae otiosa* zu *quam otiosa*, Ersteres wohl nach dem Vorbild des Columban-Textes. Zweifellos ergibt dies den glatteren Text, der ja auch durch die Vorlage (und Donat) bestätigt wird, jedoch ist fraglich, ob die Korrektur angebracht ist. Selbstverständlich ist unter Wegfall von *potius* der Sinn schwieriger zu erfassen, weil das vergleichende *quam* schwieriger zu beziehen ist, aber es ist umgekehrt vor allem seit dem Spätlatein (nicht zuletzt auch aufgrund des Einflusses des Bibelgriechischen, im Bereich der christlichen Literatur recht häufig) der Gebrauch von bloßem *quam* im Sinne von *potius quam* bzw. *magis quam* üblich.[74] *Potius* zu ergänzen, wird also nicht zwingend nahegelegt. Ebenso lässt sich der Satz verstehen, wenn er nicht durch die Kopula *-que* mit dem Vorhergehenden verbunden und Teil des *ut*-Satzes ist; er fügt sich als Aufforderung/Wunsch auch unverbunden in verständlicher Weise an. Fraglich ist, ob das Pronomen *quae* ebenso zu *quam* zu korrigieren wäre (dieses fehlt bei Columban, ist aber bei Donat zu finden; fraglich aber, ob Donat oder das Fragment gegenüber der gemeinsamen Vorlage ‚irrt'). Es scheint, dass auch *quae* nicht zwingend der Korrektur bedarf. Der Verfasser des Fragments könnte nämlich den mit *quae* eingeleiteten kurzen Abschnitt als charakterisierende Ergänzung zu *verba* aufgefasst haben, nämlich: *verba, quae otiosa* [gedanklich zu ergänzen: *sunt*]. Der Satz ist insgesamt kompliziert formuliert, was allerdings auf den gesamten Schlussabschnitt zutrifft (vgl. auch das folgende Problem), was Missverständnisse begünstigt und zugleich sichere Entscheidungen erschwert.

**40 rudereque humi** cum flagitiis atro: überliefert ist *rudere qui eumi cum flagitiis* ..., das in *K* zu *rudere qui enim eum* korrigiert wurde, was wiederum Seebass zum Textvorschlag *rudere qui eum cum flagitiis* führte. Es liegt in *M* jedenfalls eine Korruptel vor, und auch der Text der Vorlage (Col. coen. 15) konnte bisher nicht ohne Probleme verstanden werden, da in der einzigen von Walker für seine Edition herangezogenen Handschrift (*M*) überliefert ist: *rudique humi cum*, das Walker zu (für Col. coen. 15 sicher nicht korrektem) *rudiumque hominum* korrigierte,[75] während Seebass

---

73 In *M* überliefert ist *absentio*, das wohl auf eine Verwechslung von -um/-o hindeutet. Die Lesart ist in *M* zwar nicht korrigiert, aber bereits *K* schreibt *absentium*.

74 Vgl. HOFMANN – SZANTYR, Lateinische Syntax, pp. 593f. (§ 320a); vgl. auch STOTZ, Handbuch 4, p. 384 (§ 97.1).

75 Dieser Lesart folgt die französische Übersetzung des Nonnenregel-Fragments (SEILHAC – SAÏD, 280) auch für das Fragment, was jedoch ebenfalls sicher nicht korrekt ist.

*relictaque humo cum* vorgeschlagen hatte (wohl ebenfalls nicht korrekt für Col. coen. 15). Die Handschrift *Par* allerdings liest zu Col. coen. 15: *rudireque humi cum*, was der Lesart des Fragments sehr ähnlich ist, woraus geschlossen werden darf, dass dem Fragment eine ähnlich lautende Vorlage zugrundelag. Der Irrtum im Nonnenregel-Fragment (*qui eumi*) könnte auf eine Doppellesart zurückgehen, wenn beispielsweise über dem *qui* von *rudere qui umi* (*umi* für *humi*, das für Columban sowohl in *M*, als auch *Par* überliefert ist) ein „e" stand, was im Text des Fragments (*M* fol. 215v) zu sinnlosem *rudere qui eumi* wurde. Da sich aber *Par* und das Fragment unabhängig voneinander sehr ähnlich sind, darf man wohl annehmen, dass die Lesart des Fragments auf einer Vorlage wie *Par* beruht. Größere konjekturale Eingriffe scheinen daher nicht notwendig zu sein.

Der Satz ist insgesamt schwierig: *Haec supernum volentibus carpere iter tendens alti ad fastigia summi rudereque humi cum flagitiis atro ambientibus uni adhaerere deo ac in tellure misso statui.* *Statui* wurde im Fragment Hauptverb,[76] das Akkusativ-Objekt dazu ist wie bei Col. *haec* (bezogen auf die zuvor erteilten Vorschriften). Der weitere Aufbau des Satzes scheint parallel, indem zwei Dative jene Personen bezeichnen, für die der Text verfasst wurde: *volentibus* (sc. *carpere iter*) und *ambientibus* (sc. *uni adhaerere deo*). Der erste Satzteil bezeichnet jene Personen, die den Weg zum Himmel nehmen wollen,[77] der zweite Satzteil in etwa die mit Sünden Belasteten, die Gott ‚anhängen' wollen. *Rudere* zu Beginn des zweiten Satzteils scheint keine Verbalform, sondern Ablativ von *rudus* zu sein. Dieses Wort steht bei Paulinus von Nola, aber auch bei Beda in Zusammenhang mit der ‚Sündenlast', vgl. etwa Beda hom. evang. 2,12: *Et expulsis vitiorum ruderibus talem cordis nostri paremus mansionem cuius ipse dignetur inesse mansor qui eius inevitabilis inspector et iudex est*; in Cant. 3,4: *Tale namque nobis est cum malignis spiritibus certamen ut illi quidem rudera vitiorum nostris sensibus ingerendo aquam sapientiae vel turbare in nobis vel funditus a nobis si possint excludere satagant*; vgl. aber auch in Ezram 3, wo sich *humus* und *rudus* gemeinsam finden: *Prius enim de corde nostro egerenda est terrenarum humus concupiscentiarum ac deinde firmus atque inexpugnabilis bonorum operum murus supra fundamentum fidei construendus, nam qui super humum ac rudera infimarum cogitationum aedificium sanctae actionis erigere conatur fallitur et pro domo sive civitate mox ut procella temptationis urguerit ruinam sese aedificasse*

---

76 Man beachte, dass bei Col. nach *statui* noch das Wort *visa* den Satz beschlossen hat, dass aber im Fragment vor *visa* mit der Einfügung von *quae* offenbar ein neuer Satz begonnen wurde.

77 Es fällt auf, dass in diesem poetisch angehauchten Abschnitt *carpere iter tendens alti ad fastigia summi* (wäre dies analog zu Col. zu *summa* zu korrigieren?) einen Hexameter ergibt. Für diesen Hinweis, aber auch dass er die schwierige Stelle mit mir diskutiert hat, möchte ich Clemens Weidmann herzlich danken. Den Hexameter kann ich anderweitig nicht nachweisen. Zu *ad fastigia summi/summa* vgl. Verg. Aen. 2,758 (*summa ad fastigia vento*), zu *alti ad fastigia* vgl. Prud. psychom. 867 (*alta ad fastigia gemmas*); zu *carpere iter* (mit darauf bezogenem *supernum*) vgl. Hor. carm. 2,17,11f. (*supremum / carpere iter*).

*comperiet.* Dieses etwa bei Beda häufiger anzutreffende Bild könnte somit in ähnlicher Weise hinter der Formulierung in Col. coen. stehen, die dann in das Fragment übernommen wurde. Dem Satz liegt also wahrscheinlich der Gedanke zugrunde, dass die im/mit dem „Schutt" der Vergehen Belasteten (bzw. sich davon befreien Wollenden) Gott anhaften möchten. *Atro* ist wohl auf *rudere* zu beziehen als negative Kennzeichnung desselben. Da, wie gesagt, die Parallelen zur Handschrift *Par* nahelegen, dass das Fragment eine sprachlich ähnliche Vorlage kannte, sind für das Fragment wohl keine den Zusammenhang weiter stützenden oder erklärenden Worte zu konjizieren; der Autor des Fragments scheint den Satz vielmehr mit dem vorliegenden ‚Wortmaterial' verstanden zu haben (ob damit der exakte Wortlaut von Col. coen. 15 getroffen ist, stellt eine andere Frage dar, die allerdings nur in Zusammenhang mit einer Edition der Coenobial-Regel zu entscheiden wäre). Wie in den erhaltenen Handschriften zur Vorlage findet sich zu Frg. I auch *ac* überliefert, das wohl im Sinne von *hac* verstanden wurde. Analog zu den Handschriften der Quelle wurde *ac* im Text belassen.

**41** in aeternitate vel in saecula saeculorum: diese Worte finden sich zwar in *M* am Ende angefügt, sie erwecken aber nach *cum gaudio summo numquam decidente in aevum* den Eindruck einer sekundären Hinzufügung (als ‚Alternativen' zu *in aevum*).

## 4 Fragment II (*De accedendo ad deum prompto corde orandum*)

Frg. II steht in *M* zwar am Ende jenes Teiles, in dem Nonnenregeln versammelt sind; ob dies jedoch sein genuiner Platz war und ob überhaupt eine Verbindung mit Frg. I besteht, wurde oben bereits diskutiert. Aus Gründen der Forschungsgeschichte (Otto Seebass hat es in der Erstedition gemeinsam mit Frg. I ediert) wird es auch in der Sekundärliteratur mit Frg. I gemeinsam behandelt (jedoch wird auch dort auf die Unterschiede der Teile aufmerksam gemacht, vgl. etwa DE VOGÜÉ, Art. Regula Columbani ad virgines). Aus diesem Grund hat es auch in vorliegende Edition Eingang gefunden. Dass es wie in CPPM II 3637 unter dem Titel „Pseudo-Columbani Regula monialium" steht, folgt ebenfalls der Forschungstradition, jedoch klassifiziert dieser Titel eher Frg. I, nicht aber Frg. II (das nach seiner Überschrift *De accedendo ...* benannt werden könnte; außer es gelingt, es einem Regel-Text eindeutig zuzuweisen oder es als Teil eines anderen Textes zu identifizieren).

Der Verfasser von Frg. II formuliert offenbar eigenständig; lediglich im Schlussteil des Textes sind sehr deutliche Anklänge an die Regula Benedicti erkennbar.[78] Es

---

78 Auf diese hat DE VOGÜÉ, Regula Columbani ad virgines, 1567, bereits hingewiesen, und diese sind in der französischen Übersetzung von SEILHAC – SAÏD ebenfalls genannt.

finden sich keine klaren Anhaltspunkte dafür, dass auch dieser Text für Nonnen verfasst wurde (es gibt keine femininen Pronomina oder feminine Bezeichnungen).[79] Ob dieser Text, wie die oben bereits erwähnt Angabe *Ex regula patrum de acceden-do …* in der Concordia Regularum des Benedikt von Aniane vermuten lässt,[80] Teil einer Regula war oder aus einem anderen Kontext stammt, lässt sich derzeit nicht schlüssig beantworten (vgl. oben pp. 195ff.).

## 4.1 Zur Textfassung in *M* und in der Concordia Regularum (*c*)

Wie Frg. I ist auch Frg. II in der Handschrift *M* (sowie in *K* und *B*) überliefert (zum Verhältnis der Handschriften untereinander vgl. oben zu Frg. I und die Einleitung zur Donat-Regel). Es wird aber auch in der Concordia Regularum zitiert, und zwar als Kapitel 26,5: *Ex Regula Patrum de accedendo ad deum.*[81] Dort findet sich exakt derselbe Textumfang, wie er in *M* (sowie *K* und *B*) vorliegt.

Während die Lesarten von Frg. I mit jenen, die für seine Quelle (Columbans Regula coenobialis) überliefert sind, verglichen werden müssen, sind es für Frg. II die Lesarten von Concordia Regularum 26,5 (im Folgenden: *c*). Die Textform von *c* weicht relativ häufig von jener in *M* ab (vgl. dazu den textkritischen Apparat der Edition, in dem die Lesarten von *c* genannt sind). Es lässt sich außerdem feststellen, dass vielfach sprachliche ‚Vereinfachungen' vorgenommen wurden, z. B.: Frg. II 9 sine ineffabilis et inconprehensibilis omnipotentis dei clementiae praesidio] sine ineffabili omnipotentis dei praesidio *c*; 14 ad opus ergo servitutis divinae miserationis] ad opus ergo divinae servitutis *c*; 15 idemque ad cenam ducentem provocet] nosque ad suam deducentem provocent *c* (siehe dazu unten ad locum); 19 (hier in der Lesart von *M*) conditori confamulatus ope] conditori *c* (auch dazu unten ad locum); 22 sic ad orandum parata *om. c*; 23 semper intenta et in caelestibus sublimata] semper intenta in caelestibus *c*; 24 ac clementiam *om. c*. Möglicherweise sind diese Abweichungen auf redaktionelle Eingriffe (Vereinfachungen?) bei der Abfassung der Concordia zurückführbar.

---

**79** Vgl. DE VOGÜÉ, Regula Columbani ad virgines, 1567, der ausdrücklich schreibt: „redatto al maschile".

**80** Albrecht Diem möchte, wie ebenfalls bereits erwähnt, untersuchen, ob der Text Teil der Regula cuiusdam ad virgines gewesen sein könnte.

**81** Mit *Ex Regula Patrum* werden in der Concordia Regularum Abschnitte gekennzeichnet, die tatsächlich aus einer der Väterregeln stammen. Ob dies in diesem Fall allerdings einen klaren Hinweis gibt, als was dieser Text eingestuft wurde, bleibt fraglich. – Smaragdus rezipiert in seiner Expositio in Regulam S. Benedicti (edd. SPANNAGEL – ENGELBERT) Ausschnitte daraus (in Kapitel 19 die Abschnitte 19–24 und in Kapitel 20 die Abschnitte 25–28), jedoch lässt sich aus ihnen nichts für die Texterstellung des Fragments gewinnen, da Smaragdus im Wesentlichen die Textfassung der Concordia repräsentiert.

An einigen anderen Stellen ist nicht entscheidbar, ob *M* oder *c* den Original-wortlaut des Fragments repräsentiert: 1 ac studio] ac custodia *c* (ein Versehen ist in beide Richtungen denkbar); 2 dominum] deum *c*; 9 sed] quod *c*; patrari] impetrari *c*; 10 iuxta apostolum alius] alius iuxta apostolum *c*; riget] et *add. c*; 13 ipse] ille *c*; 15 ad¹] nostram *add. c*; 16 voluntatis] voluptatis *c* (siehe dazu unten ad locum); 20 sic] tunc *c*; ad vocem] voci *c*; 21 potentiae divinae] divinae potentiae *c*; omni] omnique *c*; 22 ad psallendum intenta] intenta ad psallendum *c*; temporalis] saecularis *c*; 23 et puritate ac promptissima devotione] ac puritate promptissimaque devotione *c*; ten-dat] pervenire contendat *c*. – Zum Problem 15 eo pulsante] eum pulsantem *c* vgl. unten ad locum; hier scheint *c* gegenüber *M* die korrekte Lesart aufzuweisen.

⋆ ⋆ ⋆

Wie zu Frg. I und zur Donat-Regel (vgl. jeweils oben in der Einleitung) lassen sich in *M* auch zu Frg. II orthographische Auffälligkeiten finden. Bezüglich der in *M* oft schwankenden Schreibung von e/ae etwa 8 *perhennae suffragium*, 9 *presidio*, 19 *preconium*, 23 *premia* oder 26 *piaetatem* (so auch mitunter z. B. zum Donat-Text überliefert). Abermals begegnet man der Form *quur* für *cur* (8).

## 4.2 Zur Texterstellung

Seebass (*s*) konnte seine Edition nur auf die Handschrift *K* stützen. Da für die vorlie-gende Edition auch *M* herangezogen werden konnte, sind gegenüber Seebass' Text folgende Änderungen vorgenommen worden (siehe dazu im Folgenden ad locum), die sich teilweise aus der Kollationierung von *M* ergeben haben:

5 possimus] possumus *s*; 8 grande] grandi *s*; 14 quandoque cum] quando *s*; 16 voluntatis] voluptatis *s*; 17 ipsum] Christum *s*; 21 prosequitur] persequitur *s*; 24 ac] ad *s*

Konjiziert habe ich an folgender Stelle (dazu unten ad locum):

19 confamulatus ope] confamulante opere

Im Folgenden zu einzelnen Textproblemen:

5 **possimus**: in *M* ist diese Form eindeutig überliefert. Da keine klare Notwendigkeit für konjunktivische Verwendung vorliegt, wurde in *K possumus* geschrieben, was aber auch dort zu *possimus* korrigiert wurde. Ob die Konjunktiv-Form tatsächlich einen Wunsch/eine Möglichkeit ausdrücken soll, ist nicht klar; vielmehr ist daran zu denken, dass bei den Verben, „die eine Möglichkeit, ein Müssen, ein Wollen oder ein Scheinen ausdrücken, öfters der Konjunktiv steht, ohne daß für seine Anwen-

dung irgend eine Notwendigkeit vorhanden ist".[82] Das rechtfertigt die Beibehaltung auch an dieser Stelle. Denkbar wäre freilich auch, dass zuvor eigentlich *ut* stand und zu *et* verlesen wurde (*ut cum eodem dicere possimus*), jedoch liegt für diese Annahme kein zwingender Grund vor.

**6** **inquirendo**: auffällig ist, dass dem „d" ein Kürzungsstrich beigefügt scheint (*inquirendo*). Ob dies jedoch tatsächlich einen Hinweis auf ein in der Überlieferung ausgefallenes Wort (*deo*?) oder eine andere Form darstellt, ist fraglich.

**8** praemium **et** aeterni: in der Concordia fehlt *et*, was möglicherweise auch in *M* ursprünglich der Fall war, jedoch wurde es in *M* mit Sicherheit sehr bald nachgetragen (dass es zuerst auch in *M* gefehlt haben könnte, ist daraus zu vermuten, dass es zu Zeilenbeginn kleiner, leicht über der Zeile und etwas weiter links steht, dass also die Zeile zuerst offenbar mit dem auf *et* folgenden *aeterni* begonnen hat). *Et* erscheint im Sinnzusammenhang nicht abundant; es mag vielleicht nur deshalb irrtümlich übersehen worden sein, weil auch das folgende Wort (*aeterni*) mit „&" anlautend geschrieben wurde.

**8** **grande**: dass die Form *grande* auf den Schreiber von *M* zurückzuführen ist (dort erst von später Hand zu *grandi* korrigiert), lässt sich zwar nicht mit Sicherheit ausschließen, jedoch ist der prinzipiell nicht ungebräuchliche Ablativ *grande* keineswegs als charakteristisch für *M* anzusehen, vgl. die Bemerkungen zu Don. 12,2 und 77,4 in Kapitel 3 der Einleitung zur Regula Donati in diesem Band.

**8/9** **cum**: die in vorliegender Edition gesetzte Interpunktion versteht *cum* in kausal-explikativer Funktion,[83] das den *grandis labor* zu erklären scheint, der aufgewandt werden muss. Das folgende *sed sine ...* scheint den Relativsatz fortzusetzen, der parallelen Bau aufweist: *quod sine ... adquiri non potest, sed sine ... patrari non potest*.

**14** **ad opus ergo servitutis divinae miserationis**: der anonyme Gutachter dieses Bandes macht darauf aufmerksam, dass eine Korrektur zu *miserationi* das Verständnis des Satzes erleichtern könnte (alternativ schlägt er die Ergänzung von *praesidio* oder Ähnlichem nach *servitutis* vor).

**14** **quandoque cum**: Seebass korrigierte zu *quando* – so auch die Lesart der Concordia Regularum –, jedoch könnte *quandoque cum* (sofern nicht ein Versehen vorliegt, und *quandocumque* gemeint ist, wie es auch *B* – vgl. oben p. 195 – im Zuge mehrerer Korrekturen in Erwägung gezogen zu haben scheint) in der Bedeutung „jedesmal, wenn" verwendet sein. Vgl. ähnlich Greg. M. moral. 27,4 (CCSL 143B, p. 1333,36f.: *... et quo hanc* [sc. *aquam*] *diutius sitiens desiderat, eo quandoque cum invenerit avidius sumat*).

---

**82** Vgl. W. A. Baehrens, Beiträge zur lateinischen Syntax, Philologus Suppl. 12 (1912), 233–556, dort: 501.

**83** *Cum* mit Indikativ in Kausalsätzen ist nachklassisch und schon im Spätlatein von Tertullian an nicht unüblich, vgl. u. a. Hofmann – Szantyr, Lateinische Syntax, pp. 624f.

**15** ... ut **eum pulsantem** intra mentis septa recipiamus **eaque** semper cor nostrum spiritus sancti igne accensum cogitet, quae creatoris misericordiam ad cenam venientem **idemque** ad cenam ducentem **provocet**: dieser (kompliziert formulierte) Satz ist in *M* mit kleinen Abweichungen überliefert, nämlich: *eo pulsante ... eaquę* (wohl für *ea quae*). Es ist schwierig zu entscheiden, welche der Versionen den Originalwortlaut repräsentiert, und es ist ein Blick auf den Kontext notwendig. Zuvor (in 13) wurde Apoc. 3,19f. zitiert: *ecce, ego sto ad ostium et pulso, si quis aperuerit mihi, intrabo ad illum et cenabo cum illo et ipse mecum.* Darauf nimmt 15 inhaltlich klar Bezug. Das Zitat aus Apoc. 3,19f. gibt gewissermaßen drei Schritte vor: Christus tritt klopfend an die Tür (unser Inneres) heran – es soll ihm geöffnet werden – Christus wird eintreten und mit dem, der sich ihm in innerer korrekter Haltung geöffnet hat, speisen. *M* zeichnet diesen ‚Drei-Schritt' nach: *eo pulsante* (Christus klopft); darauf hinauf sollen wir im Inneren das ‚aufnehmen', was unser Herz immer denken soll (*ea quae ...*), was gedanklich der Forderung, sein Innerstes Christus gegenüber zu öffnen, gleichkommen könnte (der Gedanke ist zuvor schon mehrfach vorbereitet worden, indem davon die Rede war, dass durch Bitten und Gebet von Gott Hilfe gegeben wird, wenn der Mensch in seinem Inneren ihm den Zugang nicht verschließt, etwa 12 *datur ergo consilium a domino, si obstinatae mentis aditus non denegetur*). Der dritte Schritt aus Apoc. 3,19f. scheint durch den Relativsatz *quae ... provocet* repräsentiert, nämlich dass die rechte innere Haltung dazu führt, dass diese das Erbarmen des Herrn bewirkt, durch das wiederum er selbst zum gemeinsamen Mahl kommt und durch das er auch das Herz (das sich in korrekter Weise bereit gemacht hat) zum Mahl ruft. – In der Concordia sind die Gedanken ein wenig anders ponderiert: *eum pulsantem ... recipiamus eaque ... cogitet*; man soll den anklopfenden Herrn aufnehmen und jene innere Haltung annehmen, die ermöglicht, dass gemeinsam Mahl gehalten werden kann. Vergleicht man beide Versionen, erscheint also fraglich, was Akkusativ-Objekt zu *recipiamus* ist (*ea*, so die Version in *M*, oder *eum pulsantem*, so die Version in *c*). Es ist nicht völlig auszuschließen, dass etwas Abstraktes, also *ea*, aufgenommen werden soll, jedoch erscheint klarer, wenn sich die Aussage auf Christus selbst – *eum pulsantem* – bezieht (der ja laut Apoc. 3,19f. auch selbst ‚eintreten' will: *intrabo ad illum*). Zum anderen erscheint zwar nicht unmöglich, dass wie in *M* zwei Relativsätze folgen, in denen *quae* einmal Akkusativ, einmal Nominativ ist (*quae ... cor ... cogitet* und *quae ... provocet*), jedoch erscheint auch hier glatter, wenn der Gedanke lautet *eaque ... cor ... cogitet, quae ... provocet*. Es ist ferner zu beachten, dass auch in *M* mit *eaquę* offenbar ein neuer ‚Abschnitt' einsetzt, weil der Schreiber das „e" des Wortes *ea* einem Großbuchstaben ähnlich ausgeführt hat (es sieht optisch genauso aus wie wenige Zeilen später *ea ergo* zu Beginn von 19); auch die Schreibung *eaquę* kann auf *eaque* hindeuten (Verwechslungen von e/ae sind immer wieder anzutreffen; vgl. aber auch die Überlegungen oben zu Frg. I 25 *legat usque*, das in *M* als *legatur quae* überliefert ist). Unter diesen Aspekten darf vermutet werden, dass in *M* ein Versehen vorliegt und eher die Lesart von *c* das Original wiedergibt. Letztlich bleibt die Frage, ob die eine

Form graphisch wie optisch für die andere stehen kann (*eo -nte* für *eum -ntem*; Akkusativ und Ablativ wurden im gesprochenen Volkslatein nahezu homophon ausgesprochen).[84]

Im weiteren Textverlauf scheint die Textversion der Concordia Regularum in mehrfacher Hinsicht geglättet worden zu sein: statt *idemque ad cenam ducentem* ist leichter verständliches *nosque ad suam deducentem* zu lesen, und die Hinzufügung von *nostram* vor *cenam* im vorhergehenden Satzteil (*creatoris misericordiam ad nostram cenam venientem*) scheint mit *suam* zu korrespondieren. *Nosque* (Concordia Regularum) ist gegenüber *idemque* (*M*; auf *cor* bezogen) einfacher verständlich.

Weiters tritt das Prädikat *provocet* in *c* im Plural auf, während es in *M* im Singular steht. In *M* könnte eine Numerusinkongruenz vorliegen, vergleichbar dem Griechischen, das ebenfalls ein Subjekt im Neutr. Plural mit einem Prädikat im Sg. verbindet;[85] es könnte freilich auch sein, dass die Endungen der 3. Person Singular und Plural verwechselt wurden, ein Phänomen, auf das auch in Studien zur Sprache verwiesen wird.[86] Eine Korrektur des Prädikates zum Plural erscheint nicht zwingend notwendig. Eine weitere Numerusinkongruenz nach *ea ... quae* ist wohl auch unten (19) zu beobachten.

16 **voluntatis**: hier wird leicht adaptiert Psalm 35,9 zitiert, und zwar *inebriabitur* (statt *inebriabuntur*) *ab ubertate domus eius* (statt *tuae*) *et torrente voluntatis eius* (statt *tuae*) *potabitur* (statt *potabis eos*). Statt *voluntatis* (*M* und *K*) bieten die Handschriften der Concordia Regularum *voluptatis* (auch *B* bietet diese Lesart), was auch Seebass in den Text setzt. Das Psalmen-Zitat ist bei spätantiken und mittelalterlichen Autoren, aber auch zur Vulgata, mit beiden Varianten überliefert (eine weitere Variante stellt *deliciarum suarum* dar); *voluntatis* ist dabei weniger häufig anzutreffen. Es ist nicht zu entscheiden, welche Variante für das Fragment anzunehmen ist; da das Fragment auch nicht klar lokalisiert werden kann, kann die Form auch nicht auf eine vielleicht lokal gebräuchliche Textform zurückgeführt werden.

19 ea ... lingua proferat, quae conditori **confamulante opere placeat**: dieser Satz ist aus zweierlei Gründen auffällig. Zum einen, weil auch hier offenbar eine Numerusinkongruenz vorliegt (*ea quae ... placeat*; die Concordia setzt auch hier das Prädikat in den Plural; vgl. oben zu 15 *provocet*). Zum anderen, weil in diesem Satz noch eine andere textliche Schwierigkeit verborgen ist. *M* liest: *ea ergo semper lingua proferat, quae conditori confamulatus ope placeat.* Die Worte *confamulatus ope* bereiten Verständnisschwierigkeiten. Statt *ope* bietet *K*: *ore*, das auch Seebass in den Text setzte. Seebass scheint außerdem einem Lesefehler erlegen zu sein, denn

---

84 Vgl. Stotz, Handbuch 4, p. 246 (§ 7.1).

85 Vgl. Hofmann – Szantyr, Lateinische Syntax, p. 431[1.2] (mit Belegen aus dem Spätlatein); Parallelen beim Relativpronomen etwa bei Greg. Tur. Mart. 4,45 *quae nuper gestum fuit, edicam* u. Ä.; siehe auch Stotz, Handbuch 4, p. 357 (§ 81.2) mit dem Hinweis, dass sich in frühmittelalterlichen Texten mit *haec* und *quae* häufig ein Verb im Singular verbindet.

86 Vgl. Stotz, Handbuch 4, p. 223 (§ 128).

er scheint die Silbe *con-* (in der Handschrift *K*, die Seebass als einzige Grundlage diente, gekürzt als ‚verkehrtes c' geschrieben) des Wortes *confamulatus* als -s gelesen zu haben, weshalb er *conditoris famulatus ore* schreibt.[87] Die Concordia Regularum wiederum verzichtet auf die schwierig verständlichen Worte *confamulatus ope* zur Gänze und schreibt lediglich: *... quae conditori placeant.* Im weiteren Verlauf des Textes wird jedoch erklärt, dass das Dienen gegenüber Gott dann in korrekter Weise erfolgt, wenn den rechten Worten auch gute Werke hinzugefügt werden (20) bzw. durch schlechte Werke nicht den ‚guten' Worten widersprochen wird (21). Es wird also wie auch bereits im ersten Satz zum Ausdruck gebracht, dass das Wort und die Taten in Einklang stehen sollen. Der Umstand, dass Worte und Taten gewissermaßen ‚zusammenarbeiten' sollen und der Autor für „Taten" stets das Wort *opus* verwendet, legt nahe, dass *ope* eigentlich für *opere* steht,[88] dem wohl lediglich ein Kürzungsstrich (für *per*) fehlt, und *confamlatus* eigentlich für *confamulante* (vielleicht war dieses gekürzt als *confamulāte* in der Vorlage zu finden, und der Schreiber übersah abermals den Kürzungsstrich bzw. verlas das -e am Ende als eine -us-Kürzung?).

**21 voci**: in *M* ist *voce* überliefert, aus inhaltlichen Gründen kann an dieser Stelle aber nur der Dativ korrekt sein (so auch in der späten Handschrift *B* korrigiert). Ob eine e/i-Vertauschung durch den Schreiber vorliegt oder ob der Autor hier e für i verwendete bzw. *voce* lediglich eine graphische/lautliche Variante für *voci* darstellt, ist nicht zu entscheiden. Vgl. auch die Bemerkungen zu ähnlichen Stellen (Dativendung auf -e?) in der Einleitung zu Don. 3,21 bzw. 36,4 (siehe oben pp. 82f. bzw. 103).

**25 exaudiri**: überliefert ist in *M* der aktive Infinitiv, es ist allerdings nicht eindeutig erkennbar, ob über dem Schluss-e eine Korrektur zu -i angebracht wurde. *K* und die Editionen (aber auch die Concordia Regularum) lesen wie die Quelle (Ben. 20,3) *exaudiri* (dort allerdings *exaudire* als Variante). Auch zu Don. 18,3 ist in *M* bei der Zitierung von Ben. 20,3 der aktive Infinitiv überliefert, dort aber zu *exaudiri* korrigiert (nicht erst von später Hand). Es lässt sich zwar nicht mit letzter Sicherheit ausschließen, dass beiden Texten (Don. und Frg. II) die Passage mit *exaudire* bekannt war, jedoch ist auch eine Vertauschung von e/i (vgl. zuvor im Frg. II 21 *voci*) nicht undenkbar.

---

**87** Er gibt in seinem textkritischen Apparat nicht an, dass seine Lesart von *K* abweicht, was die Vermutung nährt, dass ein Lesefehler passiert ist.

**88** Zur in Handschriften nicht selten anzutreffenden Verwechslung von Formen des Wortes *opus* mit jenen von *ops* vgl. ThlL IX,2,805, lin. 29–35.

# 5 Zur vorliegenden Edition

## 5.1 Zählung

Die untergliedernde Zählung wurde von der französischen Übersetzung dieses Textes eingeführt. In der Übersetzung wurde die Zählung, weil der Beginn fragmentarisch ist, in Frg. I mit „2" begonnen und, weil man beide Teile als zusammengehörig ansah, in Frg. II mit „43" fortgesetzt.[89] In der vorliegenden Textausgabe orientiert sich die Zählung an der französischen Übersetzung, es werden aber beide Teile jeweils mit „1" begonnen. Für Frg. II trifft sich dies mit der Zählung, die zu diesem Text in der modernen Edition der Concordia Regularum vorliegt (ed. BONNERUE, CCCM 168A). Die Passagen 2–42 der französischen Übersetzung entsprechen somit Frg. I 1–41, die Passagen 43–70 entsprechen Frg. II 1–28. Zur Orientierung wird am Rand die Zählung der französischen Übersetzung mit *seilhac* angegeben.

Die Seitenangaben am inneren Rand beziehen sich auf die Erstedition (SEEBASS, Fragment).

## 5.2 Quellenapparat (Frg. I)

Zu Frg. I weist der Quellenapparat die Lesarten der Quelle Col. coen. aus bzw. dokumentiert die Abweichungen des Fragments. Zum Vergleich herangezogen wurde der Text nach der Edition von Walker. Varianten wurden dann vermerkt, wenn der Wortlaut des Fragments sich vom edierten Wortlaut des Columban-Textes unterscheidet, sich aber mit Varianten zu Col. coen. trifft. Jene Passagen aus Col. coen. die nur in der erweiterten Fassung anzutreffen sind (siehe dazu oben Kapitel 3.1 und 3.2, besonders aber die Besprechung des Verhältnisses des Fragments zum Columban-Text, Kapitel 3.3), sind explizit als *versio aucta* ausgewiesen unter konkretem Hinweis auf die beiden Handschriften München, Clm 28118 (= *M*) und Paris, BN Lat. 4333B (= *Par*; diese Handschrift wurde von Walker für seine Edition von Col. coen. nicht berücksichtigt und für vorliegende Edition von mir kollationiert). Dies betrifft die Passagen 13–32 sowie 37–41 von Frg. I (wobei 37–39 auch bei Donat anzutreffen ist); die Passagen 1–12 dagegen sind in allen Handschriften zu Col. coen. 9 zu finden. Der Abschnitt 33–37 kann textlich nur mit Don. 19,2–5 verglichen werden.

Das Zeichen „+" bedeutet, dass sich in Col. coen. Text findet, der im Fragment fehlt. Sind Passagen auch bei Donat zu finden, so wird auch auf die betreffenden Stellen hingewiesen; Donats Text wird dann angegeben, wenn das Fragment von Col. coen. abweicht, aber mit Donats Text konform geht oder diesem ähnlich ist. Ein

---

[89] Vgl. SEILHAC – SAÏD, Règles monastiques. – Seebass hatte in seiner Edition keine Zählung vorgenommen.

durchgehender Vergleich mit allen für Columban überlieferten Varianten ist nicht angestrebt worden (dies hätte zu einer Überfrachtung des Quellenapparates mit Sonderfehlern geführt). Zu Frg. I sind beide Apparate (Quellen- und textkritischer Apparat) gemeinsam zu berücksichtigen, um ein vollständiges Bild über mögliche Varianten im Fragment zu erhalten.

## 5.3 Textkritischer Apparat

Zu Frg. I und II sind die Lesarten der direkten Überlieferung (*M* und *K*) sowie jene der Editio princeps von Seebass (*s*) und deren Wiederabdruck in *m* verzeichnet. Auf Lesarten der Vorlage, die im Quellenapparat angezeigt sind, wird bisweilen durch das Zeichen ↑ verwiesen. Das Zeichen # gibt an, dass die betreffende Lesart in der Einleitung zur Edition besprochen wird.

Zu Frg. II wurden jedoch auch die Lesarten der Concordia Regularum aufgenommen, weil diese einen indirekten Textzeugen darstellt. Darauf wird mit der Sigle *c* verwiesen; wenn nur einzelne Handschriften mit der Lesart des Fragments konform gehen, wurde dies durch die Hinzufügung *codd. nonnulli* kenntlich gemacht.

Es sei noch einmal darauf verwiesen, dass zu Frg. I der Quellenapparat ergänzend zum textkritischen Apparat beachtet werden sollte.

## 5.4 Abkürzungen

### 5.4.1 Im textkritischen Apparat

| | |
|---|---|
| *ac.* | ante correctionem |
| *add.* | addidit (addiderunt) |
| *am.* | alia manu(s) |
| *cf.* | confer |
| *codd.* | codices |
| *distinx.* | distinxit (distinxerunt) |
| *iter.* | iteravit (iteraverunt) |
| *om.* | omisit (omiserunt) |
| *pc.* | post correctionem |
| *prop.* | proposuit (proposuerunt) |
| *tr.* | transposuit (transposuerunt) |
| *uv.* | ut videtur |
| *vl.* | varia lectio |
| * | ein Asterisk im Text markiert eine Konjektur, ein Asterisk im Apparat eine möglicherweise korrekte varia lectio |

### 5.4.2 Regeltexte

| | |
|---|---|
| Ben. | Benedicti Regula (ed. R. Hanslik, CSEL 75) |
| Col. coen. | Columbanus, Regula coenobialis (ed. G.S.M. Walker) |
| Don. | Donati Regula (siehe Edition in vorliegendem Band, pp. 139–188) |

# Literaturverzeichnis

**Texteditionen:**

BONNERUE, P. (ed.), Benedicti Anianensis Concordia Regularum, Turnhout 1999 (CCCM 168/168A).

SEEBASS, O., Fragment einer Nonnenregel des 7. Jahrhunderts, Zeitschrift für Kirchengeschichte 16 (1896), 465–470.

SPANNAGEL, A. – ENGELBERT, P. OSB (edd.), Smaragdi Abbatis Expositio in Regulam S. Benedicti, Respublica 1974 (Corpus consuetudinum monachorum 8).

DE VOGÜÉ, A. (ed.), Les Règles des saints pères, 2 vol., Paris 1982 (SC 297/298).

WALKER, G. S. M. (ed.), Sancti Columbani Opera, Dublin repr. 1970 (Scriptores Latini Hiberniae 2).


**Übersetzung:**

Règles monastiques au féminin, trad., introd. et notes par L. de SEILHAC – B. SAÏD, en collab. avec M. BRAQUET – V. DUPONT, Préface par A. DE VOGÜÉ, Bégrolles-en-Mauges 1996, 273–282.


**Zur lateinischen Sprache:**

HOFMANN, J. B. – SZANTYR, A., Lateinische Syntax und Stilistik, München 1965 (Handbuch der Altertumswissenschaft II.2.2).

STOTZ, P., Handbuch zur lateinischen Sprache des Mittelalters, 5 Bde., München 1996–2004 (Handbuch der Altertumswissenschaft, II.5.1–5).


**Sekundärliteratur:**

GRYSON, R., Répertoire général des auteurs ecclésiastiques latins de l'antiquité et du haut moyen âge, tom. 1, Freiburg 2007.

HAUKE, H., Katalog der lateinischen Handschriften der Bayerischen Staatsbibliothek München: Clm 28111–28254, Wiesbaden 1986 (Catalogus codicum manu scriptorum Bibliothecae Monacensis, T. 4, Ps. 7); zu Clm 28118: 7–13.

KRUSCH, B., Zur Mönchsregel Columbans, Neues Archiv der Gesellschaft für Ältere Deutsche Geschichtskunde 46 (1926), 148–157.

MAYO, H., Three Merovingian Rules for Nuns, Diss. Harvard, 2 Bde., Cambridge 1974.

MUNDÓ, A., L'edition des Œuvres de S. Colomban, Scriptorium 12 (1958), 289–293.

MUSCHIOL, G., Famula Dei. Zur Liturgie in merowingischen Frauenklöstern, Münster 1994.

NEUFVILLE, J., Les éditeurs des „Regulae Patrum": Saint Benoit d'Aniane et Lukas Holste, RBen 76 (1966), 327–343.

PLENKERS, H., Untersuchungen zur Überlieferungsgeschichte der ältesten lateinischen Mönchsregeln, München 1906 (Quellen und Untersuchungen zur lateinischen Philologie des Mittelalters 1, 3. Heft).

SEEBASS, O., Über Columba von Luxeuils Klosterregel und Bussbuch, Inaugural-Dissertation, Dresden 1883.

SEEBASS, O., Fragment: siehe Texteditionen.

SEEBASS, O., Über die sogen. Regula coenobialis Columbani und die mit dem Pönitential Columbas verbundenen kleineren Zusätze, Zeitschrift für Kirchengeschichte 18 (1898), 58–76.

Seebass, O. Ein Beitrag zur Rekonstruktion der Regel Columbas des Jüngeren, Zeitschrift für Kirchengeschichte 40 (N.F. 3, 1922), 132–137.

Vennebusch, J., Die theologischen Handschriften des Stadtarchivs Köln: Teil 4. Handschriften der Sammlung Wallraf, Köln–Wien 1986 (Mitteilungen aus dem Stadtarchiv von Köln: Sonderreihe: Die Handschriften des Archivs H. 4); zu Hist. Archiv W 231: 116–121.

De Vogüé, A., Art. Regula Columbani ad virgines, Dizionario degli istituti di perfezione 7 (1983), 1566–1569.

De Vogüé, A., Art. Regula(e) Columbani, Dizionario degli istituti di perfezione 7 (1983), 1607–1615.

De Vogüé, A., Histoire littéraire du mouvement monastique dans l'antiquité. Première partie: Le monachisme latin, La Gaule franque et l'Espagne wisigothique (VIᵉ–VIIᵉ siècle), Paris 2007.

Zimmerl-Panagl, V., *Elegi pauca e plurimis*. Editorische Fragestellungen zur Regula Donati, dem Fragment einer Nonnenregel (CPPM II 3637) und Columban, in: Edition und Erforschung lateinischer patristischer Texte: 150 Jahre CSEL, Festschrift für Kurt Smolak zum 70. Geburtstag, Berlin-Boston 2014, 225–252.

# Conspectus Siglorum

### Codices (Frg. I et Frg. II)

*M*    Monacensis, Clm 28118, s. IX, fol. 215ra–216vb (cf. supra pp. 42–44 et 192f.)

*K*    Coloniensis, Hist. Arch. W 231, s. XV, fol. 210ra–211ra (cf. supra pp. 44–47 et 192f.)

non indicatur, nisi locis selectis (ubi a *M* vel *K* discordat):

*B*    Bruxellensis, Bibl. Roy. 8126-41, s. XVII, fol. 178r–181v (cf. supra pp. 47–49 et 194f.)

### Editiones (Frg. I et Frg. II)

*s*    ed. O. SEEBASS, 1896

quibus locis ab editione *s* discordat, indicatur et

*m*    PLS 4, 1603–1606

### In apparatibus Frg. I hi codices indicantur, qui Col. coen. (ed. WALKER) continent (cf. supra pp. 201f., 211f. et 229):

*M* (= *C* apud WALKER) Monacensis, Clm 28118, s. IX, fol. 89rb–92vb

*Par*    Parisinus, BN Lat. 4333B, s. IX, fol. 37r–50v (cf. supra p. 229)

### In apparatu Frg. II indicatur (cf. supra p. 230):

*c*    Benedicti Anianensis Concordia Regularum 26,5, ed. P. BONNERUE, CCSL 168A, pp. 209–211

Siglo # in apparatu critico posito ii loci significantur, de quibus in Prolegomenis pp. 213–222 (Frg. I) vel pp. 224–228 (Frg.II) agitur.

Siglo ↑ vel ↓ moneris, ut lectionem in altero apparatu sive supra sive infra posito quaeras.

De asterisco * cf. supra p. 230.

*seilhac*: in margine indicatur versus apud SEILHAC – SAÏD, Règles monastiques au féminin, cf. supra p. 229.

1 ... decim dies aut certe propter profluentium capillorum incrementum arbitrio   *seilhac* 2
senioris in lavando unaquaeque utatur. 2 Paenitentias minutas iuxta mensam si scierit praeposita mensae inponat; 3 amplius quam viginti et quinque percussiones
simul non dentur.

4 Paenitentes sorores et indigentes paenitentia psalmorum, 5 hoc est cui necesse est, ut psalmos pro visione nocturna decantet, quia pro inlusione diabolica –
pro modo visionis 6 aliae sorores XXIIII psalmos in ordine, aliae XV, aliae XII – indi-

gent *paenitentia psalmorum, quos cum silentio psallere debent, 7 quamvis ergo in
nocte dominica et tempore quinquagesimi, genuflectant. 8 In commune autem omnes sorores omnibus diebus ac noctibus tempore orationum in fine omnium psalmorum genua ad orationem, si non infirmitas corporis nocuerit, flectere debent aequo
moderamine 9 sub silentio dicentes: *Deus, in adiutorium meum intende, domine, ad
adiuvandum me festina.* 10 Quem versiculum postquam ter in oratione tacite decan-   *seilhac* 11
taverint, aequaliter a curvatione orationis surgant; 11 excepto diebus dominicis et a
primo die sancto paschae usque ad quinquagesimum diem: 12 tantum moderate se
in tempore psalmodii humiliantes genua non flectant.

13 Et quae ministrans die dominica vel necessitatem aliquam sororum adimplens fuerit ad lavacrum aut quamcumque necessitatem, una oratione ante exitum

---

**7** *de genuflexione tempore quinquagesimae omissa cf.* Cassian. inst. 2,18; conl. 21,11sq.   **9** Ps. 69,2

**1** *COL.* coen. 9 p. 154,21sq. | decim dies] paenitentes fratres, quamvis opera difficilia et sordida faci-
ant (efficiant *vl.*), non lavent capita nisi in (die *add. versio aucta*) dominica, id est octava, sin autem
quintadecima die quaque (quintodecimo die / XV diebus / XII diebus *codd.*; quintadecima die qua-
que *coniec. Walker*) | fluentium | unusquisque in lavando
**2sq.** *COL.* coen. 9 p. 154,23–25 (*cf.* Don. 33,7sq.)   **3** amplius] et amplius
**4–7** *COL.* coen. 9 p. 154,26–156,2 (*cf.* Don. 34,1–4)   **5** est²] fuerit (*sed cf.* Don. 34,2: est) | psalmos] +
adhuc | diabolica] + aut (ac *vl., cf. etiam* Don. 34,2)   **6** aliae¹...XXIIII] alii XXX (*non omnes, om.
etiam* Don. 34,2) alii XXIIII | indigentes paenitentia | quos...debent] decantare debent   **7** qui
(quamvis *vl.: M Par*; *ita etiam* Don. 34,4) | quinquagesimae (quinquagesimi *vl.: M Par*; *cf. etiam* Don.
34,4↓); + paenitentes (*sed om. etiam* Don. 34,4) | genua flectunt (genua flectant *vl.: M Par*; *cf.* Don.
34,4: genuflectant)
**8–12** *COL.* coen. 9 p. 158,13–20 (*cf.* Don. 34,5–10)   **8** diebus ac *deest in* Col. coen., *sed invenitur etiam
apud* Don. 34,5 | in oratione (*sed cf.* Don. 34,5: ad orationem) | nocuerit] offecerit | aequo
debent (*sed cf.* Don. 34,6: aequo moderamine debent)   **10** curvatione] flexione (*Don.* 34,8: flexu)
**11** prima (primo *vl.: M*) | sancto] sancti (sanctum *Par*; sancto *vl.*; *Don.* 34,9: sanctum *M*) | quinqua-
gesimam (quinquagesimum *vl.: M Par*; *cf. etiam* Don. 34,9)   **12** tantum] in quibus (*Don.* 34,10: in
quo) | psalmodiae (*sed cf.* Don. 34,10: psalmodii) | flectentes; + sed sedule dominum (deum *vl.: M
Par*) orent (*haec verba om. etiam* Don. 34,10)
**13–17** *COL.* coen. 9 p. 156,11–18 (*versio aucta: M Par*)   **13** et¹...fuerit] qui ministrat in die dominico
aut in alio solemni (alia solemnia *codd.*) | aut] + ad | unam orationem

---

**1** propter *iter. s* (*sed non m*) | in lavando unaquaeque ↑ ‖ **4–7** # ‖ **6** aliae XV *om. s* | XV] duodecim *K*
paenitentia *conieci* ↑ #; paene *M*; pene *K s*    ‖    **7** quinquagesimi *cf.* Don. 34,4 *et* Col. coen. *vl.* ↑ #
**8** ac] et *K s* | debent aequo moderamine ↑ ‖ **10** tacitae *M* (*ac.*) | decantaverunt *K s, sed cf.* Col. coen. *et*
Don. 34,8 ‖ **11** dominicis. Et *distinx. M K* ‖ **12** psalmodii # ‖ **13–16** #

et introitum eget. Interroget tamen. 14 Si non procul exeat, signo crucis indiget; 15 non est necesse ad orientem se vertere. Exiens extra domum vel infra domum regrediens sed festinans, signet se tantum, 16 ita et in ambulando conveniens quemquam; si non festinet, postulet orationem et se humiliet. 17 Si in tegurium aliquod intraverit, in quo congrua genuflexio non fiat, inclinare tantum paulatim statuitur.

18 Licitum est, ut praeparetur oblatio dominicae diei in die sabbati. 19 Et quando praedicatur, si quae viderint somnium inmundum aut naturaliter coinquinatae fuerint, una cum paenitentibus stare praecipiuntur. 20 In magnis autem sollemnitatibus, quando audiant sonum, sedere paene mediante praecepto praecipiuntur. 21 Deinde signum omnes audientes ad sinaxin, id est ad cursum, invitantem diei conventus dominicae, quando sacrosancta communicare debent mysteria, lavent manus ante oratorii introitum secundum ordinem earum, nisi prius laverint ordine, quo in ecclesia introeunt. 22 Non flectantur genua, sed tantum curvatio fiat atque priores in medio fiant oratorii, ceterae dextera levaque adsistant. 23 Et in omni dominica sollemnitate hymnus diei dominicae cantetur et in die natalis domini et inchoando pascha, id est cena domini. 24 Quae ad altare inchoaverit accedere sacrificium acceptura ter se humiliet 25 et noviciae ac indoctae et quaecumque fuerint tales, ad calicem non accedant. Et quando offertur sacrificium, nulla *legat usque dum inchoetur accipi sacrificium praeter certas necessitates. 26 In omni die domi-

seilhac 21

---

14 indiget] + quamvis ambulans signet se   **15** est] + autem  |  vel infra domum regrediens *deest in Col. coen.*  |  sed...tantum] quilibet festinans et se signans; + non eget ad orientem conversionem **16** quemquam] + faciat  |  si...postulet] si festinet postulans  |  humilians   **17** in domu (domum *Par*) in qua non congrua fiat genuflexio curvatio tantum statuetur

**18** *Col.* coen. 9 p. 156,19 (*versio aucta: M Par*): si quis voluerit in die sabbati (sabbato *Par*) praeparet oblationem dominicae; + consummato lavacro commutare sacerdotes si facile fuerit diacones autem aut ante praeceptum aut post praeceptum (se *add. codd.*) ministerium oportunum perficiant

**19** et quando praedicatur *deest in Col. coen.* (*sed cf. infra:* quando detur praeceptum)

**19–28** si...discurratur] *Col.* coen. 9 p. 156,23–158,9 (*versio aucta: M Par*) **19** viderit  |  naturaliter coinquinatae fuerint] coninquinatus fuerit  |  una...praecipiuntur] aut penitens quando detur praeceptum stare praecipitur   **20** sedere...praecipiuntur] in cottidiano praecepto paene mediante iubentur sedere   **21** signum] sonum (*vix legibil. Par*)  |  id...cursum *deest in Col. coen.*  |  initiantem *coniec. Seebass, Walker* (invitantem *codd.*)  |  dominicae...mysteria *deest in Col. coen.*  |  manus *deest in Col. coen.*  |  introitus  |  secundum ordinem earum *deest in Col. coen.*  |  ordine...introeunt] primarius ut primus psallat statuetur et secundus et   **22** flectatur genu  |  atque] ordines qui *Walker* (ordinesq: *codd.*)  |  dextera] dextra  |  adsistant] + praeter offerentem eidemque adherentem   **23** et in omni] in omnique  |  cantetur dominice  |  natalis domini et *deest in Col. coen.*  |  inchoante pasche  |  id... domini[2] *deest in Col. coen.*   **24** quae] aut qui  |  accedere *Walker* (inter *M*; iter *Par*)   **25** noviciae ac] novi quia *Walker* (novi quae/novique *codd.*)  |  sacrificium[1]] oblatio  |  legat...accipi] cogatur coactus accipere (legat usque dum inchoetur accipi *Par*)  |  certas *deest in Col. coen.*   **26** in[1]...dominico] in omnique dominica die

---

**16** festinat *K s* #  ‖  **17** intraverit] no *add. K (ac.)*  ‖  **19** viderit *s*  |  coninquinata fuerit *s*  |  praecipitur *s* (*sed non m*)  ‖  **21** signum *M* #; singuli *K s*  |  imitantem *K s* #  |  dominicae] properent *add. s*  |  debent *iter. K (ac.)*  ‖  **22** tantum *om. s*  |  dextera *M* (*cf. e. g. 12* moderate; *13* ministrans); dextere *K s*  ‖  **23** et[3] *om. M (ac.)*  ‖  **25** ac] et *s*  |  legat usque *scripsi, cf. Col. coen. Par* ↑; legatur quae *M K s* #

467 nico et sollemnitate praecipua quae non fuerit in coetu sororum ad dominum fundentium preces, oret et ipsa 27 in ministerio, quo ob necessitatem sororum detenta est; 28 et quando offertur, non multum discurratur.

29 Si quid praeceperit cuiquam praeposita maior sive senior mater et alia iunior praeposita iteraverit ordinare, ipsa oboedire debet indicans tamen in silentio, quod praeceperat alia maior; et si transgrediatur iussa senioris, ipsa quae iussit paeniteat. 30 Nulla aliae sorori ordine praecellenti imperet.                                              *seilhac* 31

31 Ab initio diei usque ad noctem commutatio vestimenti non sit, et altera in nocte, altera in die. 32 Interrogentur separatim, id est vespere, quando in lectulis suis debent, antequam pacem celebrent, 33 et mane post secundam celebratam ad collectionem coenobii venientes. 34 Quo in loco veniam petentes et se accusantes pro cogitationibus carnalibus ac turpibus vel nocturnis visionibus 35 tunc postremum pariter orantes dicant: *Fiat, domine, misericordia tua super nos, quemadmodum speravimus in te. Exaudi nos, deus salutaris noster, spes omnium finium terrae et in mari longe.* 36 Sic quoque vicissim dicant ad seniorem: 'Da commeatum mutandi vestimentum et quod necesse est in exparatione nostra facere.'

37 In omni loco et opere silentii regula magnopere custodire censetur, 38 ut omne quantum valuerit humana fragilitas, quae prono ad vitia praecipitari solet cursu,

---

**35** fiat … te] Ps. 32,22 | exaudi … longe] Ps. 64,6

---

**26** praecipua] *deest in Col. coen.* **26sq.** oret … est] oret ipse aliqua necessitate cogente **28** quamdiu offeratur | discurratur] + paenitens quoque necessitate itineris occupatus ambulansque cum ceteris utentibus licito cibis si advenerit hora tertia et longe proficiscantur accipiat et ipse quiddam cibi (ibi *Par*) pro modo quodam et quod ei defuerit accipiat ubi quiescat
**29** si[1] … maior[2]] COL. coen. 9 p. 156,5–7 (*versio aucta: M Par; lin. 3–5*: si cui iniunxerit abbas aut praepositus idem [*de codd.*] fratribus iteraverit [iter agere *codd.*] ita observandum est ut seniori iunior oboediat; si tamen rectum fuerit quod eis indicaverit observare studeat *deest in Frg. I*) | praeceperit … mater] praeceperit abbas vel economus maior | alia[1]] aliud *Walker* (alius *codd.*) | iunior … ordinare] humilior iteraverit economus | praeceperit et[2] … paeniteat *deest in Col. coen.*
**30** COL. coen. 9 p. 156,7–9 (*versio aucta: M Par*): infra monasterium vero nullus tamen alio imperio praecellente imperet nisi qui praeest
**31sq.** ab … separatim] *cf.* COL. coen. 9 p. 156,10sq. (*versio aucta: M Par*) **31** ad *deest apud Walker et M, sed invenitur in Par* | non sit *deest in Col. coen.* | altera in die *deest in Col. coen.* **32** intermutentur *Walker* (interrogentur *codd.*)
**32sq.** id est vespere … celebrent et *deest in Col. coen.*
**33–36** mane … facere] *fortasse auctae Columbani Regulae textus, sed non exstat; cf.* Don. 19,2–5 **33** ad … venientes] in conventu *Don.* **34** et se accusantes] ac singulae confessionem dantes *Don.* ac] atque *Don.* **35** tunc postremum] demum *Don.* | exaudi … longe *deest in Don.* **36** mutandi vestimentum] vestimentum mutare *Don.* | necesse … facere] opus fuerit fieri *Don.*
**37–39** COL. coen. 15 p. 168,4–10 (*versio aucta: Par M [textum mendosum praebet M: 38* prono] prona; vitia] unde *add.*; cursu oris *om.*]); *cf.* Don. 75,14–16) **37** custodiri (custodire *vl.*: *Par; cf.* Don. 75,14) **38** ut *Walker* (et *codd.; sed cf.* Don. 75,15: ut)

---

**26** praecipua] a[2] *vix legibil.* M (*sed* praecipue *non videtur esse*) ‖ **27** sororum *om. s* ‖ **30** praecellente *s*
**31** altera[1] # ‖ **37** custodire *M* (*ac.*), *cf.* Col. coen. *vl.* (*Par*) *et* Don. ↑; *custodiri *M* (*pc.*) *K s #*

oris mundemur vitio; 39 aedificationem proximorum sive proximarum, pro quibus salvator noster Iesus suum sacrum effudit sanguinem, quam dilacerationem absentium in pectore conceptam et quae otiosa passim verba ore promamus, de quibus *seilhac* 41 iusto sumus retributori rationem reddituri. 40 Haec supernum volentibus carpere iter tendens alti ad fastigia summi *ruderreque humi cum flagitiis atro ambientibus uni adhaerere deo ac in tellure misso statui. 41 Quae visa inmortalia nimirum sunt praemia accepturae cum gaudio summo numquam decidente in aevum [in aeternitate vel in saecula saeculorum]. Amen.

---

**39** otiosa ... reddituri] *cf.* Mt. 12, 36

**38** mundemur *Walker* (mundemus *codd., sed cf. Don. 75,15*: mundemur)   **39** aedificationemque; + potius | sive proximarum *deest in Col. coen., sed cf. Don. 75,16* | quibus[1] *Walker* (quos *codd.; sed cf. Don. 75,16*: quibus) | suum sacrum] sanctum | delacerationem | quae *deest in Col. coen., sed cf. Don. 75,16*: quam | ore promamus *post* reddituri (*sed cf. Don. 75,16*)
**40sq.** *COL.* coen. 15 p. 168,11–14 (*versio aucta: M Par*)   **40** superum | summa | rudiumque hominum *coniec. Walker* (rudique humi cum *M*; rudireque humi cum *Par*) | ac] hac *scripserunt Seebass et Walker* (ac *codd.*)   **41** quae *deest in Col. coen.* | in[2] ... Amen *deest in Col. coen.*

**39** aedificationem *M* (*ac.*); *aedificationemque potius *M* (*pc. m²*) *K s* ↑ # | absentio *M* (*ac. m²*) | quae *M* (*ac.*); quam *M* (*pc. m²*) *K s* # ‖ **40** summi] *fortasse* summa? ↑ | ruderreque humi cum flagitiis *scripsi, cf. Col. coen. 15 Par* ↑; rudere qui eumi cum flagitiis *M* (*uv.*); rudere qui enim eum cum flagitiis *K*; rudere qui eum cum flagitiis *s*; rudiumque hominum flagitiis *prop. de Vogüé* (*Histoire, 11, p. 27*) *iuxta Col., ed. Walker* # | ac *M K*; hac *coniec. s* ↑ # ‖ **41** in[2] ... saeculorum *om. K s* # | Amen] amen. Codex sancti Maximi. Si quis abstulerit anatema sit. sanctissimi confessoris *add. M* (*am.*)

De accedendo ad deum prompto corde orandum

467 1 Quanta intentione ac studio inquirendum sit, qualiter ad cultum religionis tam *seilhac* 43
operibus quam oratione tendatur, 2 propheta hortante didicimus, qui ait: *Accedite*
*ad dominum et inluminamini et vultus vestri non confundentur.* 3 Accedendum sem-
468 per est, ut accessum sequatur inluminatio. 4 Si non accedimus, non inluminamur;
5 si accedimus, et inluminamur et cum eodem dicere possimus: *Inquisivi dominum et*
*exaudivit me.* 6 Inquirendo etenim et omni intentione petendo exauditur, qui se exterius a saeculi desideriis atterit et interius cum omni cordis contritione per ardorem
conpunctionis pollet. 7 *Petite,* inquit, *et dabitur vobis.* 8 Si *omnis qui petit accipit,* cur
carnis ignavia praepediente et facinorum mole obstante non hoc cotidie poscamus,
quod in aeternum possideamus? Beatae scilicet vitae praemium et aeterni muneris
perenne suffragium, quod sine grande labore adquiri non potest, 9 cum primum per
desiderium et doctrinam incognitae menti inseritur ac postmodum opere implendo
sacratur, sed sine ineffabilis et inconprehensibilis omnipotentis dei clementiae
praesidio vel adiutorio patrari non potest. 10 Quamvis iuxta apostolum alius riget, *seilhac* 52
alius plantet, deus autem incrementum dat. 11 Sic Salomon testatur dicens: *Hominis*
*est parare cor, domini est dare consilium.* 12 Datur ergo consilium a domino, si obstinatae mentis aditus non denegetur. 13 Sic per apocalipsin dicitur: *Ecce ego sto ad*
*ostium et pulso, si quis aperuerit mihi, intrabo ad illum et cenabo cum illo et ipse me-*
*cum.* 14 Ad opus ergo servitutis divinae miserationis quandoque cum adsistimus,
tam corpore quam animo parati esse debemus, 15 ut *eum pulsantem intra mentis
septa recipiamus eaque semper cor nostrum spiritus sancti igne accensum cogitet,
quae creatoris misericordiam ad cenam venientem idemque ad cenam ducentem
provocet. 16 In qua quis cum venerit, *inebriabitur ab ubertate domus eius et torrente*
*voluntatis eius potabitur.* 17 *Quia apud ipsum est fons vitae et in lumine eius lumen*
*videbitur,* 18 *qui praetendit misericordiam suam scientibus se et iustitiam suam his,*
469 *qui recto sunt corde.* 19 Ea ergo semper lingua proferat, quae conditori *confamulante opere placeat iuxta illud psalmografi praeconium: *Servite,* inquit, *domino in*

---

**2** Ps. 33,6  **5** Ps. 33,5  **7** Mt. 7,7  **8** Mt. 7,8  **10** alius[1]...dat] *cf.* 1 Cor. 3,7  **11** *cf.* Prov. 16,1.9  **13** Apoc.
3,20  **16** Ps. 35,9  **17** Ps. 35,10  **18** Ps. 35,11  **19** Ps. 2,11

---

**14** ad...adsistimus] *cf.* Ben. 19,2  **19sq.** *cf.* Ben. 19,3sq.

---

**tit.** de ... orandum *om.* K s; ex Regula Patrum de accedendo ad Deum c ‖ **1** studio] custodia c ‖ **2** or-
tante M (orante *ac.*) K | dominum] deum c ‖ **5** et[2]] *fortasse* ut # | possumus K (*ac.*) c (*codd. nonnulli*) s #
**6** inquirenᵭo M # ‖ **8** cur] quur M | et[2] *om.* M (*uv. ac.*) c # | perhennae M | grande M (*ac.*); grandi M (*pc.*
*m*[2]) K c s # ‖ **9** cum # | sed] quod c | ineffabilis ... inconprehensibilis] ineffabili c | clementiae *om.* c
patrari] impetrari c ‖ **10** alius iuxta apostolum *tr.* c | riget] et *add.* c ‖ **11** Salomo s ‖ **13** ipse] ille c
**14** servitutis ... miserationis] divinae servitutis c # | quandoque cum] quando c s; quandocumque
B (*ac.*) # ‖ **15** eum pulsantem c s; eo pulsante M K # | eaquę M # | semper *tr. post* accensum c | ad[1]]
nostram *add.* c | idemque ... provocet] nosque ad suam deducentem provocent c # ‖ **16** voluptatis c s
B # ‖ **17** ipsum] Christum s ‖ **19** conditori confamulante opere *scripsi*; conditori confamulatus ope M;
conditori confamulatus ore K; conditoris famulatus ore s; conditori c # | placeant c #

*seilhac* 62  *timore et exultate ei cum tremore.* 20 Sic ergo creatori timendo servitur, si opus bonum ad vocem laudis iungitur, sicut alibi per psalmistam dicitur: *psallite sapienter.*
21 Sapienter etenim quisque psallit, qui \*voci laudanti noxiis operibus non contra-
dicit et qualiter oporteat potentiae divinae famulari sollicita religionis cura omni
studio prosequitur. 22 Sic ergo mens nostra ad psallendum intenta, sic ad orandum
parata incedat, qualiter nullo praepedita temporalis desiderii obstaculo, nullo temporis fuscetur vitio, 23 sed semper intenta et in caelestibus sublimata humilitate et
puritate ac promptissima devotione ornata ad aeterna praemia tendat. 24 Sic cordis
conpunctione flagret, qualiter in se creatoris misericordiam ac clementiam excitet.
25 Nec se in multiloquio quisquam, sed potius in puritate cordis et lacrimarum ubertate exaudiri credat. 26 Non enim longae orationis prolixitas, sed promptae mentis
intentio pietatem clementis iudicis excitat. 27 Orandus ergo semper est, ut largiatur
delinquentibus veniam, qui languenti mundo per crucis passionem infudit medici-
nam 28 salus mundi aeterna Christus Iesus, qui cum patre et spiritu sancto vivit et
regnat in saecula saeculorum. Amen.

---

**20** Ps. 46,8

---

**22** sic[1]...incedat] *cf. BEN.* 19,7  **23** humilitate...devotione] *cf. BEN.* 20,2  **25** *cf. BEN.* 20,3

**20** sic] tunc *c*  |  ergo *iter. K*  |  ad vocem] voci *c*  ‖  **21** voci *c s*; voce *M K* #  |  divinae potentiae *tr. c*
religionis *om. c*  |  omnique *c*  |  persequitur *s*  ‖  **22** intenta ad psallendum *tr. c*  |  sic[2] ... parata *om. c*
temporalis] saecularis *c*  |  fuscetur] fuscata *c*  ‖  **23** et[1] *om. c*  |  sublimata *om. c*  |  et[2]] ac *c*  |  ac
promptissima] promptissimaque *c* | tendat] pervenire contendat *c* ‖ **24** ac] ad *s* | ac clementiam *om. c*
**25** exaudire *M (fortasse ac.?)* #

# Index

Don. = Donati Regula (pp. 139–188)
Frg. I (= Ps.-Col.) = Pseudo-Columbanus Regula monialium (fin.) (pp. 235–238)
Frg. II = De accedendo ad deum prompto corde orandum (pp. 239f.)

# 1 Bibelstellen

**Ex.** 20,13–17: *cf.* Don. 3,3–7
**Lev.** 19,17: *cf.* Don. 3,65
19,32: *cf.* Don. 66,14
**Deut.** 5,17–21: *cf.* Don. 3,3–7
25,2f.: *cf.* Don. 52,3
**1 Reg.** 3–11: *cf.* Don. 66,6
**Tob.** 1,20: *cf.* Don. 3,14–17
2,7–9: *cf.* Don. 3,17
4,16: *cf.* Don. 3,9
**Iudith** 15,11: *cf.* Don. 3,64
**Ps.** 2,1: Don. 17,3
2,11: Frg. II 18
13,2: cf. Don. 3,49
14,3: cf. Don. 3,28
17,45: Don. 37,5
18,5: *cf.* Don. 33,2
21,7: Don. 43,2
26,14: Don. 40,3
27,3: *cf.* Don. 3,25
31,5: Don. 41,4f.
32,22: Don. 19,4; Frg. I 35
33,5: Frg. II 5
33,6: Frg. II 2
33,14: *cf.* Don. 3,51
35,9: Frg. II 16
35,10: Frg. II 17
35,11: Frg. II 18
36,5: Don. 41,2
37,7.9: Don. 48,5
38,2f. : Don. 49,3
43,22: Don. 37,10
46,8: Don. 17,4; Frg. II 20
49,16f.: Don.1,14
64,6: Frg. I 35
65,10f.: Don. 37,12
65,12: Don. 37,13
69,2: Don. 34,4; Frg. I 9
72,22f.: Don. 42,2

72,28: *cf.* Don. 3,41
77,7: *cf.* Don. 3,41
87,16: Don. 43,3
105,1: Don. 41,3
111,9: *cf.* Don. 10,3
117,1: Don. 41,3
118,71.73: Don. 43,4
118,107: Don. 48,5
136,9: *cf.* Don. 3,50
137,1: Don. 17,5
139,12: Don. 45,3
**Prov.** 4,24: *cf.* Don. 3,51
10,19: Don. 20,4; 45,2; 49,2.7
12,20: *cf.* Don. 3,24
15,3: (*cf.*) Don. 3,49; 17,1
16,1.9: (*cf.*) Frg. II 11
18,21: Don. 49,8
20,13: *cf.* Don. 3,37
23,14: Don. 52,5
**Cant.** 3,4: Don. epist. 30
**Sap.** 1,11: *cf.* Don. 3,39
**Sir.** 6,37: *cf.* Don. 3,63
18,17: Don. 61,14
18,30: *cf.* Don. 3,60
19,1: Don. 23,7
21,23: Don. 46,1
30,1: Don. 52,4
32,24: *cf.* Don. 2,13
37,32f.: *cf.* Don. 3,36
42,7: *cf.* Don. 62,3
**Is.** 1,17: *cf.* Don. 3,18
32,17: Don. 49,1
42,3: *cf.* Don. 1,8
42,4: *cf.* Don. 1,11; 61,1
58,7: *cf.* Don. 3,14
61,2: *cf.* Don. 3,19
**Ier.** 9,8: *cf.* Don. 3,25
**Dan.** 13,45ff.: *cf.* Don. 66,6

**Mt.** 5,10: *cf.* Don. 3,33
5,22: *cf.* Don. 3,22
5,33f.: *cf.* Don. 3,27
5,44: *cf.* Don. 3,31.32.71
6,7: *cf.* Don. 18,7
6,12: *cf.* Don. 3,57
6,15: Don. 52,21
7,3–5: *cf.* Don. 52,12
7,7: Frg. II 7
7,7f.: *cf.* Don. 6,5
7,8: Frg. II 8
7,12: *cf.* Don. 3,9
7,13f.: *cf.* Don. 20,14
7,14: Don. 37,14
8,8: *cf.* Don. 48,4
9,12: Don. 72,1
10,22: Don. 40,2
10,38: Don. 37,19
11,25: *cf.* Don. 2,3
12,36: *cf.* Don. 61,9; 75,16; Frg. I 39
13,52: *cf.* Don. 1,4
16,24: *cf.* Don. 3,10
18,6: Don. 61,16
19,18: *cf.* Don. 3,3–7
19,19: *cf.* Don. 3,1f.
19,21: Don. 7,3; *cf.* 10,3
19,26: *cf.* Don. 73,5
22,39: *cf.* Don. 3,1f.
23,3: Don. 3,61
25,1–4.7: *cf.* Don. epist. 29
25,14–30: *cf.* Don. 1,20
25,21/23: (*cf.*) Don. 1,22
25,36: (*cf.*) Don. 3,15f.; 12,6
25,40: Don. 12,7
**Mc.** 10,19: *cf.* Don. 3,3–7
11,26: Don. 52,21
12,30f.: *cf.* Don. 3,1f.
**Lc.** 6,27: *cf.* Don. 3,31.71
6,28: *cf.* Don. 3,32
9,23: *cf.* Don. 3,10
10,16: Don. 37,6.18
10,21: *cf.* Don. 2,3
10,27: cf. Don. 3,1f.
11,9f.: *cf.* Don. 6,5
14,26f.33: Don. 7,4
16,2: *cf.* Don. 1,2
17,10: *cf.* Don. 42,1
18,1: *cf.* Don. 3,56
18,13: *cf.* Don. 48,4

18,20: *cf.* Don. 3,3–7
**Io.** 6,38: Don. 37,16; 38,2
12,26: Don. 37,20
13,34: *cf.* Don. epist. 28
**Act.** 4,32: Don. 8,6
4,35: Don. 21,1
5,1–11: *cf.* Don. 7,7
10,34: *cf.* Don. 21,2
12,16: *cf.* Don. 6,5
**Rom.** 2,11: *cf.* Don.1,18; 3,38; 21,2
8,36: Don. 37,10
8,37: Don. 37,11
12,10: Don. 66,15
12,17: *cf.* Don. 3,29
13,9: *cf.* Don. 3,3–7
**1 Cor.** 2,9: *cf.* Don. 3,76
3,7: *cf.* Frg. 10
4,12: *cf.* Don. 3,32.33
5,5: Don. 70,4
5,13: Don. 73,6
7,15: Don. 73,7
9,27: *cf.* Don. 1,13; 3,11
10,10: *cf.* Don. 20,11
12,13: *cf.* Don. 1,18
12,26: *cf.* Don. 21,5
13,7: Don. epist. 13
**2 Cor.** 1,4: *cf.* Don. 3,19
2,7: Don. 72,3
2,8: Don. 72,4
11,24: *cf.* Don. 52,3
**Gal.** 3,28: *cf.* Don.1,18
5,15: *cf.* Don. 52,1
5,16: *cf.* Don. 3,59
6,2: Don. epist. 27
**Eph.** 4,26: *cf.* Don. 3,72
6,8: Don. 1,18
**Phil.** 2,8: Don. 39,1
2,14: Don. 20,12
**Col.** 3,25: *cf.* Don. 1,18
**1 Thess.** 1,6: Don. 36,6
5,14: *cf.* Don. 3,19; 4,4
5,15: *cf.* Don. 3,29
5,17: *cf.* Don. 3,56
5,21: Don. 6,4
**2 Thess.** 3,12: Don. 20,3
**1 Tim.** 2,8: Don. 52,14
3,2: *cf.* Don. 1,4; 61,1
3,3: *cf.* Don. 3,34f.
3,6: *cf.* Don. 73,2

3,13:  (*cf.*) Don. 1,22; 61,8
5,1f.: Don. epist. 25
5,20:  (*cf.*) Don. 24,1; 52,7
**2 Tim.** 2,4:  Don. 63,4
2,24: Don. 52,9
**Tit.**  1,7:  *cf.* Don. 3,34f.
**Hebr.** 13,17:  *cf.* Don. 4,4
**Iac.** 1,27:  *cf.* Don. 3,20
2,13:  *cf.* Don.1,5
3,14:  *cf.* Don. 3,66
3,16:  *cf.* Don. 3,67

**1 Petr.** 1,9:  Don. epist. 8
2,17:  *cf.* Don. 3,8
3,9:  *cf.* Don. 3,29.32
4,8:  *cf.* Don. 3,26
5,5:  *cf.* Don. 20,13f.
**1 Io.** 2,16:  *cf.* Don. 50,1
3,15:  *cf.* Don. 3,22; 52,13
4,1:  Don. 6,3
4,18:  Don. 48,6
**Apoc.** 3,20:  Frg. II 13

## 2 Autoren

**Act. Agapes, Chioniae et Irenes**
(Act. Sanct. Apr. 1,250B):  *cf.* Don. 38,3

**Aldh.**
virg. prosa 59:  *cf.* Don. epist. 12

**Bened.**
reg. *passim cf.* p. 23 (Don.)
19,2:  *cf.* Frg. II 14
19,3f.:  *cf.* Frg. II 19f.
19,7:  *cf.* Frg. II 22
20,2:  *cf.* Frg. II 23
20,3:  *cf.* Frg. II 25

**Boeth.**
cons. 5,3,1:  *cf.* Don. epist. 12

**Caes. Arel.**
reg. virg. *passim cf.* p. 12 (Don.)
serm. 150,4:  *cf.* Don. epist. 14
233,6:  Don. 20,13–18

**Cassiod.**
inst. 15,12:  *cf.* Don. epist. 32

**Columban.**
reg. coen. *passim cf.* p. 18 (Don.);
*cf.* p. 203 (Frg. I = Ps.-Col.)
reg. mon. 1; 2; 7:  *cf.* p. 18 (Don.)

**Gregor. M.**
in Ezech. 2,praef.:  *cf.* Don. epist. 15

**Hier.**
epist. 52,1:  *cf.* Don. epist. 17
79,11:  *cf.* Don. epist. 7
in Ezech. 12,praef.:  *cf.* Don. epist. 9
Vulg. prol. Ezech. (p. 1266 Weber):  *cf.* Don.
epist. 32
Vulg. prol. Is. (p. 1096 Weber):  *cf.* Don.
epist. 32

**Leo M.**
serm. 1 (CCSL 138, p. 5,13–15):  *cf.* Don.
epist. 8

**Optat.**
7,1 (CSEL 26, p. 160,5):  *cf.* Don. 38,3

**Oros.**
hist. 1 prol.,1:  *cf.* Don. 10f.

**Paul. Med.**
vita Ambr. 1,2:  *cf.* Don. epist. 12

**Pomer.**
vit. contempl. prol. 1:  *cf.* Don. epist. 6

**Rufin.**
Orig. in num. 1,3:  *cf.* Don. epist. 12
sent. Sext. 145:  *cf.* Don. 47,2